U0637522

国家社会科学基金项目
"历代学术笔记中语言文字学论述整理和研究"
（项目号：14CYY059）

历代学术笔记中
语言文字学论述整理和研究

李娟红 著

中国社会科学出版社

**图书在版编目（CIP）数据**

历代学术笔记中语言文字学论述整理和研究/李娟红著 . —北京：中国
社会科学出版社，2018.9
ISBN 978 - 7 - 5203 - 3147 - 0

Ⅰ.①历… Ⅱ.①李… Ⅲ.①学术思想—笔记—研究—中国②汉语—
语言学—研究③汉字—文字学—研究 Ⅳ.①B21②H1

中国版本图书馆 CIP 数据核字（2018）第 209581 号

| | | |
|---|---|---|
| 出 版 人 | 赵剑英 |
| 责任编辑 | 周晓慧 |
| 责任校对 | 无 介 |
| 责任印制 | 戴 宽 |

| | | |
|---|---|---|
| 出 版 | 中国社会科学出版社 |
| 社 址 | 北京鼓楼西大街甲 158 号 |
| 邮 编 | 100720 |
| 网 址 | http://www.csspw.cn |
| 发 行 部 | 010 - 84083685 |
| 门 市 部 | 010 - 84029450 |
| 经 销 | 新华书店及其他书店 |

| | | |
|---|---|---|
| 印 刷 | 北京明恒达印务有限公司 |
| 装 订 | 廊坊市广阳区广增装订厂 |
| 版 次 | 2018 年 9 月第 1 版 |
| 印 次 | 2018 年 9 月第 1 次印刷 |

| | | |
|---|---|---|
| 开 本 | 710×1000 1/16 |
| 印 张 | 31.75 |
| 插 页 | 2 |
| 字 数 | 457 千字 |
| 定 价 | 118.00 元 |

凡购买中国社会科学出版社图书，如有质量问题请与本社营销中心联系调换
电话：010 - 84083683
**版权所有　侵权必究**

# 序

文人笔记是古人对见闻、名物、古语、史实等的记录，其中历史琐闻、考据辩证两类中有前人对学术问题的大量记述和讨论，通常称之为学术笔记。20 世纪 80 年代以来，语言学界开始重视笔记的语料价值。洪诚教授《中国历代语言文字学文选》（江苏人民出版社 1982 年版）选录了宋代王观国《学林》卷 10 "不"字条（说明"不""弗"通用）和宋代沈括《梦溪笔谈·艺文一》王圣美的"右文说"。许威汉教授主编的《中国古代语言学资料汇纂》（分为文字学、训诂学、音韵学三册，福建人民出版社 1993 年版），系统选录了传统语言学著作以及历代笔记小说中有关文字、音韵、训诂及修辞等方面的资料，为研究汉语言学发展史提供了极大的方便。

进入新世纪以后，历代学术笔记所记录的语言学资料的学术价值再度引起学术界重视。纵观目前的研究状况，可以发现如下现象：一是学界更多地关注笔记小说本身的语言问题，对学术笔记中语言文字学论述材料的研究相对缺失。如四川大学中国俗文化研究所曾承担教育部人文社会科学重点研究基地重大项目"历代笔记小说语言研究"，陆续出版了一批研究笔记中词汇问题的优秀博士论文（周俊勋《魏晋南北朝志怪小说词汇研究》，黄建宁《笔记小说俗谚研究》，杨观《周密笔记词汇研究》，黄宜凤《明代笔记小说俗语词研究》，王宝红《清代笔记小说俗语词研究》）。但事实上历代学术笔记中记录着大量讨论语言文字问题的论述，蕴含着古人对汉语语音、词汇、修辞等语言理论多角度的观察和阐释，体现着前贤对语言的普遍认识，这些至今尚没有得到应有的重视和发掘。二是相关研究大都从传统文字学角度着眼，侧重于对笔记中零散的典型词条的考证，对单本典型语言事实的归纳和对某一时代笔记中的语音、词汇、语法等材料的集中考释和整理等方面，如四川大学中文系刘蓉的硕士论文《宋代笔记中的语言学问题》（《汉语史研究集刊》第1辑），曹文亮的博士论文《历代笔记语言文字学问题研究》（中国社会科学出版社2015年版）等。由于选题的视角不同，相对而言，现有的研究缺乏对学术笔记中相关论述材料的普通语言学理论观照。

李娟红副教授的国家社会科学基金研究成果《历代学术笔记中语言文字学论述整理和研究》主要搜集、整理和研究历代学术笔记（以唐宋及之后笔记为主，兼及魏晋南北朝笔记中相关的少量语料）中所记录的传统语言文字学即有关文字、语音、词汇、语法、修辞及语义学、语用学等内容的短论和札记，发掘并总结其中所蕴含的汉语言文字学理论。相较于以前的研究而言，本书具有鲜明的学术个性，后出转精。作者努力通过考察历代学术笔记中的语言文字学论述，在严密考证和细致梳理的基础上，尝试用全新的方法将相关语料进行重新编排整理，再现这些基本问题之间浑然有机的联系，并为后续研究提供便利、可靠的文献资料。全书分为整理篇和研究篇两篇，"整理篇"是对所辑录的相关语料的整理，"研究篇"是对所辑录论述材料进行理论性、系统性的研究。"整理篇"以"类"为纲，以"时"为目，将相关材料分为"词汇""语义""语用"三大类，以之为纲统领全篇。"研究篇"重点从历代学术笔记对词汇学、语义学、语用学的评述三个专题，对所搜集的500条材料的内涵进行深入挖掘，极力运用语境理论、认知语言学理论、配对原则等，对学术笔记中所蕴含的语言文字理论进行解读和阐释，对学术笔记中相关评述内容加以重新审视并给予再评价。基于此前侧重于对笔记文本自身语言研究的态势，作者致力于对其中语言文字学相关论述的发微和理论价值的提升，并以此为基础重新审视既有的汉语言文字学理论体系，即便矫枉过正也在所不惜，表现出强烈的学术创新意识。

作者的研究在汉语词汇、语音、语法、修辞、辞书编纂、文献校勘及文化史等方面的价值自不待言。除此而外，以下两方面的价值还值得再给予概括：

1. 有利于汉语语言学史的研究。学术笔记中既保留了先秦的古训，也阐明了许多词语的新义，还描述了不少近代的俗语方言、方音和方言语法，为研究汉语的语音、语义、词汇、语法和修辞史以及汉语学说史提供了珍贵的资料。目前的汉语言学史著作程度不等地提及了学术笔记的语言研究成果及其价值，但总体而言还只是举例性质，难免挂一漏万。以往的语言学史主要总结历代传统语言学研究的成果及其学说，对学术笔记的语言学史资料利用不足，为构建中国语言学史提供了具体而翔实的材料。

2. 有助于汉语言文字学理论体系的建构。汉语的理论隐含在历代语言文字学著作及相关文献中，不成系统，需要仔细爬梳并加以勾勒。历代学术笔记中的相关论述，在表述现象的同时还体现了汉语言理论观念。对这些评价和论断材料的全面整理和研究，有利于建构汉语言学理论体系，能为普通语言学理论的研究提供有价值的材料。比如作者探讨"语境""附着符号束""智力干涉""合作原则""得体原则"等对实际的话语交际产生干涉的理论背景、类型、功用、理据等，并努力将研究置于"认知语言学"理论框架中，通过深入探索实际话语形成的机制，对于重新认识汉语特色的"认知语言学"理论很有启发。

再进一步而言，如果说哲学的本质就是语言，那么汉语究竟能为人类语言哲学提供哪些事实？做出怎样的贡献？若能认真钩稽并梳理蕴含在古代典籍中的有关汉语言哲学短论，将其置于广阔的世界语言之林中加以总结和概括，相信会有益于增进人类对语言的普遍认识！

当然，任何创新都意味着风险和不尽如人意，在运用语言学理论分析中国传统学术笔记语言现象和评价古人观点时，需要注意二者的结合度究竟如何，如何能够恰如其分，既不妄自菲薄又不刻意拔高，其间的尺度需要认真拿捏。然而，良好的开端是成功的一半，愿与作者共勉！

雷汉卿

2018 年 9 月 1 日于比利时根特大学佛学研究中心

# 目　　录

# 研　究　篇

# 绪　言

文人笔记是一种通俗的文学形式，记录了作者的见闻、故国史实、名物古语等内容，包含着时贤前人大量的学术思想，其中有学术笔记一类。学术笔记也包蕴着大量可挖掘利用的语言学上的话语材料。这些话语材料更贴近当时的语言事实，较之传世典籍更能反映语料所处时地的语言实际。然长期以来，由于"重雅轻俗"观念的影响，这些"俗"文学一直被学界所忽视。直到近些年，学术笔记才成为语言学界研究的对象。本书以历代学术笔记对语言、文字现象所做的评述和讨论，而非行文中词汇现象为研究对象，主要包括"整理篇"和"研究篇"两篇。

"整理篇"主要分为三章：

第一章：词汇。该部分将收集到的相关评述材料进行分类整理，分别从词汇演变、词的形义不对称、俗字俗语俗音三方面进行整理，其余少量不能归入以上三类的则归入"其他"类。

第二章：语义。该章将收集到的释词材料进行分类整理，从训释方式上将其分为释音义、释源头、释理据、释形制四个方面。

第三章：语用。该章将收集到的语用材料从语用方式方面进行整理，分为语境、得体原则、合作原则三方面。

"研究篇"主要分为五章内容：

第一章："引言"。本章从本书的选题缘由谈起，到研究材料的确定，继而历代学术笔记的研究状况、研究对象的确定以及选取原因、研究的任务和目标、研究的方法和所使用的理论。本章内容主要介绍项目研究的背景和选题的意义。

第二章："历代学术笔记中语言文字学论述之词汇学研究"。我国传统语言学的研究历来注重语言事实，理论风气则嫌淡薄，不善于运用相关理论来指导后续研究；亦短于对已发掘出的语言事实做总结性概括，进而达成理论升华，最终努力上升为理论形态的语言规律。如上所述，语言学界对学术笔记中相关内容的研究所存在的问题显而易见：注重考释，关注个别语料发展的纵向脉络厘清，语言事实横向切面的比较分析，对理论的、规律性的研究却很少涉及。本章使用词汇形式的聚合、词汇的缩略、词汇形式的各种变异成词等相关语言学理论，主要从学术笔记中词汇现象记录的总体情况、研究现状、学术笔记对词语的系统性述评、学术笔记中之形义不对称现象的探讨、学术笔记对原词改造现象的评述、学术笔记中所记录的相关述评所呈现的汉语词汇的特点等方面进行论述，并着力于通过相关材料的分析进而发掘出潜隐在现象背后的规律。

第三章："学术笔记对语义现象评述的记录"。语言符号的渐变性特征保证了交际的连贯，亦使得语言事实长期保持着鲜活生动。然渐变积累到一定程度就是巨变，甚而质变，最终结果是：由于时、空差异而产生变异的古语词、俗语词等语言现象，自然就成为不同时、空交际主体阅读、交流的障碍。历代笔记"俗"的特性，使其记录着不少对俗语词、古语词和方言词等词汇现象的解释。本章主要结合语义场、词义的演变、俗形义学、词的得名理据等词汇理论、现象，分别从学术笔记记录释词现象的类别，记录释词现象的解释方式，记录的俗形义学现象，记录的语义现象所呈现的词义演变脉络以及词语的理据等方面对相关语料做分析、研究。

第四章："学术笔记对语用现象的评述研究"。笔记之"俗"，使它除对上章诸语言现象有记录外，还保留着为数不少的文人戏语、隐语、文人谐谑等现象的记录和评述，该类论述呈现着古人灵活运用文字、词汇的概貌。本章主要结合格赖斯提出的"合作原则"，我国语用学家钱冠连先生的智力干涉以及语用学的语境等相关语用理论，从学术笔记中语言文字学论述呈现的语境干涉、附着于人的符号束参与语用、智力干涉、合作原则、得体原则等几方面对相关语料进行分析、归纳。

第五章："学术笔记中语言文字学论述动态考评"。本章主要对收集到的相关评述材料分别从成词过程、话语效果上进行话语动态机制的考评。

第六章："结语"。在前文对学术笔记所做的相关论述分析整理的基础上，分别从词汇、语义、语用三方面强调历代学术笔记中所见的语言文字学论述在汉语语言学研究上不可或缺的重要作用。

总之，学术笔记中所录的语言文字学论述，对现今汉语语言学的研究以及相关理论框架的完善，是不可缺少的，希望本书的出版，能为汉语言学研究、教学工作提供具体可感的生动素材！

# 整　理　篇

# 一 词汇

## （一）词语演变

1. 印文之误　马援拜伏波将军，上书言："臣所假借伏波将军印文，伏字大外向。又成皋令印，皋字从白下羊；丞印四下羊；尉印白下人，人下羊。即一县长吏，印文不同，非所以为信。"事下大司空，正郡国印章。今按："伏旁从犬，能无外向之笔？皋非从羊，乃是谐声之字。记东观者，未有一言以辩之。印文职在司空，掌以少府，犹或讹异，况于香奁家记，铜龟私印？高平刻鹊瑞之章，玄晖奉虎儿之字，私志姓字者，不可胜纪，其来久矣。"［（明）焦竑：《焦氏笔乘》，中华书局，2008，页18。］

2. 深衣　深衣方领，正经曰："曲袷如矩。"后世不识，矩乃匠氏取方曲尺，强以斜领为方，而疑其多添襟，制度遂失，若裁作方，盘领即应如矩之义。续衽，乃所添两襟也，更加钩起钮于肩上，即是钩边。若以斜为方，岂圣人正心之意？朱文公只作直领，而下裳背后六幅，正面六幅，分两旁。若交其领，无乃背阔。而前狭又肋下两缝，向前或剪圆裳。旁曰钩边，尤为可笑。只按《深衣》、《玉藻》二篇，正经制度自见，世儒自不考耳。出元吾子行《闲居录》。［（明）焦竑：《焦氏笔乘》，中华书局，2008，页29。］

3. 柏舟　《诗》："泛彼柏舟。"古注谓："泛泛然流水中，盖言寡妇无夫可依，故泛泛然如河中不系之舟，无所依恃。诚嫠居之善自况者也。"而《列女传》云以《柏舟》之坚自比，则非矣。孔子读《柏舟》，见匹夫执志之不可夺，此《诗》之妙旨也。[（明）焦竑：《焦氏笔乘》，中华书局，2008，页30。]

4. 八蜡 《礼》："八蜡：先啬一，司啬二，百种三，农四，邮表畷五，猫虎六，坊七，水庸八，此经之明文也。"郑氏去"百种"而增"昆虫"，方氏亦去"百种"而分"猫虎"为二。张子虽用"百种"而序之于末，皆非也。"昆虫无作"，乃祝词，司神正祈昆虫之无作，乃谓之祀昆虫，可乎？草木归其泽，"泽"音"达各"反，与"壑""作"相叶。蔡邕《独断》载祝词："土反其宅，水归其壑，昆虫无作。丰年若土，岁取千百。"与《礼》文少异。[（明）焦竑：《焦氏笔乘》，中华书局，2008，页32。]

5. 不识一丁 苻坚宴群臣赋诗。姜平子诗内有"丁"字，直而不曲。坚怪问之，平子对曰："屈下者，不正之物，未足以献矣。"坚悦，擢上第。夫《庄子》云："丁字有尾。"若直下不屈，乃古"下"字也。下作丁，上作亅。若坚与平子，正不识一丁者。[（明）焦竑：《焦氏笔乘》，中华书局，2008，页32。]

6. 煮枣 《樊哙传》："从攻项籍，屠煮枣。"晋灼曰："《地理志》无。今清河有煮枣城，《功臣表》有煮枣侯。"颜师古曰："既云攻项籍，屠煮枣，则其地当在大河之南，非清河之城明矣。但未详其处耳。"考《后汉·地理志》："济阴郡冤句有煮枣城。"此正在大河之南，可以补《汉》注之阙。[（明）焦竑：《焦氏笔乘》，中华书局，2008，页70。]

7. 梼杌 梼杌，旧注恶兽名，非也。梼，断木也，一作刚木。注引"楚谓之梼杌，恶木也"，取其记恶以为戒。赵岐曰："梼杌者，嚚凶之类，兴于记恶之名。"杌，树无枝也。从木、从寿、从兀。寿，久也；兀，不动也。不从犭，则非兽明矣。《史》"高阳才子梼戭"，《汉书》"梼余山"，《艺文志》"梼生"，皆作直由切。惟《孟子》今音涛，陆德明《九经释音》误之也。[（明）焦竑：《焦氏笔乘》，中华书局，2008，页166。]

8. 俎豆军旅　孔子言:"俎豆之事则尝闻之矣,军旅之事未之学也。"王道思以为俎豆中有军旅,盖其精神严固,志意坚卓,可以周乎经曲千百之中而不乱,则所以行三军、敌千万人者,即此事也。卫灵自以陈法为问,殆谓王孙贾辈之所治,此岂孔门之学?而所谓闻俎豆之事者,自以正对,非婉辞以为拒也。当时卫公既不悟,后世儒者亦复谬解,于是军旅、俎豆,判为二事,而雍容细谨为文儒之习,暴厉悍忮为武人之长,盖道之不明如此![(明)焦竑:《焦氏笔乘》,中华书局,2008,页177。]

9. 三十六字母　司马温公作《切韵指掌图》,以三十六字母、三百八十四声别为二十图,极五音六律之变,分四声八转之异。递用则名音和,傍求则名类隔;同归一母则名双声,同出一类则名叠韵;同韵而分两切者谓之凭切,同音而分两韵者谓之凭韵;韵无字则点窠以足之,谓之寄声,韵阙则引邻以寓之,谓之寄韵。

吴幼清曰:"三十六字母,俗本传讹而莫或正也。群当易以芹,非当易以威,知、彻、床、娘四字宜废,圭、缺、群、危四字宜增。"乐安陈晋翁以《指掌图》为之节要,卷首有《切韵须知》,于照、穿、床、娘下注曰:"已见某字母下。"于经、坚、轻、牵、擎、虔外,出扃、涓、倾、圈、琼、拳,则亦费亦增,盖已了然矣。[(明)焦竑:《焦氏笔乘》,中华书局,2008,页219。]

10. 汉儒失制字之意　汉儒郑玄、贾逵、杜预、刘向、班固、刘熙诸人,皆号称博洽,其所训注经史,往往多不得古人制字之意。姑以释亲言之,如云父,矩也,以法度教子也。母,牧也,言育养子也。兄,况也,况父法也。弟,悌也,心顺行笃也。子,孜也,以孝事父,常孜孜也。孙,顺也,顺于祖也。男,任也,任功业也。女,如也,从如人也。姑,故也,言尊如故也。姊,咨也,言可咨问也。夫,扶也,以道扶接也。妇,服也,以礼屈服也。妻,齐也,与夫齐体也。妾,接也,以时接见也。凡此率以己意牵合,岂知古人命名立义,固简而易尽乎?今以六书及许慎《说文》考之,盖父字从又从丨,又即手字,丨即杖,以手执杖,言老而尊也。母字从女从两点,女而加乳,象哺子形也。兄字从口，从人，象同胞之长，以弟未有知而谆谆诲之，友爱之情也。弟字上象丱角，中象擎手，下象趺足，不良于行，义当从兄也。子字上象其首，中象其手，下象并足，始生襁褓之形也。孙字从子，从系，子之系，所以续祖之后也。男子从田从力，壮而田力，供为子职也。女字象两手相掬，敛足而坐，淑德贞闲也。姑字从女从古，齿德俱尊，观舅从臼可知也。姊字从女从市，市即古绂字，绂为蔽膝，义取在前，观妹从未可知也。夫字从天而出，象妻之所天天也。妇字从女从帚，女而持帚，承事舅姑之义也。妻字从女从尚，言女而上配君子也。妾字从女从立，女而侍立，卑以承尊也。细玩篆文，其义立见。乃漫不之省，辄为之附会，其说亦凿矣哉。[（明）焦竑：《焦氏笔乘》，中华书局，2008，页228。]

11. 韩诗误解字 《韩诗外传》云："君者何也？曰：群也。为天下万物而除其害者，谓之君。王者何也？曰：往也。天下往之，谓之王。先生何也？犹言先醒也。不闻道术之人，则冥于得失，不知乱之所由，眊眊乎其犹醉也。"按古文君字从门，从口，取端拱南面，出命令而无为之意。李斯小篆从尹从口，许慎《说文》云"从尹，从口，以发号"，晋悼公曰"臣之求君，以出令也"，此君字之义也。董仲舒曰："古之造文者，三画而连其中，谓之王。三者，天地人也，而参通之者，王也。"孔子曰："贯三为王。"李阳冰曰："王者之王，中一画近上，王者则天之义。"此王字之义也。师之称为先生，谓闻道先乎吾，如乐克于孟子曰"先生何为出此言"之类。长老之称亦为先生，谓年齿先乎吾，如孟子遇宋牼于石丘，曰"先生将何之"之类。子之称父亦为先生，谓其德之可尊，如曾子有过，曾晳引杖击之，仆地，有问乃苏，起曰"先生得无病乎"之类。君之称臣，亦为先生，谓其德之可尊。如鲁哀公闻冉有之言，嘻然而笑曰"寡人虽不敏，请从先生之勇"之类，此先生字之义也。古人制字，每寓意于点画之中，观此类可见矣。乃以群释君，以往释王，以先醒释先生，至如司马迁、班固、郑康成、应劭、刘熙之徒，诸所训注，此类非一，则徒以声之相近者而强释之，初不考六书之本意，其误后人甚矣。[（明）焦竑：《焦氏笔乘》，中华书局，2008，页229—230。]

12. 古文多倒语　古文多倒语，如息之为长，乱之为治，扰之为顺，荒之为定，臭之为香，溃之为遂，衅之为祥，结之为解，坐之为跪，浮之为沈，面之为背，粪之为除，皆美恶相对之字，而反其义以用之。如"天地盈虚，与时消息"，以息训长也。"乱臣十人""乱越我家""惟以乱民""乱以四方新辟""丕乃俾乱"之类，以乱训治也。"安扰邦国""扰而毅""扰龙""六扰"之类，以扰训顺也。"荒度土功""遂荒大东""大王荒之""葛藟荒之"，以荒训定也。"其臭如兰""衿缨皆佩容臭""胡臭亶时""其臭膻""臭阴达于渊泉"，以臭训香也。"是用不溃于成""艹不溃茂"，以溃训遂也。"将以衅钟"，以衅训祥也。"亲结其缡"，以结训解也。"则皆坐奠之而后取之"，以坐训跪也。"越浮西子于江"，以浮训沈也。"马童面之""面缚衔璧""面规榘而改错"，以面训背也。"为长者粪"，以粪训除也。[（明）焦竑：《焦氏笔乘》，中华书局，2008，页241。]

13. 亮采惠畴　"亮采惠畴"，言能明别其事，而分使致力，畴类皆蒙其惠也。一相得人，分为法，守者各归其分，百官赖之，是为"亮采惠畴"也。唐、虞之师师，高宗之乃僚同心，禹、传说实使之也。说者谓：畴即俦，古字通耳。观《左氏》"取我田畴而伍之"，杜曰："并畔为畴。"畔，田疆所抵也。以疆界相并为畴，即俦朋之义。《汉志》"畴人分散"，亦指史官朋俦也。不必以畴为俦。[（明）焦竑：《焦氏笔乘》，中华书局，2008，页325。]

14. 丈量　泾野曰：天下要事为土田，然天下田亩甚不能均。国初丈量田地，攒造鱼鳞册，以均其税，庶绝重累。然欲丈量，在得人，尤在得法。田政既清，他政自举。近兰州人段绍先为南职方郎中，先令河南杞县，尝如此量之：令田户报实亩数，各四至；插标于田中，画为数区，每区各注某人之田若干亩数于册。及躬临其田，随地挈签量之；验亩认粮，遂得一县田清而税均。故天下事只在得其人也。[（明）焦竑：《焦氏笔乘》，中华书局，2008，页344。]

15. 冠礼　泾野曰：《冠礼》有"宾拜，冠者受之"，又有"见于母，母拜之"，此如何可行？看来礼坏于周末，亦因其文大繁也。某在解时，令民间行冠礼：设一饭，请冠者宗亲或比邻三五辈会食。冠者跪，令识字者晓以成人之道，随令冠者参神主，拜父母，如此而已。囊尝遇刘参政、谢金宪师弟，皆年七十余，处深山穷谷中，设饭相留，都略去礼文。其称道师传，如童蒙时无异。言论朴实，更无虚文缛礼，宛然古人风度，可爱也。[（明）焦竑：《焦氏笔乘》，中华书局，2008，页345。]

16. 瘀死　瘀死之瘀，音愈，在麌押，病也。《诗》"交相为愈"，与瘀通。《汉律》："因饥寒而死曰瘀。"[（明）焦竑：《焦氏笔乘》，中华书局，2008，页382。]

17. 宁馨　宁馨，犹言"恁地"也，如阿堵，皆虚活字。山涛见王衍曰："何物老妪，生宁馨儿。"至宋废帝悖逆，太后怒，语侍者曰："将刀来剖我腹，那得生宁馨儿！"若不见宋太后语，当以宁馨为美词矣。[（明）焦竑：《焦氏笔乘》，中华书局，2008，页413。]

18. 联字　俗于联字，有因上误下者，有因下误上者。驵侩误以侩从马作驲，髻龀误以髻从齿作齠，蹴鞠误以鞠从足作踘。此类甚多，皆一时趁笔之误，后多沿其失而不考耳。[（明）焦竑：《焦氏笔乘》，中华书局，2008，页418。]

19. 老草　朱子《训学斋规》云："写字未问工拙如何，且要一笔一画严正分明，不可老草。"据此，则今人言"潦草"者，乃"老草"之讹，因音而转耳。[（清）梁章钜：《浪迹丛谈 续谈 三谈》，中华书局，1981，页264。]

20. 黎明　余于逆旅中，见壁上近人所书朱柏庐先生《格言》，首句作"犁明即起"，同行者笑以为误笔。余谓此非误也，今人但知作黎明，而不知古人正作犁明。《史记·吕后纪》注："徐广曰：犁犹比也，诸言犁明者，将明之时。"又作犁旦，《南越传》："犁旦城中皆降伏波。"索隐云："犁，黑也，天未明而尚黑也。"是作犁明正合古义。又今人以早晨为清早，而不知古人以但作侵早。杜老《赠崔评事》："天子朝侵早。"贾岛《新居》诗："门尝侵早开。"王建《宫词》："为报

诸王侵早入。"翟晴江曰："侵早即凌晨之谓，作清早者非。"然杜老诗
"老夫清晨梳白头"，清早即清晨之意，亦未为不可也。〔（清）梁章钜：
《浪迹丛谈 续谈 三谈》，中华书局，1981，页268。〕

21. 秀才　秀才二字，始见《管子·小匡篇》："农之子常为农，朴
野而不昵，其秀才之能为士者，则足赖也。"杨升庵谓始于赵武灵王
"吴越无秀才"之语，考其原文，乃是"秀士"，非秀才也。《史记·儒
林传》：公孙弘等议，有秀才异等，辄以名闻。是秀才科名所自起。
《日知录》云：唐代举秀才者，止十余人。凡贡举，有博议高才、强学
待问、无失俊选者，为秀才，其次明经，其次进士。《明实录》云：
"洪武十四年六月，诏于国子诸生中选才学优等、聪明俊伟之士，得三
十七人，命之博极群书，讲明道德经济之学，以期大用，称之曰老秀
才。"则今世学者所恶闻之号也。〔（清）梁章钜：《浪迹丛谈 续谈 三
谈》，中华书局，1981，页272。〕

22. 嫖　今人读嫖为瓢音，《字典》云："俗谓淫邪曰嫖。"故世有
"嫖赌友三般全"之谚。按，此字传记中甚少见，惟《汉书·景十三王
传》："广川王立为陶望卿歌曰：'背尊章，嫖以忽。'"孟康注："嫖，
匹昭反。"金悔注云："'嫖以忽'，犹言飘忽，谓远别父母也。嫖字与
嫖姚校尉之'嫖'义同，不关妇人淫邪事。"〔（清）梁章钜：《浪迹丛
谈 续谈 三谈》，中华书局，1981，页274。〕

23. 三多　今人每以三多为颂祷之词，问其出典，辄以华封三祝
应。然华封事见《庄子·天地篇》："尧观乎华，华封人祝曰：'使圣人
寿，使圣人富，使圣人多男子。'"未尝指为三多也。三多事惟见《玉
海》，载杨文公言曰："学者当取三多，乃看读多，持论多，著述多
也。"此言甚有味。今俗言多福、多寿、多男子，实无所出；华封人但
言多男，不可强合。孙志祖《读书月坐语》亦辨之，并云："若尧曰：
'多男子则多惧，富则多事，寿则多辱。'则三多并非佳语矣。"〔（清）
梁章钜：《浪迹丛谈 续谈 三谈》，中华书局，1981，页275。〕

24. 鹊起　六朝人多用鹊起二字为美词。《宋书·谢灵运传》："初
鹊起于富春，果鲸跃于川湄。"《文选》谢玄晖诗："鹊起登吴山，凤翔

陵楚甸。"其意并同。李善注引《庄子》云:"鹊上高城之垝,而巢于高榆之巅,城坏巢折,凌风而起,故君子之居士者,得时则义行,失时则鹊起。"然则鹊起亦非美词矣。[(清)梁章钜:浪迹丛谈 续谈 三谈,中华书局,1981,页308。]

25. 冠玉 《史记·陈丞相世家》:"绛、灌等咸谗陈平曰:'平虽美丈夫,如冠玉耳,其中未必有也。'"注云:"饰冠以玉,光虽外见,中非所有。"《南史·鲍泉传》帝责泉亦曰:"面如冠玉,还如木偶。"近人多以此二字为美称,若检本书示之,恐非所喜矣。[(清)梁章钜:《浪迹丛谈 续谈 三谈》,中华书局,1981,页308。]

# (二)词的形义不对称

1. 鹤相 丁晋公为玉清昭应宫使,每遇酉焦祭,即奏有仙鹤舞于殿庑之上。及记真宗东封事,亦言宿奉高宫之夕,有仙鹤飞于宫上。及升中展事,而仙鹤迎舞前导者,塞望不知其数。又天书每降,必奏有仙鹤前导。是时莱公判陕府,一日,坐山亭中,有乌鸦数十,飞鸣而过。莱公笑顾属僚曰:"使丁谓见之,当目为玄鹤矣。"又以其令威之裔,而好言仙鹤,故但呼为"鹤相",犹李逢吉呼牛僧孺为"丑座"也。[(宋)魏泰、马永卿:《东轩笔录·嬾真子录》,上海古籍出版社,2012,页14。]

2. 鱼袋 陕府平陆主簿张贻孙子训尝问仆鱼袋制度,仆曰:今之鱼袋,乃古之鱼符也。必以鱼者,盖分左右可以合符,而唐人用袋盛此鱼,今人乃以鱼为袋之饰,非古制也。《唐·车服制》曰:随身鱼符,左二右一。左者进内,右者随身,皆盛以袋。三品以上饰以金,五品以上饰以银。景云中,诏衣紫者以金饰之,衣绯者以银饰之。谓之章服,盖有以据也。[(宋)魏泰、马永卿:《东轩笔录·嬾真子录》,上海古籍出版社,2012,页92。]

3. 少府 县尉呼为"少府"者,古官名也。《汉·百官表》云:大司农供军国之用,少府则奉养天子,名曰"禁钱",自是别为藏。少者小也，故称少府，以亚大司农也。盖国朝之初，县多惟令、尉。令既呼"明府"，故尉曰"少府"，以亚于县令。〔（宋）魏泰、马永卿：《东轩笔录·嬾真子录》，上海古籍出版社，2012，页97。〕

4. 禽兽可互名　《益稷》"百兽率舞"，非专以走兽为言。《考工记》曰："天下大兽五：脂者，膏者，羸者，羽者，鳞者。"是禽亦可以名兽。《后汉书》：华佗语吴普曰："吾有一术，名五禽之戏：一曰虎，二曰鹿，三曰熊，四曰猿，五曰鸟。"是兽亦可以名禽。〔（明）焦竑：《焦氏笔乘》，中华书局，2008，页14。〕

5. 人参赞　高丽人作《人参赞》曰："三桠五叶，背阳向阴。"故韩翃诗云："应是人参五叶齐。"《典术》曰："尧时，天降精于庭为韭，感百阴为菖蒲。"《吕氏春秋》："菖蒲亦名尧韭。"唐诗："涧有尧时韭，山余禹曰粮。"用此事。〔（明）焦竑：《焦氏笔乘》，中华书局，2008，页20。〕

6. 太白诗误　太白诗："我来圯桥上，怀古钦英风。"按《史记》："子房授书圯上。"注："圯音怡，楚人谓桥为圯。"一字不应复用。〔（明）焦竑：《焦氏笔乘》，中华书局，2008，页21。〕

7. 一线　子美"刺绣五文添弱线"，又"愁日愁随一线长"，鲁直诗"宫线添尺余"，皆指女红以验日也。《荆楚岁时记》云："晋魏间，宫中以红线量日影，冬至后日影添长一线。"其说又与此异，未知孰是？〔（明）焦竑：《焦氏笔乘》，中华书局，2008，页22。〕

8. 赤族　赤族，言尽杀无遗类也。《汉书注》以为"流血丹其族者"，大谬。古人谓空尽无物曰赤，如"赤地千里"，《南史》称"其家赤贫"是也。〔（明）焦竑：《焦氏笔乘》，中华书局，2008，页22。〕

9. 缠读如战　《淮南子》："缠以竹丝。""缠"读如"战"。《古乐府》有"双行缠"，谓行縢，即足衣也。宋人诗"青罗包髻白行缠，不是凡人不是仙"，以平声读之矣。〔（明）焦竑：《焦氏笔乘》，中华书局，2008，页36。〕

10. 沐猴　《史记》"沐猴而冠"，沐猴，猴名，出宾国，见《汉书》。郭义恭《广志》曰："沐猴，即猕猴也。不知者多以沐浴之沐解之。"[（明）焦竑：《焦氏笔乘》，中华书局，2008，页76。]

11. 平仲君迁　《吴都赋》"平仲"、"君迁"皆木名。"平"本作"枰"，《上林赋》"华枫"、"平栌"，其木理平，故綦局曰枰。唐诗"芳春平仲绿，清夜子规啼"是也。"君迁"一作"椐櫖"，出交趾。今《本草》有君迁，又言即柿漆，非也。别有稗柿。《闲居赋》"梁侯乌椑之柿"是也。可补《文选注》。[（明）焦竑：《焦氏笔乘》，中华书局，2008，页76。]

12. 属负兹　《公羊传》"属负兹舍，不即罪尔。"注："天子有疾称不豫，诸侯称负兹，大夫称犬马，士称负薪。此皆汉礼之名。言负兹者，负事繁多，故致疾；言犬马者，代人劳苦，行役远方，故致疾；言负薪者，禄薄不足代耕，故致疾。"卫朔"属负兹"，盖托疾以免罪也。此出汉儒之意。今按：兹，新生草也，故从草从兹立意。草一年一生，故古人以兹为年。《吕氏春秋》云："今兹美禾，来兹美麦。"古诗云："为乐当及时，何能待来兹。"兹字皆训为年。诸侯称负兹，言已年老有疾也。一说《史记》叙武王入商，康叔封布兹，注云："兹，蓐席也。"然则负兹者，盖言有疾而负蓐，如所谓扶枕类耳。[（明）焦竑：《焦氏笔乘》，中华书局，2008，页114。]

13. 笏制　《玉藻》："笏，天子以球玉，诸侯以象，大夫以鱼须文竹，士竹本象可也。"鱼须文竹，谓以竹为笏，而刻画为鱼须之文以饰之。盖大夫下于诸侯，故不敢用象，而文以鱼须，亦示华重之意。若士又下于大夫，故只用竹之本形为笏，而不加饰，其视鱼须为又杀矣。此"象"字，与上"象"字不同。本"象"者，言用竹之本形也。应氏谓士以远君而伸，故饰以象。则是位下大夫而仪文故与诸侯相，岂先王辩等之礼哉？[（明）焦竑：《焦氏笔乘》，中华书局，2008，页117。]

14. 玉树青葱　左思《三都赋序》讥扬雄赋甘泉不当言"玉树青葱"。或言玉树者，武帝所作，集众宝为之，以娱神，非谓自然生之，犹下句言"马犀""金人"也。此说亦非。按王褒《云阳宫记》、《三辅黄图》并言："甘泉宫北有槐树，今为玉槐树。根干盘峙，三二百年木也。耆旧相传，即子云所谓'玉树青葱'者"，据此，则何必巧为解

邪？［（明）焦竑：《焦氏笔乘》，中华书局，2008，页132。］

15. 白打钱　王建诗：“寒食内人尝白打，库中先散与金钱。”韦庄诗：“内官初赐清明火，上相闲分白打钱。”用修云：“白打钱，戏名，未明指为何事。”按《齐云论》：“白打，蹴鞠戏也。两人对踢为白打，三人角踢为官场。”［（明）焦竑：《焦氏笔乘》，中华书局，2008，页136。］

16. 点朝班　子美：“几回青琐点朝班”，用修谓：“‘点’读如‘玷’，《汉书》：‘祇足以发笑而自点耳’，与此‘点’字同。”余谓不然，若作“玷”字，不得用“几回”字。王建诗：“殿前传点各依班，召对西来八诏蛮。”盖唐人屡用之，亦可证杜诗之不音“玷”矣。［（明）焦竑：《焦氏笔乘》，中华书局，2008，页152。］

17. 杜诗用投字　“远投锦江波”，“投”音豆，假借为“逗合”之“逗”也。又借为“句读”之“读”，马融《长笛赋》：“察度于句投。”又借为“酘酒”之“酘”，梁元帝《乐府》：“宜城投酒今行熟，停鞍驻马暂栖宿。”盖重酝谓之酘酒。［（明）焦竑：《焦氏笔乘》，中华书局，2008，页156。］

18. 东坑　《甘泉赋》：“陈众车于东坑。”《辩亡论》：“陆公偏师三万，北距东坑，深沟高垒。”注：“东坑，东海也。”《说文》：“坑，阆也；虚，堑也。”［（明）焦竑：《焦氏笔乘》，中华书局，2008，页166。］

19. 飞龙　飞龙，鸟名，凤头龙尾，其文五色，以象五方；一名飞廉，一名龙雀。汉铜铸其象，以彰瑞应。明帝至长安，迎取飞廉天马，置平乐观，故曰“龙雀蟠蜿，天马半汉。”天马即铜马，言其形容之高，半入云汉也。六臣注未详，宜补入之。［（明）焦竑：《焦氏笔乘》，中华书局，2008，页168。］

20. 乌鬼　鸬鹚，水鸟，似鸠而黑，峡中人号曰乌鬼。子美诗：“家家养乌鬼，顿顿食黄鱼。”言此鸟捕鱼而人得食之也。［（明）焦竑：《焦氏笔乘》，中华书局，2008，页168。］

21. 刺闺　梁戴高《从军行》云：“长安夜刺闺，胡骑犯铜革。”

是注谓"夜有急报投刺于宫门",非也。刺即钻刺之刺,如云穴门以入耳。《南史》"隋文帝一夜内刺闺取外事分判者,前后相续",岂亦可以"投刺"为解耶?[(明)焦竑:《焦氏笔乘》,中华书局,2008,页182。]

22. 铁脚梨　木瓜性益下部,若脚膝筋骨有疾者,必用焉。故方家号为铁脚梨。[(明)焦竑:《焦氏笔乘》,中华书局,2008,页198。]

23. 霓可两音　霓,《说文》:"屈虹,青赤或白,阴气也。"雄曰虹,雌曰霓。研奚切;又五结切。《南史》:沈约作《郊居赋》,以艹示王筠,读至"雌霓连蜷",沈拊掌曰"仆尝恐人呼为平声";范蜀公召试学士院,用彩霓作平声。考试者判《郊居赋》霓,五结切,范为失韵。当时学者为之愤郁。司马文正公曰:"约赋但取声律便美,非霓不可读为平声也。"按韵书此类甚多,有两音、三音而义同者,皆可通用。[(明)焦竑:《焦氏笔乘》,中华书局,2008,页226。]

24. 廿卅卌三音　颜之推《稽圣赋》:"魏妪何多,一孕四十。中山何伙,有子百廿。"廿音入,而集反,《说文》:"二十并也",俗音念者误。三十并为卅,音撒,先合反;四十并为卌,音锡,先立反。《史记》秦始皇诸刻石文,四字为句,正用此。今刻本一字改作二字,黄花老人诗"招客先开卌十双",却一字读作二字,皆可笑也。[(明)焦竑:《焦氏笔乘》,中华书局,2008,页226。]

25. 甄有三音　甄有三音,一在真韵,之人切,《汉书》"甄表门闾"、"灵贶自甄"之甄;一在先韵,稽延切,《左传》"左甄"、"右甄",军之两翼也;一在震韵,之刃切,《周礼》"典同薄声甄",注:"掉也,锺病也。"殷寅《玄元皇帝应见贺圣寿无疆》诗:"应历生周日,修祠表汉年。无由同拜庆,窃抃贺陶甄。"自先韵旁入真韵。[(明)焦竑:《焦氏笔乘》,中华书局,2008,页227。]

26. 繇有六义　繇有六义:黄履翁云"汉高帝'繇咸阳',则与徭同;《文纪》'无繇教训其民',则与由同;《百官表》'咎繇',则与陶同;《李寻传》'繇俗',则与谣同;韦孟诗'犬马繇繇',则与悠同;班固赋'谟先圣之大繇',则与犹同。一字凡六用。"[(明)焦竑:

《焦氏笔乘》，中华书局，2008，页230。]

27. 率有五音　率有五音：将率之率音帅；《孟子》"彀率"、《左氏》"藻率"、唐"率更令"，皆音律；量名音刷；督率之率音朔；算法约数之率，音类。[（明）焦竑：《焦氏笔乘》，中华书局，2008，页231。]

28. 敦有九音　敦有九音：《礼》"敦厚以崇礼"，音墩；《诗》"敦彼独宿"，音堆；《乐记》"乐者敦和"，音纯；《诗》"敦彼行苇"，贾谊赋"何足控敦"，并音团；《诗》"敦弓既坚"，《广韵》"天子弓也"，音雕；《周礼》"每敦一几"，敦，覆也，音帱；《周礼》"度量敦制"，注："敦，布帛幅广也"，音准；《周礼》"珠盘玉敦"，《明堂位》"有虞氏之两敦"，音对；《尔雅》"敦丘如覆"，敦音钝。[（明）焦竑：《焦氏笔乘》，中华书局，2008，页231。]

29. 离有十六义　离有十六义：黄离，仓庚也，见《说文》；"离，丽也"，"离也者，明也"，见《易》；"雉离于罗"，见《毛诗》；"大琴谓之离"，见《尔雅释》；流离，鸟名，见《诗注》；"前长离而后裔皇"，注："长离，凤也"，见相如赋；纤离，鸟名，见李斯书；陆离，参差也，见《文选》；侏离，夷语也，见《汉·南蛮传》；《株离》，西夷乐名；又"设服离卫"，注："陈也"，见《左传》；又离，木名，茔冢中之树，见《孔子世家》；又水名，零离水，东南至广信，入郁林，见《地理志》；又姓，"离娄"，见《孟子》；又转去声，"不离飞鸟"，"不可须臾离"也，见《礼记》；又转力尔切，"轮囷离奇"，又"离靡广衍"，见《汉书》。[（明）焦竑：《焦氏笔乘》，中华书局，2008，页232。]

30. 苴有十四音　苴有十四音：七闾切，麻也；子间切，苴杖也；又子旅切，履中荐也；又布交切，天苴，地名，在益州，见《史记注》；又天苴，与巴同；又子邪切，菜壤也，一曰猎场；又似嗟切，苴咩城，在云南；又锄加切，《诗传》曰："木中传艹也"，水草曰苴，字一作葄，又作渣，今作渣，非；又都贾切，土苴不精细也；又侧下切，粪艹也；又侧鲁切，《说文》曰："酢菜也"。又庄俱切，姓也，汉有苴氏；又则吾切，茅籍祭也；又将预切，糟魄也；又子余切，苞苴，囊货也。［（明）焦竑：《焦氏笔乘》，中华书局，2008，页233。］

31. 古字有通用假借用　经籍中多有古字通用及假借而用，读者每不之察。如《易·丰卦》"虽旬无咎"，《礼记·内则》"旬而见"，注皆释均，不知旬字即古均字。《遁卦》"肥遁无不利"，肥古作䠖，与蜚字同。韵书训"别也"，则肥当从䠖。《离卦》"离，丽也"，又云"明两作离。"《礼·昏经》曰"纳征束帛离皮。"《白虎通》云"离皮者，两皮也。"《三五历记》"古者丽皮为礼。"离、丽古通用。《巽卦》"丧其资斧"，资当读为齐。应劭云"齐，利也"，《淮南子》云"磨齐斧以伐朝菌"，《汉书·王莽传》引《易》句，资作齐，资、齐古通用。《艮卦》："艮其限，列其夤，厉熏心。"熏读为阍，盖艮为阍也。熏、阍古通用。《归藏》"易一奭"，奭读为坤，即古坤字。《书·尧典》"方命圮族"，圮读为弊，即古弊字。《禹贡》"西倾因桓是来"，又"和夷底绩"，《水经注》："和夷底绩即西倾因桓之桓。"《汉书》"桓东少年场"，注："桓楹即和表"，和表又转为华表。桓谭《新论》，《隋志》作华谭。桓、和、华三字古通用。又"岷嶓既艺"，又"岷山导江"，《史记》引此皆作"汶"。《三国志》"蜀后主湔登观坂，观汶水之流"，《五代史》"王建贬卫尉少卿李钢为汶川尉"，徐无党注："汶读作岷。"汶、岷古通用。《五子之歌》"甘酒嗜音"，又"仪狄作酒，禹饮而甘"之二甘字，当读为酣，古字省文。"微子沈酗于酒"，酗当读为酉句，音煦。《汉书·赵充国传》"醉酉句羌人"，颜师古曰："醉怒曰酉句。"即酗字。"囧命伯囧"，《说文》："囧作冏"。唐杜佑《奏省官疏》云："伯景为太仆。"囧、冏古与景字同音，亦相借耳。《诗·小序·氓》"丧其妃耦"，妃当读为配。妃、配古通用。《国风》："猗嗟名兮"，《玉篇》引名作䫤，眉目之间也。《西京赋》"眳藐流盼，一顾倾城。"注："眳，眉睫之间，皆言美人眉目流盼，使人冥迷，所谓一顾倾城也。"名、䫤、眳三字，古通用。《小旻》"发言盈庭"，发读为詀。发、詀古通用。《硕人》"鳣鲔发发"，发读为泼，发，古泼字省文。《小雅·采菽》"平平左右"，《论语》"便便言"，皆训辨给也。

《尧典》"平章百姓"，《史记》作"便章百姓"。平、便古字通用。《公刘》"芮鞫之即"，《韩诗外传》作，班孟坚云："弦中谷丙水出西北，东入泾，注芮临雍州川也。"师古云："读与鞫同，古字通用。"《蓼萧》"为龙为光"，《长发》"荷天之龙"，二龙字，注皆释"宠也"，然不知即古宠字省文。《隰有苌楚》"猗傩其华"，王逸云："今《诗》作猗傩，二字皆平声。"《楚辞》"纷猗旎于都房"，相如赋"猗旎以招摇"，扬雄赋"旖旎郅偈之猗旎"，王褒赋"形猗旎以顺吹"，猗旎即古倚傩字。《殷颂》"武王载发"，发读为旆。发、旆古通用。《礼记·月令》"审端径术"，术读为遂。术、遂古通用。又"天子乃鲜羔开冰"，鲜读为献。鲜、献古通用。《玉藻》"立容辨卑，毋诌"，辨读为贬。辨、贬古通用。又"盛气，颠实，扬休"，颠读为填。颠、填古通用。"一命缊韨，幽衡"，幽读为黝；黝，黑色。幽、黝古通用。《少仪》"鸾和之美"，美读为仪。美、仪古通用。《乐记》"名之曰建橐"，建读为展。建、展古通用。《祭仪》"燔燎膻芗"，膻芗读为馨香。膻芗、馨香古通用。《祭统》"百官进彻"之进，读为餕。进、餕古通用。《投壶》"若是者浮"，浮当读为罚。浮、罚古通用。又"筹空中五扶，堂上七扶"，《公羊传》曰"肤寸而合。"何休曰："侧手为肤。按指为寸。"扶读为肤。扶、肤古通用。又"王言如纶，其出如綍"，綍读为绋。綍、绋古通用。《周礼·小司徒》"施其职而平其政"，政读为征。政、征古通用。《贾师》"展其成而奠其买"，奠读为定。奠、定古通用。《司尊彝》"凡酒修酌"，修读为涤。修、涤古通用。《大宗伯》"摄而载果"，果读为裸，音灌。果、裸古省文。《司几筵》"每敦一几"，郑玄曰："敦，覆也。"敦读为焘。敦、焘古通用。《郁人》"遂狸"之狸，读为埋。狸、埋古通用。《典瑞》"缫藉五采，五就，以朝日"，缫读为藻。缫、藻古通用。《巾车》"革路，龙勒，条缨"，条读为绦。条、绦古通用。又"蒲蔽、棼蔽、藻蔽、藩蔽"，《尔雅》"舆前谓之蕲，后谓之苐；竹前谓之御，后谓之蔽"，通作苐。蔽、苐古通用。《雍氏》"秋绳而芟之"，绳读为孕。绳、孕古通用。《考工记》"梓人为侯，上两个与其身"，个读为干。个、干古通用。《辀人》"辀欲顾典"，顾典，读为恳殄。顾典、恳殄古通用。《函人》"犀甲七属"，属读为注。属、注古通用。又"视其鑽空"，空读为孔。空、孔古通用。《幌氏》"以栏为灰"，栏读为练。栏、练古通用。《矢人》"以其筍厚"，筍读为稿。筍、稿古通用。《匠人》"为沟洫，凡行奠水"，奠读为停。奠、停古通用。《弓人》"为弓，老牛之角紾而昔"，昔读为错。昔，错古省文。又"畏也者必挠"，畏读为隈。畏，隈古省文。又"中有变焉故校"，校读为绞。校、绞古通用。《仪礼注》"布八十缕为一宗"，宗读为升。宗即古升字。《春秋》宜公九年"晋郤缺救郑"，成公十七年"晋杀郤锜、郤犨、郤至"，郤读为郄，音隙。汉有郄正，晋有郄超、郄鉴。却古郤字。《左传》隐公元年"众父卒"，众读为终。众、终古通用。文二年"穆伯及晋司空士縠盟于垂陇，及士会、士燮、士鞅"，士当作土，传讹耳。又《诗》"彻彼桑土"，土读为杜。土姓，杜伯之后，土即古杜字省文。宣四年"斗谷于菟"，班固《叙传》引此，菟作檡，古通用。襄二十五年：子产对晋云："庸以元女大姬配胡公而封诸陈，以备三恪。"恪当读为客，恪、客古通用。又"卫侯人，逆于门者，鎮之而已"，《说文》："鎮，低头也。"徐氏曰："点头以应也，今作颔。"襄八年"亦不使一介行李告于寡君"，介读为个。介、个古通用。昭元年"赵孟视荫"，荫读为阴。荫、阴古通用。文元年"享江芈而勿敬也"，又昭十三年"芈姓有乱，必季实立"，今氏书有乜姓而无芈姓，诸韵书乜、芈字同音，皆训羊出声，则知芈即古乜字。昭七年"隶臣僚，僚臣仆"，僚当读为牢，僚即古牢字。昭二十五年"隐民多取食焉"，《国语》"劝恤民隐，而除其害也"，《诗》云"如有隐忧"，隐当读为殷。隐、殷古通用。又"公徒释甲，执冰而踞"，冰读为掤，箭房之盖。冰、掤古通用。定三年"唐成公如楚，有两肃爽马"，爽读为霜。爽、霜古通用。《榖梁传》以"伯宗"为"伯尊"，贾逵以"宗盟"为"尊盟"，与《舜典》"禋于六宗"，宗亦为尊。宗、尊古通用。《国语》"王乃秉枹亲鼓之"，《离骚》"援玉枹兮击鸣鼓"，枹读为桴。枹、桴古通用。《论语》"多见其不知量也"，多当为祇。《正义》云："古祇字"。《孟子》"河海之于行潦"，潦读为涝。潦、涝古通用。《素问》

"脉泣而血虚",又云"寒气入经而稽迟,泣而不行",又云"多食咸则脉凝泣而变色",泣读为涩。泣、涩古通用。《山海经》"帝俊妻是生十日",俊,古舜字。《庄子》"胶胶扰扰",胶读为搅,胶、搅古通用。贾谊《过秦论》"信臣精卒,陈利兵而谁何",注:"谁何,问之也。"《汉书》"有谁何卒",注:"谁与谯通,与'高帝谯让项羽'之谯同。何与呵同。谯呵,如今关城盘诘之例。"谁谯、何呵古通用。《史记》"瘐死狱中",《说文》:"束缚捽抴为叟",瘐、叟古通用。有卢绾之孙他人,封亚谷侯,亚,《汉书》作恶;汉条侯周亚夫有玉印,其文曰"周恶夫印",亚、恶古通用。又尉佗曰"使我君中国,何渠不若汉",《长安狭斜行》"丈夫且徐徐,调弦渠未央",渊明诗"寿考岂渠央",黄鲁直"木穿石盘未渠透",渠字,班史及古乐府、王融《三妇艳诗》,俱作遽字。宋王楙引《庭燎》诗注云:"夜未渠央,渠当呼作遽,谓夜未遽尽也。"渠、遽古通用。《汉纪》"红女下机",红即古工字。太史公论英布曰:"祸之兴自爱姬,生于妒媚,以至灭国",又《汉书·外戚传》亦云:"成结宠妾,妒媚之诛",二媚字并读为媢,媢亦妒也。《五宗世家》云"常山宪王后妒媢",王充《论衡》云"妒夫媢妇,生则忿怒斗讼",媚、媢古通用。《汉书》"兵难隃度",隃读为遥,即古遥字。又"睍察",睍读为廉。睍,觇视之义,即古廉字。《吕纪》"未敢讼言诛之",讼读为公,古公字。又"孟光举案齐眉",张平子《回愁诗》"何以报之青玉案",二案字即古椀字。又《思玄赋》"顝羁旅而无友兮",顝读为独。顝、独古通用。"百卉含蘤",蘤读为花,即古花字。"言辩而确",确读为碻。确、碻古通用。又"白头如新,倾盖如故",《说苑》作"白头而新,倾盖而故",而、如古通用。秦方士徐市,又作徐福,实一人也。市读为韍,古韍字,韍、福声相近。司马长卿《大人赋》"上迁迁有凌云之气",迁读为飘。迁、飘古通用。《论衡》云"伍员、帛喜",帛喜读为伯嚭,帛、伯通;喜,古嚭字省文。又"旱,火变也,湛,水异也",《天官书》"一湛一旱,时气也",《淮南子》"旱云烟火,涔云波水",又云"虽有涔旱灾害之秧,民莫困穷已也",湛、涔古通用。《淮南子·人间训》"置之前而不鏊,错之后而不轩"，辇读为轻，古轻字。《泰族训》"无隐士，无轶民"，又"车有劳轶"，轶读为逸，轶、逸通。又"经诽誉以导之"，《齐俗训》"听失于诽誉"，诽读为毁。诽、毁古通用。又"鸟穷则嚖，兽穷则犎"，嚖读为啄，嚖、啄通；犎触读为触，即古触字。《兵略训》"吏民不相僇"，僇读为睦。僇、睦古通用。又"进退屈伸不见朕整"，整读为垠，即古垠字。又"昧不给抚，呼不给吸"，给读为及，给、及通。《韩诗内传》："己北耕曰由。"《吕氏春秋》、《管子》皆云"尧使稷为由"，《钱谱》："神农币文，农作由"，由、农通。《风俗通》"怪神女新从聱家来"，聱读为堷，即古堷字。束皙《补亡诗》"鲜侔晨葩，莫之点辱"，左思《唐林兄弟赞》"二唐洁己，乃点乃污"，陆厥《答内兄希叔诗》"既叨金马署，复点铜龙门"，点即古玷字。《析里桥碑跋》云"醳散关之嶮漯"，《史记·张仪传》"杕而醳之"，《韩信传》"醳兵北首而燕路"，洪氏载汉碑文，有云"农夫醳耒"，又云"辞荣醳黻"，醳即古释字。《管子·君臣上》篇"繟緤"，即古衮冕字。又《轻重甲》篇"鸟包"，即古鸨字。唐苏颋《朝观坛颂》"乩虞氏"，乩读为稽，古稽字。白乐天诗云"谁教不相离"，相字读为厮。相、厮古通用。金大定中，题燕灵王之柩作旧。柩、旧古通用。此类最多，不可殚述。苟读如其字，误亦甚矣。[（明）焦竑：《焦氏笔乘》，中华书局，2008，页240—245。]

32. 通用字 《两般秋雨庵随笔》云："马字之为用不一，然不外记数、象形二义。《礼·投壶》'请为胜者立马'，今俗猜枚之物曰拳马，横银之物曰法马，赌博之物曰筹马，又以笔画一至九数曰打马，此皆记数之马也。木工以三木相攒而歧其首，横木于上以施斧斤，谓之作马，俗亦称木马。插秧之杌名秧马，《周礼·掌舍》'设梐枑再重'，注：'行马也。'又纸上画神佛像，祭赛后焚之曰甲马，又都会水陆之衡曰马头，又三弦上承弦之物曰弦马，净桶曰马桶，此皆象形之马也。惟檐铁曰铁马，船舱内边门曰马门，则不知何所取义。"余按铁马亦是象形，只乘马者皆从边上，则舟中之边门亦象形也。惟今人面食，必用数碟小菜佐之，其名曰面马，则实不知何所取耳。又头字为用亦不一，俗以在内为里头，在外为外头，在前为前头，在后为后头，在上为上头，在下为下头。或疑外头、下头二字少用，不知"娇声出外头"，李白诗也，"下头应有茯苓神"，曹松诗也，皆语助辞耳。以人体言，眉曰眉头，骆宾王有"眉头画月新"句；鼻曰鼻头，白居易有"聚作鼻头辛"句；舌曰舌头，杜荀鹤有"唤客舌头犹未稳"句；指曰指头，薛涛有"言语殷勤一指头"句。器用之属，如钵头见张佑诗，杷头见东坡诗。地面之属，如田头、市头、布头之称，更不胜枚举矣。又按《归田录》云："打字义本谓考击，故人相殴、物相击皆谓之打，而工造金银器亦谓之打可矣。至于造舟车者曰打船，汲水曰打水，役夫饷饭曰打饭，兵士给衣粮曰打衣粮，从者执伞曰打伞，以糊黏纸曰打黏，以丈尺量地曰打量，举手试眼之昏明曰打试，名儒硕学语皆如此。遍检字书，了无此义。"《芦浦笔记》云："世言打字尚多，不止欧阳公所云也。左藏有打套局，诸库支酒谓之打发，印文书谓之打印，结算谓之打算，装饰谓之打扮，席地而睡谓之打铺，收拾为打叠，又曰打进，畚筑之间有打号，行路曰打包、打轿，杂谑曰打诨，僧道有打供，又有打睡、打嚏、打话、打点、打合、打听，至如打面、打饼、打百索、打绦、打帘、打荐、打席、打篱笆之类。"《能改斋漫录》："打字从手从丁，盖以手当其事者。"此说得之矣。按打字古字音滴耿，不知何时转为丁雅，今时并收入马韵矣。［（清）梁章钜：《浪迹丛谈 续谈 三谈》，中华书局，1981，页270—273。］

33. 三越　《通鉴》：周显王三十五年，楚人败越，乘胜尽取吴地故东至浙江。越以此散漫他出，公族争立，或为王，或为君，滨于海上，朝服于楚。此即谓东越、南越、闽越也。东越一名东瓯，今温州；南越始皇所灭，今广州；闽越今福州，皆勾践之裔。［（明）焦竑：《焦氏笔乘》，中华书局，2008，页322。］

34. 石头城　孙权初都京，京者，京口也。献帝建安十三年，周瑜既破曹操于巴丘，权还京。十五年，刘备自至京，从权借荆州，权以备领荆州牧。备过秣陵，劝权徙治之。张弦先时亦言秣陵形势可为治所。十七年，权遂作石头城，徙治之，改为建业，此石头城之始也。宋程尚书言：六朝都殿，皆在覆舟山南，而石头城乃在覆舟山西十里以外蔡洲之北，城在山上，三年临水，亦不正在大江之内。因水国恃舟为险，而舟来多经石头，此所以为镇守要地也。按：欧阳公《于役志》言："庚子，次江口。壬寅，夜乘风次清凉寺。癸卯，晨至江宁府。"今清凉寺正石头城处，然去江浒不啻十四五里。盖江边沙壅为洲，渐成平陆，非复当时之旧矣。今仪凤门静海寺石壁，往往有前人击缆题字，今亦不可维舟也。[（明）焦竑：《焦氏笔乘》，中华书局，2008，页323。]

35. 新丰　《西京杂记》是后人假托为之，其言高帝为太上皇思乐故丰，放写丰之街巷屋舍，作之栎阳，冀太上皇见之如丰然，故曰新丰。然《史记》："汉十年太上皇崩，诸侯来送葬，命郦邑曰新丰。"是改郦邑为新丰，在太上皇既葬之后，与《杂记》所言不同。《酉阳杂俎》称庾信作诗用《杂记》，旋自追改曰："此吴均语，恐不足用。"其非汉人书，益明矣。[（明）焦竑：《焦氏笔乘》，中华书局，2008，页324。]

36. 施　《晋语》："乐怀子之出，执政使乐氏之臣勿从，从乐氏者为大戮施。"注："施，陈其尸也。"即肆诸市朝是已。肆诸市朝者，磔也，枭也，皆以戮死为不足，而加以尸肆也。周公谓鲁公曰："君子不施其亲，"而宗族有罪，馨于甸人，皆一理耳。一解：施，用也。不施其亲，言属苟在亲，则设为流放窜殛之类以代真刑，是为不施也。[（明）焦竑：《焦氏笔乘》，中华书局，2008，页324。]

37. 三墨　韩子曰：墨子死后，有相里氏之墨，邓陵氏之墨，相芬氏之墨。孔、墨之后，墨分为三，儒分为八。出《意林》。[（明）焦竑：《焦氏笔乘》，中华书局，2008，页325。]

38. 千门　王右丞诗"銮舆迥出千门柳"，用建章宫千门万户事也。"归鸿欲度千门雪"、"却望千门草色闲"，皆本此。俗本"千门"作"仟门"，缪甚。[（明）焦竑：《焦氏笔乘》，中华书局，2008，页334。]

39. 火辰金虎　陆士衡诗："在汉之季，皇纲幅裂。火辰匿晖，金虎曜质。"火辰，心星也。明则天下和平，暗则天下丧乱。金，太白也；虎，西方白虎，昴也。太白入昴，是金虎相薄，则有乱兵。[（明）焦竑：《焦氏笔乘》，中华书局，2008，页335。]

40. 旁死霸 《尚书》："惟一月壬辰，旁死霸。"孟康曰："月二日以往，月生魄死，故言死魄。"魄，月质也。霸，古魄字。[（明）焦竑：《焦氏笔乘》，中华书局，2008，页335。]

41. 苍颉 苍颉石室，记有二十八字，在苍颉北海墓中，土人呼为"藏书室"。周时无人识，秦李斯始识八字，曰"上天作命，皇辟迭王"；汉叔孙通识十二字。[（明）焦竑：《焦氏笔乘》，中华书局，2008，页348。]

42. 苍苍 《循本》"苍苍，远望之色；已，止也"，此不过解说"九万里"一句，恐人认苍苍者，便以为天之极处，疑无有九万里，故言。大虚中如野马尘埃者，乃造物以此气相吹者也，人囿此气中，但远望则苍苍然。今仰而观之，其苍苍者是天之正色邪，抑上面犹远而无所至极邪？自苍苍而上，尚无穷极，是以鹏去得九万里。至于自上视下，亦如此苍苍者，则为有形之地矣，止于此矣，不可复去矣。盖有苍苍之上，非如苍苍之下去不得也。汉郗萌云："天了无质。仰而瞻之，高远无极，眼瞀精绝，故苍苍然。"正与此合。[（明）焦竑：《焦氏笔乘》，中华书局，2008，页351。]

43. 觞政 魏文侯与诸大夫饮，使公乘不仁为觞政，殆即今之酒令耳。唐时文士或以经史为令，如退之诗"令征前事为"，乐天诗"闲征雅令穷经史"是也。或以呼卢为令，乐天诗"醉翻衫袖抛小令，笑掷骰盆呼大采"是也。[（明）焦竑：《焦氏笔乘》，中华书局，2008，页360。]

44. 水田衣 王伯少诗"手巾花甗净，香帔稻畦成"，王右丞诗"乞食从香积，裁衣学水田"，稻畦帔，水田衣，即袈裟也。内典：袈裟字作毠裟，盖西域以毛为之。一名逍遥服，又名无尘衣。[（明）焦竑：《焦氏笔乘》，中华书局，2008，页361。]

45. 匹马 《书·文侯之命》："马四匹。"古今言匹马，皆谓一马也。《文心雕龙》曰："古名马以匹，盖马有骖服以对，并为称双。名既定，虽单亦复称匹。如匹夫匹妇之称匹是也。"《韩诗外传》谓马夜行，目光所及，与匹练等。似不如刘说为表。[（明）焦竑:《焦氏笔乘》，中华书局，2008，页372。]

46. 水排 《汉书》:"杜诗为南阳太守，造作水排，铸为农器，百姓便之。"排当作"橐"，蒲拜反。治铸者为橐以吹炭，即老子所谓橐钥也。今激水以鼓之，谓之水橐，如今水碓、水磨，江南处处有之。[（明）焦竑:《焦氏笔乘》，中华书局，2008，页384。]

47. 夷狄名姓异音 冒顿音墨特，龟兹音丘慈，可汗音榼寒，阏支音烟支，谷蠡音绿黎，浩亹音诰门，番汗音盘寒，允吾音铅牙，先零音铣磷，乐浪音洛郎，契丹之契音乞，敦煌之敦音屯，康居之居音渠，月氏之氏音支。史传具有音切，未易悉与。[（明）焦竑:《焦氏笔乘》，中华书局，2008，页400。]

48. 三商 《士婚礼》"漏下三商为昏"，商音滴，与夏商之商不同。苏易简文"三商而眠，高春而起"，用其语也。今人多误读。[（明）焦竑:《焦氏笔乘》，中华书局，2008，页401。]

49. 琵琶番蒲司作仄声 唐诗"四弦不似琵琶声"，又"断肠犹系琵琶弦"，又"银含凿落盏，金屑琵琶槽"，是琵琶之琶，作第四声读也。杜诗"会须上番看成竹"，独孤及诗"今日霜毛一番新"，番音饭，乐天诗"羌管吹杨柳，燕姬酌蒲桃"，"烛泪连盘垒蒲桃"，蒲音浦。又"四十着绯军司马，男儿官职未蹉跎"，"一为州司马，三见岁重阳"，司音伺。《选》诗"无因下征帆"，子美"浦帆晨初发"，退之"无因帆江水"，孟襄阳"岭北回征帆，巴东问故人"，帆音梵。此等尚多，周子充《跋文苑英华》云:"切磋之磋，驰驱之驱，挂帆之帆，仙装之装，《广韵》各有仄音，而流俗改切磋为效课，以驻为驱，以席易帆，以仗易装，今皆正之。"[（明）焦竑:《焦氏笔乘》，中华书局，2008，页410。]

50. 一物数名 蟋蟀一名蜻蛚，又名寒蛩、莎鸡、促织。蜻蛚子，一岁名鸟喙，二岁名附子，三岁名乌头，四岁名天雄。《广韵》枸杞，春名天精子，夏名枸杞叶，秋名却老枝，冬名地骨皮。《尔雅》:"芙蓉，其花芙蕖，其蕊菡萏，其根藕，其茎茄，其叶荷，其本蔤，其实莲，其根藕，其中菂，菂中薏。"以子名曰莲花，以叶名曰荷花，以根名曰藕花。在陆生秋花者，名木芙蓉。[（明）焦竑：《焦氏笔乘》，中华书局，2008，页411。]

51. 莺桃　樱桃亦曰莺桃，《吕氏春秋》："羞以含桃，先荐寝庙。"注云："含桃，莺桃也。莺所含食，故曰含桃。"莺桃二字甚新，前人所未用。[（明）焦竑：《焦氏笔乘》，中华书局，2008，页412。]

52. 黼扆　《明堂位》："天子负黼扆，南向而立。"注："状如屏风高八尺，东西当户牖之间。"因《尔雅》"斧谓之黼"，俗遂缪用斧依，如匍匐缪用蒲伏。《三礼图》传会其说，作屏障，画十二斧于其上，取刚断之义。谨按礼书白与黑间为黼扆，则屏障画黼文于其上，取分辨昭彰之义无疑矣。今时市以黑白相间，即黼文之遗制。[（明）焦竑：《焦氏笔乘》，中华书局，2008，页415。]

53. 内则　《礼记·内则》："肉腥细者为脍，大者为轩。"稽考轩字乃干之讹。按《仪礼·特牲馈食》"佐食举干"，注："牲肉长胁也。"可以为证。[（明）焦竑：《焦氏笔乘》，中华书局，2008，页415。]

54. 师卦　《周易·师卦》"以此毒天下，而民从之"，朱子注："毒，害也。凡有害于民，则民弗从。"《说文》毒音笃，训生厚也。从生、母，会意。蒚音独，伤害也。从艹，谐毒音。二字音义皆有别。[（明）焦竑：《焦氏笔乘》，中华书局，2008，页416。]

55. 媵　媵《说文》：送也。史载汤娶有莘，以伊尹为媵送女，故称有莘媵臣。《楚辞》"鱼鳞鳞兮媵予"，《尔雅》亦云"媵，将送也"，即不指为妾。今考"公子结媵陈人之妇于鄄"及"鲁共姬嫁于宋，而卫与齐、晋三国来媵。"传云："媵，浅事也。"胡氏引《公羊》，谓诸侯有三归，嫡夫人行则侄娣从，二国来媵亦以侄娣从。凡一娶九女，所以广继嗣。三国来媵，非礼也，遂以为从嫁之女。夫鲁与卫敌，而晋盟主，齐大国也。共姬虽贤，其肯以侄娣为妾，以承事之？如传之言，则伊尹为媵送女，与鱼之媵予，亦谓之妾，可乎？至于《江有汜》之诗，注因以为美媵。《释名》又附益之，以侄娣曰媵，谓"媵，承也"，"承，事适也"。今二品曰姬，五品曰媵，以陈人之妇与三国之于共姬，可若是拟乎？［（明）焦竑：《焦氏笔乘》，中华书局，2008，页420。］

56. 星宿　二十八宿之宿，《韵略》："宿音秀。"今俗多作此读，误也。宿是日月五星之次舍，以止宿为义。《阴符》："天发杀机，移星易宿；地发杀机，龙蛇起陆。"又古语："知星宿，衣不覆。"宿与陆覆为韵，则可见矣。亢音刚，氐音低，觜音訾，亦误。《尔雅》"寿星，角、亢也"，注云："数起角、亢，列宿之长，有高亢之义，不音刚。"《尔雅》"天根氐也"，注云："角亢下系于氐，若木之有根。如《周礼》'四圭有邸'，《汉书》'诸侯王邸'之邸，不音低。"西方白虎，而参觜为虎首，有觜之义，不音訾。世多从《韵略》，则不考之过耳。［（明）焦竑：《焦氏笔乘》，中华书局，2008，页437。］

57. 老泉　世传老苏号老泉，长公号东坡，而叶少蕴《燕语》云："子瞻谪黄州，因其所居之地，号'东坡居士'，晚又号'老泉山人'，以眉山先茔有老人泉，故云。又梅圣俞有《老人泉》诗，东坡自注：'家有老人泉，公作此诗'，坡尝有'东坡居士老泉山人'八字共一印，见于卷册间，其所画竹，或用'老泉居士'朱文印章，则老泉又是子瞻号矣。欧阳公作老苏墓志，但言人号'老苏'，而不言其所自号，亦可疑者。"岂此号涉一老字，而后人遂加其父邪？叶、苏同时，当不谬也。［（明）焦竑：《焦氏笔乘》，中华书局，2008，页453。］

58. 瓦官　晋哀帝兴宁二年，诏移陶官于淮水北，遂以南岸窑地施僧慧力造寺，因以瓦官名之。今骁骑卫仓是其遗址。南唐为升元寺。登阁江山满目，最为佳胜处。太白诗"白浪高于瓦官阁"，正与今仓基所见同。近诏毁私创庵院，集庆庵一点僧辄妄以瓦官名其处，因得幸免。然与古迹毫无干涉也。［（明）焦竑：《焦氏笔乘》，中华书局，2008，页501。］

59. 姜巴路　《真诰》：秦时有士周太宾及巴陵侯姜叔茂者，来往句曲山下，秦孝王时封侯。今谓之姜巴路，在小茅山后，通延陵。［（明）焦竑：《焦氏笔乘》，中华书局，2008，页518。］

60. 物故　古人称死为物故。《史记·司马相如列传》："治道二岁不成，士卒多物故。"《汉书·苏武传》："武官属前以降及物故。"师古曰："物故谓死也，言其同于鬼物而故也。一说不欲斥言，但云其所服用之物，皆已故耳。"［（清）梁章钜：《浪迹丛谈 续谈 三谈》，中华书局，1981，页262。］

61. 璧　世人于却人馈遗，率书其简曰璧，翟晴江谓归璧事出《左传》、《史记》者凡五：其一为晋献公用荀息议，以垂棘之璧假道于虞以伐虢，随以灭虞，荀息操璧前曰："璧犹是也。"此与今人却馈之情事不合。一为王子朝用成周之宝珪于河，津人得之，将卖之，石也，王定而献之，复为玉。此明言为玉，而不得以璧代之。一为秦昭王愿以十五城请易赵璧，蔺相如奉璧往，视秦无意偿城，使从者怀其璧亡归于赵。此秦恃强诈取，相如以死争归，此等何事，似不宜用于和好之交际。一为秦使者夜过华阴，有人持璧遮道言："今年祖龙死。"使者奉璧，据以闻，乃二十八年渡江所沉璧。此更非嘉事。惟《左氏传》僖二十二年，负羁馈公子重耳盘飧，置璧，公子受飧，反其璧。此一事最切合，故今人多援此为比。至晴江又谓：当本《仪礼·聘礼》"君使卿皮弁还玉于馆"，《载记·聘义》"已聘而还圭璋"轻财重礼二事。然《聘义》注，明言财谓璧琮享币也，是所还为圭璋，而璧固受之，则与今人用璧之义愈不合矣。故家曜北直断为用负羁事，又言《左氏传》昭十三年，有卫人馈叔向羹与锦，叔向受羹反锦事，则用锦字亦与璧相同。若今人有用蔺相如事竟用赵字者，则恐不可为训也。［（清）梁章钜：《浪迹丛谈 续谈 三谈》，中华书局，1981，页263。］

62. 缙绅　今人呼乡宦之家居者为缙绅，其实当作搢绅。搢，《说文》训插，《礼·玉藻》言搢珽，《内则》言搢笏。《晋书·舆服制》云："古者贵贱皆执笏，其有事则搢之于腰带。所谓搢笏之士者，搢笏而垂坤带也。"亦作荐绅，《史记·封禅书》注云："郑众注《周礼》，云'搢读曰荐'。则荐亦是进，谓进而至于坤带之间。"故亦作荐绅。惟《史记·封禅书》："缙绅者不道。"故令人皆仿之称缙绅。但言搢绅、言荐绅，二字意不平列，而言缙绅，则二字必平列作对。老杜诗"北斗司喉舌，东方领缙绅"，黄埔冉诗"地控吴襟带，才光汉缙绅"，宇文融诗"杂沓喧箫鼓，欢娱洽缙绅"，则皆作平对也。[（清）梁章钜：《浪迹丛谈 续谈 三谈》，中华书局，1981，页263。]

63. 龙泉窑　龙泉窑出龙泉县，以绿色匀净、裂纹隐隐、有朱砂底者为佳。自析置龙泉入庆元县，窑地遂属庆元，去龙泉几二百里。而今人遇新出之青瓷窑，仍称龙泉，亦可笑也。青瓷窑地在琉田地方，按龙泉旧制载，章生二尝主琉田窑，凡磁出生二窑者，必青莹如玉。今鲜有存者，或一瓶一盘，动博十数金。其兄章生一窑所出之器，浅绿断纹，号"百圾碎"，尤难得。世称其兄之器曰哥窑，称弟之器曰弟窑，或称生二章云。[（清）梁章钜：《浪迹丛谈 续谈 三谈》，中华书局，1981，页271。]

64. 不宣备　《浩然斋视听钞》云："今人答尾云'不宣备'，其《文选》杨修《答临淄侯笺》，末云'造次不能宣备'。"《香祖笔记》云："宋人书问，尊与卑曰'不具'，以卑上尊曰'不备'，朋友交驰曰'不宣'，见《东宣笔录》。今人多不辨，然三字之分别，殊亦未解。"又沈括《补笔谈》云："前世卑者致书于尊，书尾作'敬空'二字，盖示行卑，不敢更有他语，以待遵者之批反耳。"余闻之纪文达师曰："札尾作'谨空'二字者，以所余之纸为率，余纸多者必作'谨空'字，或作'庆余'字，所以防他人之搀入他语耳。"[（清）梁章钜：《浪迹丛谈 续谈 三谈》，中华书局，1981，页273。]

65. 面木　酒树　《洛阳伽蓝记》有所谓"酒树"、"面木"，初不解何谓。余至广西，乃知面木即桃榔树也。大者五六围，长数丈，直上无枝，至颠则生叶数十，似栟榈。其树中空，满腹皆粉，可得数十斛。沸汤淬之，味似藕粉。粤人尝以此馈遗。又广东椰子树，每一椰子内必有酒半杯，小者一勺许，甘香清冽，味胜于米酿数倍。此即酒树也。[（清）赵翼：《檐曝杂记》，中华书局，1982，页41。]

## （三）俗字俗语俗音

1. 茶牙人　府中开宴，俳优口号有"茶牙人赐绯"之句，当时颇怒其妄发，亦笞之。（按："茶牙人"指茶市驵侩，简称茶侩，见《宋史》一八六，即市场上介绍牲畜买卖的人。）〔（宋）朱彧：《萍州可谈》，中华书局，2007，页165。〕

2. 冬凌树稼达官怕　熙宁三年，京辅猛风大雪，草木皆稼，厚者冰及数寸，既而华山震，阜头谷土已　折数十百丈，荡摇十余里，覆压甚众。唐天宝中冰稼而宁王死，故当时谚曰："冬凌树稼达官怕。"又诗有"泰山其颓，哲人其萎"之说，众谓大臣当之。未数年，而司徒侍中魏国韩公琦薨，王荆公作挽词，略曰："冰稼尝闻达官怕，山颓今见哲人萎。"盖谓是也。〔（宋）魏泰、马永卿：《东轩笔录·嫩真子录》，上海古籍出版社，2012，页32。〕

3. 热熟颜回　陈绎晚为敦朴之状，时为之"热熟颜回"。熙宁中，台州推官孔文仲举制科，庭试对策，言时事有可痛哭太息者，执政恶而黜之。绎时为翰林学士，语于众曰："文仲狂躁，真杜园贾谊也。"王平甫笑曰："'杜园贾谊'可对'热熟颜回'。"合坐大噱，绎有惭色。杜园、热熟，皆当时鄙语。〔（宋）魏泰、马永卿：《东轩笔录·嫩真子录》，上海古籍出版社，2012，页36。〕

4. 摞　打摞字，赵参政概《闻见录》云："须当打摞，先往排办。"东坡《与潘彦明书》云"雪堂如要偃息，且与打摞相伴。"皆使摞字，今俗只使叠字。何耶？〔（宋）吴曾：《能改斋漫录郑州》：大象出版社，2012，页46。〕

5. 碓捣冬凌　汴渠旧例：十月闭口，则舟楫不行。王荆公当国，欲通冬运，遂不令闭口。水既浅涩，舟不可行，而流冰颇损舟楫。于是以脚船数十，前设巨碓，以捣流冰；而役夫苦寒，死者甚众。京师有谚语曰："昔有磨去磨平浆水，今见碓捣冬凌。"〔（宋）魏泰、马永卿：《东轩笔录·嫩真子录》，上海古籍出版社，2012，页39。〕

6. 太白诗误　太白诗："我来圯桥上，怀古钦英风。"按《史记》："子房授书圯上。"注："圯音怡，楚人谓桥为圯。"一字不应复用。[（明）焦竑：《焦氏笔乘》，中华书局，2008，页21。]

7. 一钱　阮孚曰："持一皂囊游会稽，客问囊中何物，但一钱看囊，庶免羞涩。"子美"囊空恐羞涩，留得一钱看"用此。然语意浑成，不觉其用事也。[（明）焦竑：《焦氏笔乘》，中华书局，2008，页30。]

8. 鄂不　《诗》："棠棣之花，鄂不韡韡。"不，风无切，本作柎。《说文》：鄂足也。草木房为柎，一曰花下萼，通作不，即今言花蒂也。湖州有余英溪、余不溪。盖此地有梅溪、苕溪，其流想通，故曰余英、余不，义可见矣。若作方鸠切，则本注《说文》："不，鸟飞上翔不下来也。"与溪水全不相涉。《左传》："华不注山"，人皆读入声，误也。古"不"字作"缶"音，或"俯"音，并无作逋骨切者。今读如"卜"，乃俗音耳。惟伏琛《齐记》引挚虞《畿服经》作柎，言此山孤秀如花跗之注于水，深得之矣。太白诗："昔我游齐都，登华不注峰。兹山何峻秀，彩翠如芙蓉。"亦可证也。[（明）焦竑：《焦氏笔乘》，中华书局，2008，页75。]

9. 古诗无叶音　诗有古韵今韵。古韵久不传，学者于《毛诗》、《离骚》，皆以今韵读之。其有不合，则强为之音，曰："此叶也。"予意不然。如"驺虞"，一"虞"也，既音"牙"而叶"葭"与"豝"，又音五红反而叶"蓬"与"豵"；"好仇"，"仇"也，既音"求"而叶"鸠"与"洲"，又音渠之反而叶"逑"。如此则"东"亦可音"西"，"南"亦可音"北"，"上"亦可音"下"，"前"亦可音"后"，凡字皆无正呼，凡诗皆无正字矣，岂理也哉？如"下"，今在祃押，而古皆作虎音：《击鼓》云"于林之下"，上韵为"爰居爰处"；《凯风》云"在浚之下"，下韵为"母氏劳苦"；《大雅·绵》"至于岐下"，上韵为"率西水浒"之类也。"服"，今在屋押，而古音皆作"迫"音：《关雎》云"寤寐思服"，下韵"辗转反侧"，《有狐》云"之子无服"，上韵为"在彼淇侧"；《骚经》"非时俗之所服"，下韵为"依彭咸之遗则"；《大戴记》：《孝昭冠词》"始加昭明之元服"，下韵"崇积文武之宠德"之类也。"降"，今在绛押，而古皆作"攻"音：《草虫》云"我心则降"，下韵为"忧心忡忡"；《骚经》"惟庚寅吾以降"，上韵为"朕皇考曰伯庸"之类也。"泽"，今在陌押，而古皆作"铎"音：《无衣》云"与子同泽"，下韵"与子偕作"；《郊特牲》"草木归其泽"，上韵为"水归其壑，昆虫无作"之类也。此等不可殚举。使非古韵而自以意叶之，则"下"何皆音"虎"，"服"何皆音"迫"，"降"何皆音"攻"，"泽"何皆音"铎"，而无一字作他音者耶？《离骚》、汉、魏去诗人不远，故其用韵皆同。世儒徒以耳目所不逮，而凿空附会，良可叹矣。予儿朗生五岁，时方诵《国风》，问曰："然则'驺虞'、'好仇'，当作何音？余曰："葭"与"豝"为一韵，"蓬"与"豵"为一韵，"吁嗟乎驺虞"一句，自为余音，不必叶也。如"麟之趾"，"趾"与"子"为韵，"麟之定"，"定"与"姓"为韵。"于嗟麟兮"一句，亦不必叶也。《殷其雷》、《黍离》、《北门》章末语不入韵，皆此例也。《兔罝》，"仇"与"逵"同韵，盖"逵"，古音"求"。王粲《从军诗》："鸡鸣达四境，黍稷盈原畴。馆宅充廛里，士女满庄馗。""馗"即"逵"，九交之道也。不知"逵"亦音"求"，而改"仇"为渠之反以叶之，迁就之曲说也。[（明）焦竑：《焦氏笔乘》，中华书局，2008，页109—110。]

10. 石留 《三都赋》："林薮石留而芜秽。"石留，言土地多石如人之有留结也。《国策》："段规谓韩王曰：'分地必取成皋。'韩王曰：'成皋石留之地，无所用之。'"赋本此。[（明）焦竑：《焦氏笔乘》，中华书局，2008，页112。]

11. 诗用成语 诗有就用成语为句者。隋常琼侍炀帝游宝山，帝曰："几时到上头？"琼曰："昏黑应须到上头。"子美《香积寺》诗用之。谢灵运诗《题登临海峤初发疆中作与从弟惠连》："可见羊何共和之？"太白亦用其全语为诗。[（明）焦竑：《焦氏笔乘》，中华书局，2008，页156。]

12. 杜诗用孙策语 《刘贡父诗话》云："曹参曾为汉功曹，而杜诗云：'功曹非复汉萧何'，误矣。"按曹参亦未为功曹，子美自用孙策语耳。吴虞翻为孙策功曹，策曰："孤有征讨事，未得还府，卿复以功曹为吾萧何守会稽耳。"广德元年，子美在梓州补京兆府功曹，故以自况。《三国志》既非僻书，贡父乃未之见，而轻诋子美，何邪？〔（明）焦竑：《焦氏笔乘》，中华书局，2008，页157。〕

13. 猾夏 无骨，入虎口，虎不能噬。处虎腹中，自内啮之。《书》云"蛮夷猾夏"，取此义。〔（明）焦竑：《焦氏笔乘》，中华书局，2008，页167。〕

14. 腾远射干 如赋："其上则有宛雏孔鸾，腾远射干。"服虔曰："腾远，兽名。"张揖曰："射干似狐，能缘木。"夫腾远既作兽，则不应在上，或禽名，未可知也。《庄子》："腾猿得枳棘。"《南都赋》："鸾宛鸟雏翔其上，腾猿飞栖其下。"《蜀都赋》："猨狖腾而竞捷"，岂"腾远"即"腾猿"，"猿"、"远"字相近而误耶？〔（明）焦竑：《焦氏笔乘》，中华书局，2008，页167。〕

15. 谚有自来 今谚云："远水不救近火"，此出《韩非子》。以干求请托为"钻"，出班固《答宾戏》"商鞅挟三术以钻孝公"。以见陵于人为"欺负"，出《汉书·韩延寿传》"待下例恩施后而约誓明，或欺负之者，延寿痛自克责。"曰"不中用"，此出《史记·始皇纪》"吾前收天下书不中用者，尽去之。"骂人曰"老狗"，此出《汉武故事》"上尝语，栗姬怒弗肯譍，又骂上'老狗'"。曰"小家子"，出《汉书·霍光传》"使乐成小家子得幸大将军，至九卿封侯。"曰"子细"，本《北史·源思礼传》"为政当举大纲，何必太子细也。"骂人曰"獠奴"，本《南史》"王琨，獠婢所生。"曰"附近"，古作"传近"，仲长统《昌言》："宦竖传近房卧之内，交错妇人之间。"形容短矮者，俗谓之"莲"。《文选》有"莲脆"之语，《唐书·王伾传》"形容莲陋。"盖里巷常谈，其所从来远矣。〔（明）焦竑：《焦氏笔乘》，中华书局，2008，页246。〕

16. 提耳 《诗》"匪面命之，言提其耳"，提音抵，言附耳以教之也。《礼·少仪》"牛羊之肺，离而不提心"，《史记》"薄后以冒絮提文帝"，《汉书》"景帝以博局提杀吴太子"，扬雄《酒箴》"身提黄泉"，皆作抵音。若作平声，当作揪扯之义，不如前说为近雅也。[（明）焦竑：《焦氏笔乘》，中华书局，2008，页330。]

17. 千门　王右丞诗"銮舆迥出千门柳"，用建章宫千门万户事也。"归鸿欲度千门雪"、"却望千门草色闲"，皆本此。俗本"千门"作"仟门"，缪甚。[（明）焦竑：《焦氏笔乘》，中华书局，2008，页334。]

18. 羊角　《庄子》"抟扶摇羊角而上者九万里"，羊角即抟扶摇之状。《梦溪笔谈》云："恩州武成县，有旋风自西南来，望之插天如羊角，官舍居民悉卷入云中。"又《志林》云："眉州人家畜数百鱼深池中，三十余年。忽一日，天青无雷，池有声如风雨，鱼尽踊起，羊角而上，不知所往。"二事所纪，正与《庄子》同。[（明）焦竑：《焦氏笔乘》，中华书局，2008，页343。]

19. 乐天逸诗　宋王彦国献臣，招信人，居县之近郊。建炎初，虏将渡淮，献臣坐所居小楼，望见一士夫彷徨阡陌间，携小仆负一匣，埋于僻处，献臣默识之。事定，往掘其处，宛然尚存。启匣，乃白乐天手书诗一纸，云："石榴枝上花千朵，荷叶杯中酒十分。满院弟兄皆痛饮，就中大户不如君。"真奇物也。今人谓能豪饮者为大户，乐天诗屡用之。此诗集中不载，见《宋人小说》，辄录于此。[（明）焦竑：《焦氏笔乘》，中华书局，2008，页408。]

20. 联字　俗于联字，有因上误下者，有因下误上者。驵侩误以侩从马作，髻龀误以髻从齿作髫，蹴鞠误以鞠从足作踘。此类甚多，皆一时趁笔之误，后多沿其失而不考耳。[（明）焦竑：《焦氏笔乘》，中华书局，2008，页416。]

21. 杨公忌　《轨论》云："宋术士杨救贫，习堪舆术，为时俗所推。其说一年有十三日，百事禁忌，名曰'杨公忌'。然其日多贤哲诞生，如孔子及唐代宗、宋孝宗、孟尝君、崔信明、苏东坡之流。今用其日者，亦未蒙祸害。"按今人所传，"杨公忌"以正月十三日为始，余每月皆隔前一日，惟七月有两日，一为初一日，一为二十九日，亦隔前一日也，故合为十三日。然不信其说者多。忆余以十二月十九日完娶，家中亲友并以此杨公忌日，必不可用，先资政公毅然用之，余亦了不介意。后清河君佐余历官中外，膺二品诰封，育五男四女，身享中寿，族中皆以为有福完人。则又何忌之有乎！［（清）梁章钜：《浪迹丛谈 续谈 三谈》，中华书局，1981，页261。］

22. 见怪不怪 "见怪不怪，其怪自败。"此语起于唐时，亦实有此理，可作座右铭也。《艺文类聚》引《见异录》云："魏元忠未达时，家贫，独一婢。方炊，有老猿为看火。婢惊白公，公曰：'猿闻我阙仆，为执炊耳。'又尝呼苍头未应，犬代呼之。公曰：'孝顺狗也。'又独坐，有群鼠拱于前。公曰：'汝辈饥求食于我乎？'乃饲之。又一夕夜半，有妇女数人立于床前。公曰：'汝能徙我于堂下乎？'妇人竟舁堂下。曰：'可复徙堂中乎？'群妇舁旧所。曰：'能徙我于街市乎？'群妇再拜而去，曰：'此宽厚长者，可同常人玩之哉！'故语云：'见怪不怪，其怪自败。'"［（清）梁章钜：《浪迹丛谈 续谈 三谈》，中华书局，1981，页275。］

23. 东西 伊墨卿太守语余曰："向闻朱石君师言，世俗通行之语，但举东西而不言南北者，东谓吾儒之教，即孔子之东家某；西即彼教，谓西方之圣人。举此二端，足以函盖一切矣。惜当时未闻所据何书。"余尝私质之纪文达师，师笑曰："石君笃信彼教，故其论如此。"然余尝闻明思陵偶问词臣曰："今市肆交易，但言买东西，而不及南北，何也？"辅臣周延儒对曰："南方火，北方水，昏暮叩人之门户求水火，无弗与者。此不待交易，故但言东西耳。"思陵善之。余谓周乃小人捷给，取辨一时，亦未见确凿。《齐书·豫章王嶷传》："上谓嶷曰：'百年亦何可得，止得东西一百，于事亦得。'"似当时已谓物为东西。物产四方而约举四方，正犹史记四时而约言春秋耳。［（清）梁章钜：《浪迹丛谈 续谈 三谈》，中华书局，1981，页263。］

24. 悬车 余以六十八岁引疾归田，或让之曰："《礼》言七十致仕，故古人以七十为悬车之年。今君未及年而退，毋乃过急乎？"余曰："《通鉴目录》载韦世康之言曰：'年不待暮，有疾便辞'，《三国志·徐宣传》云：'宣曰：七十有悬车之礼，今已六十八，可以去矣。乃辞疾逊位。'今余之退，不犹行古之道哉？且吾子亦尝深考悬车之义乎？《白虎通·致仕篇》云：'悬车，示不用也。'此当解也。抑余尝读《公羊·桓五年》传疏云：'旧说日在悬舆，一日之暮，人生七十，亦一世之暮，而致其政事于君，故曰悬舆致仕。'《淮南子·天文训》亦云：'日至于悲泉，爰息其马，是谓悬车。'此古义也。大约皆言迟暮宜息之期，初何尝必以七十为限乎！"［（清）梁章钜：《浪迹丛谈 续谈 三谈》，中华书局，1981，页268。］

25. 猫衰犬旺 吾闽有"猫衰犬旺"之谚，谓人家有猫犬自来，主此兆也。然此语亦自古有之而各不同。娄氏《田家五行》云："凡六畜自来，可占吉凶。谚云：'猪来贫，狗来富，猫儿来，开宝库。'"此与闽语不合。又江盈科《雪涛丛谈》载其邑谚，有"猪来穷来，狗来富来，猫来孝来"，故猪、猫二物皆为人忌，有至必杀之。又《雅俗稽言》云："俗称'猫儿来，带麻布'，又称'猫儿来耗家'。"盖其家多鼠耗，故猫来捕之，因"耗"误为"孝"，又因孝布转为麻布尔。金海住先生云："此等语闻诸长老，谓是已然之效，非将然之祥也。穷则墙坍壁倒，猪自阑人之；富则庖厨狼藉，狗自赴之；开当铺则群鼠所聚，猫自共捕耳。"［（清）梁章钜：《浪迹丛谈 续谈 三谈》，中华书局，1981，页274。］

26. 酒色财 今人率以酒色财气为四戒，莫知其始。按《后汉书》，杨秉尝从容言曰："我有三不惑，酒、色、财也。"王祎《华川卮辞》云："财者，陷身之阱，色者，戕身之斧；酒者，毒肠之药。人能于斯三者致戒焉，灾祸其或寡矣。"是古原止有三戒，不知何时添一气字，殆始于明人。［（清）梁章钜：《浪迹丛谈 续谈 三谈》，中华书局，1981，页274。］

27. 木野狐 邢居实《拊掌录》云："叶涛好弈棋，王介甫作诗切责之，终不肯已。弈者多费事，不以贵贱，嗜之率皆失业，故人目棋枰为'木野狐'，言其媚惑人如狐也。"［（清）梁章钜：《浪迹丛谈 续谈 三谈》，中华书局，1981，页286。］

28. 臭　《山堂肆考》云："林和靖每云：'世间事皆能之，惟不能担粪与着棋耳。'"按此语殊过，围棋何可与担粪并论，不得以和靖而为之词。或亦自嫌其棋力之不高，故以此谰语以自解耳。今人目棋品低者，谓之为"臭"，殆此语之滥觞也。[（清）梁章钜：《浪迹丛谈 续谈 三谈》，中华书局，1981，页287。]

29. 闽谚　吾乡土里谚有最礼俗而无理者，曰"丈母伤寒，灸女婿脚后跟"。而不知杭州亦有此谚，惟"伤寒"作"腹痛"耳。梁山舟先生曰：女婿，"女膝穴"之讹也。见《癸辛杂识续集》"针法"条下。[（清）梁章钜：《浪迹丛谈 续谈 三谈》，中华书局，1981，页317。]

30. 西南土音相通　广东言语，虽不可了了，但音异耳。至粤西边地与安南相接之镇安、太平等府，如吃饭曰"紧考"，吃酒曰"紧老"，吃茶曰"紧伽"，不特音异，其言语本异也。[（清）赵翼、姚元之：《檐曝杂记》，中华书局，1982，页43。]

# （四）其他

## 1. 缩略语

（1）五角六张　世言"五角六张"，此古语也。尝记开元中有人忘其姓名。献俳文于明皇，其略云："说甚三皇五帝，不如求告三郎。既是千年一遇，且莫五角六张。""三郎"谓明皇也。明皇兄弟六人，一人早亡，故明皇为太子时号为"五王宅"。宁王、薛王，明皇兄也；申王、岐王，明皇弟也，故谓之"三郎"。"五角六张"，谓五日遇角宿，六日遇张宿。此两日做事多不成，然一年之中，不过三四日。绍兴癸丑岁只三日：四月五日角，七月二十六日张，十月二十五日角。多不过四日，他皆仿此。[（宋）魏泰、马永卿：《东轩笔录·嫩真子录》，上海古籍出版社，2012，页93。]

（2）御六气之辩　李颐云："六气者，平旦为朝霞，日中为正阳，日入为飞泉，夜半为沆瀣，并天玄、地黄为六气。"王逸注《楚词》曰："《陵阳子明经》言：春食朝霞，朝霞者，日欲出时黄气也。秋食沦阴，沦阴者，日没已后赤黄色也。冬食沆瀣，沆瀣者，北方夜半气也。夏食正阳，正阳者，南方日中气也。并天玄、地黄之气，是为六气。"[（明）焦竑：《焦氏笔乘》，中华书局，2008，页342。]

（3）百骸九窍六藏　心、肺、肝、脾、肾，谓之五藏；大小肠、膀胱、三焦，谓之六府。身别有九藏气：天、地、人。天以候头角之气，人候耳目之气，地候口齿之气：三部各有天、地、人，三三而九。神藏五，形藏四，故九。此云六藏，未知所出。[（明）焦竑：《焦氏笔乘》，中华书局，2008，页342。]

（4）三多　今人每以三多为颂祷之词，问其出典，辄以华封三祝应。然华封事见《庄子·天地篇》："尧观乎华，华封人祝曰：'使圣人寿，使圣人富，使圣人多男子。'"未尝指为三多也。三多事惟见《玉海》，载杨文公言曰："学者当取三多，乃看读多，持论多，著述多也。"此言甚有味。今俗言多福、多寿、多男子，实无所出；华封人但言多男，不可强合。孙志祖《读书月坐语》亦辨之，并云："若尧曰：'多男子则多惧，富则多事，寿则多辱。'则三多并非佳语矣。"[（清）梁章钜：《浪迹丛谈 续谈 三谈》，中华书局，1981，页275。]

### 2. 同系列词

（1）营魄　《老子》："载营魄抱一，能无离乎？"营如经营、屏营、怔营，皆不安之意，犹云魂魄不安也。意以云不安之魄，而欲抱守真一，能保其不离乎？《楚辞》云"魂营营而至曙"，谢灵运诗"得以慰营魄"，皆可证。[（明）焦竑：《焦氏笔乘》，中华书局，2008，页111。]

（2）营田　屯田、营田不同名，则其制必有异。《通典》载宇文融括天下隐田之法，曰：浮户十，共作坊。官立闾舍，每丁给田五十亩为私田，任其自营种。每十丁于近坊更共给一顷以为公田，共令营种。十丁岁营田一顷。一丁一年役功三十六日，外官收共为百石，此外更无租税。既是营田户，且免征行，必不流散。如此，弃地即为公田矣。案此名营田者，是给公田，令浮户为官营种。十丁一年共种公田一顷，不与

编户。〔（明）焦竑：《焦氏笔乘》，中华书局，2008，页338。〕

（3）木铎 《论语》"天将以夫子为木铎"，朱子注："木铎，金口木舌。"稽考木铎、金铎，各有所用，不以舌为分。《释名》："文事振木铎，武事振金铎。"《周礼》鼓人以金铎通鼓，乡师以木铎循于市朝。古者，木铎木口木舌，金铎金口金舌。若以金口木舌为木铎，然则木口金舌为金铎可乎？〔（明）焦竑：《焦氏笔乘》，中华书局，2008，页417。〕

### 3. 助词

诗用助语 王昌龄《灞池》诗："开门望长川，薄莫见渔者。借问白头翁：垂纶几年也？"二韵俱助语，殊有致。孟襄阳诗："所居最幽绝，所住皆静者。""依止此山门，谁能效丘也。"亦潇洒可喜。他若"山如仁者寿，风似圣之清"，大类学究口吻，不足言诗矣。〔（明）焦竑：《焦氏笔乘》，中华书局，2008，页146。〕

### 4. 量词

匹马 《书·文侯之命》："马四匹。"古今言匹马，皆谓一马也。《文心雕龙》曰："古名马以匹，盖马有骖服以对，并为称双。名既定，虽单亦复称匹。如匹夫匹妇之称匹是也。《韩诗外传》谓马夜行，目光所及，与匹练等。似不如刘说为表。"〔（明）焦竑：《焦氏笔乘》，中华书局，2008，页372。〕

# 二 语义

## (一) 释音义

1. 膜　释氏论佛，菩萨号皆以南谟冠之。自不能言其义。夷狄谓之拜为膜，音谟。《穆天子传》膜拜而后受，盖三代已有此称，若云居南方而拜。膜既讹为谟，又因之为南无、南摩。《后汉·楚王英传》"伊蒲塞"之馔，伊蒲塞，即梵语优婆塞。时佛语犹未至中国，盖西域之译云。然如身毒与天竺，其国名尚讹，况于语乎。[(宋)叶梦得：《避暑录话》，上海古籍出版社，2012，页143—144。]

2. 乌　孟子言"乌是何言"也，乌盖齐鲁发语不然之辞。至今用之，作鼻音，亦通于汝颍。《汉书》记故人见陈涉言"夥，涉之为王耽耽者！"夥，吴楚发语惊大之辞，亦见于今。应邵亦祸音，非是。此唇音与"坏"相近。《公羊》记州公如曹，以齐人语过我为化我。今齐人皆以过为夬音。欧阳文忠记打音本谪耿切，而举世讹为丁雅切。不知今吴越俚人，正以相殴击为谪耿音也。[(宋)叶梦得：《避暑录话》，上海古籍出版社，2012，页171。]

3. 钻　今之巧宦者，皆谓之"钻"。班固云："商鞅挟三术以钻孝公。"仕有不称职者，许郡将或部侍者两易其任，谓之"对移"。汉薛宣为左冯翊，以频阳令薛恭本县孝者，未尝知治民，而栗邑令尹赏久用事，宣即奏赏换县，乃对移之所起也。[(宋)方勺：《泊宅编》，上海古籍出版社，2007，页2113。]

4. 私觌　俗谓之打博，盖三节人从，各以物货互易也。[（宋）赵升：《朝野类要》，中华书局，2007，页36。]

5. 打视　库务差遣人及投军人，须远视目力，喝其指数，谓之打视，防其目疾尔。[（宋）赵升：《朝野类要》，中华书局，2007，页106。]

6. 院街　向西去皆妓馆舍，都人谓之"院街"。[（宋）孟元老：《东京梦华录》（《全宋笔记》第五编一册），大象出版社，2012，页126。]

7. 鹰店　东去乃潘楼街，街南曰"鹰店"，只下贩鹰鹘客。[（宋）孟元老：《东京梦华录》（《全宋笔记》第五编一册），大象出版社，2012，页128。]

8. 脚店　在京正店七十二户，此外不能遍数，其余皆谓之"脚店"。[（宋）孟元老：《东京梦华录》（《全宋笔记》第五编一册），大象出版社，2012，页130。]

9. 大伯　至店中，小儿子皆通谓之"大伯"。[（宋）孟元老：《东京梦华录》（《全宋笔记》第五编一册），大象出版社，2012，页130。]

10. 焌糟　更有街坊妇人，腰系青花布手巾，绾危髻，为酒客换汤斟酒，俗谓之"焌糟"。更有百姓入酒肆，见子弟少年辈饮酒，近前小心供过使令，买物命妓，取送钱物之类，谓之"闲汉"。又有向前换汤斟酒歌唱，或献果子、香药之类，客散得钱，谓之"厮波"。又有下等妓女，不呼自来筵前唱歌，临时以些小钱物赠之而去，谓之"札客"，亦谓之"打酒座"。又有卖药或果实、萝卜之类，不问酒客买与不买，散与坐客，然后得钱，谓之"撒暂"。[（宋）孟元老：《东京梦华录》（《全宋笔记》第五编一册），大象出版社，2012，页130。]

11. 茶饭量酒博士　凡店内卖下酒厨子，谓之"茶饭量酒博士"。[（宋）孟元老：《东京梦华录》（《全宋笔记》第五编一册），大象出版社，2012，页130。]

12. 分茶　大凡食店，大者谓之"分茶"，则有头羹、石髓羹、白肉……寄炉面饭之类。……近里门面窗户皆朱绿装饰，谓之"欢门"。……行菜得之，近局次立，从头唱念，报与局内。当局者谓之"铛头"，又曰"着案"讫。[（宋）孟元老：《东京梦华录》（《全宋笔记》第五编一册），大象出版社，2012，页144—145。]

13. 碧碗 吾辈入店，则用一等琉璃浅棱碗，谓之"碧碗"，亦谓之"造羹"。菜蔬精细，谓之"造齑"，每碗十文，面与肉相停，谓之"合羹"。又有"单羹"，乃半个也。[（宋）孟元老：《东京梦华录》（《全宋笔记》第五编一册），大象出版社，2012，页145。]

14. 车鱼 冬月，即黄河诸远处客鱼来，谓之"车鱼"，每斤不上一百文。[（宋）孟元老：《东京梦华录》（《全宋笔记》第五编一册），大象出版社，2012，页146。]

15. 草子 即寒热时疫。南中吏卒小民，不问病源，但头痛体不佳，便谓之草子。不服药，使人以小锥刺唇及舌尖出血，谓之挑草子。实无加损于病，必服药乃愈。[（宋）范成大：《范成大笔记六种》，中华书局，2002，页130。]

16. 卷伴。南州法度疏略，婚姻多不正。村落强暴，窃人妻女以逃，转移他所，安居自若，谓之卷伴，言卷以为伴侣也。已而复为后人卷去，至有历数卷未已者。其舅姑若前夫访知所在，诣官自陈，官为追究。往往所谓前夫，亦是卷伴得之，复为后人所卷。惟其亲父母兄弟及初娶者所诉，即归始初被卷之家。[（宋）范成大：《范成大笔记六种》，中华书局，2002，页130。]

17. 媚娘 酋豪或娶数妻，皆曰媚娘。[（宋）范成大：《范成大笔记六种》，中华书局，2002，页135。]

18. 出宋 莫氏家人亦有时相功夺。今刺史莫延葚逐其弟延廪而自立，延廪奔朝廷，谓之出宋。凡州洞归朝者，皆称出宋。[（宋）范成大：《范成大笔记六种》，中华书局，2002，页135。]

19. 波 蜀中称尊老者为波，祖及外祖皆曰波，又有所谓天波、日波、月波、雷波者，皆尊之之称。此王波盖王老或王翁也。宋景文尝辩之，谓当作"皤"字。鲁直贬涪州别驾，自号涪皤，或从其俗云。[（宋）范成大：《范成大笔记六种》，中华书局，2002，页208。]

20. 如　又一铭云："尚方作镜真大巧，上有仙人不知老，渴食玉泉饥食枣。浮云天下散四海，寿如金石佳且好。"东坡云："清如明，如，而也，若《左传》'星陨如雨'。"[（宋）赵令畤：《侯鲭录》，《宋元笔记小说大观》，上海古籍出版社，2007，页2031—2032。]

21. 前头人唐梨园弟子，以置院近于禁苑之梨园也。女妓入宜春苑，谓之内人，亦曰前头人，谓在上前也。骨肉居教坊，谓之内人家。有请俸，其得幸者，谓之十家。故郑嵎《津阳门》诗云"十家三国争光辉"是也。家虽多，亦以十家呼之。三国，谓秦、韩、虢国三夫人也。[（宋）赵令畤：《侯鲭录》，《宋元笔记小说大观》，上海古籍出版社，2007，页2032—2033。]

22. 如字训而　《春秋》："星陨如雨。"释者曰："如，而也。"欧阳公《集古录》载《后汉郭先生碑》云："其长也，宽舒如好施，是以宗族归怀。"东坡得古镜，背有铭云："汉有善铜，出白杨，取为镜，清如明。"皆训"如"为"而"也。[（宋）赵令畤：《侯鲭录》，《宋元笔记小说大观》，上海古籍出版社，2007，页5159。]

23. 筹子　《五代史》：汉王章不喜文士，尝语人曰："此辈与一把筹子，未知颠倒，何益于国！"筹子，本俗语，欧公据其言书之，殊有古意。温公《通鉴》改作"授之握筹，不知纵横"，不如欧《史》矣。[（宋）赵令畤：《侯鲭录》，《宋元笔记小说大观》，上海古籍出版社，2007，页5171。]

24. 生成吹嘘　杜陵诗云："桑麻深雨露，燕雀半生成。"后山诗云："辍耕扶日月，起废极吹嘘。"或谓虚实不类。殊不知"生"为"造"，"成"为"化"，"吹"为"阴"，"嘘"为"阳"，气势力量，与"日月"字正相配也。[（宋）赵令畤：《侯鲭录》，《宋元笔记小说大观》，上海古籍出版社，2007，页5182。]

25. 奸钱　今江湖间，俗语谓钱之薄恶者曰"悭钱"。按：贾谊疏云："今法钱不立，农民释其耒耜，冶镕炊铁，奸钱日多。"俗音讹以"奸"为"悭"尔。[（宋）赵令畤：《侯鲭录》，《宋元笔记小说大观》，上海古籍出版社，2007，页5270。]

26. 无字　《周易》"無"皆作"无"。王述曰："天屈西北为无。"盖东南为春夏，阳之伸也，故万物敷荣。西北为秋冬，阳之屈也，故万物老死，老死则无矣。此《字说》之有意味者也。[（宋）赵令時：《侯鲭录》，《宋元笔记小说大观》，上海古籍出版社，2007，页5270。]

27. 遮莫　诗家用"遮莫"字，盖今俗语所谓"尽教"者是也。故杜陵诗云"已拚野鹤如双鬓，遮莫邻鸡下五更"，言鬓如野鹤，已拚老矣。尽教邻鸡下五更，日月逾迈，不复惜也。而乃有用为禁止之辞者，误矣。[（宋）赵令時：《侯鲭录》，《宋元笔记小说大观》，上海古籍出版社，2007，页5318。]

28. 鹘　杜甫有《义鹘行》。张九龄有《鹰图赞》序曰："鸟之鸷者，曰鹰曰鹘。鹰也，名扬于尚父，义见于《诗》；鹘也，迹隐于古人，史阙其载。岂昔之多识物亦有遗；将今而嘉生材无不出，为所呼之变，与所记不同者耶？"按：古人称雕鹗，又《鸷鸟一百不如一鹗》。而鹗，今不见于世，岂名之变耶？然鹘又不可居鹰雕之右也！[（宋）庄绰：《鸡肋编》，《宋元笔记小说大观》，上海古籍出版社，2007，页4010—4011。]

29. 鹗　杜甫《雕赋》云："当九秋之凄清，见一鹗之直上。伊鸷鸟之累百，敢同年而争长。此雕之大略也。"则甫盖以雕为鹗兮。而孟康注《汉书》云："鹗，大雕也"。颜师古曰："鹰，鹗之属，非雕也。"《礼部韵》："鹗，雕属也。"颜师古注《汉书》云："隼，鸷鸟，即今鶻也。说者以为鹗，失之矣。鶻字音胡骨反，鶻与鹘同。"又《货殖传》："隼亦鸷鸟，即今所呼为鹘者。"[（宋）庄绰：《鸡肋编》，《宋元笔记小说大观》，上海古籍出版社，2007，页4011。]

30. 拂　今农家打稻之连架，古之所谓拂也。[（宋）周密：《癸辛杂识》，中华书局，1988，页96—97。]

31. 打聚　阛阓瓦市，专有不逞之徒，以掀打衣食户为事。纵告官治之，其祸益甚。五奴辈苦之，切视其所溺何妓。于是假金以偿其直，然后许以嫁之。且俾少俟课钱足日取去，然所逋故尔悠悠，使延引岁月而不肖。子阴堕其计中，反为外护，虽欲少逞，故智不可得矣，其名曰打聚。[（宋）周密：《癸辛杂识》，中华书局，1988，页205。]

32. 廉远地　比见书坊时文赋，有以上廉远地则堂高命题者，窃疑焉。贾谊《政事疏》："人主之尊如堂，群臣如陛，众庶如地。故陛九级，上廉远地则堂高，陛亡级，廉近地则堂卑。"师古曰："级，等也。廉，侧隅也。"恐合以"陛九级上"句断，廉隅去地远则堂自高耳。[（宋）刘昌诗：《芦浦笔记》，中华书局，1986，页2—3。]

33. 泥轼　自《白氏六帖》、《职林》、《职官分纪》、《职源》，历三百余年。凡编类之书，皆以泥轼为通判事，士夫用之，亦不知其非。今考《前汉·黄霸传》："别驾主簿车，缇油屏泥于轼前，以彰有德。"其文意盖谓用缇油于车轼之前，以屏蔽泥污耳。刘盆子乘鲜车大马，赤屏泥。又如王武子好马，正旦则柳叶金障泥，及所谓锦障泥，皆此义也。[（宋）刘昌诗：《芦浦笔记》，中华书局，1986，页5—6。]

34. 阿字　古人称呼每带阿字，以至小名小字见于史传者多有之。《汉高祖纪》武负注："俗呼老大母为阿负。"鲁肃拍吕蒙背曰："非复吴下阿蒙。"曹操小名阿瞒，唐明皇小名亦云阿瞒。锺士季目王安丰谓："阿戎了了解人意。"阮籍谓王浑："共卿语，不如与阿戎谈。"此谓浑子戎。又杜诗"守岁阿戎家"，注谓杜位小字也。阿奴有五。刘尹抚王长史背曰："阿奴比丞相，俱有都长。"阿奴盖蒙小字也。《语林》曰："刘真长与丞相不相得，每曰：'阿奴比丞相条达清长矣！'"齐武帝临崩，执废帝手曰："阿奴若忆翁，好作梓宫。"又周谟、周仲智皆小字阿奴。梁武帝谓临川王曰："阿六，汝生活大可方。"王右军问许玄度："卿自言何如安石？"许未答。王曰："安石故相与雄，阿万当裂眼争邪！"右军道："东阳我家阿林"，谓临之也，仕至东阳太守。王子敬为阿敬，王平子为阿平，庾会小字阿恭，王询小字阿苤。王恭曰"与阿大语"，谓王忱也。殷浩为阿源，王胡之小字阿龄，王蕴小字阿兴，王敦小字阿黑，王丞相小字阿龙，郗恢小字阿乞，王恬小字阿螭，殷顗小字阿巢，许询小字阿讷，王处小字阿智，高崧小字阿鄙，刘叔秀为阿秀。何偃遥呼颜延之为颜公，延之曰："非君家阿公，何以见呼？"又唐王后以爱弛，因泣曰："陛下独不念阿忠脱紫半臂，易斗麴为生日汤饼邪！"吐谷浑王名阿豺，以至阿香推雷车，亦有所谓阿买、阿舒、阿宣，要未能尽举。今人称父母兄弟尚尔，嗣有得，当续之。〔（宋）刘昌诗：《芦浦笔记》，中华书局，1986，页6—7。〕

35. 于越　于越之名，以于溪入越地，无以议为也。荀子云，"于越夷貉之子"，则有疑焉。《春秋》定公五年书於越入吴，注云："於，发声也。"《史记》又书为于越，注云"发声也"，与"於"同。然则于於皆越人夷语之发声，犹吴人之言勾吴耳。予谓此於越恐合是于越。〔（宋）刘昌诗：《芦浦笔记》，中华书局，1986，页30—31。〕

36. 老子　予在南郑，见西邮俚俗谓父曰老子，虽年十七八，有子亦称老子。乃悟西人所谓大范老子、小范老子，盖尊之以为父也。建炎初，宗汝霖留守东京，群盗降附者百余万，皆谓汝林曰宗爷爷，盖此比也。〔（宋）陆游：《老学庵笔记》，上海古籍出版社，2012，页77。〕

37. 巡官　陈亚诗云："陈亚今年新及第，满城人贺李衙推。"李乃亚之舅，为医者也。今北人谓卜相之士为巡官。巡官，唐、五代郡僚之名。或谓以其巡游卖术，故有此称。然北方人市医皆称衙推，又不知何谓。〔（宋）陆游：《老学庵笔记》，上海古籍出版社，2012，页84。〕

38. 八千里　韩退之诗云："夕贬潮阳路八千。"欧公云："夷陵此去更三千。"谓八千里、三千里也。或以为歇后，非也。《书》："弼成五服，至于五千。"注云："五千里。"《论语》冉有曰"方六七十，如五六十。"注亦云："六、七十里，五、六十里"也。〔（宋）陆游：《老学庵笔记》，《历代笔记小说大观》，上海古籍出版社，2012，页88。〕

39. 陟　周子充言：退之《黄陵庙碑》辨"陟方"事，非也。古盖谓适远为陟，《书》曰："若陟遐必自迩。"犹今人言上路也。岂得云南方地势下耶？〔（宋）陆游：《老学庵笔记》，上海古籍出版社，2012，页100。〕

40. 长夜之饮　古所谓长夜之饮，或以为达旦，非也。薛许昌《宫词》云："画烛烧阑暖复迷，殿帷深密下银泥。开门欲作侵晨散，已是明朝日向西。"此所谓长夜之饮也。〔（宋）陆游：《老学庵笔记》，上海古籍出版社，2012，页 100—101。]

41. 咨报　学士院移文三省名"咨报"，都司移文六曹名"刺"。〔（宋）陆游：《老学庵笔记》，上海古籍出版社，2012，页 121。〕

42. 奠　东坡诗云："大弨一弛何缘彀，已觉翻翻不受檠。"《考工记》："弓人寒奠体。"注曰："奠，读为定。至冬胶坚，内之檠中，定往来体。"《释文》："檠，音景。"《前汉·苏武传》："武能网纺缴，檠弓弩。"颜师古曰："檠，谓辅正弓弩，音警；又巨京反。"东坡作平声叶，盖用《汉书》注也。〔（宋）陆游：《老学庵笔记》，上海古籍出版社，2012，页 121—122。〕

43. 欲往城南望城北　老杜哀江头云："黄昏胡骑尘满城，欲往城南忘城北。"言方皇惑避死之际，欲往城南，乃不能记孰为南北也。然荆公集句，两篇皆作"欲往城南望城北"。或以为舛误，或以为改定，皆非也。盖所传本偶不同，而意则一也，谓欲往城南，乃向城北，亦皇惑避死，不能记南北之意。〔（宋）陆游：《老学庵笔记》，上海古籍出版社，2012，页 124—125。〕

44. 蝈　《周礼》蝈氏注云："蝈，今御所食蛙也。"《汉书·霍光传》亦有"丞相擅减宗庙羔菟蛙"。此何等物，而汉人以供玉食及宗庙之荐耶？古今事不同如此。〔（宋）陆游：《老学庵笔记》，上海古籍出版社，2012，页 136。〕

45. 帕头　《孙策传》，张津常有著绛帕头。帕头者，巾帻之类，犹今言幞头也。韩文公云"以红帕首"，已为失之。东坡云："绛帕蒙头读道书。"增一"蒙"字，其误尤甚。〔（宋）陆游：《老学庵笔记》，上海古籍出版社，2012，页 137—138。〕

46. 案酒　梅宛陵诗，好用"案酒"，俗言"下酒"也，出陆玑《草木疏》："荇，接余也。白茎，叶赤紫色，正圆，径寸余，浮水上，根在水底，与之深浅。茎大如钗股，上青下白。煮其白茎，以苦酒浸之，脆美可案酒。"今北方多言"案酒"。〔（宋）陆游：《老学庵笔记》，上海古籍出版社，2012，页 138。〕

47. □　《考工记》"弓人"注云："□，亦黏也，音职。"今妇人

发有时为膏泽所黏，必沐乃解者，谓之□，正当用此字。〔（宋）陆游：《老学庵笔记》，上海古籍出版社，2012，页144。〕

48. 索妇 今人谓娶妇为"索妇"，古语也。孙权欲为子索关羽女，袁术欲为子索吕布女，皆见三国志。〔（宋）陆游：《老学庵笔记》，上海古籍出版社，2012，页146。〕

49. 头钱 唐小说载李纾侍郎骂负贩者云："头钱价奴兵。""头钱"，犹言"一钱"也。故都俗语云："千钱精神头钱买"，亦此意云。〔（宋）陆游：《老学庵笔记》，上海古籍出版社，2012，页148。〕

50. 退之东坡用先后语 退之《南山诗》云："或齐若友朋，或差若先后。"人多不知先后之义。练塘洪庆善吏部引《前汉志》云："见神于先后宛若。"其注云："兄弟妻，关中呼为先后。"予观东坡《徐州谢上表》云："信道直前，曾无坎井之避；立朝寡助，谁为先后之容。"或疑"先后"不可对"坎井"，盖不知亦出于此也。〔（宋）费衮：《梁溪漫志》，《宋元笔记小说大观》，上海古籍出版社，2007，页3382。〕

51. 东坡雪诗 东坡雪诗："五更晓色来书幌，半夜寒声落画檐。"或疑五更自应有晓色，亦何必雪？盖误认五更字。此所谓五更者，甲夜至戊夜尔，自昏达旦，皆若晓色，非雪而何？此语初若平易，而实新奇，前人未尝道也。〔（宋）费衮：《梁溪漫志》，《宋元笔记小说大观》，上海古籍出版社，2007，页3408〕

52. 方言入诗 方言可以入诗。吴中以八月露下而雨，谓之愀露；九月霜降而云，谓之护霜。竹坡周少隐有句云："雨细方愀露，云疏欲护霜。"方言又有勃姑、鸦舅，槐花黄、举子忙，促织鸣、懒妇惊之类，诗人皆用之。大抵多吴语也。〔（宋）费衮：《梁溪漫志》，《宋元笔记小说大观》，上海古籍出版社，2007，页3410。〕

53. 三郎 世言"五角六张"，此古语也。尝记开元中有人忘其姓名。献俳文于明皇，其略云："说甚三皇五帝，不如求告三郎。既是千年一遇，且莫五角六张。""三郎"谓明皇也。明皇兄弟六人，一人早亡，故明皇为太子时号为"五王宅"。宁王、薛王，明皇兄也；申王、岐王，明皇弟也，故谓之"三郎"。"五角六张"，谓五日遇角宿，六日遇张宿。此两日做事多不成,然一年之中,不过三四日。绍兴癸丑岁只三日:四月五日角,七月二十六日张,十月二十五日角。多不过四日,他皆仿此。[(宋)马永卿:《嬾真子录》,《历代笔记小说大观》,上海古籍出版社,2012,页93。]

54. 元旦　正月朔日,谓之元旦,俗呼为新年。……街坊以食物、动使、冠梳、领抹、缎匹、花朵、玩具等物沿门歌叫关扑。[(宋)吴自牧:《梦粱录》,浙江人民出版社,1980,页1。]

55. 喜虫　盖临安辇毂之下,中榜多是府第子弟,报榜之徒,皆是百司衙兵,谓之"喜虫儿"。[(宋)吴自牧:《梦粱录》,浙江人民出版社,1980,页11。]

56. 馆客闲人　本食客人。孟尝君门下,有三千人,皆客矣。……有训导蒙童子弟者,谓之"馆客"。又有讲古论今、吟诗和曲、围棋抚琴、投壶打马、撇竹写兰者,名曰"食客",此之谓闲人也。……又谓之"闲汉",凡擎鹰、驾鹞、调鹁鸽、斗鹌鹑、斗鸡、赌扑落生之类。又有一等手作人,专攻刀镊,出入宅院,趋奉郎君子弟,专为干当杂事,插花挂画,说和交易,帮涉妄作,谓之"涉儿",盖取过水之意。更有一等不本色业艺,专为探听妓家宾客,赶趁唱喏,买物供过,及游湖酒楼饮宴所在,以献香送欢为由,乞觅赡家财,谓之"厮波"。[(宋)吴自牧:《梦粱录》,浙江人民出版社,1980,页182—183。]

57. 争交　角抵者,相扑之异名也,又谓之"争交"。且朝廷大朝会、圣节、御宴第九盏,例用左右军相扑,非市井之徒,名曰"内等子"。[(宋)吴自牧:《梦粱录》,浙江人民出版社,1980,页195。]

58. 三告官　三司、开封府、外州长官升□事,则有衙吏前导告喝。国朝之制,在禁中唯三官得告,宰相告于中书、翰林学士告于本院、御史告于朝堂,皆用朱衣吏,谓之"三告官"。所经过处,阍吏以梃扣地警众,谓之"打杖子"。两府、亲王自殿门打至本司及上马处,宣徽使打于本院,三司使、知开封府打于本司。近岁寺、监长官亦打,非故事。前宰相赴朝亦有特旨许张盖、打杖子者,系临时指挥。[(宋)沈括:《梦溪笔谈》,上海书店出版社,2009,页12。]

59. 宫市　自贞元来，多令中官强买市人物，谓之"宫市"。[（宋）钱易：《南部新书》，《宋元笔记小说大观》，上海古籍出版社，2007，页297。]

60. 榜花　大中以来，礼部放榜岁取三二人姓氏稀僻者，谓之色目人，亦谓之榜花。[（宋）钱易：《南部新书》，《宋元笔记小说大观》，上海古籍出版社，2007，页310。]

61. 条脱　唐《卢氏杂说》："文宗问宰臣：'条脱是何物？'宰臣未对。上曰：'《真诰》言：安妃有金条脱为臂饰，即今钏也。'又'《真诰》，萼绿华赠羊权金玉条脱各一枚。'"余按：周处《风土记》曰："仲夏造百索系臂，又有条达等织组杂物，以相赠遗"。唐徐坚撰《初学记》引古诗云："绕臂双条达。"然则条达之为钏，必矣。第以达为脱，不知又何谓也。徐坚所引古诗，乃后汉繁钦《定情篇》云："何以致契阔，绕腕双跳脱。"但跳脱两字不同。[（宋）吴曾：《能改斋漫录》，《全宋笔记》第五编三册，大象出版社，2012，页52。]

62. 解颐　匡衡好学，精力绝人，诸儒为之语曰："无说《诗》，匡鼎来；匡说诗，解人颐。"盖言其善于讲诵，能使人喜而至于解颐也。至今俗谚以人喜过甚者，云"兜不上下颏"，即其意也。本朝盛度，以第二名登第，其父喜甚，颐解而卒。又岐山县樊纪登第，其父亦以喜而颐脱，有声如破瓮。按医经云："喜则气缓，能令致脱颐。"信非戏语也。[（宋）周密：《齐东野语》，上海古籍出版社，2012，页57。]

63. 配盐幽菽　昔传江西一士，求见杨诚斋，颇以该洽自负。越数日，诚斋简之云："闻公自江西来配盐幽菽，欲求少许。"士人茫然莫晓，亟往谢曰："某读书不多，实不知为何物？"诚斋徐检《礼部韵略》"豉"字示之，注云："配盐幽菽也。"然其义亦未可深晓。《楚辞》曰："大苦咸酸辛甘行。"说者曰："大苦、豉也。言取豉汁调以咸酢菽姜饴密，则辛甘之味皆发而行。"然古无豆豉。史《急就篇》乃有"芜夷盐豉"。《史记·货殖传》有"蘖曲盐豉千答"。《三辅决录》曰："前对大夫范仲公，盐豉蒜果共一筩。"盖秦、汉以来始有之。[（宋）周密：《齐东野语》，上海古籍出版社，2012，页93。]

64. 古今左右之辩　南人尚左，北人尚右，或问孰为是？因考其说于此，与有识者订之。《檀弓》郑氏注云："丧尚右，右，阴也；吉尚左，左，阳也。"《老子》亦云："吉事尚左，凶事尚右。"河上公注："左，生位也；右，阴道也。"《礼·正义》："案特牲、少牢，吉祭皆载右畔。"《士虞礼》"凶事载左畔，吉祭载右畔。从地道尊右，凶事载左畔，取其反吉也。"《老子》又曰："偏将军处左，上将军处右。"河上公注："卑而居阳，以其不专杀；尊而居左，以其主杀也。"吴世杰《汉书勘误》云："凶事尚右，孔子有姊之丧之事也。"《礼》："乘君之乘车，不敢旷左。"注谓："车上贵左，乘车则贵左，兵车则贵右。乘车，君在左，御者在中。兵车，君在中，御者在左。"《少仪》论乘兵车云："军尚左。"疏云："军将尊，尚左。"按《老子》"上将军处右，偏将军处左"，非指车同言也。《左传》："韩阙代御，居中。"杜注："自非元帅，御皆在中，将在左。"乃知兵车惟君及元帅然后尚右，其余将军亦尚左而已。按古人主当阼，以右为尊而逊客，而己居左，则左非尊位也。后世以左为主位，而贵不敢当，则以左为尊也。如魏无忌迎侯生，而虚车左，何也？地道阴阳尚右，故后世之祀，以右为上。今宗庙亦然。人家门符，左神荼，右郁垒。考张平子赋亦云："守以郁垒，神荼副焉。"《左传》载："天子所右，寡君亦右之。天子所左，寡君亦左之。"则以右为助之重且大者。汉"右贤左戚"，他如"左官"，"左迁"，又皆以左为轻。或谓左手足不如右强，故论轻重者，必重右而轻左。〔（宋）周密：《齐东野语》，上海古籍出版社，2012，页94。〕

65. 多蚊　吴兴多蚊，每暑夕浴罢，解衣盘礴，则营营群聚，嘈囋不容少安，心每苦之。坡翁尝曰："湖州多蚊蚋，豹脚尤毒。"且见之诗云："飞蚊猛捷如花鹰。"又云："风定轩窗飞豹脚。"盖湖之豹脚蚊著名久矣。旧传崇王入侍寿皇，圣语云："闻湖州多蚊，果否？"后侍宴，因以小金盒贮豹脚者数十枚进呈。盖不特著名，亦且尘乙览矣。盖蚊乃水虫所化，泽国故应尔。闻京师独马行街无蚊蚋，人以为井市灯火之盛故也。吴兴独江子汇无蚊蚋，旧传马自然尝泊舟于此所致。故钱信《平望蚊》诗云："安得神仙术，试为施康济。使此平望村，如吾江子汇。"然余有小楼在临安军将桥，面临官河，污秽特甚。自暑徂秋，每夕露眠，寂无一蚊，过此仅数百步，则不然矣。此亦物理之不可晓者。渡淮蚊蚋尤盛，高邮露筋庙是也。孙公《谈圃》云："泰州西洋多蚊，使者按行，以艾烟熏之，方少退。有一厅吏醉仆，为蚊所嘬而死。"世传范文正诗云："饱似樱桃重，饥如柳絮轻。但知从此去，不要问前程。"即其地也。闻大河以北，河水一解，如云如烟，若信、安、沧、景之间，夏月牛马皆涂之以泥，否则必为所毙。按《尔雅》："鷏，蟁母，一名蚊母，相传此鸟能吐蚊。"陈藏器云："其声如人呕吐，每吐辄出蚊一二升。"李肇《唐史补》称："江东有蚊母鸟，亦谓之吐蚊鸟。夏夜则鸣吐蚊于丛苇间，湖州尤甚。"又曰："端新州有鸟，类青鹢而嘴大。常于池塘捕鱼，每一鸣，则蚊群出其口，亦谓之吐蚊鸟，又谓之鷏。然以其羽为扇，却可避蚊。岭南又有蚊子木，实如枇杷，熟则自裂，蚊尽出而实空。塞北又有蚊母草者，其说亦然。"《淮南子》曰："水虿为蟌，孑孓为蟁，兔啮为螚。物之所为，出于不意，弗知者惊，知者不怪。"今孑孓，污水中无足虫也，好自伸屈于水上，见人辄沉，久则蜕而为蚊，盖水虫之所变明矣。东方朔隐语云："长喙细身，昼亡夜存，嗜肉恶烟，为指掌所扪。"若生草中者，吻尤利，而足有文彩，号为豹脚。又其字或从"昏"，志其出时也，又为"闽"，以虫之在门中也。《说文》曰："秦谓之蜹，楚谓之蚊。"《夏小正》云："丹鸟，萤也。羞白鸟，谓萤以蚊为粮云。"然则育蚊者非一端，固不可专归罪于水也。因萃数说，戏为吾乡解嘲。［（宋）周密：《齐东野语》，上海古籍出版社，2012，页99—100。］

66. **臞栗** 又女官吴知古用事，人皆侧目。……"甚事不被臞栗坏了！"盖是俗呼黄冠为"臞栗"也。［（宋）周密：《齐东野语》，上海古籍出版社，2012，页140。］

67. **腹腴** 余读杜诗"偏劝腹腴愧少年"，喜知其味。坡诗亦云："更洗河豚烹腹腴。"黄诗亦云："故园渔友脍腹腴。"又云："飞雪堆盘脍腹腴。"按《礼记·少仪》云："羞濡鱼者进尾，冬右腴。"注云："腴，腹下也。"《周礼》疏："燕人脍鱼方寸，切其鱼啑所贵。引以证膴，膴亦腹腴。"《前汉》："九州膏腴。"师古注云："腹下肥白曰腴。"
[（宋）周密：《齐东野语》，上海古籍出版社，2012，页173。]

68. 兄伯 妇人呼夫之兄为伯，于书无所载。予顷使金国时，辟景孙弟辅行，弟妇在家，许斋醮及还家赛愿。予为作青词云："顷因兄伯出使，夫婿从行。"虽借用《陈平传》"兄伯"之语，而自不以为然。偶忆《尔雅·释亲篇》曰："妇称夫之兄为兄公，夫之弟为叔。"于是改"兄伯"字为"兄公"，视前所用，大为不侔矣。《玉篇》"姒"字音钟，注云："夫之兄也。"然于义训不若前语。[（宋）洪迈：《容斋随笔》，上海古籍出版社，2014，页237。]

69. 纵臾 《史记·衡山王传》："日夜从容王密谋反事。"《汉书》传云："日夜纵臾王谋反事。"如淳曰："臾读曰勇，纵臾，犹言勉强也。"颜师古曰："纵，音子勇反。纵臾，谓奖励也。"杨雄《方言》云："食阎，怂恿，劝也。南楚凡己不欲喜，而旁人说之，不欲怒，而旁人怒之，谓之食阎，亦谓之怂恿。"今《礼部韵略》收入，《汉》注皆不引用。[（宋）洪迈：《容斋随笔》，上海古籍出版社，2014，页244。]

70. 摊 今人意钱赌博，皆以四数之，谓之"摊"。案《广韵》摊字下云："摊捕，四数也。"竹工谓屋椽上织箔曰簜笪，《广韵》簜字下云："苻簜，竹笪也。"采帛铺谓剪截之余曰帵子。帵，一欢切。注，裁余也。挑剔灯火之杖曰桰，他念切。注，火杖也。李济翁《资暇集》云："意钱当曰摊铺，疾道之，讹其音为蒲。"此说不然。[（宋）洪迈：《容斋随笔》，上海古籍出版社，2014，页341。]

71. 骞骞字，音义训释不周。以字书正之，骞，去干切，注云："马腹絷，又亏也。"今列于《礼部韵略》下平声二仙中。骞，虚言切，注云："飞貌。"今列于上平声二十二元中。文人相承，以骞亏之骞为轩昂掀前举之义，非也。其字之下从马，马岂能掀举哉？闵损字子骞，虽古圣贤命名制字，未必有所拘泥，若如亏少之义，则涣然矣。其下从鸟，则于掀飞之训为得。此字殆废于今，故东坡、山谷亦皆押字骞入元韵，如"时来或作鹏骞"，"传非其人恐"之类，特不暇毛举深考耳，唯韩公《和侯协律咏笋》一联云："得时方张王，挟势欲腾骞。"乃为得之。此固小学琐琐，尤可以见公之下不敬于下笔也。［（宋）洪迈：《容斋随笔》，上海古籍出版社，2014，页369—370。］

72. 甲第　好宅谓之甲第。甲者，首也。《汉书》平恩侯许伯入新宅，盖宽饶，访之入门，仰视而叹曰："富贵无常，如此甲第，所阅甚多，忽即易主。"［（宋）无名氏：《释常谈》，《笔记小说大观》二十五编《说郛》卷第六十八，台北新兴书局，1979，页1011。］

73. 谼　东华门直北有东向门，西与内东门相直，俗谓之谼门，而无榜。张平子东京赋所谓"谼门曲榭"者也。薛综注："谼，曲屈斜行，依城池为道。"集韵"谼字或作篌。"以为宫室相连之称。今循东华门墙而北转，东面为北门，亦可谓斜行依墙矣。凡宫禁之言，相承必皆有自也。［（宋）叶梦得：《石林燕语》，上海古籍出版社，2012，页10。］

74. 烧尾　唐书言大臣初拜官，献食天子，名曰"烧尾"。苏瓌为相，以食贵，百姓不足，独不进。然唐人小说所载与此不同，乃云：士子初登科，及在官者迁除，朋僚慰贺，皆盛置酒馔、音乐燕之，为"烧尾"。举韦嗣立入三品，赵彦昭假金紫，崔湜复旧官，中宗皆令于兴庆池"烧尾"。则非献食于天子也。其解"烧尾"之义，以为虎豹化为人，惟尾不化，必以火烧之，乃成人；犹人之新除，必乐饮宴客，乃能成其荣。其言迂诞无据，然谓太宗已尝问朱子奢，则其来盖已久矣。近世献食天子固无是，而朋僚以音乐燕集，亦未之讲也。［（宋）叶梦得：《石林燕语》，上海古籍出版社，2012，页35。］

75. 黄道　天步所临，皆藉以黄罗，谓之"黄道"。［（宋）周密：《武林旧事》，西湖书社，1981，页8。］

76. 抢金鸡　金鸡竿，长五丈五尺，四面各百戏，一人缘索而上，谓之"抢金鸡"。［（宋）周密：《武林旧事》，西湖书社，1981，页11。］

77. 买市　吏魁以大囊贮楮券，凡遇小经纪人，必犒数千，谓之"买市"。［（宋）周密：《武林旧事》，西湖书社，1981，页31。］

78. 装灯　其前列荷校囚数人，大书犯由……继而行遣一二，谓之"装灯"。其实皆三狱罪囚，姑借此以警奸民。[（宋）周密：《武林旧事》，西湖书社，1981，页31。]

79. 夜蛾　游手浮浪辈，则以白纸为大蝉，谓之"夜蛾"。又以枣肉炭屑为丸，系以铁丝燃之，名"火杨梅"。[（宋）周密：《武林旧事》，西湖书社，1981，页32。]

80. 湖中土宜　至于果蔬、羹酒、关扑、宜男、戏具、闹竿、花篮、画扇……泥婴等，谓之"湖中土宜"。[（宋）周密：《武林旧事》，西湖书社，1981，页37。]

81. 探春　都城自过收灯，贵游巨室，皆争先出郊，谓之"探春"。[（宋）周密：《武林旧事》，西湖书社，1981，页38。]

82. 点花茶　凡初登门，则有提瓶献茗者，虽杯茶亦犒数千，谓之"点花茶"。登楼甫饮一杯，则先与数贯，谓之"支酒"。……或欲更招他妓，则虽对街，亦呼肩舆而至，谓之"过街轿"。[（宋）周密：《武林旧事》，西湖书社，1981，页95。]

83. 字、幕　今人掷钱为博戏者，以钱文面背分胜负，曰字，曰幕。《前汉·西域传》云："罽宾以国金银为钱，文为骑马，幕为人面"。如淳曰："幕音漫"。颜师古曰："幕即漫耳，无劳借音"。

汉碑额多篆，身多隶；隶多凹，篆多凸。惟张平子墓铭则额与身皆篆。唐李匡义《资暇集》曰："借借书籍，俗曰：'借一痴，借与二痴，索三痴，还四痴。'又按《王府新书》杜元凯遗其子书曰：'书勿借人。'古人云：古谚'借书一嗤'，后人更生其词至三、四，因讹为'痴'"。《集韵》释"瓻"字，酒器也。古以借书谓：借书馈酒一瓻，还书亦馈酒一瓻。故山谷从人借书，有诗曰："勿辞借我千里，他日还君一瓻。"三说可兼存之，恒惜《集韵》不载以瓻盛酒借书出何典故也！[（宋）孙宗鉴：《西畲琐录》，《全宋笔记》第三编四册，大象出版社，2012，页7—8。]

84. 紫茸　北方毛段细软者曰子，氄子，谓毛之细者。氄温柔貌。《书·尧典》云："鸟兽氄毛是也"。今讹为紫茸。[（宋）俞琰：《席上腐谈》，中华书局，1985，页4。]

85. 蚩　苏鹗《演义》云：蚩者海兽也。汉武帝作柏梁殿，有上疏者云："蚩尾水之精，辟火灾。可置之殿堂。"今人多作鸱字，颜之推亦作此鸱，刘孝孙《事始》作此。蚩尾既是水兽，作蚩尤字是也。蚩尤铜头铁额，牛角牛耳，兽之形也。作鸱鸢字，恐无意义。古老传云，蚩耸尾出于头上，遂谓之蚩尾。《颜氏家训》云："《东宫旧事》呼鸱尾为祠尾。盖张敞不甚稽古，随宜记注，逐乡俗讹谬，取吴呼蚩为祠，遂为祠尾。"由俗间呼为鸱吻。见其吻如鸱鸢，遂以此呼之。自后蚩字因有作此者。余案《倦游杂录》云："汉以宫殿多灾，术者言天上有鱼尾星，宜为其象，冠于屋以禳之。"今亦有。自唐以来，寺观旧殿宇，尚有为飞鱼形尾上指者，不知何时易名为鸱吻，状亦不类鱼。又案《陈书旧制》三公黄阁厅事置鸱尾，后主时萧摩诃以功授侍中，诏摩诃开阁门施行马，厅事寝堂并置鸱尾。又《北史·宇文恺传》云："自晋已前，未有鸱尾用鸱字。"宋子京诗云"久叨鸱尾三重阁。"兼撰《新唐书》，皆用鸱字。又《江南野录》云："初，台殿阁各有鸱吻。自乾德之后，天王使至则去之，使还复用，至是遂除。"此又用鸱吻，竟未详其旨。[（宋）黄朝英：《缃素杂记》，《全宋笔记》第三编四册，大象出版社，2012，页174。]

86. 耶歈　《前书》云："赵将李左车设伏兵之计，以御韩信，而赵王不用，遂为市中人耶歈之。"苏鹗《演义》云："耶歈者，举手相弄之貌，即今俗谓之野田也。耶歈之，盖音韵讹舛耳。"又《后汉·王霸传》："王郎起兵，光武在蓟，令霸至市中募人，将以击郎。市人皆大笑，举手邪揄之。"注引《说文》曰："歔歈，手相笑也。歔音弋支反。歈音踰，又音由。"此云揶揄，语轻重不同。又《世说》载，襄阳罗友，少好学，性嗜酒，当其所遇，则不择世庶。桓宣武虽以才学遇之，然以其诞，率非宏运才，许而不用。郡人有得郡者，温为席送别，友亦被命，至尤迟晚。温问之，答曰："且出门，于中路逢一鬼，大揶揄云。我祇见汝送人作郡，何以不见人送汝作郡。遂惭怖却回，不觉淹缓之罪。"桓虽知其滑稽，心颇愧焉，后以为襄阳太守。故宋景文公诗云："数领郡章君莫笑，犹胜长被鬼揶揄"。［（宋）黄朝英：《缃素杂记》，《全宋笔记》第三编四册，大象出版社，2012，页177—178。］

87. 藉田，音慈夜反。典籍，音慈力反。案舒王《字说》藉从草从耒从借。从草若藉，用白茅是也。凡藉物如之。从耒从借，若藉而不税是也。凡藉人如之。藉物者尚之，藉人者下焉。籍从昔从耒从竹。籍记昔事，有实可利后，除其繁芜有节焉。世之学者，类不分藉籍之义，乃以藉田为籍田，至书典籍之籍乃反为藉字，是不究其本也。案《文帝纪》，诏曰："农天下之本，其开藉田，朕亲率耕以给宗庙粢盛。"应劭曰："古者天子耕籍田千亩，为天下先。籍者，帝王典籍之常。"韦昭曰："藉，借也。借民力以治之，以奉宗庙，且以劝率天下使务农也"。臣瓒曰："藉，谓蹈藉也，藉田本躬亲为义，不得以假借为称。"师古曰："《国语》云：'宣王不藉千亩，虢文公谏，斯则藉非假借明矣。"余考数家之说，应劭以藉为典籍之籍，谬也。唯韦昭之说得之。案《王制》曰："古者公田藉而不税。"注云："借民力治公田，故不税。盖帝王所亲耕者，公田也。公田谓之藉田者，以借民力为义。故藉之字所以从借也。"舒王云："公田谓之锄，犹亲耕之田谓之藉也。宣王不藉千亩者，为其不能亲耕公田以劝农耳。谓之藉者，岂不以假借为义乎。臣瓒与师古未之或知何耶？"余尝谓枕藉、酝藉、狼藉，故藉皆从草，音慈夜反；而文籍、图籍、篇籍、与夫籍甚、籍其家皆从竹，音慈力反，乃为允当。又许慎《说文》云："祭藉也。一曰：草不编狼藉从草耤声，慈夜切。又秦昔切。"许氏乃以一字为两音，犹见疏谬。［（宋）黄朝英：《缃素杂记》，《全宋笔记》第三编四册，大象出版社，2012，页183—184。］

88. 黳伯 《家训》云："晋羊曼常颓纵任侠，饮酒诞节，兖州号为黳伯。"此字更无音训，梁张缵呼为噎羹之噎，亦不知所出。但耆老相传世间又有黳黳语，盖无所不施，无所不容之意也。顾野王《玉篇》误为黑旁沓。顾虽博物，犹出张缵之下。颜氏云。吾所见数本并无作黑者，重沓是多饶积厚之意，从黑更无意旨。故唐常兖卖官之路，一切以公议格之，非文辞者皆摈不用。世谓之黳伯，以其黳黳无贤不肖之辨云，盖兖州之遗意也。[（宋）黄朝英：《缃素杂记》，《全宋笔记》第三编四册，大象出版社，2012，页196。]

89. 褕　《汉书·万石君传》云："窃问侍者，取亲中帬厕褕，身自浣洒。"苏林云："褕音投。"贾逵解《周官》云："褕，行圊也"。孟康曰："厕，行圊褕中受黄函者，东南人谓凿木空如槽，谓之褕。"余案《说文》以褕为筑墙短板，度侯切。而《玉篇》《集韵》以褕行圊字，为从广从俞，音投。由是知中帬者，谓其父之中衣也。厕褕者，谓其父圊溷之板也。是二物者。建亲自浣洒，以见事亲孝谨如此。而颜师古不从此说，乃谓亲身之小衫，若今言汗衫是也。果如颜氏之说，则汗衫谓之厕褕，有害于理，而石建浣洒汗衫，亦未足为孝谨之至也。盖其义当如苏林、孟康之说。故后人循袭，所以谓如厕为厕褕，其说良自于此。余尝怪李济翁《资暇集》云："俗命如厕为屋头。称并州人咸凿土为室，厕在所居之上，故也。一说北齐文宣帝怒其魏郡丞崔叔宝，以溷汁沃头。后人或食，或避亲长，不能正言溷，因影为沃头焉。"盖济翁当时著论，亦不考究《汉书》厕褕之说，但随俗语谓为沃头。或云沃头，误也。[（宋）黄朝英：《缃素杂记》，《全宋笔记》第三编四册，大象出版社，2012，页196。]

90. 欢伯　酒谓之欢伯。焦贡《易林·坎之兑、遁之未济》辞云："酒为欢伯，除忧来乐。福喜入门，与君相索。"伯音博，协音也。[（宋）姚宽：《西溪丛语》，中华书局，1993，页32。]

91. 揄　《生民》诗："或舂或揄，或簸或蹂。"注云："揄，抒米以出臼也。"笺云："舂而抒出之。"《周官·舂人》："女舂抌二人。"郑注云："抌，抒臼也。《诗》云'或舂或抌。'音由，又音揄，或羊笑反。揄，时女反。据许叔重《说文》：揄，引也，羊朱切。抒，把也，神与切。舀，抒臼也。"从爪臼。引《诗》云："或簸或舀。"又作抌、□，音以沼切。又《集韵》抌、舀、揄，并音由。又抌、舀，音以绍切。缘《诗》揄与舀并音由，义亦同，故后人改舀为蹂也。音以沼者，乃今人以手舀物之舀也。[（宋）姚宽：《西溪丛语》，中华书局，1993，页53。]

92. 钴镆 《宜都山水记》："佷山溪有釜滩，其石大者如釜，小者如钴镆。"柳子厚《钴鉧潭记》"鉧"，字书无之。《集韵》：鍸、钴，并音胡，黍稷器。夏曰瑚，商曰琏，周曰簠簋。又，金莽，音满补反，钴金莽，温器。言潭石如此大小而。[（宋）姚宽：《西溪丛语》，中华书局，1993，页91。]

93. 鳖 徐浩会稽诗云："法士多璏能。"盖言异能也。鲁直谓能乃三足鳖，言僧似鳖耳。虽似戏语，然能有二音，皆通，不必指能是鳖也。后汉《黄琬传》云："旧制，光禄三署郎以高功久次才德尤异者为茂才异行。时权富子弟以人事得举，而贫约守志以穷退见遗，京师为之谣曰：'欲得不能，光禄茂才。'"注云："能，乃来切。"[（宋）姚宽：《西溪丛语》，中华书局，1993，页93。]

94. 皱 杜甫诗云："尝果栗皱开。"或作"雏"字，殊不可解。《集韵》："皱，侧尤切，革纹蹙也。"《汉上题襟》周繇诗云："开栗弌之紫皱。"贯休云："新蝉避栗皱。"又云："栗不和皱落。"皱，栗蓬也。[（宋）姚宽：《西溪丛语》，中华书局，1993，页96。]

95. 檠 古诗云："灯檠昏鱼目。"读檠为去声。《集韵》："檠，渠映切。有足，所以几物。"又："檠，音平声，榜也。"非灯檠字。韩退之云："墙角君看短檠弃。"亦误也。[（宋）姚宽：《西溪丛语》，中华书局，1993，页119。]

96. 孟浪 《集韵》引向秀云："孟浪，无取舍之谓。"孟，音母朗切。[（宋）姚宽：《西溪丛语》，中华书局，1993，页120。]

97. 宣室 《淮南子》云："武王破纣，杀之于宣室。"许叔重云："宣室，在朝歌城外。"宣室，殷宫名。一曰：宣室，狱也。音宣和之宣。汉未央前殿有宣室，温室。音暄，见《集韵》。[（宋）姚宽：《西溪丛语》，中华书局，1993，页126。]

98. 欱 世俗谓之大啮为齁，音邱加切。谓小歠为欱，音大洽切。当用此二字。[（宋）杨彦岭：《杨公笔录》，《全宋笔记》第一编十册，大象出版社，2012，页136。]

99. 埌 《方言》曰："冢谓之埌，音浪"。俗谓林野为埌，当用此字。砖未烧者谓之墼，工狄反。田家谓长束秆为稕，之闰切。谓小束秆为稕，工殄反。俗谓刈谷麦为钞钞，大镰也，音所鉴切。碌碡，碾田石也，当音鹿独。［（宋）杨彦岭：《杨公笔录》，《全宋笔记》第一编十册，大象出版社，2012，页136。］

100. 醭　物坏生青白衣曰醭，音支。膏败曰臕，之力反。食败曰馊，音搜。［（宋）杨彦岭：《杨公笔录》，《全宋笔记》第一编十册，大象出版社，2012，页136。］

101. 把浅　江南故国，每至暮冬，淮水浅涸，则分兵屯守，谓之"把浅"。时监军吴延诏以为时平境安，当无事之际，虚费粮廪，亟令撤警。惟淮将刘仁赡熟练防淮之事，具启以为不可。未几，报周师以间者所误，半夜猝至，郡人大恐。仁赡神气闲暇，部分守御，其坚如壁。周师斩间者于岸，卷兵遂退。［（宋）文莹：《玉壶清话》，上海古籍出版社，2012，页125。］

102. 优伶　优伶，世之弄人也。［（金）杨宏道：《小亨集》（景印文渊阁四库全书），台湾商务印书馆，1986，页26。］

103. 放走　贵由赤者，快行是也。每岁一试之，名曰放走，以脚力便捷者膺上赏，故监临之官齐其名数而约之以绳，使无后先参差之争，然后去绳放行。［（元）陶宗仪：《南村辍耕录》，《宋元笔记小说大观》，上海古籍出版社，2007，页6147—6148。］

104. 奴材　世之鄙人之不肖者为奴材。郭子仪曰："子仪诸子，皆奴材也。"［（元）陶宗仪：《南村辍耕录》，《宋元笔记小说大观》，上海古籍出版社，2007，页6207。］

105. 家主翁　世言家之尊者曰家主翁，亦曰家公。唐代宗谓郭子仪曰：鄙谚有云"不痴不聋，不作家翁。"［（元）陶宗仪：《南村辍耕录》，《宋元笔记小说大观》，上海古籍出版社，2007，页6207。］

106. □　妇人头发有时为膏泽所黏，必沐乃解者，谓之□。按《考工记·弓人》注云："□，亦黏也，音职。"则发□之□，正当用此字。［（元）陶宗仪：《南村辍耕录》，《宋元笔记小说大观》，上海古籍出版社，2007，页6210。］

107. 亲家　凡男女缔姻者，两家相谓曰亲家，此二字见《唐·萧嵩传》。今北方以亲字为去声。按卢纶作王驸马花烛诗云："人主人臣是亲家。"则是亦有所祖。亲家又曰亲家翁，《五代史·刘昫传》：昫与冯道为姻家，而同为相，道罢，李愚代之。愚素恶道之为人，凡事有稽失者，愚必指以诮昫曰："此公亲家翁所为"。[（元）陶宗仪：《南村辍耕录》，《宋元笔记小说大观》，上海古籍出版社，2007，页6211。]

108. 环纽　今人家窗户设铰具，或铁或铜，名曰环纽，即古金铺之遗意。北方谓之屈戎，其称甚古。梁简文诗："织成屏风金屈戎。"李商隐诗："锁香金屈戎。"李贺诗："屈膝铜铺锁阿甄。"屈膝，当是屈戎。[（元）陶宗仪：《南村辍耕录》，《宋元笔记小说大观》，上海古籍出版社，2007，页6217。]

109. 官奴　今以妓为官奴，即官婢也。《周礼·天官·酒人》"奚三百人"注："今之侍史、官婢。"[（元）陶宗仪：《南村辍耕录》，《宋元笔记小说大观》，上海古籍出版社，2007，页6219。]

110. 火宅僧　唐郑熊《番禺杂记》：广中僧有室家者，谓之火宅僧。宋陶谷《清异录》：京师大相国寺僧有妻，曰梵嫂。[（元）陶宗仪：《南村辍耕录》，《宋元笔记小说大观》，上海古籍出版社，2007，页6219。]

111. 课马　俗呼牝马为课马者，《唐六典》：凡牝，四游五课，羊则当年而课之。课，岁课驹犊也。[（元）陶宗仪：《南村辍耕录》，《宋元笔记小说大观》，上海古籍出版社，2007，页6222。]

112. 咸杬子　今人以米汤和入盐草灰以团鸭卵，谓曰咸杬子。按《齐民要术》：用杬木皮淹渍，故名之。若作圆字写，则误矣。[（元）陶宗仪：《南村辍耕录》，《宋元笔记小说大观》，上海古籍出版社，2007，页6222。]

113. 蟹断　陆龟蒙《蟹志》云：稻之登也，率执一穗以朝其魁，然后任其所之。蚤夜嘈沸指江而奔，渔者纬萧承其流而障之，名曰蟹断。然"纬萧"二字尤奇。[（元）陶宗仪：《南村辍耕录》，《宋元笔记小说大观》，上海古籍出版社，2007，页6239。]

114. 佩羹　江邻几《杂志》云：丁正臣赍玉腴来馆中，沈休文云："福州人谓之佩羹。"即今鱼脬是也。〔（元）陶宗仪：《南村辍耕录》，《宋元笔记小说大观》，上海古籍出版社，2007，页6239。〕

115. 温暾　南人方言曰温暾者，乃微暖也。唐王建《宫词》"新晴草色暖温暾"。又白乐天诗"池水暖温暾"。则古已然矣。〔（元）陶宗仪：《南村辍耕录》，《宋元笔记小说大观》，上海古籍出版社，2007，页6240。〕

116. 汉子　今人谓贱丈夫曰汉子。按北齐魏恺自散骑常侍迁青州长史，固辞，文宣帝大怒曰："何物汉子，与官不就！"〔（元）陶宗仪：《南村辍耕录》，《宋元笔记小说大观》，上海古籍出版社，2007，页6240。〕

117. 长年　吾乡称舟人之老者曰长年。长，上声。盖唐已有之矣。杜工部诗云："长年三老歌声里，白昼摊钱高浪中。"《古今诗话》谓川峡以篙手为三老，乃推一船之最尊者言之耳。因思海舶中以司柁曰大翁，是亦长年、三老之意。〔（元）陶宗仪：《南村辍耕录》，《宋元笔记小说大观》，上海古籍出版社，2007，页6241。〕

118. 海青　白湛渊先生《续演雅》十诗发挥云："'海青羽中虎，燕燕能制之，小隙沉大舟，关尹不吾欺'者，海青，俊禽也，而群燕缘扑之即坠。物受于所制者，无大小也。"〔（元）陶宗仪：《南村辍耕录》，《宋元笔记小说大观》，上海古籍出版社，2007，页6244。〕

119. 吉贝　闽广多种木绵，纺绩为布，名曰吉贝。〔（元）陶宗仪：《南村辍耕录》，《宋元笔记小说大观》，上海古籍出版社，2007，页6246。〕

120. 方头　俗谓不通时宜者为方头。陆鲁望诗云："头方不会王门事，尘土空缁白纻衣。"〔（元）陶宗仪：《南村辍耕录》，《宋元笔记小说大观》，上海古籍出版社，2007，页6249。〕

121. 麻线　冯公士启梦弼尝言……尝因公差抵一站，日已暮矣，站吏告曰："今夜马判上岸，麻线须暂停驿程以避之。"……所谓乌刺赤者，下马跪泣，若告诉状……公问此为何物，始敢言曰："马蟥精也。"麻线,方言曰官人。乌刺赤,站之牧马者。〔(元)陶宗仪:《南村辍耕录》,《宋元笔记小说大观》,上海古籍出版社,2007,页6258。〕

122. 麿糟 俗语以不洁为麿糟。按《霍去病传》"麿皋兰"下注:"世俗谓尽死杀人为麿糟。"然义虽不同,却有所出。〔(元)陶宗仪:《南村辍耕录》,《宋元笔记小说大观》,上海古籍出版社,2007,页6262。〕

123. 水畜 陶朱公《养鱼经》曰:夫治生之法有五,水畜第一。水畜,鱼也。此二字亦奇。〔(元)陶宗仪:《南村辍耕录》,《宋元笔记小说大观》,上海古籍出版社,2007,页6265—6266。〕

124. 夜航船 凡篙师于城埠市镇人烟凑集去处,招聚客旅装载夜行者,谓之夜航船。〔(元)陶宗仪:《南村辍耕录》,《宋元笔记小说大观》,上海古籍出版社,2007,页6276。〕

125. 不快 世有疾曰不快。陈寿作《华佗传》已然。〔(元)陶宗仪:《南村辍耕录》,《宋元笔记小说大观》,上海古籍出版社,2007,页6276。〕

126. 厕筹 今寺观削木为筹,置溷圊中,名曰"厕筹"。〔(元)陶宗仪:《南村辍耕录》,《宋元笔记小说大观》,上海古籍出版社,2007,页6287。〕

127. 拗花 南方或谓折花曰拗花。唐元微之诗:"试问酒旗歌板地,今朝谁是拗花人。"又古乐府:"拗折杨柳枝。"〔(元)陶宗仪:《南村辍耕录》,《宋元笔记小说大观》,上海古籍出版社,2007,页6288。〕

128. 丫头 吴中呼女子之贱者为丫头。刘宾客《寄赠小樊》诗:"花面丫头十二三,春来绰约向人时。"〔(元)陶宗仪:《南村辍耕录》,《宋元笔记小说大观》,上海古籍出版社,2007,页6351。〕

129. 愠羝 愠羝,谓腋气也。唐崔令钦《教坊记》云:范汉女大娘子,亦是竿木家,开元二十一年出内,有姿媚,而微愠羝。〔(元)陶宗仪:《南村辍耕录》,《宋元笔记小说大观》,上海古籍出版社,2007,页6352。〕

130. 改常　今人谓易其所守者为改常。《北梦琐言》：左军容使严遵美，阉官中仁人也。尝一日发狂，手足舞蹈，傍有一猫一犬，猫忽谓犬曰："军容改常也。"〔（元）陶宗仪：《南村辍耕录》，《宋元笔记小说大观》，上海古籍出版社，2007，页6358。〕

131. 经纪　今人以善能营生者为经纪。唐滕王元婴与蒋王皆好聚敛，太宗尝赐诸王帛，敕曰："滕叔、蒋兄自能经纪，不须赐物。"〔（元）陶宗仪：《南村辍耕录》，《宋元笔记小说大观》，上海古籍出版社，2007，页6373。〕

132. 枇杷　世人多用卢橘以称枇杷。〔（元）陶宗仪：《南村辍耕录》，《宋元笔记小说大观》，上海古籍出版社，2007，页6470。〕

133. 黄门　世有男子虽娶妇而终身无嗣育者，谓之天阉，世俗则命之曰黄门。〔（元）陶宗仪：《南村辍耕录》，《宋元笔记小说大观》，上海古籍出版社，2007，页6498。〕

134. 绿竹　《诗》："瞻彼淇澳，绿竹猗猗。"毛注云："澳，隈也。菉，王刍也。竹，萹竹也。"又陆玑云："淇、澳，二水名。菉竹，一草名，其茎叶似竹，青绿色，高数尺。词赋皆引'猗猗'入竹事，误也。"按《传》曰"淇卫箘簬"，又曰"淇卫之箭"，又"下淇园之竹以为楗"，又"伐淇园之竹以为矢"，是淇之产竹，自古而然。《诗》曰："绿竹猗猗。"言竹之初生，其色绿也；长则绿转而青矣，故曰"绿竹青青"。卒章又曰："如箦如箦"，言其盛也。故谢庄《竹赞》亦曰："瞻彼中堂，绿竹猗猗。"毛、陆之说未可从。〔（明）焦竑：《焦氏笔乘》，中华书局，2008，页26。〕

135. 鄂不　《诗》："棠棣之花，鄂不韡韡。"不，风无切，本作柎。《说文》：鄂足也。草木房为柎，一曰花下萼，通作不，即今言花蒂也。湖州有馀英溪、馀不溪。盖此地有梅溪、苕溪，其流想通，故曰馀英、馀不，义可见矣。若作方鸠切，则本注《说文》："不，鸟飞上翔不下来也。"与溪水全不相涉。《左传》："华不注山"，人皆读入声，误也。古"不"字作"缶"音，或"俯"音，并无作逋骨切者。今读如"卜"，乃俗音耳。惟伏琛《齐记》引挚虞《畿服经》作柎，言此山孤秀如花跗之注于水，深得之矣。太白诗："昔我游齐都，登华不注峰。兹山何峻秀，彩翠如芙蓉。"亦可证也。[（明）焦竑：《焦氏笔乘》，中华书局，2008，页75。]

136. 祭、养、宝　戒杀生论好生恶杀，人之本心。世徒以口腹之溺而勇为之，亦积习不自觉耳。有戒杀者，反斥为异方之学。正甫尝着论一首，今载之。论曰：

世儒语不杀生，则必斥曰"是释氏之训，非圣人所为教"，是未考于圣人之教，而猥以习见论之也。《礼》曰："天子无故不杀牛，诸侯无故不杀羊，大夫无故不杀犬豕。"夫天子，尊也，诸侯大夫，贵也，然皆无故不得杀生。夫无故不得杀，则有故而杀者盖无几矣。孟子曰："见其生不忍见其死，闻其声不忍食其肉。"夫见生闻声，君子咸不食之，则不出于见闻而食者，盖亦无几矣。圣人之教盖如此，世之儒者奈何以不杀归释氏，而以乐杀归圣人？夫胡视释氏之仁而视圣人之暴也？

圣人不得已有故而杀，曰"祭"，曰"养"，曰"宝"，三事而已。然其养之有道，其取之有时，其用之有制：獭未祭鱼，渔不登鱼；豺未祭兽，猎不告狩；鸠未化鹰，不设罻罗；草木未落，不入山林；昆虫未蛰，不以火田。不麑不卵，不杀胎，不殀夭，不覆巢，不合围，不掩群，弋不射宿，钓不以网。田不以礼，曰"暴天物"。圣人之爱惜生物，何其周也。[（明）焦竑：《焦氏笔乘》，中华书局，2008，页93—94。]

137. 白打钱　王建诗："寒食内人尝白打，库中先散与金钱。"韦庄诗："内官初赐清明火，上相闲分白打钱。"用修云："白打钱，戏名，未明指为何事。"按《齐云论》："白打，蹴鞠戏也。两人对踢为白打，三人角踢为官场。"又丁晋公有"白打大口斯"。[（明）焦竑：《焦氏笔乘》，中华书局，2008，页136。]

138. 鳜鱼　张志和诗："桃花流水鳜鱼肥"，"鳜"音"愧"。《尔雅翼》曰："凡牛羊之属有肚，故能嚼，唯鱼不然。鳜独有肚，能嚼，江南名鮥鱼。"又《水经注》：江水至鱼复为巴乡村。村侧有溪，多灵寿木，水中有鱼，其头似羊，丰肉少骨，名水底羊云。[（明）焦竑：

《焦氏笔乘》，中华书局，2008，页139。]

139. 绿沈　绿沈，设色名，犹今所谓沈水色耳。宋人诗话解杜诗，乃谓："甲抛于雨为金所锁，鎗卧于苔为绿所沈。"此何等语邪？《南史》：隋文帝尝赐张奫以绿沈之甲，薛氏遂以绿沈为精铁。陆龟蒙竹诗："一架三百竿，绿沈森杳冥。"赵德麟遂以绿沈为竹，皆误也。[（明）焦竑：《焦氏笔乘》，中华书局，2008，页154。]

140. 金盌　"昨日玉鱼蒙葬地，早时金盌出人间。"注云"玉鱼事见《西京杂记》；金盌即玉盌，本《南史》沈炯事，盖借用。"噫，子美自谓"读书破万卷"，乃贫于一字如此哉？按孔氏《志怪》：卢充入崔府君墓，与其小女婚。别后四年，女抱儿还充，又与金盌别。并赠诗曰："惶惶灵芝质，光丽何猗猗。华艳当时显，嘉异表神奇。含英未及秀，仲夏罹霜萎。荣曜长幽灭，世路永无施。不悟阴阳运，哲人忽来仪。会浅离别速，皆由灵与祇。何以赠余亲，金盌可颐儿。恩爱从彼此，断绝伤肝脾。"充诣市卖盌，高举其价，冀有识者。欻一老婢问充得盌之由，因曰："我姨妹崔少府女未嫁而亡，家亲痛之，赠一金盌着棺中。今视卿盌甚似。"杜公盖用此，以世罕知，特详疏之。[（明）焦竑：《焦氏笔乘》，中华书局，2008，页158。]

141. 鲁直以荠为笋　高力士贬所，见园中荠菜土人不解吃，赋诗云："两京秤斤买，五溪无人采。夷夏虽有殊，气味应不改。"使拾之为羹，甚美。文潜《荠羹》诗："论斤上国何曾饱？旅食江城日至前。尝慕藜羹最清好，固应加糁愧吾缘。"真当家事也。鲁直作《食笋》诗乃云："尚想高将军，五溪无人采。"以荠为笋，何啻千里？[（明）焦竑：《焦氏笔乘》，中华书局，2008，页162。]

142. 阴火　木玄虚《海赋》："阴火潜然"，初不知其说。后见《岭南异物志》，"海中水遇阴晦，波如然火满海。以物击之，迸散如星火。有月即不复见。"意玄虚指此耳。[（明）焦竑：《焦氏笔乘》，中华书局，2008，页164。]

143. 用修误解歲字　用修云："歲，古即遂字。今文从步，从戌，年至戌而终。乃秦以十月为歲首，故制字从步、戌，前此未有也。"按

《尔雅》"夏曰岁",取岁星行一次也。岁星行一次而四时之功毕,故年谓之岁。从步者,其躔度可推步也;从戍者,木星之精生于亥,自亥行至戍而周天也。谓其始于秦,盖误。[（明）焦竑:《焦氏笔乘》,中华书局,2008,页225—226。]

144. 施 《晋语》:"乐怀子之出,执政使乐氏之臣勿从,从乐氏者为大戮施。"注:"施,陈其尸也。"即肆诸市朝是已。肆诸市朝者,磔也,枭也,皆以戮死为不足,而加以尸肆也。周公谓鲁公曰:"君子不施其亲,"而宗族有罪,馨于甸人,皆一理耳。一解:施,用也。不施其亲,言属苟在亲,则设为流放窜殛之类以代真刑,是为不施也。[（明）焦竑:《焦氏笔乘》,中华书局,2008,页324。]

145. 亮采惠畴 "亮采惠畴",言能明别其事,而分使致力,畴类皆蒙其惠也。一相得人,分为法,守者各归其分,百官赖之,是为"亮采惠畴"也。唐、虞之师师,高宗之乃僚同心,禹、传说实使之也。说者谓:畴即俦,古字通耳。观《左氏》"取我田畴而伍之",杜曰:"并畔为畴。"畔,田疆所抵也。以疆界相并为畴,即俦朋之义。《汉志》"畴人分散",亦指史官朋俦也。不必以畴为俦。[（明）焦竑:《焦氏笔乘》,中华书局,2008,页325。]

146. 元夕诗 苏味道《元夕诗》"金吾不禁夜,玉漏莫相催",古本是"不惜夜"。梁锽《观卧美人诗》"落钗犹胃鬓,微汗欲沾裳",古本是"欲消黄",言汉宫黄额妆也,甚妙。俗士无知妄改,可恨。李嘉佑《早春旅泊》"七夕何人望斗牛",若七夕,当作女牛也。[（明）焦竑:《焦氏笔乘》,中华书局,2008,页334。]

147. 左氏论字义 《左氏春秋》论字者数处,以毁则为贼,而资以守典;以止戈为武,而达于用兵;以反正为乏,而定乏恶之谋;以皿虫为蛊,而立养生之戒。[（明）焦竑:《焦氏笔乘》,中华书局,2008,页347。]

148. 苍苍 《循本》"苍苍,远望之色;已,止也",此不过解说"九万里"一句,恐人认苍苍者,便以为天之极处,疑无有九万里,故言。大虚中如野马尘埃者,乃造物以此气相吹者也,人圈此气中,但远望则苍苍然。今仰而观之，其苍苍者是天之正色邪，抑上面犹远而无所至极邪？自苍苍而上，尚无穷极，是以鹏去得九万里。至于自上视下，亦如此苍苍者，则为有形之地矣，止于此矣，不可复去矣。盖有苍苍之上，非如苍苍之下去不得也。汉郗萌云："天了无质。仰而瞻之，高远无极，眼眢精绝，故苍苍然。"正与此合。〔（明）焦竑：《焦氏笔乘》，中华书局，2008，页351。〕

149. 水田衣　王少伯诗"手巾花甦净，香帔稻畦成"，王右丞诗"乞食从香积，裁衣学水田"，稻畦帔，水田衣，即袈裟也。内典：袈裟字作毠毢，盖西域以毛为之。一名逍遥服，又名无尘衣。〔（明）焦竑：《焦氏笔乘》，中华书局，2008，页361。〕

150. 痩死　痩死之痩，音愈，在麌押，病也。《诗》"交相为瘉"，与痩通。《汉律》："因饥寒而死曰痩。"〔（明）焦竑：《焦氏笔乘》，中华书局，2008，页382。〕

151. 蔡侯纸　《汉书·蔡伦传》言：自古书契多编以竹简，其用缣帛者谓之纸。缣贵而简重，并不便于人。尚方令蔡伦乃造意用树肤麻头及敝布渔网以为纸，奏上之，帝善其能，故天下咸称蔡侯纸。又《湘中记》：耒阳县北有汉黄门蔡伦宅，宅西有石臼，云是伦舂纸臼也。〔（明）焦竑：《焦氏笔乘》，中华书局，2008，页384。〕

152. 鈈筩　赵广汉教吏为鈈筩。鈈音项，《说文》：受钱器也。筩，竹筒也。师古曰："如今盛钱藏缶并，为小孔，可入而不可出。或鈈或筩，皆为此制，而用受书，令投其中也。"近世有司有令投匦告密者，是其遗法。〔（明）焦竑：《焦氏笔乘》，中华书局，2008，页385。〕

153. 鸟鼠同穴　"导渭，自鸟鼠同穴。"孔传谓："鸟鼠共为雌雄，同穴而处。"蔡氏以为怪诞不取。按《甘肃志》："凉州之地有兀儿鼠者，形状似鼠，尾若赘疣。有鸟曰本周儿者，形似雀，色灰白，尝与兀儿鼠同穴而处。所谓鸟鼠同穴也。"凉州唐属陇右道，然则孔说非诞。〔（明）焦竑：《焦氏笔乘》，中华书局，2008，页392。〕

154. 肉孔　壁孔曰肉孔，言其美满也；乐音曰肉好，言其圆滑也。《礼记》"曲直繁瘠，廉肉节奏"，注："或宛转而曲，或径出而直，或丰而繁，或杀而瘠，或棱隅而廉，或圆滑而肉，或止而节，或作而奏。"［（明）焦竑：《焦氏笔乘》，中华书局，2008，页403。］

155. 玉帐　子美《送严公入朝》云："空留玉帐术，愁杀锦城人。"又《送卢十四侍御》云："但足铜壶箭，休添玉帐旗。"王洙注："玉帐术，云兵书也。"增释者不过引《唐·艺文志》有《玉帐经》一卷而已。至"玉帐旗"则不能通矣。按颜之推《观我生赋》云："守金城之汤池，转绛宫之玉帐。"又袁卓《遁甲专征赋》云："或倚直使之游宫，或居贵神之玉帐。"玉帐乃兵家厌胜之方位，主将于其方置军帐，则坚不可犯，如玉帐然。其法出于《黄帝遁甲》，以月建前三位取之，如正月建寅，则巳为玉帐。李太白《司马将军歌》："身居玉帐临河魁。"戌为河魁，谓玉帐在戌也。浅识者当未易解。［（明）焦竑：《焦氏笔乘》，中华书局，2008，页393。］

156. 寤生　《左传》"庄公寤生，惊姜氏"，杜预注："寤生，难产也。"不言其详。据文理，寤当作逜，音同而字讹。逜者，逆也。凡妇人产子，首先出者为顺，足先出者为逆。庄公盖逆生，所以惊姜氏。以上八则，吴元满说。［（明）焦竑：《焦氏笔乘》，中华书局，2008，页417。］

157. 嬲　嬲，奴鸟切，古人每用此字。嵇康《与山巨源书》："足下若嬲之不置。"《隋书·经籍志》序："释迦之苦行也，诸外道邪人并来嬲恼，以乱其志，而不能得。"《世说·政事》篇有署阁柱云："阁东有大牛，和峤鞅，裴楷秋，王济剔嬲不得休。"诗家更多用之。梁吴孜《春闺怨》云："柳枝皆嬲燕，桑叶复催蚕。"王安石诗云："细浪嬲雪于娉婷。"韩驹诗云："弟妹乘羊车，堂中走相嬲。"［（清）梁章钜：《浪迹丛谈 续谈 三谈》,《历代笔记小说大观》，上海古籍出版社，2012，页275。］

158. 八十九十曰耄　《曲礼》云："八十、九十曰耄。七年曰悼。"《释文》本或作"八十曰耋，九十曰耄"，恐后人妄加之。姜西溟《湛园札记》云："先太常谓当是'八十曰耄，九十曰悼'。案文每十年一变称，无缘于八十、九十同称曰耄，而于中忽插以'七年曰悼'，且七年正近幼学之期，称之以悼，何其不祥也。况九节俱是成数，则‘七年’之为‘九十’无疑，而上句‘九十’二字宜删矣。”按《白虎通·考黜篇》引《礼记》此文，正与姜说暗合，是可据也。[（清）梁章钜：《浪迹丛谈 续谈 三谈》,《历代笔记小说大观》，上海古籍出版社，2012，页305。]

## （二）释源头

1. 丹阳　余家有古镜，背铭云：“汉有善铜，出丹阳，取为镜，清如明。左龙右虎。”补之不知“丹阳”何语，问东坡，亦不解。后见《神仙药名隐诀》云，“铜亦名丹阳。”[（宋）赵令畤：《侯鲭录》,《宋元笔记小说大观》，上海古籍出版社，2007，页2031—2032。]

2. 利市　俗语称“利市”，亦有所祖。《左氏传》：郑人盟商人之辞曰：“尔无我叛，我无强贾，尔有利市宝贿，我勿与知。”[（宋）罗大经：《鹤林玉露》,《宋元笔记小说大观》，上海古籍出版社，2007，页5166。]

3. 牒　《左氏传》：王子朝之乱，晋命诸侯输周粟，宋乐大心不可，晋士伯折之，乃受牒而归。今世台府移文属郡曰“牒”，盖春秋时霸主于列国已用之矣。[（宋）罗大经：《鹤林玉露》,《宋元笔记小说大观》，上海古籍出版社，2007，页5270。]

4. 窟檑子，亦云魁檑子，作偶人以嬉戏歌舞，本丧家乐也，汉末始用之于嘉会。齐后主高纬尤所好，高丽亦有之。见《旧唐·音乐志》。今字作傀儡字。又：笛，汉武帝乐工丘仲所造，云其元出于羌中。觱篥，本名悲篥，出于胡中，其声悲。亦云：胡人吹之以惊中国马云。琵琶，四弦，汉乐也。初，秦长城之役，有弦鼗而鼓之者。及汉武帝嫁宗女于乌孙，乃藏琴为马上乐，以慰其乡国之思。推而远之曰琵，引而近之曰琶，言其便于事也。[（宋）庄绰：《鸡肋编》,《宋元笔记小说大观》，上海古籍出版社，2007，页4068—4069。]

5. 老草　世俗简牍中多用老草，如云草略之义，余问于博洽者，皆莫能知其所出。后因检《礼部韵略》恅字注云："慱恅，心乱也。"疑本出此，传用之讹，故去"心"耳。[（宋）庄绰：《鸡肋编》,《宋元笔记小说大观》，上海古籍出版社，2007，页4070。]

6. 外后日　今人谓后三日为"外后日"，意其俗语耳。偶读《唐逸史·裴老传》，乃有此语。裴，大历中人也，则此语亦久矣。[（宋）陆游：《老学庵笔记》，上海古籍出版社，2012，页143。]

7. 狡狯　《麻姑传》：王方平曰："吾子不喜作狡狯事。"盖古谓戏为"狡狯"，《列异传》云："北地传书，小女折荻作鼠以狡狯"，是也。今人间为小儿戏为"狡顽"，盖本于此。或谓奸滑为狡狯，则失之。[（宋）陆游：《老学庵笔记》，三秦出版社，2003，页353。]

8. 惟扬澄江古今称扬州为惟扬，盖掇取《禹贡》"淮海惟扬州"之语。然此二字殊无义理，若谓可用，则他州亦可称惟徐、惟青之类矣。又多以江阴为澄江，意取谢玄晖"静如练"之句。然玄晖作诗，初不指此地而言也。滁州环城多山，故《醉翁亭记》首言"环滁皆山也"，流俗至以"环滁"目是邦，此犹可笑。[（宋）费衮：《梁溪漫志》,《宋元笔记小说大观》，上海古籍出版社，2007，页3430—3431。]

9. 迷痴　柔词谄笑，专取容悦，世俗谓之"迷痴"，亦曰"迷嬉"。心中有愧见诸颜面者，谓之"缅缅"。举措脱落，触事乖忤者，谓之"厥拨"。虽为俚言，然其说皆有所本。《列子》云："墨㞒、单至、啴咺、憋懯，四人相与游于世。"又云："眠娗、諈诿、勇敢、怯疑，四人亦相与游。"张湛注云："墨音眉，㞒敕夷反。"《方言》：江淮之间谓之无赖；眠音缅，娗音殄，《方言》：欺谩之语也。郭璞云："谓以言相轻嗤弄也。"所释虽不同，然大略具是矣。《曲礼》："衣毋拨，足毋蹶。"郑氏注云："拨，发扬貌。蹶，行遽貌。"大抵亦指其荒率也。[（宋）洪迈：《容斋随笔》，上海古籍出版社，2014，页257。]

10. 扈从　从驾谓之"扈从"，始司马相如。上林赋云"扈从横行，出乎四校之中。"晋灼以扈为大，张揖谓"跋扈纵横，不案卤簿"。故颜师古因之，亦以为"跋扈恣纵而行"。果尔，从盖作平声。侍天子而言"跋扈"，可乎？唐封演以为"扈养以从"，犹之"仆御"。此或近

之。然不知通用此语自何时也。［（宋）叶梦得：《石林燕语》，上海古籍出版社，2012，页35。］

11. 蓝尾　白乐天诗"三杯蓝尾酒，一楪胶牙饧"。唐人言蓝尾多不同，盖字多作啉，云出于侯白《酒律》。谓酒巡匝，末坐者连饮三杯，为蓝尾。盖末坐还酒，得到常迟，故连饮以慰之。以啉为贪婪之意，或谓啉为爁，如铁入火，贵其出色，此尤无稽。则唐人自不能晓此义也。［（宋）叶梦得：《石林燕语》，上海古籍出版社，2012，页71。］

12. 夫人　村之妇女闻天子至，咸来瞻拜龙颜，欢声如雷，曰："不图今日得睹天日。"帝喜，敕夫人各自遂便。故至今村妇皆曰夫人，虽易世，其称谓尚然不改。［（元）陶宗仪：《南村辍耕录》，《宋元笔记小说大观》，上海古籍出版社，2007，页6215。］

13. 客作　今人之指佣工者曰客作，三国时已有此语，焦光饥则出为人客作，饱食而已。［（元）陶宗仪：《南村辍耕录》，《宋元笔记小说大观》，上海古籍出版社，2007，页6222。］

14. 梯媒　《杜阳杂编》云：元载宠姬薛瑶英，善为巧媚，载惑之。瑶英之父曰宗本，兄曰从义，与赵娟相递出入，以构贿赂，号为关节。赵娟本岐王爱妾，后出为薛氏妻，生瑶英三人，更与中书主吏卓倩等为腹心，而宗本辈以事告者，载未尝不额之，天下赍宝货求大官，无不恃载权势，指薛卓为梯媒。又李肇《国史补》总叙进士科云："造请权要，谓之关节。"牛轲《牛羊日历》云："由是轻薄奔走，扬鞭驰骛，以关节紧慢为甲乙。"以此推之，则谚所谓打关节、有梯媒者，不为无祖矣。［（元）陶宗仪：《南村辍耕录》，《宋元笔记小说大观》，上海古籍出版社，2007，页6235。］

15. 三代仕宦，学不得着衣吃饭　谚云："三代仕宦，学不得着衣吃饭。"按《魏书》：文帝诏群臣云："三世长者知被服，五世长者知饮食。"则古已有此语。［（元）陶宗仪：《南村辍耕录》，《宋元笔记小说大观》，上海古籍出版社，2007，页6290。］

16. 乞求　世之曰乞求，盖谓正欲若是也。然唐时已有此言。王建《宫词》："只恐他时身到此，乞求自在得还家。"又花蕊夫人《宫词》：

"种得海柑才结子，乞求自过与君王。"［（元）陶宗仪：《南村辍耕录》，《宋元笔记小说大观》，上海古籍出版社，2007，页6294。］

17. 书手　世称乡胥为书手，处处皆然。《报应记》：宋衍，江淮人，应明经举。元和初，至河阴县，因疾病废业，为盐铁院书手。盖唐时已有此名。［（元）陶宗仪：《南村辍耕录》，《宋元笔记小说大观》，上海古籍出版社，2007，页6370。］

18. 昆吾御宿　《汉书》："武帝建元三年，开上林苑，东南至蓝田、宜春、鼎湖、御宿、昆吾，旁南山而西，至长杨五柞，北绕黄山，濒渭水而东，周袤三百里，离宫七十所，皆容千乘万骑。"子美诗"昆吾御宿自逶迤"、摩诘"黄山旧绕汉宫斜"，即其事也。又《三辅黄图》："御宿苑在长安城南御宿川中，武帝离宫别馆，禁御人，不得入游观止宿其中，故曰御宿。"《三秦记》："御宿园出梨，落地则破。欲取，先以布囊承之，号曰'含消'。"此园梨也。［（明）焦竑：《焦氏笔乘》，中华书局，2008，页80。］

19. 禹锡误用事　刘禹锡《踏歌行》："为是襄王故宫地，至今犹自细腰多。"《墨子》云："楚灵王好细腰，故其臣皆三饭为节，胁息然后带，缘墙然后起。"《韩非子》云："楚庄王好细腰，一国皆有饥色。"细腰事凡两见，不闻襄王也，疑刘误记。［（明）焦竑：《焦氏笔乘》，中华书局，2008，页138。］

20. 谚有自来　今谚云："远水不救近火"，此出《韩非子》。以干求请讬为"钻"，出班固《答宾戏》"商鞅挟三术以钻孝公"。以见陵于人为"欺负"，出《汉书·韩延寿传》"待下例恩施后而约誓明，或欺负之者，延寿痛自克责"。曰"不中用"，此出《史记·始皇纪》"吾前收天下书不中用者，尽去之"。骂人曰"老狗"，此出《汉武故事》"上尝语，栗姬怒弗肯詟，又骂上'老狗'"。曰"小家子"，出《汉书·霍光传》"使乐成小家子得幸大将军，至九卿封侯"。曰"子细"，本《北史·源思礼传》"为政当举大纲，何必太子细也"。骂人曰"□奴"，本《南史》"王琨，□婢所生"。曰"附近"，古作"傅近"，仲长统《昌言》："宦竖传近房卧之内，交错妇人之间。"形容短矮者，俗谓之"莲"。《文选》有"莲脆"之语,《唐书·王伾传》"形容莲陋"。盖里巷常谈,其所从来远矣。[(明)焦竑:《焦氏笔乘》,中华书局,2008,页246。]

21. 骨牌草　骨牌之戏,自宋有之,《宣和谱》以三牌为率,三牌凡六面,即设子之变也。近时天九之戏,见于明潘之恒《续叶子谱》,云近丛睦好事家变此牌为三十二叶,可执而行,则即今骨牌"碰湖"之滥觞也。今张氏如园中有骨牌草,春深时丛生各地,草叶狭而长,其叶尾各有点子浮起,略似骨牌之式,天牌及地牌最多,惟虎头略少。余在扬州时,即闻有此草,言若得三十二叶点子皆全者,可沿血证,而实未曾目见此草。今乃于园中亲手摘视,未知先有此草而后有骨牌,抑先有骨牌而后生此草?不可得而详矣。[(清)梁章钜:《浪迹丛谈 续谈 三谈》,《历代笔记小说大观》,上海古籍出版社,2012,页233—234。]

22. 国泰民安　今人言"风调雨顺",必连举"国泰民安"四字。记得《六研斋笔记》载项子京藏芝麻一粒,一面书"风调雨顺",一面书"国泰民安",云出南宋官中,异人所献者。然则此八字相连成文,由来久矣。犹忆观剧时,有一出忘其名:某县令在任,颇作威福,去任之日,三班六役环送。令问曰:"自我莅此地后,外间议论如何?"众答曰:"自官到此,风调雨顺。"复问曰:"今我去此地,外间议论又如何?"众答曰:"官今去此,却也国泰民安。"令为嗒然。[(清)梁章钜:《浪迹丛谈 续谈 三谈》,《历代笔记小说大观》,上海古籍出版社,2012,页259。]

23. 赏善罚恶　杭州吴山上城隍庙头门外有墙,四面甚高广。慈溪盛小土宅本以大隶书作"赏善罚恶"四大字,极奇伟,此庙不毁,此字亦当不磨也。或疑此四字所出不古。按《公羊传序》疏云:"《春秋》者,赏善罚恶之书。"《云笈七签》:"天真告圣行真士云:'行善益算,行恶夺算,赏善罚恶,各有职司,报应之理,毫分无失。'"则此四字之由来亦久矣。[(清)梁章钜:《浪迹丛谈 续谈 三谈》,《历代笔记小说大观》,上海古籍出版社,2012,页262。]

24. 围棋与担粪并论　《山堂肆考》云:"林和靖每云:'世间事皆

能之，惟不能担粪与着棋耳。'" 按此语殊过，围棋何可与担粪并论，不得以和靖而为之词。或亦自嫌其棋力之不高，故以此谰语以自解耳。今人目棋品低者，谓之为"臭"，殆此语之滥觞也。[（清）梁章钜：《浪迹丛谈 续谈 三谈》,《历代笔记小说大观》，上海古籍出版社，2012，页287。]

# （三）释理据

1. 猪母佛　眉州青神县道侧有一小佛屋，俗谓之"猪母佛"，云百年前有牝猪伏于此，化为泉，有二鲤鱼在泉中，云："盖猪龙也。"蜀人谓牝猪为母，而立佛堂其上，故以名之。[（宋）苏轼：《东坡志林》，中华书局，1981，页54。]

2. 重碧　两岸多荔子林。郡酝旧名"重碧"，取杜子美戎州诗"重碧拈春酒，轻红擘荔枝"之句。余谓"重"字不宜名酒，为更名"春碧"。印本"拈"或作"酤"，郡有碑本，乃作"粘"字。[（宋）范成大：《范成大笔记六种》，中华书局，2002，页212。]

3. 秭归州东五里，有清列公祠，屈平庙也。秭归之名，俗传以屈平被放，其姊女媭先归，故以名，殆若戏论。好事者或书作此"姊归"字。[（宋）范成大：《范成大笔记六种》，中华书局，2002，页220。]

4. 许　俗所谓日许者，而许也，声之讹也。《启颜录》咏伛人云："城门而许高，故自匍匐人。"[（宋）孔平仲：《珩璜新论》，中华书局，1985，页45。]

5. 被中香炉　《西京杂记》云：长安巧工于缓者，为卧褥香炉，一名被中香炉。本出房风，其法后绝，至缓始更为机环，转运四周，炉体常平，可置之被褥，故取"被中"为名。今谓之衮球。[（宋）赵令畤：《侯鲭录》,《宋元笔记小说大观》，上海古籍出版社，2007，页2037。]

6. 九为究　数穷于九。九者，究也。至十则又为一矣。此蔡西山之说。[（宋）罗大经：《鹤林玉露》,《宋元笔记小说大观》，上海古籍出版社，2007，页5348。]

7. 黄沙落　衢州府江山县，每春时昏翳如雾，土人谓之"黄沙落"。云有沙堕于田苗果菜之中，皆能伤败；沾桑叶尤损蚕；中人亦能生疾。是亦岚瘴之类也，惟雨乃能解之。［（宋）庄绰：《鸡肋编》，《宋元笔记小说大观》，上海古籍出版社，2007，页3998。］

8. 馲驼堰　许昌至京师道中，有重阜如馲驼之峰，故名馲驼堰。皆积沙难行，俗因呼为"馲驼嬷"。又有大泽，弥望草莽，名好草陂。而夏秋积水，沮洳泥淖，遂易为"麤糟陂"。如小姑山、彭郎矶之类，为世俗所乱者，盖不胜数也。［（宋）庄绰：《鸡肋编》，《宋元笔记小说大观》，上海古籍出版社，2007，页4032。］

9. 食酒　饮酒谓之"食酒"。《于定国传》："定国食酒至数石不乱。"如淳曰："食酒犹言喜酒。"师古曰："若依如氏之说，食字当音嗜。此说非也。食酒者，谓能多饮，费尽其酒，犹云食言焉。今流俗书辄改食字作饮字，失其真也。"然"食酒至数石不乱"，可谓善饮。古今所罕有也。柳子厚《序饮》亦云："吾病痞，不能食酒，至是醉焉。"［（宋）吴子良：《荆溪林下偶谈》（《历代文话》），复旦大学出版社，2007，页544。］

10. 葵子　今成都面店中呼萝菔为葵子，虽曰市井语，然亦有谓。按《尔雅》曰："葵，芦菔也。郭璞以菔为菔，俗呼雹葵，先北反。"或作卜，释曰："紫花松也，一名葵，盖其性能消食、解面毒。"《谈苑》云：江东居民岁课艺，初年种芋三十亩，计省米三十斛；次年种萝菔三十亩，计益米三十斛，可见其能消食。昔有波罗门僧东来，见人食面，骇云："此有大热，何以食之！"及见萝菔，曰："赖有此耳。"《洞微志》载齐州人有《病狂歌》曰："五灵叶盖晚玲珑，天府由来汝府中。惆怅此情言不尽，一丸萝菔火吾宫。"后遇道士作法治之，云："此犯天麦毒，按医经芦菔治面毒。"即以药并萝菔食之，遂愈，以其能解面毒故耳。［（宋）周密：《癸辛杂识》，中华书局，1988，页41。］

11. 折俎　左传宣公十六年，定王享士会，殽烝。武子私问，王召云云，"享有体荐，宴有折俎。"襄公二十七年，宋人享赵文子，司马置折俎。皆释云："折，之设反，体解节折，升之于俎也。"今人送馈，

例用折俎，恐非此义。［（宋）刘昌诗：《芦浦笔记》，中华书局，1986，页 19。］

12. 潜火 州郡火政必曰潜火。左氏襄公二十六年"王夷师燘"，释谓："火灭为燘。燘，子潜反。"或者当用此字。［（宋）刘昌诗：《芦浦笔记》，中华书局，1986，页 19—20。］

13. 贤关 董仲书《贤良策》："太学者，贤士之所关也。"颜曰："关，由也。"世人乃以太学为贤关，则谬也。［（宋）刘昌诗：《芦浦笔记》，中华书局，1986，页 20。］

14. 振字 《漫录》载颜师古《匡谬正俗》曰："赈济当用振字。"《说文》曰：振，举也，救也。诸史传振给、振贷，并以饥馑穷厄，将就困毙，故举救之，使存立耳。但未有所据。按《左传》文公十六年楚人出师，"自庐以往，振廪同食。"注："振，发也。廪，仓也。"然则当以《左氏》为证。以上吴说如此。予考《周易·蛊卦》："君子以振民育德。"注："振，济也。"何不引此，岂偶忘邪？［（宋）刘昌诗：《芦浦笔记》，中华书局，1986，页 22。］

15. 粙盆 今人祭祀或燕设，多以高架然薪照庭下，号为"生盆"。莫晓其义。予因执事合宫，见御路两旁火皆迸麻粙，始悟为"粙盆"，俗呼为生也。［（宋）刘昌诗：《芦浦笔记》，中华书局，1986，页 24—25。］

16. "笛"字入韵 鲁直在戎州，作乐府曰："老子平生，江南江北，爱听临风笛。孙郎微笑，坐来声喷霜竹。"予在蜀见其稿。今俗本改"笛"为"曲"以协韵，非也。然亦疑"笛"字太不入韵，及居蜀久，习其语音，乃知泸、戎间谓笛为"独"。故鲁直得借用，亦因以戏之耳。［（宋）陆游：《老学庵笔记》，上海古籍出版社，2012，页 79。］

17. 落苏 《酉阳杂俎》云："茄子一名落苏。"今吴人正谓之落苏。或云钱王有子跛足，以声相近，故恶人言茄子，亦未必然。［（宋）陆游：《老学庵笔记》，上海古籍出版社，2012，页 82。］

18. 团油饭 《北户录》云："岭南俗家富者，妇产三日或足月，洗儿，作团油饭，以煎鱼虾、鸡鹅、猪羊灌肠、蕉子、姜、桂、盐豉为之。"据此，即东坡先生所记盘游饭也。二字语相近，必传者之误。[（宋）陆游：《老学庵笔记》，上海古籍出版社，2012，页83。]

19. 鸡寒上树，鸭寒下水　淮南谚曰："鸡寒上树，鸭寒下水。"验之皆不然。有一媪曰："鸡寒上距，鸭寒下嘴耳。"上距谓缩一足，下嘴谓藏其喙于翼间。[（宋）陆游：《老学庵笔记》，上海古籍出版社，2012，页84。]

20. 浮炭　谢景鱼家有陈无已手简一编，有十余帖，皆与酒务官托买浮炭者，其贫可知。浮炭者，谓投之水中而浮，今人谓之麸炭，恐亦以投之水中则浮故也。白乐天诗云"日暮半炉麸炭火"，则其语亦已久矣。[（宋）陆游：《老学庵笔记》，上海古籍出版社，2012，页115。]

21. 雪蛆　《嘉祐杂志》云："峨眉雪蛆治内热。"予至蜀，乃知此物实出茂州雪山。雪山四时常有积雪，弥遍岭谷，蛆生其中。取雪时并蛆取之，能蠕动。久之雪消，蛆亦消尽。[（宋）陆游：《老学庵笔记》，上海古籍出版社，2012，页118。]

22. 鸡舌香　沈存中辨鸡舌香为丁香，亹亹数百言，竟是以意度之。惟元魏贾思勰作《齐民要术》，第五卷有合香泽法，用鸡舌香，注云："俗人以其似丁子，故谓之丁子香"。此最的确，可引之证，而存中反不及之，以此知博洽之难也。[（宋）陆游：《老学庵笔记》，上海古籍出版社，2012，页133。]

23. 伎荷　芰，菱也。今人谓卷荷为伎荷，伎，立也。卷荷出水面，亭亭植立，故谓之伎荷。或作芰，非是。白乐天《池上早秋》诗云："荷芰绿参差，新秋水满池。"乃是言荷及菱二物耳。[（宋）陆游：《老学庵笔记》，上海古籍出版社，2012，页143。]

24. 庄岳齐地名　孟子论齐语，而曰："引而置之庄岳之间数年。"注："庄岳，齐地也。"《左传》襄公二十八年："齐乱，伐内宫，弗克，又陈于岳。"注："岳，里名也。"曹参为齐相，属后相曰："以齐狱市为寄，勿扰也。""狱"字合从"岳"音。盖谓岳市乃齐阛阓之地，奸人所容，故当勿扰之耳。[（宋）费衮：《梁溪漫志》，《宋元笔记小说大观》，上海古籍出版社，2007，页3394。]

25. 鱼袋　陕府平陆主簿张贻孙子训尝问仆鱼袋制度，仆曰：今之鱼袋，乃古之鱼符也。必以鱼者，盖分左右可以合符，而唐人用袋盛此鱼，今人乃以鱼为袋之饰，非古制也。《唐·车服志》曰：随身鱼符，左二右一。左者进内，右者随身，皆盛以袋。三品以上饰以金，五品以上饰以银。景云中，诏衣紫者以金饰之，衣绯者以银饰之。谓之章服，盖有以据也。［（宋）马永卿：《嬾真子录》，《历代笔记小说大观》，上海古籍出版社，2012，页92。］

26. 县尉官名　县尉呼为"少府"者，古官名也。《汉·百官表》云：大司农供军国之用，少府则奉养天子，名曰"禁钱"，自是别为藏。少者小也，故称少府，以亚大司农也。盖国朝之初，县多惟令、尉。令既呼"明府"，故尉曰"少府"，以亚于县令。［（宋）马永卿：《嬾真子录》，《历代笔记小说大观》，上海古籍出版社，2012，页97。］

27. 汉　今之夷狄谓中国为汉者，盖有说也。《西域传》载武帝《轮台诏》曰："匈奴缚马前后足，言秦人我丐若马。"注："谓中国人为秦人，习故言也。"故今夷狄谓中国为"汉"，亦由是也。［（宋）马永卿：《嬾真子录》，《历代笔记小说大观》，上海古籍出版社，2012，页97。］

28. 赤壁矶　黄州江南流在州西，其上流乃谓之上津，其下水谓之下津，去治无百步，有山入江，石崖颇峻峙，土人言此赤壁矶也。按周瑜破曹公于赤壁，云：陈于江北，而黄州江东西流无江北。至汉阳，江南北流，复有赤壁山，疑汉阳是瑜战处。南人谓山入水处为矶。而黄人呼赤壁讹为赤鼻。［（宋）张耒：《明道杂志》，中华书局，1985，页14。］

29. 中秋　八月十五日中秋节，此日三秋恰半，故谓之"中秋"。此夜月色倍明于常时，又谓之"月夕"。［（宋）吴自牧：《梦粱录》，浙江人民出版社，1980，页26。］

30. 重阳　日月梭飞，转盼重九。盖九为阳数，其日与月并应，故号曰"重阳"。……今世人以菊花、茱萸，浮于酒饮之，盖茱萸名"辟邪翁"，菊花为"延寿客"，故假此两物服之，以消阳九之厄。［（宋）

吴自牧：《梦粱录》，浙江人民出版社，1980，页30。]

31. 小春　十月孟冬，正小春之时，盖因天气融和，百花间有开一二朵者，似乎初春之意思，故曰"小春"。月中雨，谓之"液雨"，百虫饮此水而藏蛰；至来春惊蛰，雷始发声之时，百虫方出蛰。[（宋）吴自牧：《梦粱录》，浙江人民出版社，1980，页46。]

32. 除夜　十二月尽，俗云"月穷岁尽之日"，谓之"除夜"。[（宋）吴自牧：《梦粱录》，浙江人民出版社，1980，页50。]

33. 瓦舍　瓦舍者，谓其"来时瓦合，去时瓦解"之义，易聚易散也。不知起于何时。顷者京师甚为士庶放荡不羁之所，亦为子弟流连破坏之门。[（宋）吴自牧：《梦粱录》，浙江人民出版社，1980，页179。]

34. 通应子鱼　泉州有通应侯庙。其下临海。出子鱼甚美，世呼"通应子鱼"者，记所出也。荆公诗遂误用，谓"长鱼俎上通三印"，东坡又以"通印子鱼"对"披绵黄雀"，此皆是传闻之误。孟子讥缘木求鱼者，以其无有也。而范蜀公言，蜀中实有一种鱼在树上，声如婴儿啼，其名鮋鱼。此则孟子亦有未闻者也。荀子曰"蟹六跪而二螯"，然蟹实有八跪，方知蔡谟不识蚳蟝未足多笑。[（宋）陈善：《扪虱新话》，《全宋笔记》第五编十册，大象出版社，2012，页118—119。]

35. 高手笔　司刑司直陈希闵以非才任官，庶事凝滞，司刑府史目之为"高手笔"。言秉笔支颐，半日不下，故目之曰"高手笔"；又号"案孔子"，言窜削至多，纸面穿穴，故名"案孔子"。[（宋）钱易：《南部新书》，《宋元笔记小说大观》，上海古籍出版社，2007，页347。]

36. 胡桐律　胡桐泪出楼兰国。其树为虫所蚀，沫下流出者，名为胡桐泪，言似眼泪也。以汁涂眼。今俗呼为胡桐律，讹也。[（宋）钱易：《南部新书》，《宋元笔记小说大观》，上海古籍出版社，2007，页362。]

37. 轻容方空　纱之至轻者，有所谓"轻容"，出唐《类苑》云："轻容，无花薄纱也。"王建《宫词》云："嫌罗不著爱轻容。"元微之有寄白乐天白轻容，乐天制而为衣。而诗中"容"字乃为流俗妄改为

"庸"，又作"榕"，盖不知其所出。《元丰九域志》"越州岁贡轻容纱五匹"是也。又有所谓"方空"者。《汉·元帝纪》："罢齐三服官。"注云："春献冠帻，縰为首服，纨素为冬服，轻绡为夏服，凡三。"师古曰："縰与纚同音山尔反，即今之方目纱也。"又《后汉》："建初二年，诏齐相省冰纨、方空縠、吹纶絮。"纨，素也。冰，言色鲜洁如冰。《释名》曰："縠绖方空者，纱薄如空也。"或曰："空，孔也。即今之方目纱也。纶如絮而细，吹者，言吹嘘可成此纱也。"荆公诗云"春衫犹未着方空"者是也。二纱名，世少知，故表出之。[（宋）周密：《齐东野语》，上海古籍出版社，2012，页98。]

38. 棘寺　今人称大理为棘寺，卿为棘卿，丞为棘丞，此出《周礼·秋官》："朝士掌建邦处朝之法。左九棘，孤、卿、大夫位焉。右九棘，公、侯、伯、子、男位焉。"郑氏注云："植棘以为位者，取其赤心而外刺也。棘于棗同。"棘之字，两束相承。此所言者，今之棗也。然孤、卿、大夫皆同之，则难以独指大理。王制云："正以狱成，告于大司寇，大司寇听之棘木之下。"料后人藉此而言。《郑注》亦只引前说，此但谓其人朝立治之处，若以指刑部沿书亦可也。《易·坎卦》"系用徽纆，寘于从棘"，以居险囚执为词，其义自别。[（宋）洪迈：《容斋随笔》，上海古籍出版社，2014，页355。]

39. 卤簿　大驾仪仗，通号"卤簿"，蔡邕《独断》已有此名。唐人谓卤，橹也，甲楯之别名。凡兵卫以甲楯居外为前导，捍蔽其先后，皆着之簿籍，故曰卤簿。因举南朝御史中丞、建康令皆有卤簿，为君臣通称，二字别无义，此说为差近。或又以"卤"为"鼓"，"簿"为"部"，谓鼓驾成于部伍，不知"卤"何以谓之"鼓"？又谓石季龙以女骑千人为一卤部，"簿"乃作"部"，皆不可晓。今有《卤簿记》，宋宣献公所修，审以"部"为簿籍之"簿"，则既云"簿"，不应更言"记"。[（宋）叶梦得：《石林燕语》，上海古籍出版社，2012，页34。]

40. 处州天下州名，俗呼不正者有二：处州，旧为括州，唐德宗立，当避其名，适处士星见分野，故改为处州，音楮，今俗误为处所之处矣。洋州，乃汪洋之洋，音杨，今俗误为详略之详矣。上自朝省，下至士大夫皆云尔，无能正之者。[（宋）邵博：《邵氏闻见后录》，《宋元笔记小说大观》，上海古籍出版社，2007，页1999。]

41. 胸□　夔州古名胸□，胸，音蠢，又音劼；□，如尹反，又音忍，蚯蚓也。至今其地多此物。春秋时，人苦寒热疾，谓之蚯蚓瘴云。[（宋）邵博：《邵氏闻见后录》，《宋元笔记小说大观》，上海古籍出版社，2007，页1999。]

42. 痴　俗语借与人书为一痴，还书与人为一痴，予每疑此语近薄，借书、还书，理也，何痴云？后见王乐道《与钱穆四书》、《出师颂书》，函中最妙绝，古语，借书一瓻，欲以酒二尊往，知却例外物不敢。因检《说文》：瓻，抽迟反，亦音絺。注云：酒器。古以借书，盖旧俗以为痴也。[（宋）邵博：《邵氏闻见后录》，《宋元笔记小说大观》，上海古籍出版社，2007，页2005。]

43. 赶趁人　至于吹弹、舞拍、杂剧、杂扮、撮弄、胜花、泥丸、鼓板……水爆、风筝，不可指数，总谓之"赶趁人"，盖耳目不暇给焉。[（宋）周密：《武林旧事》，西湖书社，1981，页37。]

44. 蒙衫　今之蒙衫，即古人毳衣，蒙谓毛之细软貌，如诗所谓狐裘蒙茸之蒙，俗作氁。其实即是毛衫。毛讹为蒙又转而为氁。[（宋）俞琰：《席上腐谈》，中华书局，1985，页4。]

45. 幞头　幞头起于周武帝，以幅巾裹首，故曰幞头。幞字音伏，与幞被之幞音同，今讹为僕。[（宋）俞琰：《席上腐谈》，中华书局，1985，页5。]

46. 爆直　李济翁《资暇集》云："新官并宿本署曰爆直，金作爆进之字。"余尝膺闷，莫究其端。近见惠郎中实云："合作武豹字，言豹性洁，善服气，虽雪雨霜雾，伏而不出，虑污其身。案《列女传》云：'南山有文豹，雾雨七日不食者，欲以泽其毛衣而成文章'。《南华》亦云：'豹栖于山林，伏于岩穴，静也。'则儤宿公署，雅是豹伏之义，宜作豹直，固不疑也。"余观宋景文公有《和庞相公闻余儤直见寄》诗一篇，乃用儤字。又《职林》云："凡当直之法，自给舍丞郎入者三直无儤，自起居郎官入者五直一儤，御史补缺入者七直两儤，其余杂人者十直三傫。”亦用傫字。案《玉篇》云：“傫，连直也”。字当作傫。非虎豹之豹。〔（宋）黄朝英：《缃素杂记》,《全宋笔记》第三编四册，大象出版社，2012，页180。〕

47. 㖫尾　苏鹗《演义》云：“今人以酒巡匝为㖫尾，即荐命其爵也。”云：“南朝有异国，进贡蓝牛。其尾长三丈”。一云：“蓝颍水，其尾三丈，时人仿之以为酒令，今两盏从其简也，此皆非正。行酒巡匝，即重其盏，盖慰劳其得酒在后也。”又云：“㖫者，贪也。谓处于座末，得酒最晚，腹痒于酒，既得酒巡匝，更贪婪之，故曰㖫尾。㖫字从口，足明贪婪之意。”此说近之。余观宋景文公《守岁诗》云：“迎新送故只如此，且尽灯前婪尾杯。”又云：“稍倦持螯手，犹残婪尾觞。”又，东坡《寒食》诗云：“蓝尾忽惊新火后，遨头要及浣花前。”注引乐天《寒食诗》云：“三杯蓝尾酒，一揲胶牙饧。”乃用蓝字，盖婪、蓝一也。〔（宋）黄朝英：《缃素杂记》,《全宋笔记》第三编四册，大象出版社，2012，页192—193。〕

48. 偻罗　《酉阳杂俎》云：“俗云偻罗，因天宝中，进士有东西册，各有声势，稍窘者多会于酒，偻食毕罗，故有此语。”予读梁元帝《风人辞》云：“城头网雀，偻罗人首”。则如偻罗之言起已多时。一云：“城头网张雀，偻罗会人着”。又苏鹗《演义》云：“偻罗，干了之称也。俗云骡之大者曰偻骡。”骡罗声相近，非也。又云：“娄敬、甘罗”，亦非也。盖偻者揽也，罗者绾也，言人善当何干于事者，遂谓之偻罗。偻字从手旁作娄，《尔雅》云：“娄，聚也。”此说近之。然《南史·顾欢传》云：“蹲夷之仪，娄罗之辨”。又《谈苑》载朱贞白诗云：“大娄罗。”乃止用娄罗字。又《五代史·刘铢传》云：“诸君可谓偻罗儿矣。”乃加人焉。〔（宋）黄朝英：《缃素杂记》,《全宋笔记》第三编四册，大象出版社，2012，页224。〕

49. 齐斧。虞喜《志林》：“齐，侧阶切。凡师出，齐戒入庙受斧，故云齐也。”陈琳云：“腰领不足以膏齐斧。”服虔注云：“《易》：‘丧其资斧。’”张晏云：“斧，钺也，以整齐天下。”应劭云：“齐，利也。萧斧，或云越斧也。”《淮南子》云：“磨萧斧以伐朝菌。”萧之义未详。

《太平御览》引《汉书·王莽传》："丧其齐斧。"音斋。〔（宋）姚宽：《西溪丛语》，中华书局，1993，页39。〕

50. 餂 《孟子》曰："士未可以言而言，是以言餂之也。可以言而不言，是以不言餂之也。是皆穿窬之类也。"赵岐注云："未可与言而强与之言，欲以言取之也，是失言也。知贤人可与言，反欲以不言取之，是失人也。"章指注曰："取人不失其臧否。"孙奭《音义》曰："今按古本及诸书并无此餂字。"郭璞《方言注》云："音忝，谓挑取物也，其字从金。"今其字从食，与《方言》不同，盖传写误。本亦作食占，音奴兼反。按《玉篇》，食字部有餂字。注：音达兼反，古甜字。然则字书非无此字，第于《孟子》言餂之义不合耳。

今以《孟子》之文考"餂"之义，则赵岐以餂训取是也。当如郭氏《方言》，其字从金为铦。据《玉篇》、《广韵》：铦，音他点反，取也。其义与《孟子》文合。《广韵》：上声，餂，音忝而平声，又有铦字，音织，训曰利也。许氏《说文》以铦为千在臼上属，乃音织者，其义与音忝不同，各从其义也。

孙奭曰："本亦作餂，音奴兼反。"此别本《孟子》也。古之经书，皆有别本，其用字多异同。《广韵》：又，餂，音黏，食麦粥也。于《孟子》之文愈不合，盖别本《孟子》误讹尤甚。〔（宋）姚宽：《西溪丛语》，中华书局，1993，页54—55。〕

51. 歧 老杜《望岳》诗云："车箱入谷无路归，箭栝通天有一门。"《述征记》云："柏谷，谷名也。汉武帝微行至谷中，无回车地，夹以高原，柏林荫翳，穷日幽暗，殆弗睹阳景。"凤翔歧山。《禹贡》云："治梁及歧。"又曰："荆歧既旅。"其山本以有两歧，故呼为歧路之歧，今俗犹呼为箭筈岭。出《唐史》，系《地理志》。〔（宋）姚宽：《西溪丛语》，中华书局，1993，页92。〕

52. 芭蕉 宣和间……（焦德）从幸禁苑，指花竹草木以询其名。德曰："皆芭蕉也"。上诘之，乃曰："禁苑花竹，皆取于四方，在涂之远，巴至上林，则已焦矣！"〔（宋）周辉：《清波杂志》，上海古籍出版社，2012，页107。〕

53. 骨朵　中有云都赤，乃侍卫之至亲者……负骨朵于肩，佩环刀于腰。……余又究骨朵字义，尝记宋景文《笔记》云，关中人以腹大为胍□（上音孤，下音都）。俗因谓杖头大者亦曰胍□，后讹为骨朵。朵，平声。［（元）陶宗仪：《南村辍耕录》，《宋元笔记小说大观》，上海古籍出版社，2007，页6147。］

54. 姉妗　宋张文潜《明道杂志》云：经传中无"姉妗"二字。姉字，乃世母字二合呼。妗字，乃舅母字二合呼也。二合如真言中合两字音为一。［（元）陶宗仪：《南村辍耕录》，《宋元笔记小说大观》，上海古籍出版社，2007，页6353。］

55. 骨咄犀　骨咄犀，蛇角也，其性至毒，而能解毒，盖以毒攻毒也。故曰蛊毒犀。《唐书》有古都国，必其地所产，今人讹为骨咄耳。［（元）陶宗仪：《南村辍耕录》，《宋元笔记小说大观》，上海古籍出版社，2007，页6508—6509。］

56. 铜柱　余友杨安庆道会，博雅士也，问余："马援铜柱事，不载《汉书》，为出何典？"余曰：《广州记》云："援到交址，立铜柱为汉之极界。"然不独马援，吴黄武二年，程晋、关羽分界，铸铜柱为誓，在衡山县西北百二十里；又唐御史唐九征立铜柱于点苍之湍溪；又五代晋与楚王马希范立铜柱为界，学士李皋铭，在辰州西北百十里会溪对，又涪波陵江口名铜柱滩。［（明）焦竑：《焦氏笔乘》，中华书局，2008，页111。］

57. 玉树青葱　左思《三都赋序》讥扬雄赋甘泉不当言"玉树青葱"。或言玉树者，武帝所作，集众宝为之，以娱神，非谓自然生之，犹下句言"马犀""金人"也。此说亦非。按王褒《云阳宫记》、《三辅黄图》并言："甘泉宫北有槐树，今为玉槐树。根干盘峙，三二百年木也。耆旧相传，即子云所谓'玉树青葱'者"，据此，则何必巧为解邪？［（明）焦竑：《焦氏笔乘》，中华书局，2008，页132。］

58. 秦城　《三辅黄图》："长安故城，城南为南斗形，城北为北斗形，故号斗城。"何逊《咸阳诗》云："城斗疑连汉"，老杜："秦城近斗杓"、"秦城北斗边"、"北斗故临秦"，皆用此。而秦中诗："春城依北斗，郢树发南枝。""春"无义，且不可对"郢"，当是秦城耳。
〔（明）焦竑：《焦氏笔乘》，中华书局，2008，页154。〕

59. 制字顺物性 鹳爱阴恶阳，故《易》曰："鸣鹳在阴。"从雨。鹳好霜，故从霜。鹭恶露，故去雨。皆制字顺物性之义，又谐声。
〔（明）焦竑：《焦氏笔乘》，中华书局，2008，页173。〕

60. 铁脚梨 木瓜性益下部，若脚膝筋骨有疾者，必用焉。故方家号为铁脚梨。〔（明）焦竑：《焦氏笔乘》，中华书局，2008，页198。〕

61. 汉儒失制字之意 汉儒郑玄、贾逵、杜预、刘向、班固、刘熙诸人，皆号称博洽，其所训注经史，往往多不得古人制字之意。姑以释亲言之，如云父，矩也，以法度教子也。母，牧也，言育养子也。兄，况也，况父法也。弟，悌也，心顺行笃也。子，孳也，以孝事父，常孳孳也。孙，顺也，顺于祖也。男，任也，任功业也。女，如也，从如人也。姑，故也，言尊如故也。姊，咨也，言可咨问也。夫，扶也，以道扶接也。妇，服也，以礼屈服也。妻，齐也，与夫齐体也。妾，接也，以时接见也。凡此率以己意牵合，岂知古人命名立义，固简而易尽乎？今以六书及许慎《说文》考之，盖父字从彐从丨，即手字，丨即杖，以手执杖，言老而尊也。母字从女从两点，女而加乳，象哺子形也。兄字从口，从人，象同胞之长，以弟未有知而谆谆诲之，友爱之情也。弟子上象丱角，中象擎手，下象跂足，不良于行，义当从兄也。子字上象其首，中象其手，下象并足，始生褓褓之形也。孙字从子，从系，子之系，所以续祖之后也。男子从田从力，壮而力田，供为子职也。女子象两手相捲，敛足而坐，淑德贞闲也。姑字从女从古，齿德俱尊，观舅从臼可知也。姊字从女从市，市即古绂字，绂为蔽膝，义取在前，观妹从未可知也。夫字从天而出，象妻之所天也。妇字从女从帚，女而持帚，承事舅姑之义也。妻字从女从尚，言女而上配君子也。妾字从女从立，女而侍立，卑以承尊也。细玩篆文，其义立见。乃漫不之省，辄为之附会，其说亦凿矣哉。〔（明）焦竑：《焦氏笔乘》，中华书局，2008，页228—229。〕

62. 提耳 《诗》"匪面命之，言提其耳"，提音抵，言附耳以教之也。《礼·少仪》"牛羊之肺，离而不提心"，《史记》"薄后以冒絮提文帝"，《汉书》"景帝以博局提杀吴太子"，扬雄《酒箴》"身提黄泉"，皆作抵音。若作平声，当作揪扯之义，不如前说为近雅也。[（明）焦竑：《焦氏笔乘》，中华书局，2008，页329—330。]

63. 膏腴　《图经》云："金陵者，洞墟之膏腴，句曲之地肺。其土肥良，故曰膏腴。水至则浮，故曰地肺。"[（明）焦竑：《焦氏笔乘》，中华书局，2008，页476。]

64. 风调雨顺　《唐书·礼仪志》："武王伐纣，五方神来受事，各以其职命焉。既而克殷，风调雨顺。"王业《在阁知新录》："凡寺门金刚，各执一物，俗谓风调雨顺。执剑者风也，执琵琶者调也，执伞者雨也，执蛇者顺也。独顺字思之不得其解。"杨升庵《艺林伐山》云："所执非蛇，乃蜃也。蜃形似蛇而大，字音如顺。"然则《封神传》之四大金刚，非无本矣。[（清）梁章钜：《浪迹丛谈 续谈 三谈》，《历代笔记小说大观》，上海古籍出版社，2012，页259。]

65. 缙绅　今人呼乡宦之家居者为缙绅，其实当作搢绅。搢，《说文》训插，《礼·玉藻》言搢珽，《内则》言搢笏。《晋书·舆服志》云："古者贵贱皆执笏，其有事则搢之于腰带。所谓搢笏之士者，搢笏而垂绅带也。"亦作荐绅，《史记·封禅书》注云："郑众注《周礼》，云'搢读曰荐'。则荐亦是进，谓进而至于绅带之间。"故亦作荐绅。惟《史记·封禅书》："缙绅者不道。"故今人皆仿之称缙绅。但言搢绅、言荐绅，二字意不平列，而言缙绅，则二字必平列作对。老杜诗"北斗司喉舌，东方领缙绅"，黄埔冉诗"地控吴襟带，才光汉缙绅"，宇文融诗"杂沓喧箫鼓，欢娱洽缙绅"，则皆作平对也。[（清）梁章钜：《浪迹丛谈 续谈 三谈》，《历代笔记小说大观》，上海古籍出版社，2012，页263。]

66. 螟脯　浙东滨海，最重乌贼鱼，腊者行远，其利尤重。尝闻主人呼之为明府，不知其故。或以为腹中有墨，似县官之贪墨，今县官率称明府也，余已笔之于书矣。顷阅《七修类稿》，云乌贼鱼暴干，俗呼"螟脯"，乃知此称自前明已然，今人不考，误沿为"明府"耳。

[（清）梁章钜：《浪迹丛谈 续谈 三谈》，《历代笔记小说大观》，上海古籍出版社，2012，页317。]

67. 闽谚 吾乡土谚有最礼俗而无理者，曰"丈母伤寒，灸女婿脚后跟"。而不料杭州亦有此谚，惟"伤寒"作"腹痛"耳。梁山舟先生曰：女婿，"女膝穴"之讹也。见《癸辛杂识续集》"针法"条下。[（清）梁章钜：《浪迹丛谈 续谈 三谈》，《历代笔记小说大观》，上海古籍出版社，2012，页317。]

# （四）释形制

1. 杂嚼 冬月盘兔、旋炙猪皮肉、野鸭肉、滴酥、水晶鲙、煎角子、猪脏之类。直至龙津桥须脑子肉止，谓之"杂嚼"，直至三更。[（宋）孟元老：《东京梦华录》，《全宋笔记》第五编一册，大象出版社，2012，页127—128。]

2. 太平 东京般载车，大者曰"太平"，上有箱无盖，箱如构栏而平，板壁前出两木，长二三尺许，驾车人在中间，两手扶捉鞭绥驾之，前列骡或驴二十余，前后作两行，或牛五七头拽之。……其次有"平头车"，亦如太平车而小……又有独轮车，前后二人把驾，两旁两人扶拐，前有驴拽，谓之"串车"，以不用耳子转轮也，般载竹木瓦石。……平盘两轮，谓之"浪子车"。唯用人拽。又有载巨石大木，只有短梯盘而无轮，谓之"痴车"，皆省人力也。[（宋）孟元老：《东京梦华录》，《全宋笔记》第五编一册，大象出版社，2012，页137—138。]

3. 勘宅 每日如宅舍宫院前，则有就门卖羊肉、头、肚、腰子……衣箱、磁器之类，亦有扑上件物事者，谓之"勘宅"。其后街或空闲处，团转盖房屋，向背聚居，谓之"院子"，皆小民居止。每日卖蒸梨枣、黄糕糜、宿蒸饼、发芽豆之类。每遇春时，官中差人夫监淘在城渠，别开坑盛淘出者泥，谓之"泥盆"。侯官差人来检视了，方盖覆，夜间出入，月黑宜照管也。[（宋）孟元老：《东京梦华录》，《全宋笔记》第五编一册，大象出版社，2012，页140。]

4. 水路　公主出降，亦设仪仗、行幕步障、水路，凡亲王、公主出则有之。皆系街道司兵级数十人，各自扫具、镀金银水桶，前导洒之，名曰"水路"……又有宫嫔数十，皆真珠钗插、吊朵、玲珑簇罗头面，红罗销金袍帔，乘马双控双搭，青盖前导，谓之"短镫"。［（宋）孟元老：《东京梦华录》，《全宋笔记》第五编一册，大象出版社，2012，页142。］

5. 缴檐红　凡娶媳妇……次檐许口酒，以络盛酒瓶，装以大花八朵、罗绢生色或银盛八枚，又以花红缴檐上，谓之"缴檐红"，与女家。女家以淡水二瓶，活鱼三五个，箸一双，悉送在元酒瓶内，谓之"回鱼箸"……若相媳妇，即男家亲人或婆往女家看中，即以钗子插冠中，谓之"插钗子"……（娶）前一日，女家先来挂帐，铺设房卧，谓之"铺房"……至迎娶日，儿家以车子，或花檐子发迎客，引至女家门，女家管带迎客，与之彩缎，作乐催妆上车，檐从人未肯起，炒咬利市，谓之"起檐子"，与了然后行。迎客先回至儿家门，从人及儿家人乞觅利市钱物花红等，谓之"拦门"。新妇下车子，有阴阳人执斗，内盛谷豆钱果草书等，咒祝望门而撒，小儿辈争拾之，谓之"撒豆谷"，俗云厌青羊等杀神也。［（宋）孟元老：《东京梦华录》，《全宋笔记》第五编一册，大象出版社，2012，页149。］

6. 坐虚帐　新人下车檐……入门于一室内，当中悬帐，谓之"坐虚帐"；或只径入房中，坐于床上，亦谓之"坐富贵"。其送女客急三盏而退，谓之"走送"。众客就筵三杯之后，婿具公裳，花胜簇面，于中堂升一榻，上置椅子，谓之"高坐"。……新人门额，用彩一缎，碎裂其下，横抹挂之，婿入房即众争扯小片而去，谓之"利市缴门红"。婿于床前请新妇出，二家各出彩缎，绾一同心，谓之"牵巾"。男挂于笏，女搭于手，男倒行出，面皆相向。……对拜毕就床，女向左，男向右坐，妇女以金钱、彩果散掷，谓之"撒帐"。［（宋）孟元老：《东京梦华录》，《全宋笔记》第五编一册，大象出版社，2012，页149—150。］

7. 百晬　生子百日置会，谓之"百晬"。［（宋）孟元老：《东京梦华录》，《全宋笔记》第五编一册，大象出版社，2012，页151。]

8. 八蜡　八蜡，三代之戏礼也。……祭必有尸，无尸曰"奠"……今蜡谓之"祭"，盖有尸也。[（宋）苏轼：《东坡志林》，中华书局，1981，页26。]

9. 主户　有知州、权州、监州、知县、知洞，其次有同发遣、权发遣之属，谓之主户。余民皆称提陀，犹言百姓也。[（宋）范成大：《范成大笔记六种》，中华书局，2002，页134。]

10. 乌鲗　乌鲗，八足绝短者，集足在口，缩喙在腹，形类鞋囊，其名乌鲗。噏波噀墨，迷射水慝，以卫害焉。[（宋）赵令畤：《侯鲭录》，《宋元笔记小说大观》，上海古籍出版社，2007，页2048。]

11. 柬版　元祐中，余始见士大夫有间用蜡裹咫尺之木，以书传言，谓之"柬版"，既便报答，又免谬误。其后事欲无迹者，废纸而用版，浸为金漆之类。其制甚众，加以缄绳，有盛于囊者，至崇宁时家有数枚。自非远书公体，几无用笺楮。然利害所系有濡纸而摹印字画以为左验者。俗之薄恶，亦可见矣！[（宋）庄绰：《鸡肋编》，《宋元笔记小说大观》，上海古籍出版社，2007，页3978。]

12. 云子　杜子美诗云："饭抄云子白，瓜嚼水晶寒。"李义山《河阳》诗亦云："梓泽东来七十里，长沟复堑埋云子。"世莫识"云子"为何物。白彦悖云，其姑婿高士新为吉州兵官，任满还都，暑月见其榻上数囊，更为枕抱。视之，皆碎石，匀大如乌头，洁白若玉。云出吉州，土人呼"云子石"。而周焘子演云："云子，雹也"。见唐小说，而不记其书名。义山谓埋于沟堑，则非雹明矣。疑少陵比饭者，是此石也。[（宋）庄绰：《鸡肋编》，《宋元笔记小说大观》，上海古籍出版社，2007，页3979。]

13. 炊熟日　寒食火禁，盛于河东，而陕右亦不举爨者三日。以冬至后一百四日谓之"炊熟日"，饭面饼饵之类，皆为信宿之具。又以糜粉蒸为甜团，切破暴干，尤可以留久。以柳枝插枣糕置门楣，呼为"子推"，留之经岁，云可以治口疮。寒食日上冢亦不设香火，纸钱挂于茔树。其去乡里者，皆登山望祭，裂冥帛于空中，谓之"擘钱"。而京师四方因缘拜扫，遂设酒馔，携家春游。或寒食日阴雨，及有坟墓异地者，必择良辰相继而出。以太原本寒食一月，遂谓寒食为"一月节"。浙西人家就坟多作庵舍，种种备具，至有萧鼓乐器，亦储以待用者。［（宋）庄绰：《鸡肋编》，《宋元笔记小说大观》，上海古籍出版社，2007，页3993。］

14. 皂荚　浙中少皂荚，澡面浣衣皆用肥珠子。木亦高大，叶如槐而细，生角，长者不过三数寸，子圆黑肥大，肉亦厚，膏润于皂荚，故一名肥皂，人皆蒸熟暴干，乃收。京师取皂荚子仁煮过，以糖水浸食，谓之"水晶皂儿"。车驾在越，北人亦取肥珠子为之。食者多苦腰痛，当是其性寒故也。《本草》不载，竟不知为何木。或云以沐头则退发。而南方妇人竟岁才一沐，止用灰汁而已。［（宋）庄绰：《鸡肋编》，《宋元笔记小说大观》，上海古籍出版社，2007，页3998。］

15. 勃　《本草》：麻蕡，一名麻勃，云此麻花上勃勃者。故世人谓尘为勃土。果木诸物，上浮生者皆曰衣勃。和面而以干者傅之，亦曰面勃。浙人以米粉和羹，乃谓之米□，音佩，而从力者韵无两音。《大业杂记》载尚食直长谢讽造《淮南王食经》，有《四时饮》，凡三十七种，并加米□。乃知此书如茶饮、茗饮、桂饮、酪饮皆然，未知与今同否也？［（宋）庄绰：《鸡肋编》，《宋元笔记小说大观》，上海古籍出版社，2007，页4001。］

16. 洗妆　东坡在惠州作《梅》词，云"玉骨那愁烟瘴？冰姿自有倦风。海仙时遣探芳丛，倒挂绿毛幺凤。素面尝嫌粉污，洗妆不退唇红。高情易逐海云空，不与梨花同梦"。广南有绿羽丹觜禽，其大如雀，状类鹦鹉，栖集皆倒悬于枝上，土人呼为"倒挂子"。而梅花叶四周皆红，故有"洗妆"之句。二事皆北人所未知者。［（宋）庄绰：《鸡肋编》，《宋元笔记小说大观》，上海古籍出版社，2007，页4058—4059。］

17. 白花蛇　《本草》载白花蛇，一名褰鼻蛇，生南地及蜀郡诸山中，九月十日采捕之。《图经》云："其文作方胜白花，喜螫人足。黔人被螫者，皆立断之。其骨刺伤人与生螫无异。"今医家所用，惟取蕲州蕲阳镇山中者。去镇五六里有灵峰寺，寺后有洞，洞中皆此蛇而极难得。得之者以充贡。洞内外所产，虽枯两目犹明。至黄梅诸县虽邻境，枯则止一目明。其舒州宿松县又与黄梅为邻，间亦有之，枯则两目皆不明矣。市者视此为验，以轻小者为佳，四两者可直十千足。土人冬月寻其螫处而撅取之。夏月食盖盆子者，治疾尤有功。采者置食竹筒中，作绳网以系其首，剖腹乃死。入药以酒浸煮，去首与鳞骨，三两可得肉一两用也。〔(宋) 庄绰：《鸡肋编》，《宋元笔记小说大观》，上海古籍出版社，2007，页4060。〕

18. 捋帽会　西北人生子，其侪辈即科其父首，使作会宴客而后已，谓之捋帽会。江、浙生女多者，俟毕嫁，亦大会亲宾，谓之倒箱会。广南富家生女，即蓄酒藏之田中，至嫁方取饮，名曰女酒。贫家终身布衣，惟取妇服绢三日，谓为郎衣。此皆可为对者。蜀人每食之余，不问何物，皆投于一器中，过三月方取食，谓之百日浆，极贵重之，非至亲至家，不得而享也。江南、闽中公私酝酿，皆红曲酒，至秋尽食红糟，蔬菜鱼肉，率以拌和，更不食醋。信州冬月又以红糟煮鲮鲤肉卖。鲮鲤，乃穿山甲也。〔(宋) 庄绰：《鸡肋编》，《宋元笔记小说大观》，上海古籍出版社，2007，页4063。〕

19. 打围　北客云："北方大打围，凡用数万骑，各分东西而往凡行月余，而围始合。盖不啻千余里矣。既合，则渐束而小之，围中之兽皆悲鸣相吊。获兽凡数十万，虎狼熊罴麋鹿野马豪猪狐狸之类皆有之，特无兔耳。猎将竟，则开一门，广半里，许俾余兽得以逸去，不然则一网打尽，来岁无遗种矣。"〔(宋) 周密：《癸辛杂识》，中华书局，1988，页116—117。〕

20. 瞻笏　先君言：旧制，朝参拜舞而已，政和以后，增以喏。然绍兴中，予造朝，已不复喏矣。淳熙末还朝，则迎驾起居，阁门亦喝唱喏，然未尝出声也。又绍兴中，朝参止磬折遂拜，今阁门习仪，先以笏叩额，拜拜皆然，谓之瞻笏。亦不知起于何年也。〔(宋) 陆游：《老学庵笔记》，上海古籍出版社，2012，页81—82。〕

21. 手简　元丰中，王荆公居半山，好观佛书，每以故金漆佛书藏经名，遣人就蒋山寺取之。人士因有用金漆代书帖与朋侪往来者。已而苦其露泄，遂有作两版相合，以片纸封其际者。久之，其制渐精。或又以缣囊盛而封之。南人谓之简版，北人谓之牌子。后又通谓之简版，或简牌。予淳熙未还朝，则朝士乃以小纸高四五寸、阔尺余相往来，谓之手简。简版几废，市中遂无卖者。而纸肆作手简卖之，甚售。［（宋）陆游：《老学庵笔记》，上海古籍出版社，2012，页92。］

22. 错到底　宣和末，妇人鞋底尖以二色合成，名"错到底"，竹骨扇以木为柄，旧矣，忽变为短柄，止插至扇半，名"不彻头"，皆服妖也。［（宋）陆游：《老学庵笔记》，上海古籍出版社，2012，页94。］

23. 小桃　欧阳公、梅宛陵、王文恭集，皆有《小桃》诗。欧诗云："雪里花开人未知，摘来相顾共惊疑。便当索酒花前醉，初见今年第一枝。"初但谓桃花有一种早开者耳。及游成都，始识所谓小桃者，上元前后即著花，状如垂丝海棠。曾子固《杂识》云："正月二十间，天章阁赏小桃。"正谓此也。［（宋）陆游：《老学庵笔记》，上海古籍出版社，2012，页101。］

24. 盂兰盆　故都残暑，不过七月中旬。俗以望日具素馔享先，织竹作盆盎状，贮纸钱，承以一竹焚之。视盆倒所向，以占气候：谓向北则冬寒，向南则冬温，向东西则寒温得中，谓之盂兰盆，盖俚俗老媪辈之言也。又每云："盂兰盆倒，则寒来矣。"晏元献诗云："红日薇英落，朱黄槿艳残。家人愁溽署，计日望盂兰。"盖亦戏述俗语耳。［（宋）陆游：《老学庵笔记》，上海古籍出版社，2012，页120。］

25. 待旦　前代，夜五更至黎明而终。本朝外廷及外郡悉用此制，惟禁中未明前十刻而终，谓之待旦。盖更终则上御盥栉，以俟明初御朝也。祖宗勤于政事如此。［（宋）陆游：《老学庵笔记》，上海古籍出版社，2012，页121。］

26. 揖　古所谓揖，但举手而已。今所谓喏，乃始于江左诸王。方其时，惟王氏子弟为之。故支道林入东，见王子猷兄弟还，人问"诸王何如？"答曰："见一群白项乌，但闻唤哑哑声。"即今喏也。［（宋）陆游：《老学庵笔记》，上海古籍出版社，2012，页133。］

27. 退红　唐有一种色，谓之退红。王建《牡丹诗》云："粉光深紫腻，肉色退红娇。"王贞白《娟楼行》云："龙脑香调水，教人染退红。"《花间集乐府》云："床上小熏笼，韶州新退红。"盖退红若今之粉红，而髹器亦有作此色者，今无之矣。绍兴末，缣帛有一等似皂而淡者，谓之不肯红，亦退红类耶？〔（宋）陆游：《老学庵笔记》，上海古籍出版社，2012，页138—139。〕

28. 和而别　李公弼字仲参，登科初，任大名府同县尉。因检验村落，见所谓鱼鹰者飞翔水际，问小吏，曰："此关雎也。"因言："此禽有异：每栖宿，一窠中二室。"仲修令探取其窠观之，皆一窠二室，盖雄雌各异居也。因悟所谓"和而别"者以此也；"鸷而通"者，习水而善捕鱼也。"和而别"者因此悟明。仲修且叹："村落犹呼曰关雎，而'和而别'则学者不复辨矣！"〔（宋）王铚：《默记》，《宋元笔记小说大观》，上海古籍出版社，2007，页4554。〕

29. 寒食　清明交三月，节前两日谓之"寒食"，京师人从冬至后数日起至一百五日，便是此日，家家以柳条插于门上，名曰"明眼"，凡官民不论小大家，子女未冠笄者，以此日上头。〔（宋）吴自牧：《梦粱录》，浙江人民出版社，1980，页11。〕

30. 布牌　首以三丈余高白布写"某库选到有名高手酒匠，酿造一色上等醲辣无比高酒，呈中第一"。谓之"布牌"，以大长竹挂起，三五人扶之而行。〔（宋）吴自牧：《梦粱录》，浙江人民出版社，1980，页12。〕

31. 合髻　次男左女右结发，名曰"合髻"。……自后迎女回家，以冠花、缎匹、合食之类，送归婿家，谓之"洗头"。〔（宋）吴自牧：《梦粱录》，浙江人民出版社，1980，页189。〕

32. 五花判事　凡中军有军国政事，则中书舍人各执所见，杂署其名，谓之五花判事。其舍人中选人明练政事者，专典机密，谓之解事舍人。〔（宋）钱易：《南部新书》，《宋元笔记小说大观》，上海古籍出版社，2007，页300。〕

33. 六么羽调　《演繁露》云："唐有新翻羽调《绿腰》。白乐天诗集自注云'即六么也。'今世亦有六么，而其名有高平、仙吕调，又不与羽调相协，不知是唐遗声否?"按今六么中，吕调亦有之，非特高平、仙吕也。《唐·礼乐志》：俗乐二十八调，中吕、高平、仙吕在七羽之数。盖中吕、夹钟，羽也；仙吕、夷则，羽也，安得谓之"不与羽相协"？盖未之考而。[（宋）周密：《齐东野语》，上海古籍出版社，2012，页81。]

34. 椰酒菊酒　今人以椰子浆为椰子酒，而不知椰子花可以酿酒。唐殷尧封《寄岭南张明府》诗云："椰花好为酒，谁伴醉如泥。"九日菊酒，以渊明采菊，白衣送酒得名。而不知《西京杂记》所载菊花酒法，以菊花舒时，并采茎叶，杂秫米酿之，至来年九月九日始熟。此皆目前之事，而未有言者，何也。[（宋）周密：《齐东野语》，上海古籍出版社，2012，页104。]

35. 鬼车鸟　鬼车，俗称"九头鸟"。陆长源《辨疑志》又名"渠逸鸟"。世传此鸟昔有十首，为犬噬其一，至今血滴人家，能为灾咎。故闻之者，必叱犬灭灯，以速其过。泽国风雨之夕，往往闻之。六一翁有诗，曲尽其悲哀之声，然鲜有睹其形者。淳熙间，李寿翁守长沙日，尝募人捕得之。身圆如箕，十脰环簇。其头有九，其一独无，而鲜血点滴，如世所传。每脰各生两翅，当飞时，十八翼霍霍竞进，不相为用，至有争拗折伤者。景定间，周汉国公主下降，赐第嘉会门之左，飞楼复道，近接禁籞。贵主尝得疾，一日，正昼，忽有九头鸟踞主第捣衣石上，其状大抵类野凫而大如箕。哀鸣啾啾，略不见惮。命弓射之，不中而去。是夕主薨，信乎其为不祥也。此余亲闻之副骓云。[（宋）周密：《齐东野语》，上海古籍出版社，2012，页200—201。]

36. 汉以前惊蛰为正月节　余尝读班史《历》，至周三月二日庚申惊蛰，而有疑焉。盖周建子为岁首，则三月为寅，今之正月也。虽今历法亦有因置闰而惊蛰在寅之时，然多在既望之后，不应在月初而言二日庚申也。及考《月令章句》，孟春以立春为节，惊蛰为中。又自危十度至壁八度，谓之豕韦之次，立春、惊蛰居之，卫之分野。自壁八度至胃一度，谓之降娄之次，雨水、春分居之，鲁之分野。然后知汉以前，皆以立春为正月节，惊蛰为中，雨水为二月节，春分为中也。至后汉，始以立春、雨水、惊蛰、春分为序。《尔雅》，师古于"惊蛰"注云："今日雨水，于夏为正月，周为三月。"于"雨水"注云："今日惊蛰，夏为二月，周为四月。"盖可见矣。《史记·历书》亦为"孟春冰泮启蛰"。《左传》桓公五年，"启蛰而郊"。杜氏注以为夏正建寅之月。疏引《夏小正》曰，"正月启蛰"。故汉初启蛰为正月中，雨水为二月节。及太初以后，更改气名，以雨水为正月中，惊蛰为二月节，以至于今。由是观之，自三代以至汉初，皆以惊蛰为正月中矣。又汉以前，谷雨为三月节，清明为三月中，亦与今不同。并见《前·志》。[（宋）周密：《齐东野语》，上海古籍出版社，2012，页206。]

37. 蹴鞠　蹴蹋以皮为之，中实以物。蹴蹋蹋为戏乐也，亦谓为球焉。今所作牛彘胞，纳气而张之，则喜跳跃，然或俚俗数少年簇围而蹴之，终无堕地，以失蹴为耻，久不堕为乐，亦谓为筑球鞠也。蹴，陈力之事，故习蹴鞠，乃习射之道。后变鞠为木角者，见其圆转自若，似辨其间不无法度形式，故有著蹴蹋二十五篇书也，枚皋著赋咏焉，又霍去病穿域蹋（音踏）鞠，穿地作鞠室也。士之言，谓之论，今有步打、徒打，不徒则马打，大有制规制礼格，用意奇巧，取其精练者为上。今圣精敏此艺，置供御打球供奉，亦犹唐有后园小球官也。然时习之，不为常好也矣。[（宋）江少虞：《宋朝事实类苑》，上海古籍出版社，1981，页684。]

38. 正衙　唐以宣政殿为前殿，谓之正衙，即古之内朝也；以紫宸殿为便殿，谓之上阁，即古之燕朝也，而外别有含元殿。古者，天子三朝：外朝、内朝、燕朝。外朝在王宫库门外，有非常之事，以询万民于宫中。内朝在路门外，燕朝在路门内。盖内朝以见群臣，或谓之路朝；燕朝以听政，犹今之奏事，或谓之燕寝。郑氏《小宗伯》注，以汉司徒府有天子以下大会殿。为周之外朝，而萧何造未央宫言前殿，则宜有后殿。大会殿设于司徒府，则为外朝；而宫中有前后，为内朝、燕朝，盖去周犹未远也。唐含元殿，宜如汉之大会殿，宣政、紫宸乃前后殿，其言习有自来矣。方其盛时，宣政盖常朝，日见群臣，遇朔望陵寝荐食，然后御紫宸；旋其宣唤仗入合，宰相押之，由阁门进，百官随之入，谓之"唤仗入阁"。紫宸殿言"阁"，犹古之言"寝"，此御朝之常制也。中世乱离，宣政不复御正衙，立仗之理遂废，惟以只日常朝，御紫宸而不设仗。敬宗始复修之，因以朔望陈仗紫宸以为盛礼，亦谓之"入阁"，误矣。[（宋）叶梦得：《石林燕语》，上海古籍出版社，2012，页19。]

39. 官名　自两汉以来，谓中书为政本，盖中书省出令，而门下省覆之。王命之重，莫大于此，故唐以后，以同中书门下平章事为宰相者，此也。尚书省但受成事而行之耳。本朝沿习唐制，官制行始用《六典》，别尚书、门下、中书为三省，各以其省长官为宰相，则侍中、中书、尚书令是也。既又以秩高不除，故以尚书令之贰左右仆射为宰相。而左仆射兼门下侍郎以行侍中之职，右仆射兼中书侍郎以行中书令之职，而别置侍郎以佐之，则三省互相兼矣。然左右仆射既为宰相，则凡命令进拟，未有不由之出者；而左仆射又为之长，则出命令之职，自已身行，尚何省而覆之乎？方其进对，执政无不同，则所谓门下侍郎者，亦预闻之矣。故批旨皆曰："三省同奉圣旨。"既已奉之，而又审之，亦无是理。门下省事惟给事中封驳而已，未有左仆射与门下侍郎自驳已奉之命者，则侍中、侍郎所谓省审者，殆成虚文也。元祐间，议者以诏令稽留，吏员冗多，徒为重复，因有并废门下省之意。后虽不行，然事有当奏禀，左相必批送中书，左相将上而右相有不同，往往或持之不上，或退送不受，左相无如之何。侍郎无所用力，事权多在中书。自中书侍郎迁门下侍郎，虽名进，其实皆未必乐也。

《考异》：此云唐以后，以同中书门下平章事为宰相，后又云唐参知乃宰相，而平章乃参佐之名。秦、汉至唐有官名虽相沿，而实不同者。尚书，秦官；汉武帝使宦者典事尚书，谓之中书。故萧望之谓"中书，政本"；又云"尚书，百官之本，宜罢"。中书，宦官也。至成帝乃罢中书宦者，置尚书。魏武帝为魏王，置秘书令，典尚书奏事，文帝改为中书令。此云"自两汉以来，谓中书为政本，中书省出令，而门下省覆之"，又云"尚书省但受成事行之"。盖汉魏所谓尚书、中书者，本出于一，且初未有门下省，今乃历代官名职制混而言之，非也。〔（宋）叶梦得：《石林燕语》，上海古籍出版社，2012，页29—30。〕

40. 贴黄　唐制：降敕有所更改，以纸贴之，谓之"贴黄"。盖敕书用黄纸，则贴者亦黄纸也。今奏状札子皆白纸，有意所未尽，揭其要处，以黄纸别书于后，乃谓之"贴黄"，盖失之矣。其表章略举事目与日月道理，见于前及封皮者，又谓之"引黄"。〔（宋）叶梦得：《石林燕语》，上海古籍出版社，2012，页31。〕

41. 㬠酒　公燕合乐，每酒行一终，伶人必唱"㬠酒"，然后乐作，此唐人送酒之辞。本作"碎"音，今多为平声，文士亦或用之。王仁裕诗"淑景易从风雨去，芳樽须用管弦㬠。〔（宋）叶梦得：《石林燕语》，上海古籍出版社，2012，页44。〕

42. 哑揖　中丞、侍御史上事，台属皆东西立于厅下，上事官拜厅已，即与其属揖而不声喏，谓之"哑揖"。以次升阶，上事官据中坐，其属后列，坐于两旁。上事官判按三道后，皆书曰"记谘"，而后引百司人吏立于庭台。吏自厅上厉呼曰："咄！"则百司人吏声喏，急趋而出，谓之"咄散"。然后，属官始再展状如寻常参谒之仪，始相与交谈，前此盖未尝语也。案后判"记谘"，恐犹是方镇宪衔时沿袭故事。记谓"记室"，谘谓"咨议"，不知哑揖、咄散为何义，然至今行之不改。〔（宋）叶梦得：《石林燕语》，上海古籍出版社，2012，页54。〕

43. 闪试　三岁一郊……每队各有歌头，以彩旗为号……又命象院教象前导朱旗，以二金三鼓为节……又以车五乘……至前一月进呈，谓之"闪试"。〔（宋）周密：《武林旧事》，西湖书社，1981，页6—7。〕

44. 喝拦　又有卫士十余队，每队十余人，互喝云："是与不是？"众应曰："是。"又喝云："是甚人？"众应曰："殿前都指挥使某人。"谓之"喝拦"。〔（宋）周密：《武林旧事》，西湖书社，1981，页8。〕

45. 宣系　候毕，谢恩讫，乘涂金御仙花鞍辔狨座马，执丝鞭，张三檐伞，教坊乐部五十人前引还第，谓之"宣系"。〔（宋）周密：《武林旧事》，西湖书社，1981，页25。〕

46. 无骨灯近岁新安所进益奇，虽圈骨悉皆琉璃所为，号"无骨

灯"。［（宋）周密：《武林旧事》，西湖书社，1981，页29。］

47. 布牌　户部点检所十三酒库……每库各用匹布书库名商品，以长竿悬之，谓之"布牌"。以木床铁擎为仙佛鬼神之类，架空飞动，谓之"台阁"。［（宋）周密：《武林旧事》，西湖书社，1981，页41。］

48. 乞巧　妇人女子，至夜对月穿针。饤饤杯盘，饮酒为乐，谓之"乞巧"。［（宋）周密：《武林旧事》，西湖书社，1981，页43。］

49. 聒厅　至除夕……至夜賣烛糁盆，红映霄汉，爆竹鼓吹之声，喧阗彻夜，谓之"聒厅"。小儿女终夕博戏不寐，谓之"守岁"。［（宋）周密：《武林旧事》，西湖书社，1981，页47。］

50. 隔门　凡敕入宫门号，止于国子监外门；敕入殿门号，止于国子监内门；敕入禁卫号，止于崇化堂天井，谓之"隔门"。［（宋）周密：《武林旧事》，西湖书社，1981，页126。］

51. 寄褐　禁民庶宫观寄褐，黄冠之教，始于汉张陵，故皆有妻孥，虽居宫观，而嫁娶生子，与俗人不异。奉其教而诵经，则曰道士，不奉其教不诵经，惟假其冠服，则曰寄褐，皆游惰无所业者，亦有凶岁无所给食，假寄褐之名，挈家以入者，大抵主首之亲故也。太祖皇帝深疾之，开宝五年闰二月戊午，诏曰："末俗窃服冠裳，号为寄褐，杂居宫观者，一切禁断。道士不得畜养妻孥，已有家者，遣出外居止。今后不许私度，须本师、知观同诣长吏陈牒，给公凭，违者捕系抵罪。"自是宫观不许停著妇女，亦无寄食者矣。而黄冠之兄弟父子孙侄犹依凭以居，不肯去也，名曰亲属。大中祥符二年二月庚子，真宗皇帝诏不得以亲属住宫观，犯者严惩之。自后，始与僧同其禁约矣。［（宋）王栐、张邦基：《燕翼诒谋禄》，上海古籍出版社，2012，页27—28。］

52. 锁阳　鞑靼田地野马或与蛟龙交，遗金入地，久之，发起如笋，上丰下俭，鳞甲栉比，筋脉联络，其形绝类男阴，名曰锁阳，即肉苁蓉之类。［（元）陶宗仪：《南村辍耕录》，《宋元笔记小说大观》，上海古籍出版社，2007，页6267。］

53. 暖房　今之入宅与迁居者，邻里醵金治具，过主人饮，谓曰暖屋，或曰暖房。王建《宫词》"太仪前日暖房来"，则暖屋之礼，其来尚矣。[（元）陶宗仪：《南村辍耕录》，《宋元笔记小说大观》，上海古籍出版社，2007，页6267。]

54. 驱口　今蒙古色目人之臧获男曰奴，女曰婢，总曰驱口。盖国初平定诸国日，以俘到男女匹配为夫妻，而所生子孙永为奴婢。又有曰红契买到者，则其元主转卖于人，立券投税者是也。故买良为驱者有禁。又有曰陪送者，则摽拔随女出嫁者是也。奴婢男女可互相婚嫁，例不许聘娶良家，若良家愿娶其女者听。然奴或致富，主利其财，则俟少有过犯，杖而锢之，席卷而去，名曰抄估。亦有自愿纳财以求脱免奴籍，则主署执凭付之，名曰放良。刑律：私宰牛马，杖一百。殴死驱口，比常人减死一等，杖一百七。所以视奴婢与马牛无异。按《周礼》，其奴，男子入于皂隶，女子入于舂藁。《说文》：奴婢皆古罪人。……又奴婢所生子，亦曰家生孩儿。按《汉书·陈胜传》："秦令少府章邯免骊山徒人奴产子。"师古曰："奴产子，犹今人云家生奴也。"则家生儿亦有所据。[（元）陶宗仪：《南村辍耕录》，《宋元笔记小说大观》，上海古籍出版社，2007，页6351—6352。]

55. 靸鞋　西浙之人，以草为履而无跟，名曰靸鞋。妇女非缠足者，通曳之。……然《北梦琐言》载"雾是山巾子，船为水靸鞋"之句，抑且咏诸诗矣。[（元）陶宗仪：《南村辍耕录》，《宋元笔记小说大观》，上海古籍出版社，2007，页6369—6370。]

56. 深衣　深衣方领，正经曰："曲袷如矩。"后世不识矩，乃匠氏取方曲尺，强以斜领为方，而疑其多添襟，制度遂失。若裁作方盘领，即应"如矩"之义。续衽，所添两襟也，更加钩，起于肩上，即是钩边。若以斜为方，岂圣人正心之意？朱子只作直领，而下裳背后六幅，正面六幅，分两旁。若交其领，无乃背阔而后狭。又肋下两缝向前。或剪圆裳旁曰钩边，尤可笑。只按《深衣》、《玉藻》二篇，正经制度自见，世儒自不考耳。出元吾子行《闲居录》。[（明）焦竑：《焦氏笔乘》，中华书局，2008，页29。]

57. 笏制　《玉藻》："笏，天子以球玉，诸侯以象，大夫以鱼须文竹，士竹本象可也。"鱼须文竹，谓以竹为笏，而刻画为鱼须之文以饰之。盖大夫下于诸侯，故不敢用象，而文以鱼须，亦示华重之意。若士又下于大夫，故只用竹之本形为笏，而不加饰，其视鱼须为又杀矣。此"象"字，与上"象"字不同。本"象"者，言用竹之本形也。应氏谓士以远君而伸，故饰以象。则是位下大夫而仪文故与诸侯相，岂先王辩等之礼哉？〔（明）焦竑：《焦氏笔乘》，中华书局，2008，页117。〕

58. 奠雁 奠雁，古礼也。《诗》云："雝雝鸣雁，旭日始旦。士如归妻，迨冰未泮。"亲迎执雁，先儒谓取不再偶之义，窃恐未然。盖古人重冠、昏，皆以士而用大夫车服，不以为僭。大夫相见执雁，昏礼既以士而服大夫之公服，乘大夫之墨车，则见妇翁不得不用大夫之贽礼矣。士宜执凫，奚执大夫之雁，取其摄盛也。若谓亲迎之始，遂期其将来如孤雁失不再偶，可谓祥乎？冠礼三加幞头，服公服，革带，纳靴，执笏，与此同义。〔（明）焦竑：《焦氏笔乘》，中华书局，2008，页118。〕

59. 六尺 《学林》云：《论语》"托六尺之孤"，据《周礼》乡大夫之职："国中自七尺以及六十，野自六尺以至六十有五，皆征之。"《韩诗外传》："国中二十行役。"则七尺者二十也。其升降皆五年，则六尺者十五也。准此，则孟子五尺之童乃十岁。〔（明）焦竑：《焦氏笔乘》，中华书局，2008，页118。〕

60. 莲花漏 唐张乔诗："远公窗下莲花漏，犹向山中礼六时。"按佛藏：远公弟子惠要患山洞中无刻漏，乃于水上制十二铜叶芙蓉，因波随转，分别旦夕，以为行道之节，名莲花漏。何兆诗"芙蓉十二池心漏，薝卜三千灌顶香"是也。六时，僧规以六时经行，六时燕坐。经行六时曰：幽谷时，寅也；高山时，卯也；日照高山平地时，辰也；可中时，巳也；正中时，午也；鹿苑时，未也。至申则旦过而退。刘长卿诗亦云："六时行径空秋草。"〔（明）焦竑：《焦氏笔乘》，中华书局，2008，页138—139。〕

61. 冠礼 泾野曰：《冠礼》有"宾拜，冠者受之"，又有"见于母，母拜之"，此如何可行？看来礼坏于周末，亦因其文大繁也。某在解时，令民间行冠礼：设一饭，请冠者宗亲或比邻三五辈会食。冠者跪，令识字者晓以成人之道，随令冠者参神主，拜父母，如此而已。囊尝遇刘参政、谢金宪师弟，皆年七十余，处深山穷谷中，设饭相留，都略去礼文。其称道师传，如童蒙时无异。言论朴实，更无虚文缛礼，宛然古人风度，可爱也。〔（明）焦竑：《焦氏笔乘》，中华书局，2008，页345。〕

62. 水排　《汉书》："杜诗为南阳太守，造作水排，铸为农器，百姓便之。"排当作□，蒲拜反。治铸者为囊以吹炭，即老子所谓橐籥也。今激水以鼓之，谓之水□，如今水碓、水磨，江南处处有之。〔（明）焦竑：《焦氏笔乘》，中华书局，2008，页384。〕

63. 縠璧　《周礼·典瑞》："子执縠璧，男执蒲璧，皆五寸。"《三礼图》縠璧画禾茎之状，蒲璧图芦苇之形，此亦以意度妄作，如牺樽、象樽之误。盖縠璧圆王象拱起，状如粟粒。蒲璧界画细文，形似蒲华。即今二璧，多有存者，世儒莫辨。〔（明）焦竑：《焦氏笔乘》，中华书局，2008，页414。〕

64. 黼扆　《明堂位》："天子负黼扆，南向而立。"注："状如屏风高八尺，东西当户牖之间。"因《尔雅》"斧谓之黼"，俗遂谬用斧依，如匍匐谬用蒲伏，狭输谬用寞窬之类。《三礼图》传会其说，作屏障，画十二斧于其上，取刚断之义。谨按礼书白与黑间为黼扆，则屏障画黼文于其上，取分辨昭彰之义无疑矣。今时市帨以黑白相间，即黼文之遗制。〔（明）焦竑：《焦氏笔乘》，中华书局，2008，页415。〕

65. 悬车　余以六十八岁引疾归田，或让之曰："《礼》言七十致仕，故古人以七十为悬车之年。今君未及年而退，毋乃过急乎？"余曰："《通鉴目录》载韦世康之言曰：'年不待暮，有疾便辞。'《三国志·徐宣传》云：'宣曰：七十有悬车之礼，今已六十八，可以去矣。乃辞疾逊位。'今余之退，不犹行古之道哉？且吾子亦尝深考悬车之义乎？《白虎通·致仕篇》云：'悬车，示不用也。'此当解也。抑余尝读《公羊·桓五年》传疏云：'旧说日在悬舆，一日之暮，人生七十，亦一世之暮，而致其政事于君，故曰悬舆致仕。'《淮南子·天文训》亦云：'日至于悲泉，爰息其马，是谓悬车。'此古义也。大约皆言迟暮宜息之期，初何尝必以七十为限乎!"［（清）梁章钜：《浪迹丛谈 续谈三谈》，《历代笔记小说大观》，上海古籍出版社，2012，页268。］

# 三 语用

## （一）语境

1. 合欢被　文选古诗云："文彩双鸳鸯，裁为合欢被。着以长相思，缘以结不解。"注：杯中着绵谓之长相思，绵绵之意；缘，被四边缀以丝缕，结而不解之意。余得一古被，四边有缘，真此意也。着，谓充以絮。出文选第五卷。[（宋）赵令畤：《侯鲭录》，《唐宋史料笔记丛刊》，中华书局，2002，页33。]

2. 西汉句读　《西汉》极有好语，患在读者乱其句读。如《卫青传》云："人奴之生得无笞骂足矣安得封侯事乎"。"人奴之"为一句，"生得无笞骂足矣"为一句，"生"读如"生乃与哙等为伍"之"生"。谓人方奴我，平生得无笞骂已足矣，安敢望封侯事。则语有意味而句法雄健。今人或以"人奴之生"为一句，只移一字在上句，便凡近矣。[（宋）费衮：《梁溪漫志》，上海古籍出版社，1985，页54。]

3. 讳辩　《资暇集》："退之《讳辩》：'汉有杜度'，谓其姓名同音也。"《笃论》云：'杜伯度名操，字伯度，善草书，曹魏时人。以其名同武帝，故隐而举字。'是"度"非名也。《笃论》诗杜恕所著，恕亦曹魏时人，其言不妄，则退之误矣。"杨用修谓："不如用鲁有众仲"，亦非也。"众"音终，与"仲"亦不同音。[（明）焦竑：《焦氏笔乘》，《学术笔记丛刊》，中华书局，2008，页130。]

4. 不上船　杜子美石犀行云"自免洪涛恣雕瘵"，与济逝为韵。种芮苴云"信宿罢潇洒"与耳始同押。后出塞云:"恐是霍票姚",作平声。八佾歌押两船字,狄明府两济字。洒字有三音,而瘵但切侧界。去病为票姚校尉。服虔注汉书:"音飘摇。"颜师古云:"票音平妙反。姚音羊召反。票姚,劲疾之貌也。荀况汉纪作票鹞字。去病后为票骑将军,尚取票姚之字耳。今读者音飘摇,则不当其义也。"时人拘于声律,取其意而略其义也。如济济清济,音虽同而义异。故两船字,或者遂谓"不上船"为蜀人以衣襟为船。余尝至舟中问土人,则不然。后见范传正太白新墓志云,玄宗汜白莲池,召公作序。时公已被酒于翰苑中,命高力士扶以登舟。杜之所歌,盖此事尔。[(宋)庄绰:《鸡肋编》,中华书局,1983,页3—4。]

5. 古今避讳 古今避讳之事,杂见诸书,今漫集数条于此,以备考览。盖殷以前,尚质不讳名,至周始讳,然尤不尽讳。如穆王名满,定王时有王孙满之类。至秦始皇讳政,乃呼正月为征月,史记年表作端月。庐生曰:"不敢端言其过。"秦颂端正法度曰"端直"。皆避政字。

汉高祖讳邦,旧时以邦为国。惠帝讳盈,史记以万盈数作满数。文帝讳恒,以恒山为常山。景帝讳启,史记微子启作微子开,汉书启母石作开母石。武帝讳彻,以彻侯为通侯,蒯彻为蒯通。宣帝讳询,以荀卿为孙卿。元帝讳奭,以奭氏为盛氏。光武讳秀,以秀才为茂才。明帝讳庄,以老、庄为老、严,庄助为严助,卞庄为卞严。殇帝讳隆,以隆虑为林虑。安帝父讳庆,以庆氏为贺氏。

魏武帝讳操,以杜操为杜度。蜀后主讳宗,以孟宗为孟仁。晋景帝讳师,以师保为保傅,京师为京都。文帝讳昭,以昭穆为韶穆,昭君为明君,三国志韦昭为韦耀。愍帝讳业,以建业为建康。康帝讳岳,以邓岳为邓岱,山岳为山岱。齐太祖讳道成,师道渊但言师渊。梁武帝小名阿练,子孙皆呼练为白绢。隋文帝父讳忠,凡郎中皆去中字,侍中为侍内,中书为内史殿,中侍御为殿内侍御,置侍郎不置郎中,置御史大夫不置中丞,以侍书御史代之,中庐为次庐。至唐又避太子讳,亦以中郎为旅贲郎将,中书舍人为内舍人。炀帝讳广,以广乐为长乐,广陵为江都。

唐世祖讳丙，故以景字代之。如景科、景令、景子之类，是也。唐祖讳虎，凡言虎，率改为猛兽，或为武，如武贲、武林之类。李延寿作南北史，易石虎为石季龙，韩擒虎为韩擒。高祖讳渊，赵文渊为赵文深，渊字尽改为泉。刘渊为元海，戴渊为戴若思。太宗讳世民，唐史，凡言世，皆曰"代"，民，皆曰"人"，如烝人，治人，生人，富人侯之类。民部曰"户部"。高宗讳治，凡言治皆曰"理"，如"至理之主，不代出者"，章怀避当时讳也。陆贽曰"与理同道罔不兴"，"胁从罔理"。韩文策问："尧、舜垂衣裳而天下理"，又"无为而理者，其舜也欤"。睿宗讳旦，张仁亶改仁愿。玄宗讳隆基，太一君基、臣基，并改为其字。隆州为阆中，隆康为普康，龙龛为崇龛，隆山郡为仁寿郡。代宗讳豫，以豫章为锺陵，苏预改名源明，以薯蓣为薯及山药。德宗讳适，改括州为处州。宪宗讳纯，淳州改为栾州，韦纯改名贯之，之纯改名处厚，王纯改名绍，陆纯改名质，柳淳改名灌，严纯改名休复，李行纯改名行谌，崔纯亮改名行范，程纯改名弘，冯纯敏改名约。穆宗讳恒，以恒山为常山。敬宗讳弘，徐弘敏改名有功。郑涵避文宗旧讳，改名澣。武帝讳炎，贾炎改名嵩。宣帝讳忱，韦谌改名损，穆谌改名仁裕。

梁太祖父烈祖名诚，遂改城曰"墙"。晋高祖讳敬塘，析敬字为文氏、苟氏，至汉乃复旧。至本朝避翼祖讳，复析为文、为苟。

本朝高宗讳构，避嫌名者，仍其字更其音者，沟涛是也；加金字，钩光祖是也；加丝字，绚纺是也；加草头者，苟谌是也；改为句字者，句思是也；增勾龙者，如渊是也；勾龙去上一字者，大渊是也。以上，皆臣下避君讳也。

吴太子讳和，以和兴为嘉兴。唐高祖太子弘，为武后所酖，追尊为孝敬帝，庙曰义宗，弘文馆改为昭文，弘农县改为恒农，韦弘机但为机。李含光本姓弘，易为李，曲阿弘氏改为洪，温彦弘遂以大雅字行。晋以毗陵封东海王世子毗，以毗陵为晋陵。唐避章怀太子贤讳，改集贤殿为崇文馆之类，皆避太子之讳也。

吕后讳雉，封禅书曰"野鸡夜雊"。武后讳曌，以诏书为制书，鲍照为鲍昭。改懿德太子重照为重润，刘思照为思昭。简文郑后讳阿春，以春秋为阳秋，富春为富阳，蕲春为蕲阳。此避后讳也。

元后父讳禁，以禁中为省中。武后父讳华，以华州为太州。韦仁约避武后家讳，改名元忠。窦怀贞避武后家讳，而以字行。刘穆之避王后家讳，以宪祖字行，后复避桓温母讳，遂称小字武生。虞茂避穆后母讳，改名预。本朝章献太后父讳通，尝改通直郎为同直郎，通州为崇州，通判为同判，通进司为承进司，通奉为中奉，通事舍人为宣事舍人，至明道间，遂复旧。此则避后家讳也。

钱王镠，以石榴为金樱，改刘氏为金氏。杨行密据扬州，州人呼蜜为蜂糖。赵避石勒讳，以罗勒为兰香。高祖父名诚，以武成王为武明王，武成县为武义县。羊祜为荆州，州人呼户曹为辞曹之类，皆避国主、诸侯讳也。

诗、书则不讳。若文王讳昌，而箕子陈洪范曰："使羞其行，而邦其昌。"厉王讳胡，而宣王时，诗曰："胡不相畏"，"胡为虺蜴"，"胡然厉矣"。周礼有"昌本之菹"，诗有"鬈发之咏"。大诰"弗弃基"，不讳后稷弃字。孔子父叔梁纥，而春秋书臧孙纥。成王讳诵，而"吉甫作诵"之句，正在其时，是也。

庙中则不讳。周颂祀文、武之乐歌，雝曰："克昌厥后"，噫嘻曰："骏发尔私"，是也。

临文则不讳。鲁庄公名同，而春秋书同盟。襄公名武，而书陈侯午卒。僖公名申，书戊申。定公名宋，书宋人、宋仲几。

汉书纪，元封诏书有启母石之言。刑法志："建三典以刑邦国"与"万邦作孚"。韦孟诗："总齐群邦"，皆不避高宗讳。

魏太祖名操，而陈思王有"造白"之句。曹志，植之子，奏议云："干植不强。"

三国吴时，有"言功以权成"，盖斥孙权之名。南史有"宁逢五虎"及"虎视"之语，则虎字亦不尽避。

韩文公潮州上表云："朝廷治平日久。"曰："政治少解。"曰："巍魏治功。"曰："君臣相戒，以致至治。"举张行素曰："文学治行众所推。"亦不避高宗之讳。又袁州上表曰："显荣频烦。"举韦顗曰："显映班序。"刘文乐曲曰："义和显要乘清芬。"皆不尽避中宗之讳。韩贺即位表曰："以和万民。"亦不讳民字，如此类甚多。

胡翼之侍讲迩英日，讲乾卦元、亨、利、贞，上为动色，徐曰："临文不讳。"伊川讲南容三复白圭，内侍告曰："容字，上旧名也。"不听。讲毕曰："昔仁宗时，宫嫔谓正月为初月，饼之蒸者为炊，天下以为非。嫌名、旧名，请勿讳。"

邦，国有不讳者。襄王名郑，郑不改封。至于出居其国，使者告于秦、晋曰："鄙在郑地。"受晋文公朝，而郑伯传。汉和帝名肇，而郡有京兆是也。

嫌名则有避有不避者。韩退之辩讳："桓公名白，传有五皓之称；厉王名良，琴有修短之目。不闻谓布帛为布皓，肾长为肾修。汉武名彻，不闻讳车辙之辙。"然史记天官书："谓之车通"，此非讳车辙之辙乎？若晋康帝名岳，邓岳改为狱，此则不讳嫌名也。

二名不偏讳。唐太宗名世民，在位日，戴胄、唐俭为民部尚书，虞世南、李世绩皆不避。至高宗时，改民部为户部，世南已卒，世绩去世字。或云："卒哭乃讳。"

避讳而易字者。按东观汉记云："惠帝讳盈之字曰满，文帝讳恒，之字曰常，光武讳秀之字曰茂"云云。盖当时避讳，改为其字，之者变也。如卦变爻曰之也。

本朝真宗讳恒，音胡登切。若阙其下画，则为恒，又犯徽宗旁讳。后遂并恒不用，而易为常，正用前例也。

淮南王安，避父讳长，故淮南书，凡言长必曰修。王羲之父讳正，故每书正月为初月，或作一月，余则以政字代之。王舒除会稽内史，以祖讳会，以会稽为郐稽。司马迁以父讳谈，史记中，赵谈为赵同子，张孟谈为孟同。范晔父名泰，后汉书，郭泰为郭太。李翱祖父名楚今，故为文皆以今为兹。杜甫父名闲，故杜诗无闲字。苏子瞻祖父序，故以序为叙，或改作引。曾鲁公父名会，故避之者，以勘会为勘当。蔡京父名准，改平准务为平货务。此皆上大夫自避家讳也。

史记李斯传言"宦者韩谈"，则谈字不能尽避。汉书爰盎传有"上益庄"之文，郑当时传有"郑庄千里不赍粮"之类。此不能尽避也。

范晔为太子詹事，以父名泰，故辞，朝议不许。唐窦曾授中书舍人，以父名至忠，不受。议者以音同字别，乃就职。韦聿迁秘书郎，以父嫌名，换司议郎。柳公绰迁吏部尚书，以祖讳，换左丞。李涵父名少康，为太子少傅，吕渭劾之。本朝吕希纯，以父名公著，而辞著作郎。富郑公父名言，而不辞右正言。韩亿绛、缜，家讳保枢，皆为枢密而不避。此除官有避不避也。

至若后唐，郭崇涛父名弘，改弘文馆为崇文馆。建隆间，慕容彦钊、吴廷祚，皆拜使相。而钊父名章，廷祚父名璋，制麻中改"同为中书门下平章事"为"二品"。绍兴中，沈守约、汤进之二丞相，父皆名举，于是改提举书局为提领。此则朝廷为臣下避家讳也。

元稹以阳城驿与阳道州名同，更之曰避贤驿，且作诗以记之，白乐天和之云："荆人爱羊祜，户曹改为词，一字不忍道，况兼姓呼之。"是也。郑诚过郧州浩然亭，谓贤者名不可斥，更名孟亭。歙有任昉寺、任昉村，以任所游之地故也。虞藩为刺史日，更为任公寺、任公村。此则后人避前贤名也。

至有君臣同名者。襄王名郑，卫成公与之同时，亦名郑。卫侯讳恶，其臣有石恶。宋武帝名裕，褚叔度、王敬弘，皆名裕之；谢景仁、张茂度皆名裕。宋明帝名彧，王景文亦名彧。唐玄宗名隆基，刘子玄名知几。

又有父子、祖孙同名者。周康王名钊，生子瑕是为昭王。宋明帝名彧，其子后废帝亦名昱。魏献文名弘，其子孝文名宏。声虽相近，而字尤异也。若周厉王名胡，而僖王名胡齐。蔡文侯、昭侯，相去五世，皆名中。魏安同父名屈。襄阳有处士罗君墓志曰："君讳靖，父靖，学优不仕。"此尤为可罪也。

若桓玄，呼父温曰清，此不足责。若韩愈，不避仲卿，又何耶？

朱温之父名诚，以其类戊字，司天监上言，请改戊己之戊为武字，此全无义理。如扬都士人名审，沈氏与书，名而不姓，皆谀之者过耳。未如梁谢举闻家讳必哭，近世如赵南仲亦然，此亦不失为孝。

若唐裴德融父讳皋，高锴为礼部侍郎，典贡举。德融入试，锴曰："伊父讳皋，而某下就试，与及第，困一生事。"后除屯田员外郎，与同除一人参右丞庐简。庐先屈前一人，使驱使官传语曰："员外是何人下及第？偶有事，不得奉见。"裴仓遽而去。李贺以父名晋肃，终身不赴进士举，抑又甚焉。

崔殷梦知举，吏部尚书归仁晦托弟仁泽，殷梦唯唯，至于三四。殷梦敛色端笏曰："某见进表，让此官矣。"仁晦始悟己姓乃殷梦家讳龟从故也。

后唐天成中，卢文纪为工部尚书，郎中于邺参，文纪以父名嗣业，与同音，竟不见。邺忧畏太过，一夕，雉经而死。

杨行密父名怤，与夫同音，改文散诸大夫为大卿，御史大夫为御史大卿。至有兴唐寺锺题志云："金紫光禄大，兼御史大，及银青光禄大。"皆直去夫字，尤为可怪。

国朝刘温叟，父名乐，终身不听丝竹，不游嵩岱。徐绩父名石，平生不用石器，遇石不践，遇桥则令人负之而过。此皆避讳不近人情者也。

至如唐宪宗时，戎昱有诗名，京兆尹李鸾拟以女嫁之，令改其姓，昱辞焉。

五代有石昂者，读书好学，不求仕进。节度使符习高其行，召为临淄令。习入朝，监军杨彦朗知留后。昂以公事上谒，赞者以彦朗家讳石，遂更其姓曰右昂。昂趋于庭，责彦朗曰："内侍奈何以私害公？昂姓石，非右也。"彦朗大怒，昂即解官去。语其子曰："吾本不欲仕乱世，果为刑人所辱。"

宣和中，徐申干臣，自讳其名，知常州，一邑宰白事，言"已三状申府，未施行"。徐怒形于色，责之曰："君为县宰，岂不知长吏名，乃作意相侮。"宰亦好犯上者，即大声曰："今此事申府不报，便当申监司，否则申户部，申台，申省，申来申去，直待身死即休。"语罢，长揖而退。徐虽怒，然无以罪之。三人者，皆不肯避权贵之讳以自保其姓名。

若北齐熊安生者，将通名见徐之才、和士开，二人相对。以之才讳熊，士开讳安，乃称触觱生，群公哂之。

左、畿右之类。蔡门下昂避之尤谨，并禁其家人，犯者有笞责。昂尝自误及之，家蔡京在相位日，权势甚盛，内外官司公移皆避其名，如京东、京西并改为畿人以为言，乃举手自击其口。蔡经国闻京闽音，称京为经，乃奏乞改名纯臣。此尤可笑。

绍圣间，安惇为从官，章惇为相，安见之，但称享而已。

近世方巨山名岳。或谤其为南仲丞相幕客，赵父名方，乃改姓为万。既而又邱山甫端明属，邱名岳，于是复改为方山，遂止以为过焉。

善乎胡康侯之论曰："后世不明春秋之义，有以讳易人姓者，易人名者。愚者迷礼以为孝；谄者献佞以为忠。忌讳繁，名实乱，而春秋之法不行矣。"［（宋）周密：《齐东野语》，中华书局，1983，页55—64。］

6. 花　洛阳人谓牡丹为花，成都人谓海棠为花，尊贵之也。亦如称欧阳公、司马公之类，不复指其名字称号。然必其品格超绝，始可当此。不然，则进而君公，退而尔汝者多矣。［（宋）罗大经：《鹤林玉露》，中华书局，1983，页245。］

7. 勘会　尚书省文字下六司诸路，例皆言"勘会"。曾鲁公为相，始改作"勘当"，以其父名会避之也。京师旧有"平准务"，自汉以来有是名。蔡鲁公为相，以其父名准，亦改为"平货物"。［（宋）叶梦得：《宇文绍奕考异》，《石林燕语》，中华书局，1984，页55。］

8. 相　世多言白乐天用"相"字，多从俗语作思必切，如"为问长安月，如何不相离"是也。然北人大抵以"相"字作入声，至今犹然，不独乐天。老杜云："恰似春风相欺得，夜来吹折数枝花。"亦从入声读，乃不失律。俗谓南人入京师，效北语，过相蓝，辄读其榜曰大厮相国寺，传以为笑。［（宋）陆游：《老学庵笔记》，中华书局，1979，页 124。]

9. 朱温避讳　朱温之父名诚，以其类戊字，司天监上言，请改戊己之戊为武字，此全无义理。如扬都士人名审，沈氏与书，名而不姓，皆讳之者过耳。[（宋）周密：《齐东野语》，华东师范大学出版社，1987，页 63—72。]

10. 皋之讳　若唐裴德融父讳皋，高锴为吏部侍郎，典共举。德融入试，锴曰："伊父讳皋，而某下就试，与及第，困一生事。"……李贺以父名晋肃，终身不赴进士举，抑又甚焉。[（宋）周密：《齐东野语》，华东师范大学出版社，1987，页 63—72。]

11. 龟之讳　崔殷梦知举，吏部尚书归仁晦托弟仁泽，殷梦唯唯，至于三四。殷梦敛色端笏曰："某见进表，让此官矣。"仁晦始悟己姓乃殷梦家讳龟从故也。[（宋）周密：《齐东野语》，华东师范大学出版社，1987，页 63—72。]

12. 卢文纪避讳　后唐天成中，卢文纪为工部尚书，郎中于邺参，文纪以父名嗣业，与同音，竟不见。[（宋）周密：《齐东野语》，华东师范大学出版社，1987，页 63—72。]

13. 杨行密避讳　杨行密父名怤，与夫同音，改文散诸大夫为大卿，御史大夫为御史大卿。至有《兴唐寺钟题志》云："金紫光禄大，兼御史大，及银青光禄大。"皆直去夫字，尤为可怪。[（宋）周密：《齐东野语》，华东师范大学出版社，1987，页 63—72。]

14. 刘温叟避讳　国朝刘温叟，父名乐，终身不听丝竹，不游嵩岱。[（宋）周密：《齐东野语》，华东师范大学出版社，1987，页 63—72。]

15. 石昂　五代有石昂者，读书好学，不求仕进。节度使符习高其行，习入朝，监军杨彦朗知留后。昂以公事上谒，赞者以彦朗家讳石，遂更其姓曰右昂。昂趋于庭，责彦朗曰："内侍奈何以私害公？昂姓石，非右也。"[（宋）周密：《齐东野语》，华东师范大学出版社，1987，页 63—72。]

16. 熊安生避讳　若北齐熊安生者，将通名见徐之才、和士开，二人相对。以之才讳熊，士开讳安，乃称触触生，群公哂之。［（宋）周密：《齐东野语》，华东师范大学出版社，1987，页 63—72。］

17. 蔡京避讳　蔡京在相位日，权势甚盛，内外官司公移皆避其名，如东京、京西并改为畿左、畿右之类。……蔡经国闻京闽音，称京为经，乃奏乞改名纯臣。此尤可笑。［（宋）周密：《齐东野语》，华东师范大学出版社，1987，页 63—72。］

18. 作诗押韵　荆公、东坡、鲁直押韵最工，而东坡尤精于次韵，往返数四，愈出愈齐。如作梅诗、雪诗押"嗾"字、"叉"字，在徐州与乔太博唱和押"粲"字，数诗特工，荆公和"叉"字数首，鲁直和"粲"字数首，亦皆杰出。盖其胸中有数万卷书，左抽右取，皆出自然。初不着意要寻好韵，而韵与意会，语皆混成，此所以为好。若拘于用韵，必有牵强处，则害一篇之意，亦何足称。坡在岭外《和渊明怀古田舍》诗云："休闲等一味，妄想生愧腼。"自注云："渊明本用'缅'字，今聊取其同音字。"《和程正辅同游白水岩》诗云："恣倾白蜜收五稜，细劚黄土栽三桠。"自注云："来诗本用'□'字，惠州无书，不见此字所出，故且从'木'奉和。"且东坡欲和此二韵，似亦不难矣，然才觉牵合，则宁舍之，不以是而坏此篇之全意也。后人不晓此理，才到和韵处，以不胜人为耻，必据力冥搜，纵不可使，亦须强押，正如醉人语言，全无伦类，可以一笑也。［（宋）费衮：《梁溪漫志》，上海古籍出版社，1985，页 74。］

19. 补音太甚　诗辞固多协韵，晦庵用吴才老补音多通，然亦有太甚者。古人但随声取协，方言又多不同，至沈约以来，方有四声之拘耳，然亦正不必牵强也。《离骚》一经，惟"多艰多替"之句，最为不协。孙莘老、苏子容本云："古亦应协。"未必然也。晦庵以艰音巾，替音天，虽用才老之说，然恐无此理。以余观之，若移"长太息以掩涕"一句在"哀生民之多艰"下，则涕与替正协，不劳牵强也。［（宋）周密：《齐东野语》，中华书局，1983，页 205。］

20.《老将诗》押韵　张籍《老将诗》云："卫青不败由天幸，李广无功为数奇。"古人传诵以为佳句。按《汉书》，"天幸"二字乃霍去病，非卫青也。《汉书音义》"数音朔"，则亦不可对"天"矣。［（宋）邵博：《邵氏闻见后录》，中华书局，1983，页141。］

21. 白乐天诗韵　白乐天诗，好以司字作入声，如云，"四十着绯军司马，男儿官职未蹉跎"，"一为州司马，三见岁重阳"，是也。又以相字作入声，如云："为问长安月，谁教不相离"，是也。相字之下自注云：思必切。以十字作平声读，如云："在郡六百日，入山十二回"，"绿浪东西南北路，红栏三百九十桥"，是也。以琵字作入声读，如云："四弦不似琵琶声，乱写真珠细撼铃"，"忽闻水上琵琶声"，是也。武元衡亦有句云："唯有白须张司马，不言名利尚相从。"［（宋）洪迈：《容斋随笔》，上海古籍出版社，1978，页12。］

22. 柬面书正字　今人柬面必书"正"字，盖自前代已然。《觚不觚录》云："故事，投刺通于柬面书一'正'字，虽不知所从来，而承传已久。丙子入朝，见投刺俱不书'正'字，盖为避江陵讳故也。"按今时仍通用之，其有或改书"端"字、"肃"字者，则各自避其家讳耳。闻杭州人言：梁文庄家中，群从柬帖，悉用"肃"字。［（清）梁章钜：《浪迹丛谈 续谈 三谈》，中华书局，1981，页272。］

23. 署名加制字　今人居忧服中，有不得已与人通简帖之事，只须于姓名上加"制"字，不必更于名上加粘素纸。惟断不可用"从吉"二字，余于《退庵随笔》中已详言之。而近人多漠不关心，即通人亦有习而不知其非者，或更缩写"从吉"二字作"从吉"字，冒禁忘哀，真可为痛哭流涕者也。按"制"字最古，《礼记·丧服四制》有以恩制、以义制、以节制、以权制。世专于丧言制，盖本于此。至"从吉"二字，始见《晋书·孟陋传》："陋丧母，毁瘠殆于灭性，不饮酒食肉十有余年。亲族迭劝之，然后从吉。"则不可以为三年内之通称明矣。唐律"不孝"条，居父母丧，释服从吉者，徒三年。今律释服从吉，载于十恶之条，即期丧从吉，亦杖六十。人亦奈何甘犯科条，而徒以能书"从吉"字为巧乎！［（清）梁章钜：《浪迹丛谈 续谈 三谈》，中华书局，1981，页272。］

24. 诗误出韵　杨用修云："杜诗'留欢卜夜阑'，当是'下夜关。'少陵诗无出韵者。"然《雨晴》诗："天际秋云薄，从西万里风。今朝好晴景，久雨不妨农。""农"出二冬韵。《九日奉严大夫》诗："九日应愁思，经时冒险难。不眠持汉节，何日出巴山。""难"出寒韵。《崔氏草堂》诗："爱汝玉山草堂静，高秋爽气相鲜新。盘剥白鸦谷口栗，饭煮青泥坊底芹。""芹"字出文韵。又贺知章："少小辞乡老大回，乡音无改鬓毛衰。""衰"字出支韵。刘长卿"青春衣锦更相宜，白首垂丝愿不违。""违"字出微韵。皆趁笔之误。〔（明）焦竑：《焦氏笔乘》，中华书局，2008，页158。〕

25. 杜诗误 "卫懿公好鹤，鹤有乘轩。"轩指轩车之轩也。子美"轩墀曾宠鹤"，则误以为"墀"。"乘槎至天河"，海上客也。"奉使虚随入月槎"，则误为汉之张骞。刘越石为胡骑所围，中夜奏胡笳，贼皆流涕，并起围奔去。"胡骑中宵堪北走"，则误用为笛诗。李正己曰："围庭中药栏。""药"音与"籥"同，药即栏，栏即药也。"乘兴还来看药栏"，与王右丞"药栏花径衡门里"，则误为花药之栏。〔（明）焦竑：《焦氏笔乘》，中华书局，2008，页159。〕

26. 讳辩 《资暇集》："退之《讳辩》：'汉有杜度'，谓其姓名同音也。《笃论》云：'杜伯度名操，字伯度，善草书，曹魏时人。以其名同武帝，故隐而举字。'是'度'非名也。《笃论》诗杜恕所著，恕亦曹魏时人，其言不妄，则退之误矣。"杨用修谓："不如用鲁有众仲"，亦非也。"众"音终，与"仲"亦不同音。〔（明）焦竑：《焦氏笔乘》，中华书局，2008，页130。〕

# （二）得体原则

1. 诗用成语 诗有就用成语为句者。隋常琼侍炀帝游宝山，帝曰："几时到上头？"琼曰："昏黑应须到上头。"子美《香积寺》诗用之。谢灵运诗《题登临海峤初发疆中作与从弟惠连》："可见羊何共和之？"太白亦用其全语为诗。〔（明）焦竑：《焦氏笔乘》，中华书局，2008，页156。〕

2. 古文多倒语，如息之为长，乱之为治，扰之为顺，荒之为定，臭之为香，溃之为遂，衅之为祥，结之为解，坐之为跪，浮之为沉，面之为背，粪之为除，皆美恶相对之字，而反其义以用之。如"天地盈虚，与时消息"，以息训长也。"乱臣十人""乱越我家""惟以乱民""乱以四方新辟""丕乃俾乱"之类，以乱训治也。"安扰邦国""扰而毅""扰龙""六扰"之类，以扰训顺也。"荒度土功""遂荒大东""大王荒之""葛藟荒之"，以荒训定也。"其臭如兰""衿缨皆佩容臭"，"胡臭亶时"，"其臭膻""臭阴达于渊泉"，以臭训香也。"是用不溃于成""草不溃茂"，以溃训遂也。"将以衅钟"，以衅训祥也。"亲结其缡"，以结训解也。"则皆坐奠之而后取之"，以坐训跪也。"越浮西子于江"，以浮训沈也。"马童面之""面缚衔璧"、"面规矩而改错"，以面训背也。"为长者粪"，以粪训除也。[（明）焦竑：《焦氏笔乘》，中华书局，2008，页241。]

3. 琵琶番蒲司作仄声　唐诗"四弦不似琵琶声"，又"断肠犹击琵琶弦"，又"银含凿落盏，金屑琵琶槽"，是琵琶之琶，作第四声读也。杜诗"会须上番看成竹"，独孤及诗"今日霜毛一番新"，番音饭，乐天诗"羌管吹杨柳，燕姬酌蒲桃"，"烛泪连盘垒蒲桃"，蒲音浦。又"四十著绯军司马，男儿官职未蹉跎"，"一为州司马，三见岁重阳"，司音伺。《选》诗"无因下征帆"，子美"浦帆晨初发"，退之"无因帆江水"，孟襄阳"岭北回征帆，巴东问故人"，帆音梵。此等尚多，周子充《跋文苑英华》云："切磋之磋，驰驱之驱，挂帆之帆，仙装之装，《广韵》各有仄音，而流俗改切磋为效课，以驻为驱，以席易帆，以仗易装，今皆正之。"[（明）焦竑：《焦氏笔乘》，中华书局，2008，页410。]

4. 方寸地　俗语云："但存方寸地，留与子孙耕。"指心而言也。三字虽不见于经传，却亦甚雅。余尝作方寸地说，其辞云：或问方寸地何地也？亦有治地之法否乎？余曰：伟哉问！世之人固有无立锥之地者，亦有跨都兼邑者，有无贫富相绝也。惟此方寸地，人人有之，敛之其细无伦，充之包八荒，备万物，无界限，无方体。甚矣！其地之灵也。然此地人人有，而治地之力，不人人能施，治地之法，不人人能知。故芜秽不治者，有此地而不能治。治而不知其法者，虽治此地，亦犹不治此地。是故孔子、孟轲，治地之农师圃师也；六经、语、孟，治地之齐民要术也；良知良能，恻隐羞恶，是非辞逊之端，嘉种之诞降者也；博文约礼，仰观俯察，求辅仁切偲之功，资直谅多闻之益，培粪灌溉法也；时时习，日日新，暗室屋漏守之密，俯听言动察之精，封植长养法也；忿必惩，欲必窒，惰必警，轻必矫，无稽之言必不听，便佞之友必不亲，芟薙耕锄法也。优游而厌饮之，固守而静俟之，不躐等，不陵节，不求闻，不计护，乃宋人之不揠苗，郭橐驼之善种树也。诚如是，则信善而大化，笃实而辉光，通神明，赞化育，乃实颖食粟之时，参天溜雨之日也。治地至此，始可言善治地矣。道家有寸田尺宅之说，养生引年者取之；里谚有留方寸地与子孙耕之说，种德食报者取之。其言未为无理，要皆堕于一偏。若从孔、孟治地之法，则仁者必寿，善者必福，清明之志气如神，厚德之流光浸远。道家、里谚之说，在其中矣。虽然，是地也，嘉种固所素有，恶种亦易以生。嘉种每难于封殖，恶种常至于蔓延。其或认棫棘为美楈，认稊稗为良田，则夭之沃沃，恶种日见其猥大而嘉种微矣。呜呼噫嘻！可惧也哉！然则如之何？曰：在早辨。[（宋）罗大经：《鹤林玉露》，中华书局，1983，页336。]

5. 侯莫陈利用 予尝与查元章读太宗实录，有侯莫陈利用者。予问有对否，元章曰："昨虏使有乌古论思谋可对也。"予曰："虏人姓名，五字者固多矣。"元章曰；"不然，侯莫陈可析为三姓，乌古论亦然，故为工也。"[（宋）陆游：《老学庵笔记》，中华书局，1979，页11。]

6. 蔚蓝 蔚蓝乃隐语天名，非可以义理解也。杜子美梓州金华诗云："上有蔚蓝天，垂光抱琼台。"犹未有害。韩子苍乃云"水色天光共蔚蓝"，乃直谓天与水之色俱如蓝耳，恐又因杜诗而失之。[（宋）陆游：《老学庵笔记》，中华书局，1979，页84。]

7. 国初尚文选 国初尚文选，当时文人专意此书，故草必称"王孙"，梅必称"驿使"，月必称"望舒"，山水必称"清晖"。至庆历后，恶其陈腐，诸作者始一洗之。方其盛时，士子至为之语曰："文选烂，秀才半。"建炎以来，尚苏轼文章，学者翕然从之，而蜀士犹盛。亦有语曰："苏文熟，吃羊肉。苏文生，吃菜羹。"［（宋）陆游：《老学庵笔记》，中华书局，1979，页100。］

8. 南朝词人谓文为笔　南朝词人谓文为笔，故沈约传云："谢玄晖善为诗，任彦升工于笔，约兼而有之。"又庾肩吾传，梁简文与湘东王书论文章之弊曰："谢朓、沈约之诗，任昉、陆倕之笔。"任昉传又有云"沈诗"、"任笔"之语。老杜寄贾至严武师书云："贾笔论孤愤，严氏赋几篇。"杜牧之亦云："杜诗韩笔愁来读，似倩麻姑痒处抓。"亦袭南朝语尔。往时诸晁谓诗为诗笔，亦非也。［（宋）陆游：《老学庵笔记》，中华书局，1979，页118。］

9. 隐语　古之所谓庾词，即今之隐语，而俗所谓谜。玉篇谜字释云，隐也。人皆知其始于黄绢幼妇，而不知自汉伍举、曼倩时已有之矣。至鲍照集，则有井字谜。自此杂说所载，间有可喜。今择其佳者着数篇于此，以资酒边雅谈云。

用字谜云："一月复一月，两月共半边。上有可耕之田，下有长流之川。六口共一室，两口不团圆。"又云："重山复重山，重山向下悬。明月复明月，明月两相连。"木砧云："我本无名，因汝有名。汝有不平，吾与汝平。"日谜云："画时圆，写时方，寒时短，热时长。"又云："东海有一鱼，无头亦无尾。除去脊梁骨，便是这个谜。"染物霞头云："身居色界中，不染色界尘。一朝解缠缚，见姓自分明。"持箕云："彼亦不敢先，惟其不敢先，是以无所争，是以能入于不死不生。"字点云："寒则重重迭迭，热则四散分流。四个在县，三个在州。村里不见在村里，市头不见在市头。"印章云："方圆大小随人，腹里文章儒雅。有时满面红妆，常在风前月下。"金刚云："立不中门，行不履阈。俨然人望而畏之，斯亦不足畏也矣。"蜘蛛云："上不在天，下不在田。中心藏之，玄之又玄。"又云："自东自西，自南自北，无思不服。"

拄杖云："用之则行，舍之则藏，惟我与尔。危而不持，颠而不扶，则焉用彼。"木屐云："可以托六尺之孤，可以寄百里之命。遇钢则铿尔有声，遇柔则没齿无怨。"蹴鞠云："瞻之在前，忽焉在后。乐然后笑，人不厌其笑。"

墨斗云："我有一张琴，丝弦长在腹。时时马上弹，弹尽天下曲。"打稻耞云："天下有道则见，无道则隐。瞻之在前，忽焉在后。"夹注书云："大底不曾说小底，小底常是说大底，若要知道大底事，须去仔细问小底。"元宵灯球云："我有红圆子，治赤白带下，每服三五丸，临夜茶酒下。"日历云："都来一尺长，上面都是节。两头非常冷，中间非常热。"手指云："大者两文，小者三文，十枚共计二十八文。"水中石云："小时大，大时小。渐渐大，不见了。"或以为小儿囟门。手巾云："八尺一片，四角两面。所识是人面，不识畜生面。"接果云："斫头便斫头，却不教汝死。抛却亲生男，却爱过房子。"

又有以古人名藏今人名者云："人人皆戴子瞻帽，君实新来转一官，门状送还王介甫，潞公身上不曾寒。"又有以古诗赋败公云："争帝图王势已倾，八千兵散楚歌声，乌江不是无船渡，羞向东吴再起兵。"然此近俗矣。若今书会所谓谜者，犹无谓也。〔（宋）周密：《齐东野语》，中华书局，1983，页378—340。〕

10. 次韵非始唐人　世传诗人次韵，始于白乐天、元微之，号"元和体"。然杨炫之《洛阳伽蓝记》载王肃入魏，舍江南故妻谢氏，而娶元魏帝女，其故妻赠之诗曰："本为薄上蚕，今为机上丝。得路遂腾去，颇忆缠绵时。"继室代答，亦用丝、时两韵。是次韵非始元、白也。《陈后主集》有《宣猷堂燕集五言》，曰："披钩赋韵，逐韵多少，次第而用。"座有江总、陆瑜、孔范三人，后主韵得、格、白、赫、易、夕、掷、斥、拆、字，其诗用韵，与所得韵次，前后正同。是先书韵为钩，坐客均探，各据所得，循序赋之，正后世次韵类也。但韵以钩探，非酬和先倡者，为小易耳。至近世探韵者，直取一韵，非全篇用之，与古又自不同。〔（明）焦竑：《焦氏笔乘》，中华书局，2008，页320。〕

11. 酒名　今人嗜酒者，称酒为"天禄"，憎饮者，又呼酒为"黄汤"。不知古人但称"杯中物",无咎无誉,最为质实。余生平屡戒饮,而屡破戒。忆《事类合璧》中载吴衍戒饮,阮修以拳殴其背曰:"看看老逼痴汉,忍断杯中物耶!"此语若预为我棒喝者。悬车以后,遂止不戒,且无日不与酒为缘。按陶渊明诗云:"天运苟如此,且进杯中物。"孟襄阳诗云:"且乐杯中物,谁论世上名。"杜老诗云:"赖有杯中物,还同海上鸥。"又云:"忍断杯中物,只看座右铭。"高达夫诗云:"长歌达者杯中物,大笑前人身外名。"知自古名流皆不能忘情此物者,故口吻如一,非必有故实相传也。〔(明)焦竑:《焦氏笔乘》,中华书局,2008,页217。〕

12. 耐辛苦  曾子宣丞相常排蔡京于钦圣太后帘前。太后不以为然,曾公论不已,太后曰:"且耐辛苦。"盖禁中语,欲遣之使退,则曰:"耐辛苦"也。京已出,太原复留。〔(宋)陆游:《老学庵笔记》,中华书局,1979,页53。〕

13. 待理会  赵正夫丞相薨,车驾临幸。夫人郭氏哭拜,请恩泽者三事,其一乃乞于谥中带一"正"字。余二事皆即许可,唯赐谥事独曰:"待理会。"平时徽庙凡言:"待理会"者,皆不许之词也。正夫遂谥清宪。〔(宋)陆游:《老学庵笔记》,中华书局,1979,页53。〕

14. 不宣备  《浩然斋视听钞》云:"今人答尾云'不宣备',其《文选》杨修《答临淄侯笺》,末云'造次不能宣备'。"《香祖笔记》云:"宋人书问,尊与卑曰'不具',以卑上尊曰'不备',朋友交驰曰'不宣',见《东宣笔录》。今人多不辨,然三字之分别,殊亦未解。"又沈括《补笔谈》云:"前世卑者致书于尊,书尾作'敬空'二字,盖示行卑,不敢更有他语,以待遵者之批反耳。"余闻之纪文达师曰:"札尾作'谨空'二字者,以所余之纸为率,余纸多者必作'谨空'字,或作'庆余'字,所以防他人之搀入他语耳。"〔(清)梁章钜:《浪迹丛谈 续谈 三谈》,中华书局,1981,页273。〕

15. 射落之鸡  唐坰知谏院,成都人费孝先为作卦影,画一人衣金紫,持弓箭,射落一鸡。坰语人曰:"持弓者我也,王丞相生于辛酉,即鸡也,必因我射而去位,则我亦从而贵矣。"翌日,抗疏以弹荆公,又乞留班，颇喧于陛殿。主上怒降坰为太常寺太祝、监广州军资库，以是年八月被责，坰叹曰："射落之鸡，乃我也。"

李璋尝令费孝先作卦影，画凤立于双剑上，又画一凤据厅所，又画一凤于城门，又画一凤立重屋上；其末画一人，紫绶，偃卧，四孝服卧于旁。及璋死，其事皆验：剑上双凤者，璋为凤宁军节度使也；厅所者，尝知凤翔府；末年谪官郓州，召还，卒于襄州凤台驿，襄州有凤林阙也；两子侍行，璋既病久，复有二子解官省疾，至襄之次日，璋薨，四子缞服之应也。［（宋）魏泰：《东轩笔录》，中华书局，1983，页63。）

16. 宋罗江　庆历中，卫士有变，震惊宫掖，寻捕杀之。时台官宋禧上言："此盖平日防闲不致，所以致患。臣闻蜀有罗江狗，赤而尾小者，其儆如神。愿养此狗于掖庭，以警仓卒。"时谓之"宋罗江"。又有御史席平因鞫诏御毕上殿，仁宗问其事，平曰："已从车边斤矣。"时谓之"斤车御史"。治平中，英宗再起吕溱知杭州，时张纪为御史，因弹吕溱昔知杭州时，以宴游废政，乞不令再往，其诰词有"朝朝只在湖上，家家尽发淫风"，尤为人所笑。［（宋）魏泰：《东轩笔录》，中华书局，1983，页66。］

17. 汗淋学士　王平甫学士躯干魁硕而眉宇秀朗，尝盛夏入馆中，方下马，汗流浃衣，刘攽见而笑曰"君真所谓'汗淋学士'也。"治平初，濮安懿王册号，其原寝皆用红泥杂，攽谓同舍王汾曰："比闻王贲赐绯，得非子自银章之命耶？"其喜谑浪如此。［（宋）魏泰：《东轩笔录》，中华书局，1983，页67。］

18. 笔　张子训尝问仆曰："蒙恬造笔，然则古无笔乎？"仆曰："非也。古非无笔，但用兔毛，自恬始耳。《尔雅》曰：'不律谓之笔。'史载笔诗云'贻我彤管'，'夫子绝笔获麟'。《庄子》云：'舐笔和墨。'是知其来远矣。但古笔多以竹，如今木匠所用木斗竹笔，故其字从'竹'。又或以毛但能染墨成字，即谓之'笔'。至蒙恬乃以兔毛，故《毛颖传》备载之。"［（宋）马永卿：《嬾真子录》，上海书店出版社，1990，页93。］

19. 热熟颜回　陈绎晚为敦朴之状，时为之"热熟颜回"。熙宁中，台州推官孔文仲举制科，庭试对策，言时事有可痛哭太息者，执政恶而黜之。绎时为翰林学士，语于众曰："文仲狂躁，真杜园贾谊也。"王平甫笑曰："'杜园贾谊'可对'热熟颜回'。"合坐大噱，绎有惭色。杜园、热熟，皆当时鄙语。［（宋）魏泰：《东轩笔录》，中华书局，1983，页 36。］

20. 碓捣冬凌　汴渠旧例：十月闭口，则舟楫不行。王荆公当国，欲通冬运，遂不令闭口。水既浅涩，舟不可行，而流冰颇损舟楫。于是以脚船数十，前设巨碓，以捣流冰；而役夫苦寒，死者甚众。京师有谚语曰："昔有磨<sub>去</sub>磨<sub>平</sub>浆水，今见碓捣冬凌。"［（宋）魏泰：《东轩笔录》，中华书局，1983，页 39。］

21. 王汾口吃　王汾口吃，刘攽尝嘲之曰："恐是昌家，又疑非类。不见雄名，唯闻艾气。"盖以周昌、韩非、杨雄、邓艾皆吃也。又尝同趋朝，闻叫班声，汾谓曰："紫宸殿下频呼汝。"攽应声答曰："寒食原头屡见君。"各以其名为戏也。［（宋）魏泰：《东轩笔录》，中华书局，1983，页 60。］

22. 胡孙、顿子姑　孙觉、孙洙同在三馆，觉肥而长，洙短而小，然而人皆髯，刘攽呼为"大胡孙"、"小胡孙"。顾临字子敦，亦同为馆职，为人伟仪干而好谈兵，攽目为"顾将军"，而又好以反语呼之为"顿子姑"。攽尝与王介同为开封府试官，试《节以制度不伤财赋》，举子多用畜积字，畜本音五六反，《广韵》又呼玉反，声近御名，介坚欲黜落；攽争之，遂至喧忿。监试陈襄闻其事，二人皆赎金，而中丞吕公著又言责之太轻，遂皆夺主判。是时，雍子方为开封府推官，戏攽曰："据罪名，当决臀杖十三。"攽答曰："然吾已入文字矣，其词曰：'切见开封府推官雍子方，身材长大，臀腿丰肥，臣实不知，举以自代。'"合坐大笑。［（宋）魏泰：《东轩笔录》，中华书局，1983，页 61。］

23. 鹤相、丑座　丁晋公为玉清昭应宫使，每遇酉焦祭，即奏有仙鹤舞于殿庑之上。及记真宗东封事，亦言宿奉高宫之夕，有仙鹤飞于宫上。及升中展事，而仙鹤迎舞前导者，塞望不知其数。又天书每降，必奏有仙鹤前导。是时莱公判陕府，一日，坐山亭中，有乌鸦数十，飞鸣而过。莱公笑顾属僚曰："使丁谓见之，当目为玄鹤矣。"又以其令威之裔，而好言仙鹤，故但呼为"鹤相"，犹李逢吉呼牛僧孺为"丑座"也。[（宋）魏泰：《东轩笔录》，中华书局，1983，页14。]

24. 赤鲤公　《唐律》禁食鲤，违者杖六十。岂非鲤、李同音，彼自以为裔出老君，不敢斥言之，至号鲤为"赤鲤公"，不足怪也。旧说鲤过禹门则为龙，仙人琴、高子英皆乘以飞腾，古人亦戒食之，非以其能变化故耶！[（宋）方勺：《泊宅编》，中华书局，1983，页38。]

25. 三十六髻　童贯用兵燕蓟，败而窜。……又一人满头为髻如小儿，曰童大王家人也。问其故。……曰："大王方用兵，此三十六髻也"[（宋）周密：《齐东野语》，华东师范大学出版社，1987，页10。]

26. 罗汉　其妻供罗汉，其子授汉书，宫中人曰："今日夫人召僧共十八大阿罗兵士，大保请官教点兵士书。"都下哄然传以为笑。[（宋）陆游：《老学庵笔记》，中华书局，1979，页29。]

27. 田灯作郡　田灯作郡，自讳其名，触者必怒，吏卒多被榜笞。于是举州皆谓灯为火。上元放灯，许人入州治游观。吏人遂书榜揭于市曰："本州岛依例放火三日。"[（宋）陆游：《老学庵笔记》，中华书局，1979，页61。]

28. 白席　北方民家，吉凶辄有相礼者，谓之"白席"，多鄙俚可笑。韩魏公自枢密归邺，赴一姻家礼席，偶取盘中一荔支。白席者遂唱曰："资政吃荔支，请众客同吃荔支。"魏公憎其喋喋，因置不复取。白席者又曰："资政恶发也，却请众客放下荔支。"魏公为一笑。"恶发"，犹云怒也。[（宋）陆游：《老学庵笔记》，中华书局，1979，页109。]

29. 负兹　公羊传桓公十六年"属负兹"，注曰：天子称不豫，诸侯称负兹，庶人称负薪。莫知兹为何物。予观史记周纪："卫康叔封布兹。"徐广曰："兹，藉席之名。诸侯病曰负兹。"然后知兹乃席也，与负薪盖有等级。[（宋）刘昌诗：《芦浦笔记》，中华书局，1986，页19。]

30. 恶发殿　车驾驻跸临安，以府廨为行宫。绍兴四年，大飨明堂，更修射殿以为飨所。其基即钱氏时握发殿，吴人语讹，乃云"恶发殿"，谓钱王怒即升此殿也。时殿柱大者，每条二百四十千足，总木价六万五千余贯，则壮丽可见。言者屡及，而不能止。〔（宋）庄绰：《鸡肋编》，中华书局，1983，页83。〕

31. 汉官名　汉官名有不书于《百官表》而因事乃见者。如"行冤狱使者"，因张敞杀絮舜乃见；"美俗使者"，因何并代严诩而见；"河隄使者"，因王延世塞河决而见；"直指使者"，因暴胜之而见。岂因事置官，事已则罢者邪？〔（明）焦竑：《焦氏笔乘》，中华书局，2008，页19。〕

32. 一钱　阮孚曰："持一皂囊游会稽，客问囊中何物，但一钱看囊，庶免羞涩。"子美"囊空恐羞涩，留得一钱看"用此。然语意浑成，不觉其用事也。〔（明）焦竑：《焦氏笔乘》，中华书局，2008，页30。〕

33. 柏舟　《诗》："汎彼柏舟。"古注谓："汎汎然流水中，盖言寡妇无夫可依，故汎汎然如河中不系之舟，无所依恃。诚嫠居之善自况者也。"而《列女传》云以《柏舟》之坚自比，则非矣。孔子读《柏舟》，见匹夫执志之不可夺，此《诗》之妙旨也。〔（明）焦竑：《焦氏笔乘》，中华书局，2008，页30。〕

34. 古诗无叶音，诗有古韵今韵。古韵久不传，学者于《毛诗》《离骚》，皆以今韵读之。其有不合，则强为之音，曰："此叶也。"予意不然。如"虞"，一"虞"也，既音"牙"而叶"葭"与"豝"，又音五红反而叶"蓬"与"縱"；"好仇"，"仇"也，既音"求"而叶"鸠"与"洲"，又音渠之反而叶"逑"。如此则"东"亦可音"西"，"南"亦可音"北"，"上"亦可音"下"，"前"亦可音"后"，凡字皆无正呼，凡诗皆无正字矣，岂理也哉？如"下"，今在祃押，而古皆作虎音：《击鼓》云"于林之下"，上韵为"爰居爰处"；《凯风》云"在浚之下"，下韵为"母氏劳苦"；《大雅·绵》"至于岐下"，上韵为"率西水浒"之类也。"服"，今在屋押，而古音皆作"迫"音：《关

雎》云"寤寐思服",下韵"辗转反侧",《有狐》云"之子无服",上
韵为"在彼淇侧";《骚经》"非时俗之所服",下韵为"依彭咸之遗
则";《大戴记》:《孝昭冠词》"始加昭明之元服",下韵"崇积文武之
宠德"之类也。"降",今在绛押,而古皆作"攻"音:《草虫》云
"我心则降",下韵为"忧心忡忡";《骚经》"惟庚寅吾以降",上韵为
"朕皇考曰伯庸"之类也。"泽",今在陌押,而古皆作"铎"音:《无
衣》云"与子同泽",下韵"与子偕作";《郊特牲》"草木归其泽",
上韵为"水归其壑,昆虫无作"之类也。此等不可殚举。使非古韵而
自以意叶之,则"下"何皆音"虎","服"何皆音"迫","降"何皆
音"攻","泽"何皆音"铎",而无一字作他音者耶?《离骚》、汉、
魏去诗人不远,故其用韵皆同。世儒徒以耳目所不逮,而凿空附会,良
可叹矣。予儿朗生五岁,时方诵《国风》,问曰:然则"虞"、"好
仇",当作何音?余曰:"葭"与"豝"为一韵,"蓬"与"豵"为一
韵,"吁嗟乎驺虞"一句,自为馀音,不必叶也。如"麟之趾","趾"
与"子"为韵,"麟之定","定"与"姓"为韵。"于嗟麟兮"一句,
亦不必叶也。《殷其雷》《黍离》《北门》章末语不入韵,皆此例也。
《兔罝》,"仇"与"逵"同韵,盖"逵",古音"求"。王粲《从军
诗》:"鸡鸣达四境,黍稷盈原畴。馆宅充廛里,士女满庄馗。""馗"
即"逵",九交之道也。不知"逵"亦音"求",而改"仇"为渠之反
以叶之,迁就之曲说也。〔(明)焦竑:《焦氏笔乘》,中华书局,2008,
页109—110。〕

35. 三十六字母　司马温公作《切韵指掌图》,以三十六字母、三
百八十四声别为二十图,极五音六律之变,分四声八转之异。递用则名
音和,傍求则名类隔;同归一母则名双声,同出一类则名叠韵;同韵而
分两切者谓之凭切,同音而分两韵者谓之凭韵;韵无字则点窠以足之,
谓之寄声,韵阙则引邻以寓之,谓之寄韵。

吴幼清曰:"三十六字母,俗本传讹而莫或正也。群当易以芹,非
当易以威,知、彻、床、娘四字宜废,圭、缺、群、危四字宜增。"乐
安陈晋翁以《指掌图》为之节要,卷首有《切韵须知》,于照、穿、

床、娘下注曰："已见某字母下。"于经、坚、轻、牵、擎、虔外，出局、涓、倾、圈、琼、拳，则亦费亦增，盖已瞭然矣。[（明）焦竑；《焦氏笔乘》，中华书局，2008，页219。]

36. 巧拙　张太岳曰："今吴中制器者，竞为古拙，其耗费财力，类三年而成以楮叶者，是以拙为巧也。今之仕者，以上之恶虚文、责实效，又骛为拙直任事之状，以为善宦之资，是以忠为诈也。呜呼！以巧为巧，其敝犹可救也；以拙为巧，其敝不可救也。以诈为诈，其术尤可窥也；以忠为诈，其术不可窥也。用人者于此又当进一解矣。"按汪稼门尚书督吾闽时，凡遇牧令之披敝衣、着旧靴者，必加青眼，而不知皆被猾吏所欺也。[（清）梁章钜：《浪迹丛谈 续谈 三谈》，中华书局，1981，页73。]

37. 木野狐　邢居实《拊掌录》云："叶涛好弈棋，王介甫作诗切责之，终不肯已。弈者多费事，不以贵贱，嗜之率皆失业，故人目棋枰为'木野狐'，言其媚惑人如狐也。"[（清）梁章钜：《浪迹丛谈 续谈 三谈》，中华书局，1981，页286。]

38. 属负兹　《公羊传》"属负兹舍，不即罪尔。"注："天子有疾称不豫，诸侯称负兹，大夫称犬马，士称负薪。此皆汉礼之名。言负兹者，负事繁多，故致疾；言犬马者，代人劳苦，行役远方，故致疾；言负薪者，禄薄不足代耕，故致疾。"卫朔"属负兹"，盖托疾以免罪也。此出汉儒之意。今按：兹，新生草也，故从草从丝立意。草一年一生，故古人以兹为年。《吕氏春秋》云："今兹美禾，来兹美麦。"古诗云："为乐当及时，何能待来兹。"兹字皆训为年。诸侯称负兹，言已年老有疾也。一说《史记》叙武王入商，康叔封布兹，注云："兹，蓐席也。"然则负兹者，盖言有疾而负蓐，如所谓扶枕类耳。[（明）焦竑：《焦氏笔乘》，中华书局，2008，页114。]

39. 点朝班　子美："几回青琐点朝班"，用修谓："'点'读如'玷'，《汉书》：'只足以发笑而自点耳'，与此'点'字同。"余谓不然，若作"玷"字，不得用"几回"字。王建诗："殿前传点各依班，召对西来八诏蛮。"盖唐人屡用之，亦可证杜诗之不音"玷"矣。

[（明）焦竑：《焦氏笔乘》，中华书局，2008，页152。]

40. 杜诗用投字　杜诗用投字，"远投锦江波"，"投"音豆，假借为"逗合"之"逗"也。又借为"句读"之"读"，马融《长笛赋》："察度于句投。"又借为"酘酒"之"酘"，梁元帝《乐府》："宜城投酒今行熟，停鞍驻马暂棲宿。"盖重酘谓之酘酒。[（明）焦竑：《焦氏笔乘》，中华书局，2008，页156。]

41. 杜诗用孙策语　《刘贡父诗话》云："曹参曾为汉功曹，而杜诗云：'功曹非复汉萧何'，误矣。"按曹参亦未为功曹，子美自用孙策语耳。吴虞翻为孙策功曹，策曰："孤有征讨事，未得还府，卿复以功曹为吾萧何守会稽耳。"广德元年，子美在梓州补京兆府功曹，故以自况。《三国志》既非僻书，贡父乃未之见，而轻诋子美，何邪？[（明）焦竑：《焦氏笔乘》，中华书局，2008，页157。]

42. 诗误出韵　杨用修云："杜诗'留欢卜夜阑'，当是'下夜关。'少陵诗无出韵者。"然《雨晴》诗："天际秋云薄，从西万里风。今朝好晴景，久雨不妨农。""农"出二冬韵。《九日奉严大夫》诗："九日应愁思，经时冒险难。不眠持汉节，何日出巴山。""难"出寒韵。《崔氏草堂》诗："爱汝玉山草堂静，高秋爽气相鲜新。盘剥白鸦谷口栗，饭煮青泥坊底芹。""芹"字出文韵。又贺知章："少小辞乡老大回，乡音无改鬓毛衰。""衰"字出支韵。刘长卿"青春衣锦更相宜，白首垂丝愿不违。""违"字出微韵。皆趁笔之误。[（明）焦竑：《焦氏笔乘》，中华书局，2008，页158。]

43. 杜诗误用　杜诗误"卫懿公好鹤，鹤有乘轩。"轩指轩车之轩也。子美"轩墀曾宠鹤"，则误以为"墀"。"乘槎至天河"，海上客也。"奉使虚随入月槎"，则误为汉之张骞。刘越石为胡骑所围，中夜奏胡笳，贼皆流涕，并起围奔去。"胡骑中宵堪北走"，则误用为笛诗。李正己曰："围庭中药栏。""药"音与"籥"同，药即栏，栏即药也。"乘兴还来看药栏"，与王右丞"药栏花径衡门里"，则误为花药之栏。[（明）焦竑：《焦氏笔乘》，中华书局，2008，页159。]

44. 油紫　英宗即位之初，有著作佐郎甄复献《继圣图》，其序大略曰："昔景德戊申岁，天书降；后二十四年，陛下降生之日，复是天庆节。是天书于二纪已前，为陛下降圣之兆也。又迩来市民染帛，以油渍紫色，谓之'油紫'。油紫者，犹子也。陛下璞安懿王之子，视仁宗为诸父，此犹子之义也。"又云："京师自二年来，里巷间多云'着个羊'。陛下生于辛未，羊为未神，此又语瑞也。"又以御名拆其点画，使两目相并，为离明继照之义，其言诡诞不经。英宗圣性高明，尤恶诡谀，书奏，怒其妖妄，御批送中书令，削官停任，天下伏其神鉴。[（宋）魏泰、马永卿：《东轩笔录·懒真子录》，上海古籍出版社，2012，页24。]

45. 射鸡、画凤　唐坰知谏院，成都人费孝先为作卦影，画一人衣金紫，持弓箭，射落一鸡。坰语人曰："持弓者我也，王丞相生于辛酉，即鸡也，必因我射而去位，则我亦从而贵矣。"翌日，抗疏以弹荆公，又乞留班，颇喧于陛殿。主上怒降坰为太常寺太祝、监广州军资库，以是年八月被责，坰叹曰："射落之鸡，乃我也。"

李璋尝令费孝先作卦影，画凤立于双剑上，又画一凤据厅所，又画一凤于城门，又画一凤立重屋上；其末画一人，紫绶，偃卧，四孝服卧于旁。及璋死，其事皆验：剑上双凤者，璋为凤宁军节度使也；厅所者，尝知凤翔府；末年谪官郓州，召还，卒于襄州凤台驿，襄州有凤林阙也；两子侍行，璋既病久，复有二子解官省疾，至襄之次日，璋薨，四子缞服之应也。[（宋）魏泰、马永卿：《东轩笔录·懒真子录》，上海古籍出版社，2012，页63。]

46. 斤车御史　庆历中，卫士有变，震惊宫掖，寻捕杀之。时台官宋禧上言："此盖平日防闲不致，所以致患。臣闻蜀有罗江狗，赤而尾小者，其傲如神。愿养此狗于掖庭，以警仓卒。"时谓之"宋罗江"。又有御史席平因鞫诏御毕上殿，仁宗问其事，平曰："已从车边斤矣。"时谓之"斤车御史"。治平中，英宗再起吕溱知杭州，时张纪为御史，因弹吕溱昔知杭州时，以宴游废政，乞不令再往，其诰词有"朝朝只在湖上，家家尽发淫风"，尤为人所笑。[（宋）魏泰、马永卿：《东轩笔录·懒真子录》，上海古籍出版社，2012，页66。]

# （三）合作原则

1. 申　宣和中，徐申干臣，自讳其名，知常州，一邑宰白事，言"三状申府，未施行"。徐怒形于色，责之曰："君为县宰，岂不知长吏名，乃作意相侮。"宰亦好犯上者，即大声曰："今此事申府不报，便当申监司，否则申户部，申台，申省，申来申去，直待身死即休。"语罢，长揖而退。徐虽怒，然无以罪之。［（宋）周密：《齐东野语》，华东师范大学出版社，1987，页63—72。］

2. 字谜　古无谜字，自《鲍照集》始有井字谜。古人但谓之隐语，盖莫古于《左氏传》"麦曲"之语、"庚癸"之呼，降而为《新序》之"狐白羊皮"、《世说》之"黄绢幼妇"，后又衍为离合体，《石林诗话》载孔北海四言一章。又《杨升庵集》云："后汉魏伯阳《参同契后序》云：'邻会鄙夫，幽谷朽生；委时去害，依托丘山；修游寥廓，与鬼为邻；百世一下，遨游人间；汤遭厄际，水旱隔屏。'隐'会稽魏伯阳'五字。"皆谜语之权舆也。

《汉书·艺文志》有《隐书》十八篇。《新序》："齐宣王发《隐书》而读之。"皆今之谜语也。《文心雕龙》云："谜者，回互其词，使昏迷也。""魏文、陈思约而密之，高贵乡公又博举品物。"据此，知三国时已有辑之成书者。《七修类稿》云："隐语转而为谜。"至苏、黄而极盛。有编集四册曰《文戏》；金章宗曾为刊本以行，曰《百斛珠》；元至正间，朱士凯编者曰《揆叙万类》；前明贺从善编者曰《千文虎》：今皆不传。

《越绝书》不知何人所作，杨升庵据其书后序云"以去为姓，得衣乃成，阙名有米，覆心之庚"，谓汉人袁康所作。又《越绝书·外传》云："文字属定，自于邦贤：以口为姓，承之以天，楚相屈原，与之同名。"乃隐"吴平"二字也。黄佐曰："吴平因袁康所录而成书也。"

古乐府"稿砧今何在"，言夫也；"山上复有山"，言出也；"何当大刀头"，言还也；"破镜飞上天"，言月半也。然稿砧之义，究不得其的解。

《青箱杂记》云："徐铉父延休，博物多闻，尝事徐温，为义兴县令。县署有后汉太尉许酉或庙碑文，即许劭撰，碑阴有八字：'谈马砺毕王田数七。'人莫能晓。延休解之曰：'谈马即言午，许字也；砺毕即石卑，碑字也；王田乃千里，重字也；数七是六一，立字也。'"

《三国志》注："曹操初作相国府门，自往观之，题一'活'字，人皆不晓。杨修曰：'门中活，乃阔字也。相国嫌其太大耳。'"

宋陶榖使于南唐，书十二字于驿舍云："西川犬，百姓眼，马包儿，御厨饭。"人皆不解。宋齐丘曰："乃'独眠孤馆'耳。"

洪蒉《旸谷漫录》载俭字谜云："一人立，三人坐，两人小，两人大，其中更有一二口，教我如何过。"或云此谜是王介甫所作。《平江记事》云："元达鲁花赤八剌脱国公，倜傥爽迈，谈吐生风。一日燕集，随口行一令云：'一字有四个口字，一个十字；一字有四个十字，一个口字。不解者罚一巨觥。'坐中皆不能晓，叩之，乃'圖'、'畢'二字。"

王介甫柄国时，有人题相国寺壁云："终岁荒芜湖浦焦，贫女戴笠落木石。阿农去家京洛遥，惊心寇盗来攻剽。"东坡先生解之云："终岁，十二月也，十二月为青字。荒芜，田有艸也，艸田为苗字。湖浦焦，水去也，水去为法字。女戴笠，为安字。木石落木，剩石字。阿侬是吴言，吴言为误字。去家京洛，为国；寇盗，为贼民。盖言'青苗法安石误国贼民'也。"

《庐陵官下记》云："曹著机辨，有客试之，因作蛙谜云：'一物坐也坐，卧也坐，立也坐，行也坐。'著应声曰：'一物坐也卧，立也卧，行也卧，卧也卧。'客不能解。著曰：'我谜吞得汝谜。'客为之大惭。"

陈亚自为亚字谜云："若教有口便哑，且自无心为恶。中间全没肚肠，外面任生棱角。"按蔡忠惠尝嘲陈亚云："陈亚有心终是恶。"亚答云："蔡襄无口便成衰。"亦巧谑也。

嘉定孙恺以诗名于世，常熟冯定远题其集云："蚕吐五采，双双玉童。树覆宝盖，清谈梵宫。"亦访"黄绢幼妇"之意，谓"绝好宋诗"

也。［（明）焦竑：《焦氏笔乘》，中华书局，2008，页87。］

3. 旹　东坡《赠赵德麟秋阳赋》云："生于不土之里，而咏无言之诗。"盖寓"旹"字也。［（宋）陆游：《老学庵笔记》，中华书局，1979，页60。］

4. 清凉散　王文康公苦淋，百疗不瘥，洎为枢密副使，疾顿除；及罢，而疾复作。或戏之曰："欲治淋疾，唯用一味枢密副使，仍须常服，始得不发。"梅金华询久为侍从，急于进用，晚年多病，石参政中立戏之曰："公欲安乎？唯服一清凉散即也。"盖两府在京，许张青盖耳。［（宋）魏泰：《东轩笔录》，中华书局，1983，页21。］

5. 将数子　先君读山谷《乞猫诗》，叹其妙。晁以道侍读在座，指"闻道猫奴将数子"一句，问曰："此何谓也？"先君曰："老杜云'上斩下足止啼乌将数子'，恐是其类。"以道笑曰："君果误矣。《乞猫诗》'数'字当音色主反。'数子'谓猫狗之属多非一子，故人家初生畜必数之曰：'生几子。''将数子'犹言'将生子'也，与杜诗语同而意异。"以道必有所据，先君言当时偶不叩之以为恨。［（宋）陆游：《老学庵笔记》，中华书局，1979，页107。］

6. 俎豆军旅　孔子言："俎豆之事则尝闻之矣，军旅之事未之学也。"王道思以为俎豆中有军旅，盖其精神严固，志意坚卓，可以周乎经曲千百之中而不乱，则所以行三军、敌千万人者，即此事也。卫灵自以陈法为问，殆谓王孙贾辈之所治，此岂孔门之学？而所谓闻俎豆之事者，自以正对，非婉辞以为拒也。当时卫公既不悟，后世儒者亦复谬解，于是军旅、俎豆，判为二事，而雍容细谨为文儒之习，暴厉悍忮为武人之长，盖道之不明如此！［（明）焦竑：《焦氏笔乘》，中华书局，2008，页177。］

7. 冯瀛王《五代史补》言：冯瀛王在中书日，有举子李导投所业为贽。冯见之，戏谓曰："老夫名道，秀才不可谓不知。然亦名道，于礼可乎？"李抗声对曰："相公是无寸底道字，小子有寸底道字，何为不可？"公笑曰："老夫不惟名无寸，诸事亦无寸。吾子可谓知人。"了无怒色。向南都一学使新至，集诸生唱名。有与同姓名者，占二语，令其属对，曰："蔺相如，司马相如，既相如，又何相如？"生应声曰："魏无忌，长孙无忌，尔无忌，我亦无忌。"学使笑而释之。[（明）焦竑：《焦氏笔乘》，中华书局，2008，页387。]

8. 白云居士　张愈，西蜀隐君子也，与予先君游，居岷山下白云溪，自号白云居士。[（宋）苏轼：《东坡志林》，中华书局，1981，页33。]

9. 圣人　是日皇后及内中车马先还，宫中呼后为"圣人"。[（宋）周密：《武林旧事》，西湖书社，1981，页13。]

10. 伧父　南朝谓北人曰"伧父"，或谓之"虏父"。南齐王洪轨，上谷人，事齐高帝，为青、冀二州刺史，励清节，州人呼为"虏父使君"。今蜀人谓中原人为"虏子"，东坡诗"久客厌虏馔"是也，因目北人仕蜀者为"虏官"。晁子止为三荣守，民有讼资官县尉者，曰："县尉虏官，不通民情。"子止为穷治之，果负冤。民既得直，拜谢而去。子止笑谕之曰："我亦虏官也，汝勿谓虏官不通民情。"闻者皆笑。[（宋）陆游：《老学庵笔记》，上海古籍出版社，2012，页139—140。]

研 究 篇

# 第一章

# 引　言

## 第一节　选题缘由

汉语语言学的研究，所用语料历来是现存的传世文献，从理论研究结果的科学性考虑，保存至今的任何有个性的语言实料，都不可或缺。然而，由于传世文献记录语言的随机性、偶然性，语言研究惯常使用的文献在整个语言事实中犹如沧海一粟，只记录了当时语言、文字实例的一小部分，要想对汉语语言事实的全貌有更科学的了解，对汉语语言学的理论加以进一步丰富和完善，急需我们尽可能多地挖掘、剖析传世的言语作品。"从语言理论方面看，中国古代也有很多可资借鉴的东西。在封建主义上升时期，也像资本主义上升时期一样，学术上有不少美丽的花朵。"① 在现今"汉语词汇的理论、系统的研究，则更显得薄弱"② 的大背景下，这些"美丽的花朵"有待我们不断采撷并深入发掘。

文人笔记"是一种文体，这种文体以记琐事趣闻、读书心得最为得心应手，大都是有关见闻、名物、古语、史事等的记录"③，该特质决定其行文在描摹事物性状、言语行为的时候，不同程度地掺杂着俚语方言，较之用规范书面语、官方语言写成的传世典籍，更能呈现语言实

① 王力：《中国语言学史》，复旦大学出版社 2006 年版，前言。
② 蒋绍愚：《古汉语词汇纲要》，北京大学出版社 2005 年版，前言。
③ 刘蓉：《宋代笔记与方俗词语研究》，《玉溪师专学报》1995 年第 1 期。

料所处时代的语言概貌。刘叶秋先生所著之《历代笔记概述》将其分为小说故事、历史琐闻、考据辩证三类，其后两类（历史琐闻、考据辩证）集结了前人大量的对学术问题的记述和讨论，可统称之为学术笔记。具体到语言学研究，学术笔记中包含着大量观察、评述、使用语言的实录，近年来已引起我国语言学界的重视，赵振铎在《中国语言学史》① 中对此已做了充分肯定。周大璞也说："杂考笔记中的训诂……积累了非常丰富的训诂资料，可以说是汉语训诂资料的宝库，其中既保存了先秦两汉的古训，也阐明了许多词语的新义，以及近代的俗语方言，这对研究汉语语义学、词汇学和汉语发展史，都是很有用处的。只可惜现在还很少人能认真地开发这个宝库，整理这些资料，使它从杂乱的、零碎的变成有条理、有系统的东西，以便能够充分发挥它在汉语研究中的作用。"②

基于以上几方面的考虑，本篇主要以汉魏六朝以来所形成的学术笔记为语言实料，对其中的语言文字学论述从语言学角度进行分析，希望能抛砖引玉，引起语言学界对学术笔记的进一步关注。

## 第二节　研究材料：学术笔记

笔记，在古代是与韵文相对的散文。《文心雕龙·才略》云："路粹、杨修，颇怀笔记之工；丁仪、邯郸，亦含论述之美。"后来笔记逐渐丰富并发展成文体，这种文体以记琐事趣闻、读书心得最为得心应手，大都是有关见闻、名物、古语、史事等的记录。③ 吕叔湘如是说："或写人情，或述物理，或记一时之谐谑，或叙一地之风土，多半是和实际人生直接打交道的文字，似乎也有几分统一性。随笔之文似乎也本

① 赵振铎：《中国语言学史》，河北教育出版社2000年版，第252页。
② 周大璞：《训诂学初稿》，武汉大学出版社1985年版，第133页。
③ 刘蓉：《宋代笔记与方俗词语研究》，《玉溪师专学报》1995年第1期。

来以此类为正体。"① 该观点在宋代笔记中亦可得到验证："此其闲居暇日有得于一时之诵览者，随而录之，故号曰笔记。"②《辞海》云："笔记，文体名。泛指随笔记录，不拘体例的作品。其题材亦很广泛。有的作品可涉及政治、历史、经济、文化、自然科学、社会生活等许多领域，但亦可专门记叙、论述某一个方面。其体裁虽产生较早，而作为书名，则始于北宋宋祁。笔记的异名有随笔、笔谈、杂识、札记等。"③

笔记究竟该如何界定？吴礼权认为："笔记小说，就是那些以记叙人物活动（包括历史人物活动、虚构的人物及其活动）为中心、以必要的故事情节相贯穿、以随笔杂录的笔法与简洁的文言、短小的篇幅为特点的文学作品。"④ 这种说法是按照现代的标准来为笔记小说做出界定的。但是，现代文学体裁中也有小说类，而且今人和古人于小说概念上的认识分歧相当大，这就为我们划清该文体的界限带来相当大的困难。本篇采用宁稼雨的观点，处理从宽：只要是具备一定情节和人物的条目，都归为笔记小说，不要求每一条目人物、情节皆具。如"宋周密的《齐东野语》的内容多为古史古义、朝章国典、天文历法、草木虫鱼、医方药典、诗文品藻、文物鉴赏等，但其中有陆游与唐氏故事，还保留了宋人重要的传奇小说《王魁传》，我们不能因这类内容在全书中比重太小而否认其为笔记小说"⑤。

学术笔记中集结了大量的前贤宝贵的治学成果，其"以内容论，主要在于'杂'：不拘类别，有闻即录"⑥。所以不管我们进行哪个学科的研究，均能从中获得相当有用的宝贵资料。根据袁行霈、侯忠义等《中国文言小说书目》的统计，仅宋代笔记就有 400 余种（100 多种已亡逸），在唐、元、明、清等朝代学术笔记亦不少见。笔者阅读历代笔

---

① 吕叔湘选注：《笔记文选读·序》，《吕叔湘全集》第 9 卷，辽宁教育出版社 2002 年版，第 7 页。

② （宋）龚颐正：《芥隐笔记·跋》，第 33 页。

③ 《辞海》（缩印本），上海辞书出版社 1989 年版，第 2112 页。

④ 吴礼权：《中国笔记小说史》，商务印书馆 1997 年版，第 3 页。

⑤ 宁稼雨：《中国文言小说总目提要》，齐鲁书社 1996 年版，前言第 3 页。

⑥ 刘叶秋：《历代笔记概述》，北京出版社 2003 年版，第 6 页。

记 300 余种（以宋为主，兼及唐、元、明、清），从中摘录、发掘出描述语言、文字问题的短论、札记，对研究对象从词汇、语义、语用方面做尽可能细致、理性的整理和研究。

## 第三节　学术笔记研究概况

学术笔记是古人对见闻、名物、古语、史实等的记录。刘叶秋先生所著之《历代笔记概述》将其分为小说故事、历史琐闻、考据辩证三类。历史琐闻、考据辩证两类中集结了前人对学术问题的大量记述和讨论，可称之为学术笔记。1980 年以后，语言学界对笔记的语料价值日益重视，在专书（《世说新语》《南村辍耕录》等）研究、断代研究上，都取得了丰硕的成果；同时，近些年来，一些研究笔记中词汇问题的优秀博士论文也相继出版（周俊勋《魏晋南北朝志怪小说词汇研究》、杨观《周密笔记词汇研究》、黄宜凤《明代笔记小说俗语词研究》、王宝红《清代笔记小说俗语词研究》）。

目前语言学界对笔记的研究主要侧重于三个方面。第一，对笔记中零散的典型词条的考证（方一新《〈世说新语〉词语拾诂》、董志翘《〈世说新语〉疑难词语考索》是为典范）；第二，对单本典型语言事实的归纳（鲁国尧《陶宗仪〈南村辍耕录〉等著作与元代语言》对元代笔记《南村辍耕录》从语言学和语言学史的角度做了穷尽式的研究）；第三，对某一时代笔记中的语音、词汇、语法等材料进行集中考释和整理（江蓝生《魏晋南北朝小说词语汇释》、赵振铎《唐人笔记里面的方俗读音》、王锳《唐宋笔记语辞汇释》可谓楷模）。

前期研究成果丰硕，但也存在着一些不足：一是缺乏对学术笔记中语言文字学论述的研究。对笔记的语言研究基本上都是对其文本本身语言的研究，但事实上历代学术笔记中有大量讨论语言文字问题的论述，蕴含着古人对汉语语音、词汇、修辞等多角度的观察和阐释，体现了对语言的普遍认识，至今却没有得到应有的重视和发掘。二是缺乏对学术笔记中相关论述的普通语言学观照。宫云雄在其《20 世纪以来宋人笔记研究述略》中指出："相对于笔记的文本整理，宋人笔记的理论性、系统性研究更加薄弱。"事实上不仅宋人笔记，历代笔记的语言研究都是如此，相关研究大都从传统文字学的角度着眼，注重对个别笔记或某一时代笔记中语言现象的考释、搜集和整理，缺乏普通语言学理论层面的观照，未能让个案研究得到进一步升华，难以有突破性的进展。

总之，目前语言学界对笔记的研究所存在的问题很多，亟待进行系统而深入的拓展研究。本篇力图立足于学术笔记中所录的关于语言文字学问题的短论和札记，努力用现代语言学的相关原理进行分析整理，并通过以上探索得出现象背后所潜隐的规律，以服务于汉语言理论体系的架构。

## 第四节　研究对象：学术笔记中语言文字学论述的确定

本篇设定的研究对象，是学术笔记中所记录的交际主体对文字、词语、语法、语用等语言文字现象的探讨和评述，而非学术笔记行文中出现的词语使用问题。如下例：

> 古谓带为一腰，犹今谓衣为一领。周武帝赐李贤御所服十三环金带一腰是也。近世乃谓带为一条，语颇鄙，不若从古为一腰也。（《老学庵笔记》，页3504）

本篇在研究过程中将上例对"腰"作为量词进行的探讨界定为古今词形的替换，努力对其词义的发展从历时脉络进行分析，着力发现该类词发展背后所存在的规律。

又，宋代笔记《石林燕语》中有对"公主"及其相关词族的探讨：

> 帝女谓之"公主"，盖婚礼必称"主人"，天子不可与群臣敌，故以同姓诸侯主之。主者，言主婚尔。而汉又有称"翁主"者，

诸侯之女也。翁者，老人之称，古人大抵谓父为翁。诸侯自相主婚无嫌，故称翁者谓其父自主之乜。自六朝后，诸王之女皆封"县主"，隋以后又有称"郡主"者，自是遂循以为故事。则主非主婚之名，盖尊称，犹言县君、郡君云尔。国初，赵韩王以开国元臣，诏诸女特比宗室，皆封"郡主"。臣庶而封主者，惟赵氏一家而已。而名实之差，流俗相习而不悟，主、君皆尊称，则县主、县君、郡主、郡君，初何所辨？但以非宗室不封，故从以为异也。（《石林燕语》，页 2520）

上例是对"公主"名称、"×＋主"族词之得来缘由，及对流俗看法发出质疑，实则呈现出词语发展过程中，有些词形相类，可作为"同族词"处理，但成词路径并未整齐划一。故从源头看，同族词的内在构成并非完全相同，这就对我们的词法分析提出新的课题。而欧阳修《归田录》中的"驸马"例则是对上例"×＋主"族词的配偶"×＋马"族词得名理据的探讨：

官制废久矣，今其名称讹谬者多，虽士大夫皆从俗，不以为怪。皇女为公主，其夫必拜驸马都尉，故谓之驸马。宗室女封郡主者，谓其夫为郡马，县主者为县马，不知何义也。（《归田录》，页619）

例中欧阳修对"驸马"一词的来源做出合理解释，但对"郡马""县马"之得名缘由提出疑问。我们认为，"郡马""县马"是在表达形式上比照"驸马"词形顺推而得，是对普通语言学理论中"类推机制"的生动诠释。

以上二例关于"公主""×＋主"族词、"驸马""×＋马"族词得名之由的述评，实质上呈现出面貌"似乎"相同的词在成词过程中，相同词根的取义可能完全相异，该类事象也可使我们管窥相同义素在不同合成词中的取义、构词方式是多元的。

本篇以"历代学术笔记中语言文字学论述整理和研究"为题，主要搜集、整理和研究历代学术笔记（以唐宋及之后笔记为主，兼及魏晋南北朝笔记中相关的少量语料）中所记录的传统语言文字学即有关文字、语音、词汇、语法、修辞及语义学、语用学等内容的短论和札记，发掘并总结其中所蕴含的汉语言文字学理论，其价值和意义主要表现在如下几个方面。

其一，有利于汉语语音史、词汇史、语法史、修辞史及汉语学说史的研究。学术笔记中既保留了先秦的古训，也阐明了许多词语的新义，还描述了不少近代的俗语方言、方音和方言语法，为研究汉语的语音、语义、词汇、语法和修辞史以及汉语学说史提供了珍贵的资料。

其二，有利于汉语言文字学理论的建构。历代学术笔记中的相关论述，在表述现象的同时体现了汉语言理论观念。对这些评价和论断材料进行全面整理和研究，有利于建构汉语言学理论体系，能为普通语言学理论的研究提供有价值的材料。

其三，辞书学价值。历代学术笔记中有不少词语溯源特别是方言俗语词溯源和词义考证的资料，这些都是第一手的训诂材料，可以弥补语文辞书在词义解说方面的不足和缺漏。

其四，文化史价值。学术笔记中的一些论述材料，涉及音乐、体育等其他学科门类，譬如《焦氏笔乘》之"盗竿"条，在释词的同时考证了古乐器的名称来源，对这类材料进行全面整理和深入剖析，可以为文化史的研究提供新的佐证。

其五，文献校勘价值。学术笔记中记录着大量古人的研究成果，有些内容的原件已经亡逸，这些资料对相关文献的校勘尤为难得；且笔记历来被古人视为"小道"，散佚窜乱尤甚。本篇努力通过比较互证，系统整理相关论述，对相关文献、笔记文本的整理校勘都有所助益。

基于以上五个方面的考虑，本篇把历代笔记中所记录的汉语言文字学论述作为分析、研究的对象，对每种语料分别进行历时演变的梳理或共时平面的剖析，努力通过比较研究找出现象背后的"推手"。汉魏六朝以来出现了浩如烟海的学术笔记，根据相关统计，以清末为下限，其数量不下 3000 种。① 如此大量的学术笔记对语言、文字问题的论述形形色色，这就使得我们的研究材料足够充分。在研究过程中，我们以上海古籍出版社出版的《历代笔记小说大观》（已出《汉魏六朝笔记小说大观》《唐五代小说笔记大观》《宋元笔记小说大观》）为主，以中华书局的"历代史料笔记选刊"、江苏广陵古籍刻印社的"笔记小说大观"为辅，主要对宋代的笔记展开调查，对唐代、元代、明代、清代出现的笔记也有少量涉及，对写作过程中语言材料的使用，笔者力求使用自己搜集到的一手材料。

## 第五节　研究任务及目标

本篇分别从普通语言学词汇、语义、语用三个维度，对学术笔记中可见的相关评述材料或做纵向的厘清，或做横向的剖析。

在词汇方面，学术笔记对词汇使用现象的评述相当驳杂，但总的来说涉及词汇观念的三个方面：词语的系统性（《唐语林》之"毕罗"）、汉字形音义不对称（《侯鲭录》之"璞"）、汉语"非理构词"观念（《南村辍耕录》之"婶妗"）。

在语义方面，学术笔记中有不少关于语义现象的论述。这些论述探讨了文人拆分、描绘字形以构成隐语、戏语、异名等的语言现象，还关注到了语义的演变；且其中有些品评生动地展现了"词语理据"的观念，譬如《老学庵笔记》之"浮炭""雪蛆"等。

关于语用，在学术笔记所记载的相关材料中，民族文化背景、押韵、俗语言都对句子的使用和理解产生了影响（《古今谭概》之"田登作郡"等）；语音相关、行为相似、主体衣饰、工具、官职、姓名都被

---

① 参见上海古籍出版社出版的《历代笔记小说大观》中的"出版说明"。

作为附着符号束干涉了语言符号的使用（《南部新书》之"菕粉"等）；而《龙川别志》之"元昊改名'吾祖'"等，则体现出学术笔记对合作原则和得体原则的关注。

除以上内容外，学术笔记对语音、语法的探讨亦不在少数，其中相关材料对语音造词（《宋景文公笔记》之"孙炎作反切语"）、押韵（《容斋随笔》之"白乐天诗，好以司字做入声"）、方音（《菽园杂记》对吴方言中"鱼虞不分"的关注）等都有所涉及。虽然汉语语法研究在古代未能引起人们的重视，但事实上，学术笔记中记录着不少古人对语法现象和观念的初步探讨。这些材料不但表达了古人对虚词和语法的看法（《湘山野录》中太祖与赵韩王普对"朱雀之门"中"之"的探讨），还有对各种虚词、语法现象的细致考证（《侯鲭录》对"匹""头"等的探讨）。这部分内容因一般都是对语音、语法使用情况的评述，所以笔者分别根据其侧重点将其归入以上三部分。

总之，本篇努力通过考察历代学术笔记中的语言文字学论述，在严密考证和细致梳理的基础上，再现这些基本问题之间浑然有机的联系，并为后续研究提供便利可靠的文献资料。

# 第六节　研究方法及理论

关于本篇的研究理论，具体来说，主要包括三个方面。

## 一　本篇研究理论

### （一）词汇学方面

在词汇学方面，词语形式的聚合、词形的缩略等理论对笔者启发很大，本篇努力从共时、历时的不同维度，尝试用普通语言学关于词语发展和构成的相关理论来对论述材料进行剖析和阐释。具体来说，努力从历时演变的角度对材料所论及的词语源流、演变脉络进行爬梳整理；努力从共时角度对词语使用的横切面（所论及词语的使用情况、地域分布、相关词语）做细致的剖析。

（二）语义学方面

现代语义学的语义场、句义蕴含和真值、词义的演变、俗形义学①等理论都对本篇的写作启发很大，是本篇研究得以进行的理论支撑，在此深表感谢。在研究过程中，笔者主要利用上述观点对所见语料进行句义的剖析、相关词义的比较、词义演变的梳理，努力在研究过程中探索出规律。

（三）语用学方面

格赖斯的"合作原则""礼貌原则"，钱冠连的"目的—意图"原则、"智力干涉"等认知语言学的基本理论，都是本篇分析、整理语料的理论基础。长期以来，语言学界对笔记文本的研究，主要聚焦于对各种语言现象的考释、爬梳、整理上，是从纯语言角度出发的。但语用的终极目的却是语效的达成，Langacker（2007）认为，未来认知的两大走向是阐释概念的动态性与虚拟性，话语生成的动态机制必将成为未来语言学研究的指向标。本篇努力以上述理论为基础，对学术笔记中所见相关语料做动态机制的描述、分析。

## 二 本篇处理材料的方法

本篇对评述材料的处理从宏观上讲主要包括两个方面。

（一）共时—历时相结合

从共时角度对语言使用横切面进行剖析，通过比较得出结论；从历时角度厘清语言发展的纵向脉络，为语言演变规律升华至理论层面提供生动可感的素材。

（二）归纳—演绎相结合

在书稿形成的过程中，笔者先对手头现有资料依时依类进行爬梳整理，加以认真研读，后对每类现象进行分析考索，通过横向的剖析、比较，纵向的分析、梳理得出现象背后的规律，这种方法贯彻着全书。

另，本篇在语料处理的过程中，不但结合中国传统文化相关事象，

---

① 李万福：《谈俗形义学》，《汉字文化》1995 年第 1 期。

充分挖掘所见语料深层的文化意蕴，通过分析、梳理所见词语的源头及形、义的演变，在呈现其发展脉络的同时，力求展示该类事象发展的规律；还努力跳出此前相关研究的窠臼，从纯语言研究转而为对话语生成动态机制的认知分析，进而升华至理论层面。

　　基于以上原因，笔者阅读历代学术笔记（以唐、宋时代为主）300余种，摘编出其中可见的语言文学论述资料，以语义、词汇、语用三个维度为基点，对其进行爬梳、整理，希望能抛砖引玉，引起语言学界对学术笔记的更多关照，以期为汉语言学理论的完善和理论框架的建构贡献自己的绵薄之力。

# 第二章

# 历代学术笔记中语言文字学
# 论述之词汇学研究

"'笔记小说'是泛指一切用文言写的志怪、传奇、杂录、琐闻、传记、随笔之类的著作，内容广泛驳杂，举凡天文地理、朝章国典、草木虫鱼、风俗民情、学术考证、鬼怪神仙、艳情传奇、笑话奇谈、逸事琐闻等等，宇宙之大，芥子之微，琳琅满目，真是包罗万象。"① 如上所言，涵盖"学术笔记"的"笔记小说"是被贬官员和文人墨客闲居时的性情之作，很少受官方意识形态和传统观点的影响，所载多是各地、各时之人情风物，字里行间极富口语化特征；亦有部分为作者心性的寄托，话语表述中个性色彩浓郁。基于此，笔记文本中的话语材料生动、鲜活，较之现存的传世典籍语言，可谓是研究汉语词汇和汉语史的活化石。但"我国传统语言学则重'行'和'直觉'，近代汉语词汇的研究在其影响下，往往注重语言事实，理论风气淡薄，不善于运用已经证明行之有效的词汇学理论来指导研究工作，也不善于对已经发掘的重要语言事实或已得出的有价值的结论进行理论的概括，而上升为理论形态的语言规律"②。语言学界对学术笔记中所见语言现象的研究存在同样的问题：重考释，轻规律；重究史，轻理论。在本章里笔者努力通过爬梳学术笔记中所见相关论述，以现代词汇学的理论为基点，发掘现象

---

① 《宋元笔记小说大观》，上海古籍出版社 2001 年版，出版说明。
② 袁宾等：《二十世纪的近代汉语研究》，书海出版社 2001 年版，第 629—630 页。

背后的规律性。

魏晋六朝以来，学术笔记数量极繁，其中对当时各地俗语词现象的描述内容相当丰富，笔者努力从学术笔记所见词汇现象及研究现状、学术笔记对词语所做的系统性探讨、学术笔记所录之形义不对称现象、学术笔记所录之原词改造现象及学术笔记词汇学论述所呈现之汉语词汇的特点五方面分别加以论述。

# 第一节　学术笔记所见词汇现象及研究现状

## 一　学术笔记所记录的典型词汇现象

"所谓'笔记'或'笔记小说'是一个传统的概念，其内容和形式都相当驳杂。"① 这一特征决定其所记内容丰富多样，涉及社会生活的方方面面，大到典章制度，小到民情风俗；虚至神话传说，实至医药卫生……历史地理、天文数算，无所不包。具体到语言学方面，因其非正统特性，学术笔记中所载之不见于典籍的词汇问题主要有二：一是俗字、俗语；二是虚词。

（一）学术笔记中所见的俗字、俗语

学术笔记是中国小说的源头之一，作为一种文体，"小说"在古代是不登大雅之堂的，历来不受重视，所载内容多为奇闻轶事、街谈巷议，随意性极强，俚俗用语使用概率极高，亦有不少对俗字、俗语的评述——兴于一地之土俗书（俗字），流于一时之俗语词、外来词等，均在评述之列。

1. 学术笔记对俗字的评述

在俗文字学研究中，俗字是重要方阵。陈五云认为："俗文字学的范围有广义、狭义两种理解，广义的俗文字学，其研究范围与文字学大致相当。所不同的是，文字学是从正字的角度出发，阐释现行汉字的历史演变过程，解决汉字的创造与使用以及其内部结构的组合是否合乎规

---

①　王锳：《唐宋笔记语辞汇释》，中华书局 2001 年版，前言第 5 页。

范的问题。俗文字学则从民间实际使用汉字的角度，观察汉字的演变过程，由此来解释汉字结构与汉字创造的模式，解释俗文字与正字的辩证关系，以及诠释俗文字。狭义的俗文字学，则仅仅指对俗文字材料的收集整理，考释和诠释"①。张涌泉说："所谓俗字，是区别于正字而言的一种通俗字体。"② 张先生确定俗字的范围为：

①凡与正字字形有区别的异体字，都可认定为俗字。俗字可为简化字，亦可为繁体字；可以是后起的，也可以是古已有之的。

②需特别注意的是：由形近、音近错误所导致的"别字"，是读者、书者无意所致，偶然性很大，使用范围很小，不归入"俗字"之列。还有一类别字，或为书者有意造成，或为习惯使然，且被一定范围内社会认同，可归入俗字之列。

从来源上看，学术笔记中所见的相关例证主要有两种：一是流行于某时、某地的俗字；二是对典籍中可见俗字的爬梳。

（1）流行于特定区域之俚俗用字

作为俗字的一种，俚俗字在字形上有别于正字，土俗特征更为明显。这类俗字产生于民间，之所以能流行于特定区域，主要因其通俗易懂，读者往往能见形知义，我们所见的此类典型例证，多是另造新会意字为原有形声字表意。如：

①历日中有载除手足甲，又有除手足爪甲爪之异，必自有说，而未能辨之者。或谓附肉为甲，则甲何可除也？广南俚俗多撰字画，以父子为恩，坴为隐，夭为矮，如此甚众。（《鸡肋编》，页4055）

据《说文》"心部""阜部""矢部"，"恩""隐""矮"皆为形声字："心""阜""矢"分别为三字的形旁，表义类；"因""急""委"分别为三字的声旁，表音。较之于本字，广南俚俗所撰的"字画"表

① 陈五云：《从新视角看汉字：俗文字学》，河南人民出版社2000年版，第1页。
② 参见张涌泉《汉语俗字研究》，岳麓书社1995年版，第20—23页。

意更明白易懂：以“父子”情以示“恩”，更直观；以“坐于木下”示“隐”，更形象；以“不长”表“矮”，更生动。

②俗字。边远俗陋，牒诉券约专用土俗书，桂林诸邑皆然。今姑记临桂数位，虽甚鄙野，而偏傍亦有依附。

奀音矮，不长也。

𬮱音稳，坐于门中，稳也。

𡘫亦音稳，大坐，亦稳也。

人小音袅，小儿也。

奀音动，人瘦弱也。

歪音终，人亡绝也。

𥝤音腊，不能举足也。

女大音大，女大及姊也。

𥑮音堪，出石之岩窟也。

闩音攮，门横关也。

（《范成大笔记六种》之《桂海虞衡志》，页128）

上例是对桂林一带土人所创土俗字的记载。这类新会意字的特征，均与例①同：源形声字义在字形上一目了然，且较之源字形更为鲜活，“字画”特征明显，极富表现力。但也正是其“字画”特征，决定了这类字造字局限性大，故只能产生、使用于民间，数量较之正字少，流行区域小，不能取代正字使用。

（2）典籍中所用的俗字

学术笔记中还记录了一定数量的俗体字，这些字在传世典籍中可见。如：

①《生民》诗：“或舂或揄，或簸或蹂。”注云：“揄，抒米以出臼也。”笺云：“舂而抒出之。”《周官·舂人》：“女舂抌二人。”郑注云：“抌，抒臼也。《诗》云：‘或舂或抌。’音由，又音揄，

或羊笑反。揄，时女反。"据许叔重《说文》：揄，引也，羊朱切。
抒，把也，神与切。舀，抒臼也。从爪臼。引《诗》云："或簸或
舀。"又作㧬、㪥，音以沼切。又《集韵》：抌、舀、揄，并音由。
又 yǎo、舀，音以绍切。缘《诗》"揄"与"舀"并音"由"，义
亦同，故后人改"舀"为"蹂"也。音以沼者，乃今人"以手舀
物"之"舀"也。（姚宽《西溪丛语》，页 53）

该材料是对"舀"异体字的讨论，援引《诗经》《周官》《说文》
文本中的用例，对上述典籍中出现的"揄""抌""舀"三字形及其流
变进行的探讨。该材料所呈现的各种典籍中"舀"字形的使用状况，
实质上是汉字发展过程中，使用字形由纷繁芜杂到整齐划一的演变，这
种状况在《集韵》中也有体现。"揄""抌""舀"三字，"揄""抌"
为形声，"舀"为会意，后者在表意上更形象、生动，形简义明，最终
被定为正字。此类又如：

　　②世之嫁女三日，送食，俗谓之暖女。《广韵》中正有此说，
使餪字。人初之生产子，俗言首子，亦使用此顐字。（音首。）俗
谓以竹孤桶，古使籔字，（音孤。）酒杓也。（赵令畤《侯鲭录》，
页 2051）

餪，送食物给初嫁之女，有用"暖"之例。《广雅》《广韵》《说
文》《孟子》均有相关记载。《广雅·释言》："餪，馈也。"王念孙疏
证："餪者，温存之意。唐段公路《北户录》引《字林》云：'餪，馈
女也。'……又引《证俗音》云：'今谓女嫁后三日饷食为餪女。'"[1]
《广韵·缓韵》："女嫁三日送食曰餪。"餪，同"暖"。《说文·火部》：
"暖，温也。"朱骏声通训定声："餪，字亦作暖。"[2]

---

① （清）王念孙：《广雅疏证》，中华书局 1983 年版，第 140 页下栏。
② 朱骏声：《说文通训定声》，中华书局 1984 年版，第 731 页下栏。

颡，长子。《玉篇》《通俗编》对此字均有解释。《通俗编·杂字》："颡，按俗谓长子曰头首儿，或嫌其语之复，不知古别有颡字也。"该解释之"头首儿"实为对"颡"之字形的阐释。

上述两例均为对见于传世典籍中俗字的整理，既然典籍中可见，这类俗字的流传地域、范围自然大于第（1）情况中各例字。

综上所述，学术笔记中所见对俗字的记录，有流传于民间而不见于经传的，亦有散见于传世典籍的。蒋礼鸿在 1968 年指出，中国的俗文字学研究还在起步走的阶段，并大力呼吁俗字研究应全面展开[①]；张涌泉先生于 1993 年指出，我国文字研究最薄弱的环节即为俗体字，而对敦煌俗字的研究甚至为零。当前，该部分研究经过筚路蓝缕的艰辛工作，以项楚先生为代表的语言学者已将其提升到国际领先的位置，但这部分只是浩如烟海的俗字研究中的一部分，我国俗字研究还有着大有可为的空间。在今后一段时间里，汉语俗字研究将会以"历代俗字的辑录、历代俗字书的整理、俗字的辨析考证、俗字的理论探讨"[②] 四方面为基底蓬勃发展，而对以学术笔记为代表的俗文学作品中有关俗字论述的发掘整理，对汉字演变、汉字改革的研究，一定大有裨益。

2. 学术笔记对俗语词的评述

"古代人的口头语词，也叫俗语词"[③]。自言、文分离以来，俗语词一直存在着。在先秦、两汉时期，口语、书面语在词法、句法使用上差别很小，可谓是"言文一致"；而在魏晋六朝尤其是唐宋以后，由于口语和书面语的演变速度不一致，导致言（日常生活用语）、文（书面行文）差别彰显，在这样的大背景下，俗语词便产生了，学术笔记中有大量相关评述的记录。如：

①针指二字本俗语，《夷坚志》采而用之，亦自不恶也。其记

---

① 蒋礼鸿：《中国俗文字学研究导言》，《杭州大学学报》（哲学社会科学版）1959 年第 3 期。

② 张涌泉：《汉语俗字研究》，岳麓书社 1995 年版，第 321—326 页。

③ 郭在贻：《训诂学初稿》，上海古籍出版社 1985 年版，第 253 页。

婺州民女书云："夜与母共寝，昼则作针指于牖下。"（袁文《瓮牖闲评》，页 63）

针指，指针线活。上述评论说明至迟在南宋时期，"针指"一词已出现，后世小说中也有用例，明代小说《醒世恒言·两县令竞义婚孤女》中有："每日限定石小姐要做若干女工针指还他。"①

②今人谓后三日为"外后日"，意其俗语耳。偶读《唐逸史·裴老传》，乃有此语。裴，大历中人也，则此语亦久矣。（陆游《老学庵笔记》，页 3542）

外后日，大后天，紧接在后天之后的那一天。② 材料说明"外后日"使用已久，且既已见于史传，该词的使用范围一定已达相当程度，使其流传后世成为可能。《金瓶梅词话》第三回仍见："明日是破日，后日也不好，直到外后日方是裁衣日期。"此例是对宋代俗语词"外后日"词义的解释。

①②两例均为学术笔记作者对俗语词的评述。例①是对俗语词人文现象的记载，字里行间亦透漏出当时文人对俗语词的真实态度——正处于逐渐认可的过程中；例②则是对"外后日"始见时间的考证和解释。

③酒恶　金陵人谓中酒曰酒恶，则知李后主诗云"酒恶时拈花蕊嗅"，用乡人语也。（赵令畤《侯鲭录》，页 2094）

酒恶，中酒。喝酒多引起的身体不适。对上例李后主诗句，詹安泰注云："酒恶，就是喝酒到带醉的时候，普通叫'中酒'。"至此，俗语词已从不登大雅之堂的俚俗之语"堂而皇之"地进入文人雅士的诗词

---

① （明）冯梦龙：《醒世恒言》，汉籍全文检索系统子部，第一卷。
② 傅朝阳：《方言小词典》，山东教育出版社 1987 年版，第 108 页。

中了。

又如"白暗""黑暗""黑甜""软饱"四词：

　　④诗人多用方言　诗人多用方言。南人谓象牙为白暗，犀为黑暗。故老杜诗云："黑暗通蛮货。"又谓睡美为黑甜，饮酒为软饱，故东坡诗曰："三杯软饱后，一枕黑甜余。"（彭□《墨客挥犀》，页282）

　　南人谓象齿为白暗，犀角为黑暗。少陵诗云"黑暗通蛮货"，用方言也。（邵博《邵氏闻见后录》，页1956）

白暗，是象牙的别名；黑暗，为犀之别名。这种说法在不少笔记中都有记录，唐朝段成式笔记《酉阳杂俎·毛篇》中亦见："故波斯谓牙为白暗，犀为黑暗。"[1] 白暗、黑暗分别指二物，实为取象牙、犀牛角的颜色名之。

软饱，是为饮酒；黑甜，是谓酣睡。宋苏轼《发广州》诗："三杯软饱后，一枕黑甜余。"自注："浙人谓饮酒为软饱……俗谓睡为黑甜。"明冯时化《酒史·酒考》："酒醉曰软饱。""似饱却非真"为"软饱"，"闭眼似天黑，酣睡香甜"为"黑甜"，实则用饮酒、酣睡二行为之特征命名。

上例四个俗语词，均通过提取事物、行为的典型特征，并用通俗、生动的话语描述生成的。汉语词语的具象化在这类俗语词的生成中被彰显明白。

再如"头钱""大老"：

　　⑤唐小说载李纾侍郎骂负贩者云："头钱价奴兵。""头钱"，犹言"一钱"也。故都俗语云"千钱精神头钱卖"，亦此意云。

_____

① （唐）段成式：《酉阳杂俎》，中华书局1981年版，第160页。

（陆游《老学庵笔记》，页 3548）

"头钱"一词，现存各类词典所见义项有三个：其一，汉代的一种人头税；其二，用以赌博的钱；其三，本钱。此三义项均有别于上例陆游的评述，按：陆文中俗语"头钱"义为"钱少，价钱低"。

⑥江州村民呼父曰大老。孟子所谓"二老者，天下之大老也，天下之父归之，其子焉往"，于此可验。（赵令畤《侯鲭录》，页 2094）

上例为对"大老"的解释，材料认为"大老"是"父"的别称，但旁证却嫌牵强，所引书证出自《孟子·离娄上》，其中"二老"即伯夷、太公，既为天下之父的父亲，该材料中"大老"应释为"祖父"。

由上例可知，因这类词一般只流行于特定区域，故评述语料中均有词语标记，如上几例中的"南人""金陵人""江州村民""故都俗语云"等，已明确俗语词的流传区域。然而，据以上语料，由于俗语表达的形象、生动性，虽其传播未广，但却不断进入文人雅士诗词歌赋的创作甚至史传中。虽能增强作品的生动性、可读性，但因该类词语传播未广，经常导致阅读、理解障碍的出现，故需我们仔细考证、认真对待。

（二）对虚词的记录与评述

虚词因意义虚灵，在表述中没有实际意义，故不能充当句子的主干成分。邢福义称之为"非成分词"①。故古人对这类词的使用很轻视，认为它登不上大雅之堂。学术笔记中的相关例证情况主要有三：一是对连词的评述；二是对助词的评述；三是对词头的讨论。

1. 对连词的评述

顾名思义，连词的作用是"连"，即"连接""组结"，把两个以

---

① 邢福义：《汉语语法学》，东北师范大学出版社 1996 年版，第 213 页。

上小的语法单位连接起来，组结成更大的语法单位以表意。在话语生成中，连词的作用只是连接，不能形成实质性结构。学术笔记对这类词的记载如下：

①如字训而 《春秋》："星陨如雨。"释者曰："如，而也。"欧阳公《集古录》载《后汉郭先生碑》云："其长也，宽舒如好施，是以宗族归怀。"东坡得古镜，背有铭云："汉有善铜，出白杨，取为镜，清如明。"皆训"如"为"而"也。（罗大经《鹤林玉露》，页5159）

语料中的"如"和"而"表并列，意义相当于"和"，二词用法、意义相同。材料是对典籍中"如"字义的解释。

②脱者，可也，尔也，谓不定之词。汉、晋人多言脱如何，亦或也。（赵令畤《侯鲭录》，页2062）

脱，为表示频度、推断的副词，基本上相当于"偶尔""或者"。该用法在史传中也得到印证，《后汉书·李通传》有："不如诣阙自归，事既未然，脱可免祸。"[1] 实质上，"脱"除了做副词之外，还可做连词，表假设，表"倘若""或许"之意，《吴子·励士》有："君试发无功者五万人，臣请率以当之。脱其不胜，取笑于诸侯，失权于天下矣。"

以上二例是学术笔记对连词的评述，是文人对虚词的初步关注，失之讨论粗疏，分类不精。

2. 对助词的评述

助词包容相当广泛，主要附着在词语、句子上，表附加意义。这类虚词的主要语法特征是：具有高度的附着性，主要帮助词语、句子表达某一种或几种附加的语法意义。故凡是附着性强、不能归入其他各类虚

---

① （清）王先谦：《后汉书集解》，中华书局1984年影印本，第213页下栏。

词中的词，均可归入助词范围。我们考察的学术笔记所涉及的内容主要
有三类：结构助词、语气助词、词头。

（1）对结构助词的记录、评述

结构助词主要用来表明词与词之间的各种结构关系。现代汉语最常
用的结构助词主要有"的""得"两个，而古代汉语中主要用"之"。
因此，学术笔记也关注到了：

> ①太祖将展外城，幸朱雀门，亲自规画，赵韩王普时从幸。上
> 指门额问普曰："何不只书'朱雀门'，须著'之'字安用？"普
> 对曰："语助。"太祖大笑曰："之乎者也，助得甚事？"（文莹
> 《湘山野录》，页1410）

该例是对结构助词"之"的评述，材料里呈现着统治者对助词的蔑
视。王力认为："介词'之'和助词'之'同出一源。在最初的时候，
指示代词'之'放在名词后面表复指，表示领有。"① 《尔雅·释诂》：
"之，间也。"邢昺疏："间，谓间隙也。"② 清王引之《经传释词》卷
九："之，言之间也。"③ 材料中所见"之"用在定语、中心语间，表二
者的修饰关系，一句"助得甚事"，宋太祖对该助词的蔑视跃然纸上，
但门额上"之"的出现，至少表明当时"之"的使用已相当广泛。

> ②文用助字，柳子厚论当否，不论重复。《檀弓》曰："南宫
> 绦之妻之姑之丧。"退之亦曰："吾年未四十，而视茫茫，而发苍
> 苍，而牙齿动摇。"近时六一、文安、东坡三先生知之。愚溪惜杨
> 诲之用《庄子》太多，反累正气。东坡得文章之法于《庄子》，故
> 于诗文多用其语。（邵博《邵氏闻见后录》，页1925）

---

① 王力：《汉语史稿》，中华书局1980年版，第333页。
② 阮元校刻：《十三经注疏》，中华书局1980年影印本，第2575页中栏。
③ 王引之：《经传释词》，中华书局1956年版，第198页。

作为结构助词的"之"，用法相当多，但最主要的一种用法相当于"的"，用在定语和中心词间，表示领属、修饰的关系。材料中所引《礼记·檀弓》中的句子，三个"之"均为该用法。"而"是表示转折的连词，表"却""然而"之意。材料所选退之语中接连三次用"而"，且用法相同。该例是学术笔记对助词使用情况的评述，对于文章中助词的使用，柳子厚只管使用是否准确、适当，却不论是否重复，其实质在于话语表达的两个层面，即准确、得体的问题。

（2）对语气助词的评述

在现代汉语的表达过程中，语气助词主要附着在句子末尾使用，诸如"啊""吗""呢"之类，用以表达某种语气。古代汉语中的语气词较之现代汉语更繁复，主要有三大类：发语词、卒语词、表示某种语气的语气词（基本上相当于现代汉语中常用的语气助词）。

发语词用于篇章、语段的开头，是文言助词中的一种。传世典籍中的发语词数量很多。学术笔记中有对文献中发语词总体使用状况的记载：

①经书发语词《尚书》最多，"都"、"俞"、"吁"、"咨"、"嗟"、"猷"等是也。《论语》"噫"字，《孟子》"恶"字，《礼记》"嘻"字，《左传》"呼"字，《史记》"唉"字、"嚄"字、"咄"字，此数字亦互见于他书，至"吓"字，则惟《庄子》有之。（《冷庐杂识》，页254）

上例共涉及发语词14个，其使用状况呈现出非匀态分布：《尚书》常用6个，《史记》常用3个，《论语》《孟子》《礼记》《左传》各1个，《庄子》常用1个，《尚书》《史记》《论语》《孟子》《礼记》《左传》中所用他书亦见，而《庄子》中常用的"吓"仅见于该书，而流传下来见于现代汉语的只有"唉"。

还有对方言中专门发语词的记录和评述：

②孟子言"乌是何言"也,"乌"盖齐鲁发语不然之辞,至今用之,作鼻音,亦通于汝颖。《汉书》记故人见陈涉言"夥,涉之为王耽耽者"!夥,吴楚发语惊大之辞,亦见于今。应邵亦祸音,非是。此唇音与"坏"相近。《公羊》记州公如曹,以齐人语过我为化我。今齐人皆以过为夬音。欧阳文忠记打音本谪耿切,而举世讹为丁雅切。不知今吴越俚人,正以相殴击为谪耿音也。(叶梦得《避暑录话》,页2672)

"乌是何言"中的"乌"作为发语词,与其表示材料中的不认同,不若说是反诘。"夥",《古汉语虚词词典》《古今汉语虚词大辞典》有载,是作为感叹词出现的。

③于越 于越之名,以于溪入越地,无以议为也。荀子云,"于越夷貉之子",则有疑焉。《春秋》定公五年书於越入吴,注云:"於,发声也。"《史记》又书为于越,注云"发声也",与"於"同。然则于、於皆越人夷语之发声,犹吴人之言勾吴耳。予谓此於越恐合是于越。(刘昌诗《芦浦笔记》,页31)

于越,古代的部族名称,分布在现在的浙江省境内,现存汉语词典有载。荀子有"于越夷貉之子"之说,《大戴礼记·劝学》中有"于越戎貉之子"。"于越"实际上就是后来的"越",而"于"是越族语言里的专有发声词。《汉书》《汉书注》中有相关书证及解释。《汉书·货殖传》:"辟犹戎翟之与于越不相入矣。"颜师古注:"于,发语声也。戎蛮之语则然。于越犹句吴耳。"①

除了上例①②③中的发语词外,学术笔记还记录了卒语词——附着在句子末尾、表达结束语气的词,如:

① (清)王先谦:《汉书补注》,中华书局1983年影印本,第1544页下栏。

④卒语之词　……大抵古文多有卒语之辞，如"蠡斯羽，诜诜兮"、"宜尔子孙，绳绳兮"，以"兮"为终，老子文亦多；然"母也天只，不谅人只"，以"只"为终；"狂童之狂也且，椒聊且，远条且"，以"且"为终；"唐棣之华，偏其反而，俟我于著乎而，充耳以素乎而"，以"而"为终；"既曰归止，曷又怀止"，以"止"为终。无不皆然，风俗所习，齐不可移之，宋郑不可移之，许后世文体既变，不复论其终。为《楚辞》者类仍用"些"语已，误，更欲穷其义失之远矣。（叶梦得《岩下放言》，页515）

上例所涉及的卒语词有"兮""只""且""而""止""些"6个。兮，语气词，现存传世文献多见。"兮"多用在韵文句中或句末，表达语气的舒缓，基本上相当于现代汉语中的"啊"。《说文·兮部》："兮，语所稽也。从丂、八，象气越亏也。"段玉裁注："越亏皆扬也，八象气分而扬也。"① 上文许说、段注殊为可信，"亏"后上扬，舒缓了语气。

只，用在句尾的语气词，表示句义的终结、语气的感叹。许慎在《说文》中明确指出"只"的意义及用法。《说文·只部》："只，语已词也。从口，象气下引之形。"

且，读作"jū"，用在句尾的助词，没有实际意义，此用法在《诗经》及朱熹注中有印证。《诗·郑风·褰裳》："狂童之狂也且！"朱熹注："且，语辞也。"②

而，用在陈述句末，表示终结语气。

止，用在陈述句末，表示已然语气助词。杨树达在《词诠》第五卷中有解释："止，语末助词，表决定。"③ 该说法在高亨注《诗经》中亦得以印证。《诗·齐风·南山》："既曰归止，曷又怀止？"高亨注："止，语气词。"④

---

① （清）段玉裁：《说文解字注》，上海古籍出版社1988年版，第204页上栏。
② 阮元校刻：《十三经注疏》，中华书局1980年影印本，第342页下栏。
③ 杨树达：《词诠》，中华书局1954年版，第250页。
④ 阮元校刻：《十三经注疏》，中华书局1980年影印本，第352页中栏。

些，用在句尾表示感叹语气。《说文新附》《广韵》《楚辞补注》《梦溪笔谈》均有对该语气词的使用和解释。《说文新附·此部》："些，语辞也。见《楚辞》。"《广韵·箇韵》："些，楚语辞。"《楚辞·招魂》："何为四方些？舍君之乐处，而离彼不祥些。"洪兴祖补注："些，《说文》云：'语词也。'"[1] 宋沈括《梦溪笔谈》卷三："《楚辞·招魂》尾句皆曰些，今夔峡、湖湘及南北江獠人，凡禁呪句尾皆称些，此乃楚人旧俗。"[2]

上例对所涉及的 6 个卒语词的使用情况做了初步探讨，还对这些词的源头、典籍中使用情况做了比较互证。

此外，学术笔记中还有不少对语气词的分类探讨，该类词大致相当于现代汉语中的"语气助词"：常常使用在句子的末尾，通过句子的语气表达特定的话语交际意图，从而加大句子表达的总信息量。如：

⑤世俗以"阿阿""则则"为叹息之声，李端叔云：楚令尹子西将死，家老则立子玉为之后，子玉直则则，于是遂定。昭奚恤过宋，人有馈鼋肩者，昭奚恤阿阿以谢。尔后"阿阿""则则"更为叹息声，尝疑其自得于此。（张邦基《墨庄漫录》，页 4706）

关于"则则"，上述语料认为是叹息声，实不尽然。宋李之仪《戏杨元发》："楚令尹子西将死，家老请立子玉为之后；子玉直视则则，于是遂定。"此为叹息声。明袁宏道《良乡三教寺记》："遂扣扃，良久，履声则则从内出。"此为赞叹声。由上可见，"则则"是象声词，可表叹息，也可表赞叹，大致相当于现代汉语中的"啧啧"。"阿阿"，现有各类词典未载。

⑥文字中用语助太多，或令文气卑弱。典谟训诰之文，其末句

---

① 洪兴祖：《楚辞补注》，中华书局 1957 年版，第 334 页。
② （宋）沈括：《元刊梦溪笔谈》卷三，文物出版社 1975 年版，第 2 页。

初无"那"、"欤"、"者"、"也"之辞，而浑浑灏灏噩噩，列于《六经》。然后之文人多因难以见巧。退之《祭十二郎老成文》一篇，大率皆用助语，其最妙处，自"其信然邪"以下，至"几何不从汝而死也"一段，仅三十句，凡句尾连用"邪"字者三，连用"乎"字者三，连用"也"字者四，连用"矣"字者七，几于句句用助辞矣，而反覆出没，如怒涛惊湍，变化不测，非妙于文章者，安能及此？其后欧阳公作《醉翁亭记》继之，又特尽纡徐不迫之态。二公固以为游戏，然非大手笔不能也。（费衮《梁溪漫志》，页3398）

例⑥除了对语气词的使用情况做出观照之外，还关注到它们的使用与文风间的关系。

那，语气助词，同"哪"；"欤"，语气助词，用于疑问、反诘、抉择等问句；"者"，表祈使语气的语助词；"也"，句末助词，还可用于表时间的词语后表示停顿；"邪"，用在句中或句末的语气词，可表停顿、惊讶、感叹等语气；"乎"，可表疑问、反诘、感叹语气；"矣"，语气助词，表示感叹、疑问、肯定、祈使等语气。上述七个语气词，基本可囊括汉语表达中的各种语气，综观之，绝大多数语气的表达，均可使语气舒缓，若行文使用过多，确易令文气卑弱；但每个语气词所能表达的语气不止一种，如能在行文时交错使用同一语气词的不同语气表达，反能显文思巧妙。

（3）对词头的评述

词头是加在词根前的语素，即现代汉语中的"前缀"。笔记文本对这类词的记载和评述，主要是针对称谓名词词头。如：

①阿字　古人称呼每带阿字，以至小名小字见于史传者多有之。《汉·高祖纪》武负注："俗呼老大母为阿负。"鲁肃拍吕蒙背曰："非复吴下阿蒙。"曹操小名阿瞒，唐明皇小名亦云阿瞒。锺士季目王安丰谓："阿戎了了解人意。"阮籍谓王浑："共卿语，不如与阿戎谈。"此谓浑子戎。又杜诗"守岁阿戎家"，注谓杜位小

字也。阿奴有五。刘尹抚王长史背曰："阿奴比丞相，俱有都长。"
阿奴盖濛小字也。《语林》曰："刘真长与丞相不相得，每曰：'阿
奴比丞相条达清长矣！'"齐武帝临崩，执废帝手曰："阿奴若忆
翁，好作梓宫。"又周谟、周仲智（名嵩）皆小字阿奴。梁武帝谓
临川王曰："阿六，汝生活大可方。"王右军问许玄度："卿自言何
如安石？"许未答。王曰："安石故相与雄，阿万当裂眼争邪！"右
军道："东阳我家阿林"，谓临之也，仕至东阳太守。王子敬为阿
敬，王平子为阿平，庾会小字阿恭，王珣小字阿苽。王恭曰"与
阿大语"，谓王忱也。殷浩为阿源，王胡之小字阿龄，王蕴小字阿
兴，王敦小字阿黑，王丞相小字阿龙，郗恢小字阿乞，王恬小字阿
螭，殷顗小字阿巢，许询小字阿讷，王处小字阿智，高崧小字阿
酃，刘叔秀为阿秀。何偃遥呼颜延之为颜公，延之曰："非君家阿
公，何以见呼？"又唐王后以爱弛，因泣曰："陛下独不念阿忠脱
紫半臂，易斗麨为生日汤饼邪！"吐谷浑王名阿豺，以至阿香推雷
车，亦有所谓阿买、阿舒、阿宣，要未能尽举。今人称父母兄弟尚
尔，嗣有得，当续之。（刘昌诗《芦浦笔记》，页6—7）

　　阿，多用在姓名和称谓的前面，名词词头。杨树达对其做了初步解
释，《词诠》卷十："阿，语首助词，必置于名词及代名词之上。"① 王
力先生对"阿"成为词头的过程做了推演："词头'阿'最初用作疑问
代词'谁'的词头，而'阿谁'可能是从'伊谁'变来的。后来
'阿'字的用途扩大。它不但可以作为人名和亲属称呼的词头，也可以
作人称代词的词头。它作为人名的词头是从小字（小名）开始的。"②
上述笔记文本所见语料反映了"阿"入名并进入史传的情况。后代有
学者对词头"阿"的演变历程做了进一步厘清，认为在梵语佛经翻译
成汉语后，出现一些音节缩略双音节称谓名词，其首音节"阿"即为

---

①　杨树达：《词诠》，中华书局1954年版，第609页。
②　王力：《汉语史稿》，中华书局1980年版，第219页。

词头"阿"的萌芽，从出现时间上看，该词头于西汉培育萌芽，成长于东汉，繁盛于魏晋。[①] 上述语料表明，至宋之前，"阿"用于人小名、小字现象已很普遍，并进入史传，这种状况也是汉语词发展逐步口语化的一个缩影。

又如：

　　②子女谓其祖父曰亚公，祖母曰亚婆。（屈大均《广东新语》，页 336）

亚公，即客家话所称的爷爷。王宝红（2005）认为，上例中"亚"为词头，基本上相当于"阿"，此说可信。

以上两例对"阿""亚"的评述和记载，是汉语词语发展中词义的虚化、表达多样化的印证。

综上所述，学术笔记对各类虚词的评述不在少数，在话语表达中，虽然虚词不能充当句子的主干成分，但能协助实词遣词造句，更精确地表达意义，充当句法意义表达的主力军。基于此，虽然统治者、文人雅士"重雅轻俗"的观念一直存在，但学术笔记中已开始关注这类词汇现象，不能不说是早期语言研究的质变。

3. 对量词的评述

"汉语里还有一种特殊的名词，叫作单位词（也可以称之为量词）。单位词主要有两种：第一种是度量衡单位，如"尺""寸"等；第二种指的是天然单位，如"个""枚"等。[②] 学术笔记对量词的记载和评述俯拾皆是，如：

　　①俗语有所本　俗语谓钱一贯有畸曰"千一"、"千二"，米一石有畸曰"石一"、"石二"，长一丈有畸曰"丈一"、"丈二"之

---

① 陈宝勤：《试论汉语词头"阿"的产生与发展》，《古汉语研究》2004 年第 1 期。
② 王力：《汉语史稿》，中华书局 1980 年版，第 232 页。

类。按《考工记》："殳长寻有四尺。"注云："八尺曰寻，殳长丈二。"《史记·张仪传》"尺一之檄"，汉淮南王安书云"丈一之组"，《匈奴传》"尺一牍"，《后汉》"尺一诏书"，唐，城南去天尺五之类，然则亦有所本云。（洪迈《容斋随笔》，页35）

根据王力的研究：在上古汉语事物数量的表达中，计数单位有三：一是数词+名词；二是名词+数词；三是名词+数词+单位词。且王力注意到：汉语发展到中古以后，如果单位词前面的数词为"一"，数词经常不用。上述语料中的"×（单位词）+一""×（单位词）+二"类词，如"千一""千二""石一""石二""丈一""丈二"等就是这种情况。材料还反映出这类用法在《史记》《后汉书》等文献中即有先例。

对量词所表示内涵的探讨亦为笔记文本的一个聚焦点：

②丈二殳 《考工记》：殳长寻有四尺。注云：八尺为寻，殳长丈二。刘潜夫挽左次魏云："少日一编书，中年丈二殳。"摘用亦佳。（罗大经《鹤林玉露》，页5367）

"尺""殳""寻""丈"均为古代汉语常用的量词，材料文献对量词解释的摘录和量词入诗情况的述评，这几个量词的发展过程在历代字书中也有记载。

关于"殳"，《释名·释兵》："殳，殊也，长丈二尺而无刃，有所撞挃于车上，使疏离也。""殳"本为一种兵器，因该物长一丈二尺，故"殳"后来演变成量词后，专门表达"丈二"。

关于"寻"所表示单位的长度有争议：《说文·寸部》释为"八尺"，《广韵·侵韵》曰"六尺"，《史记索隐》释"七尺"。出现这种争议的根本原因是"寻"的度量方式，《说文》认为"度人之两臂为寻"，个体不同、度量方式差异等都会导致长度的不同，但普遍被认可的看法是：七尺为一寻。

关于"丈"，因字形"从又持十"，故一丈为"十尺"。

综上，故有上文"殳长寻有四尺"之说。

③五百弓　荆公诗云："卧占宽闲五百弓。"盖佛家以四肘为弓，肘一尺八寸，四肘盖七尺二寸，其说出译梵。（罗大经《鹤林玉露》，页5266）

大弓长五肘，小弓长四肘。（赵令畤《侯鲭录》，页2061）

弓，亦为古代常用的计量单位，用于丈量土地。5尺为1弓，360弓是1里，240方弓是1亩。古制6尺或8尺为1弓，300弓为1里。关于"弓"的丈量，《仪礼》《清史稿》中可见相关材料。《仪礼·乡射礼》："侯道五十弓。"贾公彦疏："六尺为步，弓之下制六尺，与步相应，而云弓者，侯之所取数，宜于射器也。"①《清史稿·食货志·田制》："凡丈蒙地，五尺为弓，二百四十弓为亩，百亩为顷，顷编为号。"②"弓"成为计量单位的过程可比类于"殳"：由器具发展而为与之相关的长度计量单位，其计量与器具的形制、使用密不可分，个体差异也就不可避免了。

④《韩诗外传》云：颜回望吴门马，见一匹练，孔子曰："马也，然则马之光景长一匹耳。"故人呼马为一匹。应劭《风俗通》曰：马一匹，俗说相马及君子与人相匹。或曰马夜行目明，照前四丈，故曰一匹。或曰度马纵横，适得一匹。或说马死卖马，得一匹帛。或云《春秋左氏》说诸侯相赠，乘马束帛，帛为匹，与马相匹耳。（赵令畤《侯鲭录》，页2078）

"匹，四丈也……八揲一匹"，是布、丝的单位词，上文述评是对"匹"成为"马"的度量单位的6种说法。笔者认为，《韩诗外传》说法

---

① 阮元校刻：《十三经注疏》，中华书局1980年影印本，第1012页上栏。
② 赵尔巽等：《清史稿》，中华书局1977年版，第3521页。

可信度高。从认知语言学的角度来说，语言的认知总是从具象到抽象，从点到面铺开。颜回、孔子的话语使"匹"的借用始于具象（远望马如一匹练），成为认知的基点，进而不断铺开，成为大众习用的量词。

⑤广南俗呼食为头，（梁元帝赐功德净馔一头。）鱼为斗，（梁科律，生鱼若干斗。）茗为薄、为夹，（温贡茗二百大薄。梁科律，茗薄若干夹。）笔为双、为床、为枚。（南朝呼笔四管为一床。梁简文答徐摛书：时设书幌，中置笔床。梁令云：写书笔一枚一万字。）（赵令畤《侯鲭录》，页2031）

上例是对广南方言区内量词使用情况的记录。由此可知，量词使用产生于方言、民俗语言，并有逐渐铺开之势，同一事物可有多个量词适用，虽用语丰富，却稍显杂乱，后来对汉语的使用进行规范势在必行。

综上所述，学术笔记评述的词汇现象涉及甚广，除以上虚词、量词、民俗语言等几不见于典籍的词汇现象之外，还有对各专名等现象的评述，但综而观之，该类评述主要是对被评述词语的释义，故笔者将其归入"学术笔记对语义现象评述的记录"一章中。

## 二 学术笔记所记录词汇现象的研究现状

近几十年来，学术笔记已越来越多地受到关注，出现了丰硕的研究成果，诸如《宋代语言研究》①《古白话词汇研究论稿》②《二十世纪的汉语俗语研究》③，这些专著均高度强调了学术笔记对语言研究的语料价值，却未对它的理论价值给予适切的、明确的评价；而《魏晋南北朝小说词语汇释》④《唐宋笔记语辞汇释》⑤ 等著作则主要对学术笔记

① 李文泽：《宋代语言研究》，线装书局2001年版。
② 徐时仪：《古白话词汇研究论稿》，上海教育出版社2000年版。
③ 温端政、周荐：《二十世纪的汉语俗语研究》，书海出版社2000年版。
④ 江蓝生：《魏晋南北朝小说词语汇释》，语文出版社1988年版。
⑤ 王锳：《唐宋笔记语辞汇释》，中华书局1990年版。

中典型词条做了详细考证，为汉语辞书的编纂提供了丰富的、具体可感的语料。此外，近年来四川大学、浙江大学还出现了不少优秀的相关博士论文，对其中典型词条进行详细厘析的单篇论文也不断出现。但从总体上看，前期成果主要聚焦于对学术笔记语料价值的发掘，对其中典型词条的考释、说明，而历代学术笔记所独具的语言学理论价值却未得到应有的重视和观照，本章努力发掘笔记文本中所见相关评述的理论价值，以期能将其连缀成篇，为汉语言学理论体系的架构和完善贡献绵薄之力！

# 第二节 学术笔记对词义的系统性的探讨

任何一种语言体系，其同类语言单位之间都有着密切关联，汉语词汇也一样。然长期以来，学界对语言系统的关注点主要聚焦于语音和语法上，词汇的系统性被忽略了。当前词汇研究的现状是：词汇系统本身远远复杂于语音和语法系统，这种状况是语言学界在研究中难以把握的，所以，此前的大量研究均侧重于对词语的释义和关于词汇的史纲上，缺乏对词汇进行系统性的、发展规律的相关研究。对学术笔记中语言现象的研究亦不例外，其中相关述评不乏对词语所做的系统性的初步探索。通过考察笔记文本中的相关例证，我们认为，笔记对词汇系统的述评主要集中在两个方面：对词形与词义关联性的探讨；对同族词间词义关联的述评。

## 一 学术笔记对词形与词义关联性的探讨

早在几千年前的甲骨文中，汉文字的体系已经相当完备，甲骨文里出现的相当数量的形声字即为明证。而在现行汉字常用字形中形声字占比达 90% 以上。绝大多数形声字的结构分为上下或左右两部：一部是字义一类，另一部是字形的声音一类。这是几千年前的汉人具有高度概括能力的缩影。而形旁的意义与形声字字义间的关系并非整齐划一，而是相当复杂的。笔者经初步考察学术笔记，发现其中相关述评主要是对形旁相同字语义关联的评述、汉语词语偏旁类化的记录和评述。

（一）对同形旁字之语义联系的探讨

在世界上现存的表意文字中，汉字是最古老的，裘锡圭说：“绝大多数形声字的形旁，只是跟字义有某种联系。”[①] 据此推断，形旁相同的汉字在意义上一定会有某种联系，只是远近不同而已。学术笔记中有不少述评，对形旁相同的字间的语义关联进行了探讨，甚至还明确提出“同旁必有同义”。如：

> ①按字书，臽音坎，穿也。故凡字从臽者，皆有虚之意。（王观国《学林》，页157）

据《说文》、段《注》，“臽”即“小坑”，上述材料以盛行一时的“右文说”为理论基点，由此得出“凡字从臽者，皆从虚之意”论，殊不可信。考察从“臽”的字，发现反证最典型的如“蛤”，这是一种有毒的、蜇人毛虫，与“小坑”毫无关联。由此，我们认为这种说法失之过于绝对，此亦王圣美提出的“右文说”的偏颇之处，虽如此，该理论对后世同源词理论的开创启发，功绩不可磨灭。但因这类评述更侧重于对词义问题的探讨，笔者主要将其放在下文“学术笔记对俗形义学现象的评述”节中展开讨论。

（二）对词语偏旁类化现象的探讨

文字是事物、事件作用于人意识的外化产物，这两个要件往往会影响字形的表意，形旁也一样。反之亦然。事物本身、人的思想意识的变化也会使形声字的声旁产生代换，甚至会影响前言后语常用组合中的语素，这就出现了偏旁类化现象。形声字形旁的类化，意即表意语素受到词内其他语素或相关词语的影响，形旁发生类化，其实质是由语言发展中的类推作用所导致的，是一种聚合影响。如：

---

① 裘锡圭：《文字学概要》，商务印书馆1988年版，第167页。

①欧阳公言馂馅之讹最为可笑。今俗吏于移文中，如价直之直作值，枪刀之枪作鎗，案卓作案棹，交倚作交椅。此类甚多，使欧公见之，当更绝倒也。（陆容《菽园杂记》，页31）

直，即"值"的本字，表"价格"之意。汉、唐至明，史传中多见"直"表"价值"义，字书中也有记载，《正字通·目部》就有"直，又与值同"①。材料认为"直"（后为"值"）受"价"的影响，是形旁的类化。

枪，为长柄一端装着金属尖头的古代常用兵器，因受兵器"刀"的影响，形旁变而为"钅"。

卓，指几案，后来写作"桌"，此字的异体字本很多，在各类史传中多见。如宋史绳祖《学斋占毕》卷二："盖其席地而坐，不设椅卓，即古之设筵敷席也。"该例中"卓"即"桌"。又《正字通·木部》有"棹，又椅棹。"②《朱子语类》卷九十："同人在旅中遇有私忌，于所舍设棹，炷香可否？""棹"即"桌"。"卓""棹"均表"桌子"，受"案"之"木"旁类化为"桌"。此类又如"椅"字，据《说文·人部》："倚，依也。从人，奇声。""倚"引申指椅子，后受"桌"类影响而化作"椅"。宋黄朝英《靖康缃素杂记》卷三："今人用倚卓字，多从木旁。"以上各字均为受同类字偏旁影响类推而改换形旁例。

此类又如"馎饦""馄饨"：

②毕罗者，蕃中毕氏、罗氏，好食此味。今字从食，非也。馄饨，以其象混沌之形，不可直书混沌，从食可矣。至于不托，言旧未有刀扣之时，皆掌拓烹之，刀扣既具，乃云不托，今俗字作馎饦非也。（王谠《唐语林》，页286）

---

① （明）廖文英、（清）张自烈：《正字通》，中国工人出版社1996年影印本，第729页下栏。

② 同上书，第514页上栏。

餢䭔，是古代常吃的饼类食品，又名饽饽。古代字书、韵书等中均有记载，《玉篇·食部》："餢，餢䭔，饼属。"《广韵·质韵》："餢，餢䭔，饵也。"《升庵外集·饮食》："餢罗今北人呼为波波，南人讹为磨磨。"

馄饨，是用薄面片包着馅做成、煮食的食品。广东人称"云吞"，四川人称"抄手"，湖北人称"水饺"，不但称法，这种食物的做法，古今南北也不尽相同。《正字通·食部》："按：今馄饨即饺饵别名，俗屑米面为末，空中裹馅，类弹丸形，大小不一，笼蒸啖之。"① 这种食物的来源，民俗中还有两说：

③世言馄饨是虏中浑氏屯氏为之。按：《方言》："饼谓之饨，或谓之馈，或谓之馄。"则其由来久矣，非出谓胡虏也。（程大昌《演繁露》，页16）

由上例可知，关于"馄饨"的来源，说法有二：①由其始作俑者之姓氏得名；②由方言得名。②说可信。

此类又如"馎饦"（汤饼）：

面食，古代人用面、米粉制作而成，各地制法、形式各异，字书、笔记中多见。《玉篇·食部》："馎，馎饦，米食也。"《齐民要术·饼法》："馎饦，挼如大指许，二寸一断，著水盆中浸。宜以手向盆旁，挼使极薄，皆急火逐沸熟煮。"② "馎饦""汤饼"同：

④汤饼，唐人谓之不托，今俗谓之馎饦矣。（欧阳修《归田录》，页621）

---

① （明）廖文英、（清）张自烈：《正字通》，中国工人出版社1996年影印本，第1296页下栏。

② （后魏）贾思勰：《齐民要术》，汉籍全文检索系统子部，卷第九。

汤饼，是水煮的面食，辞书、小说中有相关书证。《释名·释饮食》："蒸饼、汤饼、蝎饼、金饼、索饼之属，皆随形而名之也。"《儿女英雄传》第二八回："羹汤者，有'汤饼'之意存焉。古无'面'字，凡面食一概都叫作'饼'。"

综上所述，相关评述材料对"案""桌""枪""餶饂""馄饨""汤饼"等词的得名理据、字形演变进行了讨论。具体情况有二：①"直""枪""卓""倚"四字字形的演变受同类字偏旁的影响；②"餶饂""馄饨""馎饦"的得名则因其制作材料而来。①②两类，均为语言发展中类推机制作用的结果，虽还有争议，但至少呈现出古人语言意识中最原始的偏旁类化理念。

以上各例，不论是对同形旁词语义关联的评述，还是对同类词偏旁类化现象的观照，抑或是对同质料词偏旁类化的探讨，皆为对汉语词义系统性、关联性的探索，但该类探索在学术笔记中更多的是通过同语素词语族的评述呈现的。

## 二 对同素词之词义关联的探讨

"成群的或若干个不同的词语意义关联现象，由于含有同样一个语素，即含有同义材料的共同意义成分，而彼此在意义上相互因应。应该承认，这种相互因应也是词语单位间的聚合关联，使相应的词语单位形成一种聚合的组织。这当中，尽管聚合起来的诸单位之间的因应关联只具有微弱的结构关系的性质，仍可勉强造成一个结构组织。""这样的由于具有同样一个语素而聚合在一起的成群、成组词语，可以称为同语素词语族。"① 有一些学者称这类词语聚合为"同族词""同根词""同源词"，但也有一些学者②对此持反对意见，笔者认为，单纯从词形上归类更为简便，故可称之为"同素词"。历代学术笔记

---

① 刘叔新：《汉语描写词汇学》，商务印书馆 2005 年版，第 387 页。

② 郭锡良：《汉语的同源词和构词法》，《湖北大学学报》2000 年第 9 期。郭锡良认为，在结构构词法造出的复合词中，只存在共语素的同素族，而没有形成传统意义上的同源词，因为它们不具备构成同源词的语音条件。

中所见的"同素词",从其词义内涵看主要情况有二:一般同素词;行业同素词。

(一)一般同素词

在"一般同素词"里,"同素"是贯穿整个词族的,可为动植物、可为事物性质、可为行为等,并非适用于专门的行业。从其共同语素与整个词族、词义的关系看,情况有二:"同素"为事物的"事物同素词""同素"为表事物性质的"性质同素词"。

1. 事物同素词

事物同素词,即词族中的共同语素是和整词、整个词族关系密切的事物。

(1)"谢豹"族

谢豹,鸟名,又名杜宇、子规、杜鹃,在古代传说中是由蜀王杜宇的灵魂所化,春末夏初常昼夜啼鸣,鸣声甚为凄切,常用以表伤感,故曹雪芹《桃花行》有"一声杜宇春归尽"之语。因蜀王杜宇字"子规",该鸟又名"子规"。子规、杜宇之名在传世文献中可见,《禽经》:"嶲周,子规也,啼必北向。江介曰子规,蜀右曰杜宇。"据晋张华注:"啼苦则倒悬于树,自呼曰谢豹。"此鸟又因其叫声而被称为"谢豹",并以之为基点产生了"谢豹"族词,《老学庵笔记》载:

> ①吴人谓杜宇为"谢豹"。杜宇初啼时,渔人得虾曰"谢豹虾",市中卖笋曰"谢豹笋"。唐顾况《送张卫尉诗》曰:"绿树村中谢豹啼。"若非吴人,殆不知谢豹为何物也。(陆游《老学庵笔记》,页3476)

谢豹于每年春末夏初初啼,谢豹初啼季节所得之虾曰"谢豹虾",所得之笋曰"谢豹笋",均由与"谢豹"——与整个词族关系密切的相关事物而得名。

(2)"荒"族

荒,本指收成不好。《尔雅》《韩诗外传》《周礼》注均有记载,

《尔雅·释天》："果不熟为荒。"① 《韩诗外传》卷八："三谷不升谓之
馑，四谷不升谓之荒。"② 《周礼·天官·大宰》："以九式均节财
用……三曰丧荒之式。"郑玄注："荒，凶年也。"③ 后被引申来指事物、
食物的严重缺乏，并由此发展出"荒"族词：

　　①唐荆州每解送举人，多不成名，号曰"天荒"。至刘蜕舍人
以荆州解及第，号"破天荒"。东坡尝以诗二句，遗琼州进士姜唐
佐，"沧海何曾断地脉，白袍端合破天荒"，用此事也。（邵博《邵
氏闻见后录》，页1944）

上例中的"天荒"，由唐朝荆州科考从未有人及第而得来，该典故
在《唐摭言》中亦有载，《唐摭言·海述解送》载："荆南解比号天荒。
大中四年，刘蜕舍人以是府解及第。时崔魏公作镇，以破天荒钱七十万
资蜕。蜕谢书略曰：'五十年来，自是人废；一千里外，岂曰天荒！'"④
"天荒"为由典故而得名，之后，又有"破天荒"之语，除上例外，
《坚瓠广集》也有详细记载：

　　②破天荒之语，盖自宋时已有之，似为郡县初发科者而言。荆
南岁解举人，多不成名，至刘蜕始及第，号为破天荒。开禧初，南
溪登第者，由史子申始，人谓之破天荒。又播州冉从周举进士时，
亦呼为破天荒。（褚人获《坚瓠广集》，页417）

"破天荒"是对"天荒"事的后续，后来指前所未有、第一次出
现，亦称作"破荒"。上例是对"破天荒"之始见时间、得名之由的
探讨。

---

　① 阮元校刻：《十三经注疏》，中华书局1980年影印本，第2607页下栏。
　② （汉）韩婴撰：《韩诗外传集释》，中华书局1980年版，第287页。
　③ 阮元校刻：《十三经注疏》，中华书局1980年影印本，第648页上栏。
　④ （五代）王定保：《唐摭言》，上海古籍出版社1978年版，第16页。

后还有"收荒"的说法：

  ③乙亥正月十八日申报云，去岁陆状元夫人游街收荒，万国公报及汇报皆不胜艳羡。（平步青《霞外捃屑》，页 10）

另有"散荒"：

  ④新科状元夫人，以无黄鸡子掷之城垣之下，俗名"散荒"。（王有光《吴下谚联》，页 37）

上几例中的"天荒""破天荒""收荒""散荒"均由"荒"的"事物严重缺乏"义而得来，最初是与科举考试相关的同素族。四词均由具体典故而得名，得名之由是词义不断扩大蔓延：先表同类事物，再表性质相同之事物、行为，是汉语词义由点至面铺开过程的体现，也是认知语言学由具体到抽象认知过程的呈现。

（3）"烧"族

"烧"族词，是因性质相同而得名的。如下例：

  ①烧酒以米为之，曰米烧。以麦为之，曰麦烧。（李斗《扬州画舫录》，页 293）

"米烧""麦烧"二词均为越级提取而得，取"烧酒"的一个语素"烧"，与这种事物所用的原料组合，用米做成的是"米烧"，用麦做成的是"麦烧"。

综上所述，"谢豹"族、"荒"族、"烧"族三例，均为由同一种事物贯穿整个词族而形成，我们统称之为"事物同素词"。

2. 性质同素词

跟"事物同素词"对举，我们把用贯穿整个词族的不同事物的共同性质作为"同素"所构成的词族称为"性质同素词"。如：

①《本草》：麻蕡，一名麻勃，云此麻花上勃勃者。故世人谓尘为勃土。果木诸物，上浮生者皆曰衣勃。和面而以干者傅之，亦曰面勃。浙人以米粉和羹，乃谓之米 pèi，音佩，而从力者韵无两音。《大业杂记》载尚食直长谢讽造《淮南王食经》，有《四时饮》，凡三十七种，并加米 pèi。乃知此书如茶饮、茗饮、桂饮、酪饮皆然，未知与今同否也？（庄绰《鸡肋编》，页4001）

勃，是粉状物、粉末，历代文献均载该义项。《周礼·地官·草人》："凡粪种……勃壤用狐，埴垆用豕。"郑玄注："勃壤，粉解者。"① 《齐民要术》引《诗义疏》云："'荻，本大如箸，有黄黑勃，着之污人手。'是凡屑皆曰勃也。"又《本草纲目·草部·马勃》［集解］引陶弘景曰："马勃……紫色虚软，状如狗肺，弹之粉出。"② 因为"屑"体积小，所以上浮的也称为"勃"，基于此，"麻勃""勃土""衣勃""面勃"的称法便逐渐产生，在该族词中，"体积小容易上浮"是贯穿每个词的共同性质，上述材料即为对该族词意义关联性的探讨，同时也对"饮"族词的关联性提出质疑。

又如：

②琼州多猴，以小者为货，曰拳猴，大者曰猕猴，亦曰母猴，母非牝也，元音转为马，犹鱼有马鲹……蓟有马蓟，蓝有马蓝，皆其类之特大者。凡物之特大者曰马，故又曰马猴也。（屈大均《广东新语》，页538）

上例所涉及的同素词族实为两个：①"猴"族；②"马"族。在①族中，"货""拳"为小，"猕""母"为大，"母"转音而为"马"，

---

① 阮元校刻：《十三经注疏》，中华书局1980年影印本，第746页中栏。
② （明）李时珍：《本草纲目》，人民卫生出版社2004年版，第1415页。

演变为②族；②族中的"马"有"大"意，在历代字书、文献中可见。《尔雅·释虫》："蝒，马蜩。"郭璞注："蜩中最大者为马蜩。"① 《本草纲目·介部·马刀》："俗称大为马，其形象刀，故名。"② 又《草部·马兰》："其叶似兰而大，其花似菊而紫，故名。俗称物之大者为马也。"③ 上例即为对两族词发展脉络的探析。

学术笔记对"义"族词的评述也不在少数：

　　③刘言史乐府词曰：月明如雪，金阶上迸断玻璃义甲声。义甲，护指物也，或以银为之。李义山诗：十二学弹筝，银甲未曾卸。甲外有甲，谓之曰义。乐部有义嘴笛，妇人有义髻，衣有义领义袖，凡物非真而假设之者，皆曰义。人名假子，曰义男义女。言其非真子女也。项羽之尊义帝，亦即此意。（褚人获《坚瓠秘集》，页 505—506）

义，可表"名义上的、假的""仗正道""与众共之"等义。上例中的"义"族词是使用"假"义贯穿而形成的，实质上，除上述"义"族词外，"义"的其他义项也作为贯穿同素族的同素形成不同的同素词族。洪迈的《容斋随笔》有载：

　　人物以义为名　人物以义为名者，其别最多。仗正道曰义，义师、义战是也。众所尊戴者曰义，义帝是也。与众共之曰义，义仓、义社、义田、义学、义役、义井之类是也。至行过人曰义，义士、义侠、义姑、义夫、义妇之类是也。自外入而非正者曰义，义父、义儿、义兄弟、义服之类是也。衣裳器物亦然。在首曰义髻，在衣曰义襕、义领，合中小合子曰义子之类是也。合众物为之，则有义浆、义墨、义酒。禽兽之贤，则有义犬、义乌、义鹰、义鹘。

---

①　阮元校刻：《十三经注疏》，中华书局 1980 年影印本，第 2638 页中栏。
②　（明）李时珍：《本草纲目》，人民卫生出版社 2004 年版，第 2524 页。
③　同上书，第 908 页。

（洪迈《容斋随笔》，页 105—106）

由上例知，"义"之"仗正道""与众共之"都作为同素参与了词族的形成。其实，汉语词汇系统的发展呈现出辐射状：以一语素为基点，以该同素的各个义项为网络，向外辐射，形成词族网络。

综上所述，汉语词族的形成，以一个语素为基点，呈现出不同的发展方向：①由一个义项为主线呈直线发展；②由相关同族词讹变而另成新族；③由某几个义项为主线，向不同方向辐射而形成词义网络。①②③共同作用，呈现出汉语词汇丰富多彩的词义、词语网络。

（二）行业同素词

由与行业相关的"同素"形成的同素族，笔者称之为"行业同素词"。学术笔记中所呈现的行业同素词主要有二：商业同素词、制造业同素词。

1. 商业同素词

当所形成的同素族基点语素与商业有关时，我们称之为商业同素词。学术笔记中可见相关例证主要有"团"族、"行"族。

"团""行""栏"是宋代对商业场所的命名。《梦粱录》《都城纪胜》《广东新语》均有载：

> ①市肆谓之"团行"者，盖因官府回买而立此名，不以物之大小，皆置为团行，虽医卜工役，亦有差使，则与当行同也。……有名为"团"者，如城西花团，泥路青果团……又有名为"行"者，如官巷方梳行、销金行、冠子行……鸡鹅行。更有名为"市"者，如炭桥药市、官巷花市……（吴自牧《梦粱录》，页115）

团行，宋代的行会组织，其设立的功能有二：便于官府敛派；防止同业竞争。具体来说，团是宋朝人对市肆的称呼。上述材料是对当时都城商业名称概貌的呈现，"团""行""市"皆是对当时市场的常用称呼。上述各字中，除"市"的本义即为交易买卖的场所之外，其余几种说法均为对本义的引申。宋朝耐得翁的《都城纪胜》记载了当时的商业繁华之地：

> 又有名为团者，如城南之花团，泥路之青果团，江干之鲞团，后市街之柑子团是也。（耐得翁《都城纪胜》，页4）

由上可见，宋代市肆类目细致，花、青果、鲞、柑子均成团，该义项在《汉语大字典》里有载，其产生经历了以下逻辑过程：①圆（本义），由概念到内含实物；②圆形物，实物虚化；③萦绕，围绕，由虚到实；④聚合，场所，义项进一步细化；⑤对市肆的称呼。在上述逻辑过程中，虚虚实实，此消彼长，其实质是社会生活的发展导致了词义的发展。

"行"是当时买、卖交易的营业处。《都城纪胜》亦有载：

> 市肆谓之行者，因官府科索而得此名，不以其物小大，但合充用者，皆置为行，虽医卜亦有职。（耐得翁《都城纪胜》，页4）

该义项在《汉语大字典》里有载，所见书证最早见于唐代。在前文几例中，"团""行"均取"市肆""买卖交易营业处"义项，且由评述材料可见，事无大小，物无巨细，只要能用，皆可置为专门的"团""行"，其分类之细致，足可使后人窥见当时商业繁华之一斑。甚至还有专门的市场出现，清朝屈大均的《广东新语》有记载：

> ②广州凡食物所聚，皆命曰栏。贩者从栏中买取，乃以鬻诸城内外。栏之称惟两粤有之，粤东之栏以居物，粤西之栏以居人，居物者以果栏为上。（《广东新语》，页395—396）

"栏"之称谓，虽广东、广西均用，义却迥异：广东用以称卖物之市肆，广西用以称住人之地。作为广东市肆的专门用语，屈大均对其所涉及内容、形制、位置均做了详细介绍。该义在《汉语大字典》中虽未载，却可见"纸或织物上的分格界限"一义，清代两粤所用之义即由此引申而来。《汉语大字典》中上述义项取唐李肇《国史补下》"织物界道而成的乌丝栏、朱丝栏"为书证，在该义引申的过程中：①织物通过界道分界→②不同市场的分类。①是具体、可视的具象，②是抽象概念，由①至②，符合认知语言学中话语认知由具象到抽象、由近及远的规律，但该义使用地域的狭窄，决定其未能成为固定义项流传下来。

词语是社会的外化，词语能反映相关的社会生活，综上可见，其一，宋时商业已很繁盛，市场名称多样、类目细致，据可靠书证，上述"团""行""栏"所使用义项均为本字引申义，且引申方式多样，过程有些复杂，实为词义反映社会的明证；其二，市场类目的多样，"团""行""栏"各有不同种类出现，现实需要是内因，类推机制是推动力，二者缺一不可。

2. 制造业同素词

长期以来，在中国社会自给自足的小农经济背景下，手工业制造是整个封建社会不容小觑的存在，学术笔记中可见的同素族中还有"同素"与制造业密切相关的类别，即制造业同素词。如"杜"族词：

> ①世有作诗文，无来历者曰"杜纂"，（同撰）。都不解杜字之义。盖道家经藏（去），撰于杜光庭，多涉虚妄；杜默为诗，多引用无据，故云"杜撰"。今俗以物非市买，而家自法制者概曰"杜造"，曰"杜作（佐）"。如园蔬称"杜园菜"，丸剂称"杜煎胶"，家酿称"杜槽酿"之类，不可枚举。虽俗语，亦有来源。又度撰。按《湘山野录》：盛度撰张知白神道碑，石中立，急问曰："是谁撰？"度卒对曰："度撰。"满堂大笑。（金埴《不下带编》，页48）

上例是对"杜"族词使用概貌的描述以及来源的戏说。《陔余丛考》亦有对该族词的记述：

　　凡文字之无所本者曰杜撰，工作之不经匠师者曰杜做。（赵翼
《陔余丛考》，页970）

　　"杜"字，《汉语大字典》收有12个义项，却均与上文所述义项无
关。上述材料中各词用法实质上分为两类，且"杜"之两义项在《简
明吴方言词典》中均载：①形容词，指家庭自制；②动词，私自。《新
方言·释言》亦有提及："今人谓虚造为杜造。"上述义项在吴方言中
亦得到印证，吴方言中有"杜布"（家庭手工纺织的布）、"杜作主张"
之说，分别取上述"杜"之①②义项。上文"杜园菜""杜煎胶""杜
槽酿""杜酒""杜田""杜园"之"杜"均取义项①，而"杜造"
"杜作"则取义项②。故上文笔记文本中所记述的"杜"族词实质上是
两个系列的同素词。

　　②功皮之工五：鲍、裘谓之毛毛匠，治韦谓之皮匠。（李光庭
《乡言解颐》，页40）

　　"匠"是做器的工匠。《说文·匚部》："匠，木工也。从匚斤。斤，
所以作器也。"段玉裁注："工者，巧饰也。百工皆称工、称匠，独举
木工者，其字从斤也。以木工之称引申为凡工之称也。"① 与文本材料
相关的义项有三："匠"本义为木工（义项①），随着制造业的发展，
手工制造品种增加，"匠"的表义范围逐步扩大，成为有专门技术的工
人（义项②），而后又由名词转而为动词，指做、制造（义项③），义
项的发展过程①→②→③，先由专名至泛指，后指与之相关的动词，上
例记录了皮工五种中的两类——毛毛匠、皮匠的内涵。

　　③其它工役之人，或名为"作分"者，如碾玉作、钻卷作、

---

① （清）段玉裁：《说文解字注》，上海古籍出版社1988年版，第635页下栏—636页上
栏。

篦刀作、腰带作……又有异名"行"者，如买卖七宝者谓之骨董行、钻珠子者名曰散儿行，做靴鞋者名双线行、开浴堂者名曰香水行。（吴自牧《梦粱录》，页 115）

上例之"作"，本为动词，指劳动、工作。后转去音而为平声，成为名词，表示工场、作坊，《汉语大字典》有载。

以上三例，"杜""匠""作"分别为贯穿词族的"同素"，"杜"为与该词族相关的性质，"匠""作"为与词族相关的主体、场所。以上各例均与制造业相关，笔者归之为"制造业同素词"。

综上所述，学术笔记对同语素词语族的评述，呈现出古人最原始的词族观念，是他们对汉语词语意义间关联的初步探求。张永言说："任何一个词无论在语言里还是在言语里都不是孤立的，而是跟别的有关的词彼此联系着的；语言的词汇不是偶然的堆积，而是构成一定的体系；每当一个新词或新义加入语言的词汇体系，它就要跟词汇里已有的相关的词或词义相互影响，从而导致词义的变化。"[①] 尽管汉语词汇的丰富多彩不亚于世界上任何一种语言，但这种现状并不妨碍这个庞大系统中各类结构组织的存在，这些结构组织使得汉语的词汇系统犹如一张巨大的网络，包罗所有，无一例外。没有一个词语不被这个系统中某些成分所勾连、组织、制约，尽管该体系并无社会体系明晰的条例、严整的层次，但其中各个成员间的关联是客观存在的，且牵一发而动全身。所以在词汇学的研究中，汉语词语的系统性是重中之重。

## 第三节　学术笔记对词语形义
## 不对称现象的探讨

世界上的文字体系有两种：表音体系、表意体系，后世还有意音文

---

① 张永言：《词汇学简论》，华中工学院出版社 1982 年版，第 58 页。

字的说法。汉字是表意体系的文字，汉语的一个词用一个符号来表示，该符号却与所表词赖以生成的声音无关，而是与整个词发生的关系，从而与该词所表达的概念发生间接的关系。要使话语交际绝对方便准确，一字、一形、一音、一义是最理想的状态；但实际情况并非如此，汉语词语间的关系是错综复杂的，但正如前文所述，这种联系并非杂乱无章，汉语词汇间是存在着规律的，这些规律使得汉语的词语形成体系，从而织成汉语词汇的网络，每一个词都处于这个巨大的网状结构中。然而字的形、音、义不对称并非汉字独有，其产生原因、对应关系是多元的。正如裘锡圭所述："汉字字形跟音义之间的关系非常错综复杂。不但同音的词用不同的字形来表示，就是同一个词也常常有两种以上不同的书写形式。另一方面，同一个字形又常常可以用来表示两个以上不同的词，有很多字形还具有两种以上不同的读音。"[1] 意即汉字的形与义不是一一对称的。学术笔记中有不少相关评述的存在。具体来说，情况主要有二：一是用不同词形表相同事物，即同实异形；二是用相同词形表不同内容，即同形异实。

## 一 学术笔记对同实异形现象的述评

同实即所表内涵相同，异形即外化词形不同，我们把汉语中这类词语现象称为同实异形，这种现象在学术笔记中主要呈现为"事物异名"和"通用词"。

### （一）事物异名

通过不同理据为事物命名，形成所指称的内涵完全相同，但或因时、地的不同，或为分别突出该事、物的不同部位、特征，而造成同一种事物的称法迥异，即事物异名。学术笔记中可见的事物异名现象可归为二类：内涵完全相同的事物异名，笔者称之为"绝对事物异名"；内涵稍有不同的事物异名，笔者称之为"相对事物异名"。

---

① 裘锡圭：《文字学概要》，商务印书馆 1988 年版，第 255 页。

1. 绝对事物异名

封建社会对最高学府的不同称呼，是这类事物异名的典型。具体
如下：

①古者天子有学，谓之"成均"，又谓之"上庠"，亦谓之
"璧水"，所以养育作成天下之士类，非州县学比也。（吴自牧《梦
粱录》，页132）

成均，古代天子所设之大学，《周礼》《礼记》中均有载。《周礼·
春官·大司乐》："大司乐掌成均之法，以治建国之学政，而合国之弟
子焉。"① 《礼记·文王世子》："三而一有焉，乃进其等，以其序，谓
之郊人，远之，于成均，以及取爵于上尊也。"郑玄注："董仲舒曰：
五帝名大学曰成均。"② 后来又泛称官设的最高学府、贵族学校。此名
是由所教授内容而得，理由是：①成，古代奏乐一曲为一成；均，古代
雅曲名。②由上文所引《周礼》中书证可见，成均之法归大司乐掌管，
由大司乐的主要职责可推断出：成均主要教授雅乐。由①②足可知：作
为最高学府的成均，其主要教授内容是当时的雅乐，正与成均之名同。

上庠，基本上与"成均"同。《礼记·王制》："有虞氏养国老于上
庠，养庶老于下庠。"郑玄注："上庠，右学，大学也。"③ 庠，本为殷
商、周朝时的学校，后一直沿用；"上"取"排名靠前"义。上述
"上""庠"二义结合，主要从学校所处位置上得名。

又有"璧水"指太学，此名出典于《诗经》。《诗经·大雅·灵台》：
"于论鼓钟，于乐辟雍。"毛传："水旋丘如璧，曰辟雍"，对"辟雍"的
形状、位置、特点做了简明介绍。本名"辟雍"，是天子设立的学堂，
因学校周围被水池围绕，形状似璧，后来就用"璧水"来指称。

上述评述材料记录了"成均""上庠""璧水"三词，词形不同，

---

① 阮元校刻：《十三经注疏》，中华书局1980年影印本，第789页中栏。
② 同上书，第1406页中栏。
③ 同上书，第1346页中栏。

但所表之内涵完全相同。此类又如：

②艾一名冰台，一名医草。（赵令畤《侯鲭录》，页2061）

"艾"即艾蒿，多年生草本植物，属菊科，花朵为黄色，叶子分裂，似羽毛，有香气。"艾"的别名，古代字书中有载。《尔雅·释草》："艾，冰台。"郭璞注："艾，一名冰台，即今艾蒿也。"① 《说文·艸部》："艾，冰台。从艹，乂声。"因艾叶可入药，温经脉，制成艾绒，用来灸百病，去寒湿，故称"医草"。然何以称"冰台"？艾之属性，众说各异：或谓生寒熟热，或谓生温熟热……无论如何，均与"冰"无关。据陆佃《埤雅》载："《博物志》言削冰令圆，举而向日，以艾承其影则得火，则艾名冰台。"窃以为，《博物志》所言之事或为虚妄之词，"冰台"由此得名实殊为可信。

③水鸡　水鸡，蛙也。水族中厥味可荐者。（鸡，郭璞注：《尔雅》云：一名水鸭。）（赵令畤《侯鲭录》，页2056）

水鸡、水鸭均为青蛙别名。明王志坚《表异录·虫鱼》："水鸭，蛙也。今人呼水鸡，本此。"李时珍《本草纲目·虫四·蛙》［集解］引苏颂曰："所谓蛤子，即今水鸡是也，闽、蜀、浙东人以为佳馔。"李时珍曰："田鸡、水鸡、土鸭，形称虽异，功用则一也。"② 据《汉语方言大词典》载：称青蛙为水鸡，北京官话、中原官话、江淮官话、徽语、吴语、湘语、客家话、闽语均用。因其在水中生存，南方人又以之为上好的烹饪食材（如鸡），盖因此而得"水鸡"之名。

④红蓼　红蓼即诗所谓游龙也，俗呼水红，江东人别泽蓼，呼

---

① 阮元校刻：《十三经注疏》，中华书局1980年影印本，第2627页中栏。
② （明）李时珍：《本草纲目》，人民卫生出版社2004年版，第2342页。

之为火蓼。道家方书亦有用者，呼为鹤膝草，取其茎之形似也。
（朱弁《曲洧旧闻》，页2982）

红蓼，蓼的一种，草本植物，多生在水边，花色呈淡红。水红、游龙、火蓼、鹤膝草，均为其别名。明李时珍《本草纲目·草五·荭草》引陈藏器曰：“天蓼即水荭，一名游龙，一名大蓼。据此，则二条乃一指其实，一指其茎叶而言也。今并为一。”① 一说：游，谓枝叶放纵；龙，草名。② 材料是对红蓼五个别名的评述，并细致探讨了各名得来的理据：①其为蓼花的一种，花为红色，花色＋种属，称为红蓼；②其常生于水中，生活环境＋花色，俗称水红；③其枝叶放纵似游弋，龙为草名，形状特征＋种名，是谓游龙；④其花色最具代表性的事物为火，火＋种属，即为火蓼；⑤因其茎之形似鹤膝，局部性状＋种类，是谓鹤膝草。

综观以上四例：例①中之“成均”取其教授内容为名，“上庠”以“位次＋事物类名”方式得名，“璧水”以事物的典型形状特征为名；例②中之“冰台”以典故得名，“医草”以“功能＋类名”得名；例③中之“水鸡”以其“生活环境＋功能相类事物”得名；例④中同一事物的五个名称亦为以其花色、种属、种类、形状特征、局部特征等分别拼合而成。由上不难发现，绝对事物异名得来的实质是得名理据的多源性，即“从共时的角度看，人们对同一事物的命名也可以从不同的视角而为”③。

2. 相对事物异名

与绝对事物异名相对，有的异名所指内涵本质上为相同的事、物，但若细究，其所指在部位、性质等方面是有区别的。④ 如：

---

① （明）李时珍：《本草纲目》，人民卫生出版社2004年版，第1904页。
② 阮元校刻：《十三经注疏》，中华书局1980年影印本，第341页下栏。
③ 王艾录、司富珍：《语言理据研究》，中国社会科学出版社2002年版，第263页。
④ 因这类事物往往统言则不别，故我们归为同实异形现象。

①草之始生曰荑。小门曰闺。南北曰阡，东西曰陌。有垣曰
苑，无垣曰囿。帛之总名曰缯。大波为澜，小波为沦。（赵令畤
《侯鲭录》，页 2061）

"荑"指草，但专指草木的嫩芽，该义项在历代韵书、文献中均有体
现。《集韵·齐韵》："荑，卉木初生叶儿。"《文选·郭璞〈游仙诗〉七
首》之一："临源挹清波，陵岗掇丹荑。"李善注："凡草之初生，通名曰
荑，故曰丹荑。"① 草、荑，所表事物属同类，但所指的生长时段不同。

闺，指上圆下方的小门。《说文·门部》："闺，特立之户，上圆下
方，有似圭。"宫中的小门亦谓之"闺"，《尔雅·释宫》："宫中之门
谓之闱，其小者谓之闺。"② "闺"为门的一种，该异名分别表示同一种
事物的不同形制、大小。

"阡""陌"指田间小路，但所指方向各异，南北向为"阡"，东
西向为"陌"。该称法源自于秦代的土地所有制。《史记·秦本纪》：
"为田开阡陌。"司马贞索隐引《风俗通》："南北曰阡，东西曰陌。河
东以东西为阡，南北为陌。""阡""陌"，本均指田间小道，该异名表
相同事物的不同方向，统言不别。

"苑"之称，《说文》《说文注》《说文句读》均有观照。《说文·
艸部》："苑，所以养禽兽。"段玉裁注："古谓之囿，汉谓之苑也。"③
《说文·口部》："囿，苑有垣也。"王筠句读："以苑释囿者，《周礼·
囿人》注：'囿，今之苑。'然则古名囿，汉名苑也。"④ 本称为"囿"，
指有围墙的园林，用来蓄养禽兽，供统治者玩赏，至汉代后开始称
"苑"，"苑""囿"之别在异时之异称。材料认为，"囿""苑"之别，
在二者形制，"苑"有墙，而"囿"无墙，但据"囿"形，二者之别
（至少是本质区别）并非在此，"囿"之甲骨文字形为"𡙇"，字形上部

---

① （梁）萧统编，（唐）李善注：《文选》，上海古籍出版社 1986 年版，第 1019 页。
② 阮元校刻：《十三经注疏》，中华书局 1980 年影印本，第 2598 页上栏。
③ （清）段玉裁注：《说文解字注》，上海古籍出版社 1988 年版，第 41 页上栏。
④ 王筠：《说文句读》，上海古籍出版社 1983 年版，第 812 页。

为两株菜苗，下部为东西纵横的田地，故不难得出结论："苑"为统治者蓄养禽兽以供赏玩的场所，而"圃"则是种植蔬菜的田地，二者本质区别不在有无墙垣，而在于功用。

"缯"为丝织品的总称，《说文·糸部》："缯，帛也。"《汉书·灌婴传》："灌婴，睢阳贩缯者也。"颜师古注："缯者，帛之总名。"①《说文》"缯""帛"互释。然从"帛"之字形上看，甲骨文为"𢁉"，上部"白"实为表声兼表意，下部"巾"指"织物"，表义类。由上例以及颜氏说法："缯"为总名，是上位概念，"帛"则为下位概念。然，《三苍》有"杂帛曰缯"之语，又《本草纲目》释"帛"曰："浓者曰缯，双丝者曰缣。后人以染丝造之，有五色帛。"综上所述，"缯"与"帛"只是特点不同的丝织品，只有在对用的时候才是上、下位概念。故上例述评中的解释失之过于绝对。

澜，指大波浪，形声字，从水阑声。《说文·水部》："澜，大波为澜。"沦，则指水面上的小波纹。《说文·水部》："沦，小波为沦。"《诗·魏风·伐檀》："坎坎伐轮兮，置之河之漘兮，河水清且沦猗。"毛传："小风水成文，转如轮也。"②"澜""沦"之异在所指事物大小之别。

统而言之，上例材料中"黄"和"草"、"闺"和"门"、"阡"和"陌"、"苑"和"圃"、"帛"和"缯"、"澜"和"沦"均有理性意义上的细微差别：不同时段、不同形制、不同颜色、不同功用等均可成为该差别的基点。

　　②天弓即虹也，又谓之帝弓。明者为虹，暗者为霓。（赵令畤《侯鲭录》，页2061）

天弓，是"虹"的别称，因其弯曲如弓而得名，以"处所+形状特征"得名；因其宏大，被认为是天帝之弓，故又名"帝弓"，是以

---

① （清）王先谦：《汉书补注》，中华书局1983年影印本，第1004页上栏。
② 阮元校刻：《十三经注疏》，中华书局1980年影印本，第359页上栏。

"持有人＋形状特征"得名。"天弓""帝弓"实为"绝对事物异名"类。

"虹""霓"则不同。统言之，二者均指雨后、日出、日没之际出现在天空的彩色圆弧。细究之，二者的区别也是显而易见的："虹"颜色鲜艳，红色在外围，紫色在内里，又称"正虹"；"霓"颜色较淡，红色在内里，紫色在外围，亦称"副虹"。另有"蜺"之形，同"霓"，《尔雅》《释文》均载。《尔雅·释天》："蜺为挈二。"郭璞注释"蜺"为"雌虹"。陆德明《释文》："霓，或作蜺。"① 此二者之别在于同一事物外形、颜色的差异。此类又如：

　　③唐制：男子始生为黄，四岁为小，十六为中，二十为丁，六十为老。赋役之制有四：一曰租，二曰税，三曰调，四曰役。（赵令畤《侯鲭录》，页2079）

"黄"指小儿之义，隋朝指三岁以下，唐代指称初生儿，后有"黄口小儿"之说。因雏鸟之口为黄色，故称。此义引申以"性质相近事物外形特点"为逻辑主线而来。

古代户役制度中的"小"，历朝年龄上限各异：晋代以12岁为界，北齐以15岁为界，隋朝以10岁为界，唐制以4岁为界。

同类的"中"，北齐以16—17岁为界，隋朝以11—17岁为界，唐制则以16岁为中。

"丁"本为象形字，指钉子（义项①）。甲骨文中有"●"和"□"两种写法，像钉子帽的俯视图，战国后开始出现侧视图的写法：、、，演变过程中字形合流，因为钉子的使用能让家具、房屋更牢固，所以引申为强壮（义项②），再引申为成年人（义项③）。在历代赋税制度中指能担任赋税义务的人（义项④）。该系义项的引申遵循着如下逻辑过程：①→②，由本体功能而引申为形容词；②→③，由二者

① （唐）陆德明：《经典释文》，中华书局1983年版，第419页下栏。

相关引申出名词；③→④，由本体某项功能而界定出一类人。虽如此，但历朝赋税法对"丁"均有明确的年龄界限，如北宋男子 20 岁为丁，南宋 21 岁为丁，金男子 17 岁为丁……

"老"，甲骨文做"𦮠"，字形像一位老态龙钟的老人，指年龄衰老，本为宽泛概念的形容词。上文材料以"老"为赋税制度中的一类人，是有着明确年龄限制的名词，一般以 60 岁以上为"老"。

以上"黄""小""中""丁""老"均为赋税制度的主体，本质上没有差别，只是年龄段不同而已，五词均由泛指而为界限明确的特指。

"租"为田赋，字书、史书等文献均载。《说文·禾部》："租，田赋也。"《管子·国蓄》："租籍者，所以强求也。租税者，所虑而请也。"尹知章注："在工商曰租籍，在农曰租税。"① 《新唐书·食货志》："凡授田者，丁岁输粟二斛，稻三斛，谓之租。"②

"税"是一切赋税的总称。清朱骏声《说文通训定声·泰部》："税有三：《孟子》'粟米之征'，即《周礼·旅师》之'锄粟'，此田税也；'力役之征'，即《周礼·乡大夫》之'辨其可任者皆征之'，此丁税也；'布缕之征'，即《周礼·太宰》之'嫔贡'，此宅税也。……后世有关税、牙税、契税及芦课、茶课、矿课之类，亦税也。"③

"调"亦为一种古代的赋税，指自东汉起至唐代按户征收的丝帛绢等。《新唐书·食货志一》："唐之始时，授人以口分、世业田，而取之以租、庸、调之法……丁随乡所出，岁输绢二匹，绫、絁二丈，布加五之一，绵三两，麻三斤，非蚕乡则输银十四两，谓之调。"④

役，劳役，即力役。《周礼·地官·小司徒》："凡征役之施舍，与其祭祀饮食丧纪之禁令，乃颁比法于六乡之大夫。"贾公彦疏："役谓徭役。"⑤

---

① （唐）房玄龄注：《管子》，上海古籍出版社 1989 年版，第 201 页下栏。
② （宋）欧阳修、宋祈：《新唐书》，中华书局 1975 年版，第 1342 页。
③ 朱骏声：《说文通训定声》，中华书局 1984 年版，第 661 页上栏。
④ （宋）欧阳修、宋祈：《新唐书》，中华书局 1975 年版，第 1341—1343 页。
⑤ 阮元校刻：《十三经注疏》，中华书局 1980 年影印本，第 710 页下栏。

以上"租""税""调""役"分别为古代赋税制度的不同种类。

综上所述，材料中的相对事物异名，所表本体统言为同类事物，细究分属不同小类：或时段不同，或外在形制不同，或处所不同，差别所在不一而足。通过观察，我们很容易就可以发现，某类事物与社会生活的关系越密切，专用名字就越多，如上例关于赋税的专门用语，对这些同实异名现象的探求，不仅可以使我们管窥语言对社会的承载之功，还明白地呈现出社会、文化对语言的孕育。总之，语言、文化水乳交融，不可分离。

（二）通用词

异形词是汉语词发展过程中的历史现象，是词语各个历史形式在共时平面上的映射。对异形词的称谓、内涵历来众说纷纭，说法不一。2002 年教育部和国家语委联合公布的《第一批异形词整理表》为"异形词"下的定义是：普通话书面语中并存并用的同音（本规范中指声、韵、调完全相同）、同义（本规范中指理性意义、色彩意义和语法意义完全相同）而书写形式完全不同的词语。① 而裘锡圭定义"通用字（词）"为："指不同的字（词）在某种或某些用法上可以相替代的现象。可以通用的字（词）就是通用字（词）。"② 从某种程度上讲，"通用词"的内涵大于"异形词"。笔记文本对"通用字（词）"的评述屡见不鲜，如：

> ①若干如干　"若干"二字，出古礼乡射。《大射》数射算云："若干纯、若干奇。"若，如也；干，求也。言事本不定，尝如此求之。又《曲礼》："问天子之年，闻之始服衣若干尺矣。"《前汉·食货志》颜注云："设数之言也。干如个，谓当如个数也，亦曰如干。"《文选》任彦升《竟陵王状》："食邑如干户。"注云："如干户即若干户也。"（周密《齐东野语》，页 5591）

---

① 参见余志鸿《异形词定义的学术思考》，《汉语学习》2004 年第 3 期。
② 裘锡圭：《文字学概要》，商务印书馆 1988 年版，第 264 页。

若干，用于指无定的数量，历代文献有载。《墨子·天志下》："吾攻国覆军，杀将若干人矣。"①　"如干"是"若干"的通用词，在文献中亦屡见。《资治通鉴·唐德宗建中元年》："知院官始见不稔之端，先申，至某月须如干蠲免，某月须如干救助。"胡三省注："如干，犹言若干也。程大昌曰：若干者，设数之言也。干，犹个也。若个，犹言几向枚也。又说：干者，十干，自甲至癸也，亦以数言也。"②

②晋语儿、人二字通用。《世说》载桓温行经王大将军墓，望之曰："可儿，可儿。"盖谓"可人"为"可儿"也。故《晋书》及孙绰《与庾亮笺》，皆以为"可人"。又陶渊明不欲束带见乡里小儿，亦是以"小人"为"小儿"耳，故《宋书》云"乡里小人"也。（陆游《老学庵笔记》，页3504）

"儿"，甲骨文字形为"𦥑"，上部为囟门尚未愈合的人头，下部为人的整个身体，故其本义指小孩子，后其义域逐步扩大，指青年人、年轻男子。甲骨文"人"字形为"𠂉"，像人侧立的形状，本义即为人。至此，"儿""人"义同。另有一种说法："儿""人"本同字。《说文·儿部》："儿，仁人也。古文奇字人也。象形。孔子曰：在人下，故诘屈。"《六书故·人一》："人、儿非二字，特因所合而稍变其势。合于左者，若'伯'若'仲'，则不变其本文而为人；合于下者，若'儿'若'见'则微变其本文而为儿。"笔者认为第一种说法可信。

①②两例均是学术笔记对通用词的评述，这两例所涉及之通用词有共同之处：二者字形相异、字音均有别。

此外又有：

---

① （清）孙诒让：《墨子间诂》，中华书局1986年版，第196页。
② （宋）司马光：《资治通鉴》，中华书局2007年版，第2796页。

③柳子厚诗云："渔翁夜傍西岩宿，晓汲清湘燃楚竹。烟消日出不见人，欸乃一声山水绿。"欸，音袄；乃，音霭：相应之声也。今人误以二字合为一。刘言史《潇湘游》云："夷女采山蕉，缉纱浸江水。野花满髻妆色新，闲歌暖乃深峡里。暖乃知从何处生，当时泣舜断肠声。"此声同而字异也。"暖乃"即"欸乃"字。（姚宽《西溪丛语》，页29—30）

"欸乃"，现存各类词典中记录之相关义项有二：①象声词；②摇橹声。词典处理上述义项的惯例是把义项②单列，不太适切："欸乃"本为摇橹时的喊声或歌声，后用来指代摇橹。"暖乃"亦常用，唐代宗大历年间甚至有民间曲调名《欸乃辞》，又名《暖乃曲》。《广韵·微部》"暖，乌代切"，《之部》"欸，乌开切"，由此不难推断出："暖""欸"二字声母相同，韵母稍别，其实质是语音相近而产生的通用词。

④《酉阳杂俎》云："俗云搂罗，因天宝中进士有东西，各有声势。稍沧者多会于酒，搂食毕罗。故有此语"。予读梁元帝《风人辞》云："城头网雀，搂罗人首"。则如搂罗之言起已多时。一云："城头网张雀，搂罗会人着"。又《苏鄂演义》云："搂罗，干了之称也"。俗云："骡之大者曰搂骡"。罗骡声相近非也。又云："娄敬甘罗"。亦非也。盖搂者揽也。罗者绾也。言人善当何干于事者。遂谓之搂罗。搂字从手旁作娄。《尔雅》云："娄聚也"。此说近之。然《南史·顾欢传》云："蹲夷之仪，娄罗之辨"。又《谈苑》载朱贞白诗云："大娄罗"。乃止用娄罗字。又《五代史·刘铢传》云："诸君可谓搂罗儿矣"。乃加人焉。（黄朝英《靖康缃素杂记》，页2201）

"娄罗""搂罗""楼罗""喽啰"四词典籍均见。娄罗，指强盗部下。元施惠《幽闺记·山寨巡逻》："领钧旨，大娄罗巡山，小娄罗打更。"搂罗，指办事能干。《能改斋漫录·事始一》引唐苏鹗《苏氏演义》："楼罗，干了之称也……盖楼者，揽也；罗者，绾也。言人善干办于事者，遂谓之楼罗。楼字从手旁作搂。"① 后引申为绿林之从卒，即喽啰。明徐渭《南词叙录》："搂罗，矫绝也。唐人语曰：'欺客打客当搂罗。'今以目绿林之从卒。"②

⑤李济翁《资暇集》云："新官并宿本署曰爆直。"佥作爆进之字。余尝膺闷，莫究其端。近见惠郎中实云："舍作武豹字，言豹性洁，善服气。虽雪雨霜雾，伏而不出，虑污其身"。案《列女传》云："南山有文豹，雾雨七日不食者，欲以泽其毛衣而成文章"。豹栖于山林，伏于岩穴，静也。则僄宿公署。雅是豹伏之义。宜作豹直。固不疑也。余观宋景文公有和庞相公闻余僄直见寄诗一篇。乃用僄字。又职林云："凡当直之法：自给舍丞郎入者三直无僄；自起居郎官入者五直一僄；御史补缺入者七直一僄；其余杂入者十直三僄。亦用僄字。"案《玉篇》云："僄，连直也"。字当作僄。非虎豹之豹。（黄朝英《靖康缃素杂记》，页2160）

上述材料对"爆直""僄值""豹直"三词之"bào"的字形做了辨析，认为应写作"僄"。三词均表官员在官府连日值宿，字书、笔记、史书均可见，如清陈康祺《郎潜纪闻》卷三："今翰林官僄直内廷，辛苦三年，专盼秋风一度，其营营得失，较踏省觅举者为尤劳。"据《唐志》，新官上任到官府就是"僄"，连续值班就叫"僄直"，也有写作"豹直"的，取豹子伏洞不出之义，这种说法在封演《封氏闻见记》里得到印证，《封氏闻见记·豹直》："御史旧例，初入台，陪直二十五日，节假直日谓之'伏豹'，亦曰'豹直'……盖取不出之义。"③

上文③④⑤例与①②两例不同，均为字形不同，声音相近或相同的通用词，与通常所谓的异形词基本相当。

---

① （宋）吴曾：《能改斋漫录》，中华书局1960年版，第1页。
② 李复波、熊澄宇：《南词叙录注释》，中国戏剧出版社1989年版，第113页。
③ （唐）封演：《封氏闻见记》第5卷，汉籍全文检索子部。

综观以上例证，通用词的存在并非无规律可循，通过对相关例证的初步观察，我们发现，学术笔记中相关评述主要呈现出三种情况：①原本不同义但有关联的多词的字义，经一方演变后出现意义重合，且演变的一方使用率逐步提高而出现的通用词，如上文中的"儿""人"。②与上文"事物异名"相同，还有一部分通用词的出现是由造词理据的多源性造成的，如上例⑤"豹直"与"儤直"。③另有一类与以上情况不符，因音同或音近而形成的通用词，如"欸乃""暧乃"。

裘锡圭认为："文字学者讲通用，往往着眼于汉字从古到今的全部使用情况。所以他们所说的通用字并不限于现在可以相通用的字。过去曾经相通用的字，以至虽然具有某种或某些共同用法，但并未同时使用过的字，也都可以称为通用字。如果要跟现行的通用字相区别，可以把它们称为历史通用字。"① 这样的现状导致通用词的情况异常复杂，而其大量存在势必会影响词语在话语交际中的正常使用，急需语言文字学界、语言文字工作者进行细致的整理和规范。基于前文分析，我们认为，对于通用词的整理，学界仍然可以参考异形词规范的几个主要原则：①通用性：选取使用频率最高的词形来作为正字；②理据性：选取成词理据最容易为大众接受的词形作为正字；③系统性：据语言发展的"配对性"② 原则，参考词汇系统中同类词语，选取能与之匹配并纳入词汇体系的词形作为正字。

## 二 学术笔记对同形异实现象的述评

顾名思义，词形相同但所表意义不同的词汇现象即"同形异实"。在观察过程中，根据词的两个或多个义项间是否有联系，可分两种情况：一词多义、同形词。这两种词汇现象长期受到语言学界的关注，且它们的区别始终是语言学界需要长期讨论的问题。基于此，不断有语言

---

① 裘锡圭：《文字学概要》，商务印书馆 1988 年版，第 264 页。
② 参见拙文《"反切成词"的形成条件及其特征——古人学术笔记中"反切成词"的论述解析》，《语文研究》2016 年第 4 期。

学者撰文分析，取得了丰硕的成果，最典型的如张博提出的四种区分方法①，可供学界分析时参考，我们也据张文对学术笔记中的相关评述整理如下。

（一）一词多义

"一词多义"必备条件有二：①有两个或两个以上的义项同时存在；②各义项间必须有联系，联系的方式不一而足。学术笔记中的相关评述材料符合上述两个条件的为数不少，经过初步的厘析整理，发现主要情况有二：①存于异时之一词多义；②存于同时之一词多义。

1. 存于异时之一词多义

在词语的历时发展中，随着需要表达的社会生活不断丰富，新事物不断出现，词义也不断分化、孳乳，新出现的义项逐渐固化，一词多义就出现了。学术笔记中不乏对该现象的关注，如：

①礼文亡阙无若近时，而婚丧尤为乖舛。如亲王纳夫人，亦用拜先灵、合髻等俗礼。李广结发与匈奴战，谓始胜冠年少时也。故李广《新婚别》云："结发为君妇。"而后世初婚嫁者，以男女之发合梳为髻，谓之结发，甚可笑也。（庄绰《鸡肋编》，页3981）

结发，是古代婚嫁生活中的一种仪式。古代女子15岁可以许嫁，许嫁后用彩色的丝绳束发，成婚当日让新婚丈夫亲手解开收起，作为夫妻间的信物，故有"结发夫妻"之说。该风俗《礼记》有载，《礼记·曲礼上》："女子许嫁，缨。非有大故，不入其门。"郑注："女子许嫁系缨，有从人之端也。"② 《仪礼·士昏礼》："主人入，亲说妇之缨。"郑注："妇人十五许嫁，笄而礼之，因着缨，明有系也。盖以五采为之，其制未闻。"但到了唐代中、后期，这种仪式逐渐被"合髻"取代：新婚夫妇每

---

① 张博：《现代汉语同形同音词与多义词的区分原则和方法》，《语言教学与研究》2004年第4期。该文认为，辨析同形词和一词多义现象主要有四种方法：义素分析法、词源考索法、引申义项梳理法、相关比较法。

② 阮元校刻：《十三经注疏》，中华书局1980年影印本，第1240页下栏。

人剪一绺头发，打成同心结，以此作为夫妻信物，亦称"结发"。上文材料是对后世以"合髻"为"结发"的质疑，"结发"此义，后世词典有载，究其实质，是由制度变革而产生的一词多义。此类又有"贴黄"：

> ②唐制：降敕有所更改，以纸贴之，谓之"贴黄"。盖敕书用黄纸，则贴者亦黄纸也。今奏状札子皆白纸，有意所未尽，揭其要处，以黄纸别书于后，乃谓之"贴黄"，盖失之矣。其表章略举事目与日月道里，见于前及封皮者，又谓之"引黄"。（叶梦得《石林燕语》，页2498）

"贴黄"一词，义项有三：①唐朝用黄纸降敕，如果有需要更改的地方，仍用黄纸贴上，谓之"贴黄"；②宋代时，在奏折表意未尽之处，择其要书写在奏折后面，叫作"贴黄"；③明、清"贴黄"与①②均异，择取奏折中的主要观点，另外书写，附在奏折的后面。清顾炎武《日知录·贴黄》对③做过详细描述："（崇祯）命内阁为贴黄之式，即令本官自撮疏中大要，不过百字粘附牍尾，以便省览。"[①] 上例是对"贴黄"义项①②的记录。

以上两例评述之"结发""贴黄"，均为词语发展历史上出现的历时现象，由于词形所表内涵在不同时代发生形式的变化并固定下来，从而产生一词多义现象。

2. 存于同时之一词多义

在共时状态下，同一个词形也会有多个义项共存的可能。如：

> ①今世女子及笄曰上头，而倡家处女初得荐寝于人亦曰上头。花蕊夫人《宫词》："年初十五最风流，新赐云鬟便上头。"（陶宗仪《南村辍耕录》，页6318）

---

① 顾炎武著，黄汝成集释，栾保群等校点：《日知录集释》，上海古籍出版社2006年版，第1308页。

"上头"，古代成年礼俗，女子束发插笄，象征已经成年，历代均有此义，元、明、清笔记有载，现行各类词典亦载。宋孟元老《东京梦华录·清明节》："子女及笄者，多以是日上头。"① 清梁章钜《退庵随笔·家礼一》："女子至十四，则择日为蓄发，谓之上头。"② 上例提及，妓院娼妓首次接客也叫上头，现行词典失收。该例是对"上头"同时存在的两个义项的记载。实际上，"上头"还是婚庆礼俗，本为女子出嫁前将头发结成发髻，后世该仪式被简化，出嫁后，成婚当日找一全福（儿女双全）之女性亲戚为新娘梳头，是相当重要的一个仪式。③

　　②谢豹，虢州有虫名谢豹，常在深土中，司马裴沈子常治坑获之……或出地听谢豹鸟声，则脑裂而死，俗因名之。（段成式《酉阳杂俎》，页169—170）

谢豹，本为吴语鸟名，又叫杜宇、杜鹃。因虢州有虫，常年在地下生存，一旦听到谢豹鸟叫声，就会脑裂而死，所以人称"谢豹"。上述材料评述了"谢豹"虫得名的理据由来，该义项现行各类词典未载。

上述两例均为存在于共时状态下的同名异实现象。然例①为适用于不同行业的两个词，后世词典只收录适用于大众的义项；例②引申义项只适用于特定地域（虢州），现存词典失收。上述二例"上头""谢豹"虽情况并不完全相同，但有一点是共通的：每个词的两个义项间均有一定程度的联系，处于共时状态，基本上相当于词义的引申。

（二）同形词

与多义词相对，词形相同，但各个义项间并无联系的词语，我们称之为"同形词"，形同义异，且该类词读音并不一定相同。学术笔记中可见的相关例证，主要有两类情况："同音同形词"和"异音同形词"。

---

① 孟元老：《东京梦华录》，中国商业出版社1982年版，第43页。
② （清）梁章钜：《退庵随笔》，江苏广陵古籍刻印社1997年版，第216页。
③ 笔者家乡（河南新郑）现在婚礼中还有"上头"仪式：在成婚之日，拜天地之后，找本家一全福（儿女双全）之妇女为新娘子梳头，表达美好祝愿。

1. 同音同形词

同音同形词，即词形、语音均相同的两个或几个词。学术笔记中可见的相关例证如：

　　①璞　《西京杂记》云：玉之未理者为璞，死鼠未屠者亦为璞。（赵令畤《侯鲭录》，页2053）

上述材料中"璞"之二义，《汉语大字典》均收：①指初开采的、没有雕琢过的玉，该义为由其字形可得的最初意义，历代字书有载，且解释明白。《玉篇·玉部》："璞，玉未治者。"②指干鼠，古代北方方言。《尹文子·大道下》："郑人谓玉未理者为璞，周人谓鼠未腊者为璞。周人怀璞，谓郑贾曰：'欲买璞乎？'郑贾曰：'欲之。'出其璞，视之，乃鼠也。因谢不取。"[1] 该例"璞"之二义读音完全相同，义项却无任何关联，是典型的同形词，也正因为此，话语交际中的郑贾误解周人，导致交易的最终失败。

　　②《溱洧》诗："赠之以勺药。"《古今注》："勺药，一名可离，将行则送之。"江淹《别赋》："下有勺药之诗。"
　　《子虚》、《南都》二赋言勺药者，乃以鱼肉等物为醢，食物也。子建《七发》、张景阳《七命》"勺药"云云。五臣注：勺，音酌；药，音略。"《广韵》亦有二音。《子虚赋》诸家皆误以为《溱洧》之勺药。韩退之《偃城联句》诗云："两相铺黡黤，五鼎调勺药。"又曰："但掷顾笑金，难祈却老药。"二药不同音也。（姚宽《西溪丛语》，页53）

"勺药"一词，上文涉及二义：①一种香草，主要作用是古人离别时相赠，《诗经》中多次出现。《诗·郑风·溱洧》："维士与女，伊其

---

　　① 尹文：《尹文子》（诸子集成），上海书店1996年影印本，第10页。

相谑，赠之以勺药。"毛传："勺药，香草。"① ②调和五味的合剂。《汉书·司马相如传上》："勺药之和具而后御之。"颜师古注："勺药，药草名。其根主和五藏，又辟毒气，故合之于兰桂五味，以助诸食，因呼五味之和为勺药耳。"② 上例评述主要是对文献关于"勺药"不同义项的考证做出整理。

以上二例所涉及的词语，各个义项中并无任何关联点，语音也未发生任何变化，笔者均归之为"同音同形词"。

2. 异音同形词

①数奇　《李广传》："广数奇，毋令当单于。"注云："奇，不偶也，言广命只不偶也。数，音所角切，奇，居宜切。"宋景文以为江南本《汉书》，"数"乃所具切，"角"字乃"具"字之误耳。然或以为疑。余因考《艺文类聚》、《冯敬通集》"吾数奇命薄"，《唐文粹》徐敬业诗"数奇良可叹"，王维诗"卫青不败由天幸，李广无功缘数奇"，杜诗"数奇谪关塞，道广存箕颍"，罗隐诗"数奇当自愧，时薄欲何干"，坡诗"数奇逢恶岁，计拙集枯梧"，观其偶对，则"数"为"命数"，非"疏数"之"数"，音所具切，明矣。（周密《齐东野语》，页5606）

数，旧时可指气数、气运、命运。《广韵·侯部》："数，色句切。"《文选·李康〈运命论〉》："吉凶成败，各以数至。"《王命论》曰：验行事之成败。数，历数。③ 表该义的"数"和"疏数"的"数"不但意义悬异，而且读音有变。上述材料是对诗文中使用的变音同形字"数"的用法、读音的考索。通过变音而变义，是汉语常用的方式，现代汉语中有意义区别的儿化就是其中的典型。

---

① 阮元校刻：《十三经注疏》，中华书局1980年影印本，第346页下栏。
② （清）王先谦：《汉书补注》，中华书局1983年影印本，第1167页上栏。
③ （梁）萧统编，（唐）李善注：《文选》，上海古籍出版社1986年版，第2298页。

②世言迟久有待者曰"宿留"，自汉即有此语。二十八星谓之舍，或谓之宿。宿者，止其所居也。留作去音。古一字而二分义者多以音别之。如自食为食，食人则音伺。自饮为饮，饮人则音荫之类是矣。盖应留而留则为平音，应去而留则为去音。逗留亦同此义。（叶梦得《避暑录话》，页2678）

"宿"字，《汉语大字典》载义项共26个，音4个，上述材料是对"宿"之"夜晚""星宿"二义的评述。《说文·宀部》："宿，止也。"《玉篇·宀部》："宿，夜止也。"《诗·卫风·考盘》："独寐寤宿。"朱熹注："寤宿，已觉而犹卧也。"[1]《广韵·沃部》："宿，息逐切。"今音 sù。《玉篇·宀部》："宿，星宿也。"《集韵·宥韵》："宿，列星也。"《列子·天瑞》："天果积气，日月星宿，不当坠耶?"[2]《文选·何晏〈景福殿赋〉》："星居宿陈，绮错鳞比。"李善注："宿，星宿也。"[3] 今音 xiù。

材料探讨了古代的"分音别义"现象。学术笔记中的此类记载还有：

二十八宿，宿音秀。若考其义，则止当读如本音。尝记前人有说如此。《说苑·辩物篇》曰："天之五星，运气于五行，所谓宿者，日月五星之所宿也。"其义昭然。（洪迈《容斋四笔》，页652）

此则材料质疑"宿"的两个音，进而引用前人说法，对"宿"两个义项的意义关联做出探讨。

以上二例均为学术笔记对异音同形词的观照，是古人对"分音别义"现象的初步探索。

综上所述，汉字的字形跟字音、字义之间的联系，关系不一而足，

---

① 阮元校刻：《十三经注疏》，中华书局1980年影印本，第322页上栏。

② 杨伯峻：《列子集释》，中华书局1979年版，第31页。

③ （梁）萧统编，（唐）李善注：《文选》，上海古籍出版社1986年版，第535页。

错综复杂。汉字词的形、音、义并不是一一对称的，以上内容是我们对学术笔记中相关评述材料的简单梳理。这些现象的存在势必会影响交际的顺畅，在话语构建的过程中尤其值得注意。但不可否认，人们也经常利用字形、字义间的复杂关系，巧妙地构成句式，匠心独具地表情达意，其中最常见的方式就是连缀同形词构思对联，温州江心寺名联是极致：云朝朝朝朝朝朝朝朝散，潮长长长长长长长长消。这类文句读来朗朗上口，妙趣横生，是汉字、汉语独具的性质、特点。

## 第四节　学术笔记中的原词改造现象述评

最近几十年来，语言学界对用旧音旧形阐发新义的现象，即"旧瓶装新酒"的话语现象，也做出了相当多的讨论。实际上，汉语中还存在原词改造现象——改造旧词形以形成新词，这种语言现象笔者称之为"原词改造"，学术笔记中的相关述评对其面貌也有较为明晰的呈现，具体可分两类：一是据音改造；二是据形改造。

### 一　据音改造

在话语流中，各种语音成素或因前后连缀，或因语音互相叠加而彼此影响，达成各种语音上的变化，这种变化我们称之为语流音变。在汉语发展的过程中，该音变还有构造新词的能力，早在宋代就有"慢声为二，急声为一"① 之说，即为这种现象存在的明证。学术笔记中的相关述评主要聚焦于三种现象：①合音造词；②分音造词；③变调造词。①②两种现象本书放在第五章中对其形成机制做具体分析，本节主要描述第③种情况的概貌。

改变词语的调值从而构造新的词义，属语音曲折造词一类，笔者称其为"变调造词"。这种造词现象前贤多有关注，王力认为："中古汉语的形态表现在声调的变化上面。同一个词，由于声调的不同，就具有

————————

① （宋）郑樵：《通志·六书略·论急慢声谐》，第340页。

不同的词汇意义和语法意义。"① 孙玉文认为："变调构词指利用声调的
转换构造意义有联系的新词，隶属于音变构词。"② 王、孙二位先生揭
示了"变调造词"的本质。王力还对具体的变调方法做了描述："凡名
词和形容词转化为动词，则动词念去声；凡动词转化为名词，则名词念
去声。总之，转化出来的一般都变为去声。"③ 学术笔记对该类事象多
有观照：

> ①任重而道远。任当作平声。孟子曰："门人治任将归"。任
> 重谓仁，以为己任，担子重也。任重是治任之任。仁以为己任，则
> 是任天下之重之任。任却作去声。（车若水《脚气集》，页 1572）

上例涵盖了"任"的两个义项：①行李；②责任，职责。在"任重
而道远""门人治任将归"二句中，"任"取义项①；"任天下"的"任"
取义项②。①②义项均做名词讲，但据笔记材料记载，义项①读平声，
义项②读去声。从该词义项的发展脉络看，义项①在先，②由①进一步
引申得出，其调值的变化符合上文王说，与王说相异的是：二"任"均
为名词，并未有词性的变化，声调变化改变的是词义的轻重程度。

还有两义项同为动词，声调变化改变的是词义的致动、使动。如：

> ②经书中泛言饮食，与夫自饮自食，则皆当读如本字。若以饮
> 饮人，以食食人，则饮当音荫，食当音嗣，各从其义也。如《论语》
> "一箪食，一瓢饮"，"饭疏食饮水，曲肱而枕之"，"箪食豆羹见于
> 色"。《周礼》"膳献饮食"，"食用六谷"，"饮用六清"。《礼记》
> "食居人之左"，"子卯稷食菜羹"。《春秋左氏传》"粢食不凿"，"闻
> 师将传食"。凡此类皆自饮自食者也。（王观国《学林》，页 292）

---

① 王力：《汉语史稿》，中华书局 1980 年版，第 211 页。
② 孙玉文：《汉语变调构词》，北京大学出版社 2000 年版，摘要。
③ 王力：《汉语史稿》，中华书局 1980 年版，第 211 页。

上例之"饮"义项亦有二：①喝。《说文·食部》有："饮，歠也。"动词，读上声。②喂……喝水，《康熙字典·食部》："饮，以饮饮之也。"致动词，读去声。①②两义的区别在于：①为自动词，②为使动用法；①②声调不同。究其本，②由①演变而来，读音的演变符合上文王说。"食"的情况与"饮"同。又如：

　　③枕字分上声、去声二音，若枕股而哭，枕辔而寝，饮水曲肱而枕之，枕流漱石，与夫枕戈、枕江之类，皆去声也。上声为实字，去声为虚字，二声有辨也。（王观国《学林》，页318）

"枕"在《广韵》系统中有二音：《侵部》"枕，章荏切"，读上声；又"之任切"，读去声。《说文·木部》："枕，卧所荐首者。"《广韵·沁韵》"枕，章荏切，枕头也。"不难发现，"枕"读上声时，表"枕头"。而"之任切"下注"以头枕物"，此例读去声；后又引申指卧，动词。上文材料认为二音所表字义的不同在于虚、实之异，实不尽然，上声之"枕"是表事物的名词，而去声之"枕"则为表某一动作的名词，为后续引申为动词埋下伏笔。

　　④字声有清浊，非强为差别。夫轻、清为阳，阳主生物。形用未著，故字音常轻。重、浊为阴，阴主成物。形用既著，故字音必重。如衣施诸身为"衣"，冠加诸首为"冠"。"衣"与"冠"读作平声者，其音重。已定之物，属乎阴也；读作去声者，其音轻。未定之物，属乎阳也。物所藏曰"藏"，人所处曰"处"。"藏"平声，"处"上声者轻，其作去声者皆重，亦其类也。（张世南《游宦纪闻》，页78）

上例评述以"衣""冠""藏""处"为例对字声的清、浊、阴、阳之变做了辨析，主要从意义方面加以探索：认为已定之事、物，读音轻，未定者读音重，似有一定道理，但何以"衣""冠"平声重、去声轻，"藏""处"却平声、上声轻，去声重呢？是偶合？抑或有迹可循？不从有定、未定，而从本义上探求，或可使结论更科学。甲骨文"㞢"之形像曲领，左襟、右襟掩合之态，故其本义指带有大襟的上衣（衣①），为名词；后发展出"穿衣服"（衣②）之义，为动词。"冠"之字晚于"衣"，早期字形为"冠"，突出头顶覆盖之物，故其本义为"帽子"（冠①），名词；后发展出"戴帽子"（冠②）之义，动词。"藏"，是战国时期出现的形声字，早期字形为"藏"，像人手持兵器守护的形状，表"隐藏、躲藏"（藏①）之义，动词；后孳乳新义，表"储存宝物的地方"（藏②），名词。"处"，早期金文字形为"处"，像一个人背靠几而坐，表"停下休息"（处①），动词；后字义引申，可表住所（处②）等义，名词。综观四字所关涉字义的发展脉络，其字义、词性与字音的关系从横切面上看并无共通规律，但衣①、冠①、藏①、处①四义，无论为动词还是为名词，均为平声或上声；而衣②、冠②、藏②、处②均为去声。据此我们认为，以上四字表本义之字音均为平声，表引申义之字音均为去声。

⑤《西溪丛语》载南人不善乘船，谓之"苦船"，北人不善乘车，谓之"苦车"，苦音库。而浙人乃云"注船"、"注轿子"，是亦苦船、苦车也。然二字其义皆不可晓，以其音相近，故知其意则同。（袁文《瓮牖闲评》，页63）

"苦"为"苦"之篆字形，为形声字，上部二"草"，下部"古"表声音，本义为"苦菜"（苦①），为名词，读上声；后引申指"像胆汁、黄连一样的滋味"（苦②）义，成为形容词，仍读上声；由此义进一步引申表"以……为苦"（苦③）之义，为动词，读去声。苦①→苦②→苦③，在词性上从名词→形容词→动词，在声调上由上声→上声→去声。据此，词性与声调并未发现对应关系，但义项的产生顺序为：先出现的读平、上二声，后出现的读去声。孙玉文对"苦"的用法做过调查，要点如下：①"苦"的原始词义是形容词，读为康杜切；滋生词为动词，读为苦故切，这两个义项属于变调构词。②在南北朝后，"苦"的滋生词用法在口语中已经由去声变为上声，而在某些方言中有读"苦"为去声的情况，其实质是保留了"苦"滋生词的早期读音。①"苦"的原始字形足可将孙说①推翻，孙说②在语音发展过程中是实际存在的。

以上五例评述材料，均为学术笔记对变调造词现象的探讨，涉及"任""饮""枕""衣""冠""藏""处""苦"八字，通过对以上八对例证的厘析，我们发现：（1）变调造词，所造之词是对原词义项的孳乳，均为与原词相关的动作行为、性质或名物；（2）原词声调一般为平声、上声，变调后读音通常为去声。该类现象实质上是语言发展经济性的呈现，其声调的变异是汉语语音发展的缩影。

综上所述，在据音造词中，以下规律始终起着作用：（1）语言发展的内在机制，如双音化趋势、经济性原则、语音发展的规则等，始终引导着据音造词的大势。（2）在发展大势的引导下，还有一些规则，如语言表情达意的形象性、生动性，与大势互补，共同作用，决定着词的选择、淘汰。

## 二　据形改造

上文主要对学术笔记中关于据音造词现象的评述进行了梳理。实际上，学术笔记的相关记载中还有一类——改造语言中原有的词形而组成新词的现象，可统称为"据形改造"，这类造词现象可归为三种：其一，缩略造词；其二，仿词造词；其三，隐缺造词。以下略举数例分别加以厘析。

### （一）缩略造词

"缩略"是语言发展经济机制的鲜明呈现，近些年颇受关注。俞理明对此做过阐释："缩略是一种语言形式的变化，它从原词语中选

---

① 孙玉文：《汉语变调构词》，北京大学出版社 2000 年版。

用部分形式组成一个新形式表示与原词语相同的意思。"① 俞理明对这种现象的内涵和形式也做过具体的阐释："是词语形式减损的变化，它在意义不变的前提下，从原形式中选取部分形式代表整体，被选取的形式的字面意义可能与词语的意义发生冲突。"② 早在 2000 年，俞理明就综合各家说法，把词语的缩略分为六种：①先把原词语分段，再从各段里取一字组成新词，跟原词语等义；②在偏正结构的词语中，取其限定语或中心语作为代表形式组成新词；③在有共同义素的并列词组中，由"各词相异部分＋共同义素"组成新词；④在有共同义素的并列词组中，取"共同义素＋数字"构成新词；⑤在某些双音词语中，取部分因素组成新的音节，另用新字来记录；⑥用词形较短的词语代替另一个与之在字面上无关的较长的词语。③ 俞理明的说法涵盖了缩略造词的种种情况，内涵极为丰富，然综观历代笔记中的相关评述材料，以上类型似涵盖不完全。笔者认同对缩略造词的普遍看法，采用粗略的分法，以学术笔记中的相关评述为例，对其中典型语料进行探讨。

1. 选字缩略

在话语交际的过程中，词形较长的词、词组，交流起来不甚方便，为使交际过程更加省便，这类词语在反复使用的过程中发生了缩略。在该缩略中，交际主体择取原词中的部分字，用以代表原词，而交际过程中的受话者，则努力通过词语新形式的提示，结合所处的社会实际、自己的语言经验，把缩略后的词语还原为词语的原形式来理解，主要涵盖上文①②两种类型。如：

　　①李侍读仲容魁梧善饮，两禁号为"李万回"。真庙饮量，近

① 俞理明：《缩略形式的选取单位及其分析》，《西昌学院学报》（哲学社会科学版）2005 年第 3 期。
② 俞理明：《"不良"和"响马"——兼论汉语词汇形式的缩略变化》，《乐山师范学院学报》2003 年第 12 期。
③ 俞理明：《词语缩略的界定及其理论诠释》，《四川大学学报》（哲学社会科学版）2000 年第 2 期。

臣无拟者，欲敌饮，则召公。公居常寡谈，颇无记论，酒至酣，则
应答如流。一夕，真宗命巨觥俾满饮，欲剧观其量，引数（入
声）。大醉，起，固辞曰："告官家撤巨器。"上乘醉问之："何故
谓天子为'官家'？"遽对曰："臣尝记蒋济《万机论》言'三皇
官天下，五帝家天下'。兼三、五之德，故曰'官家'。"上甚喜。
从容数杯，上又曰："正所谓'君臣千载遇'也。"李巡曰："臣惟
有'忠孝一生心'。"纵冥搜不及于此。（文莹《湘山野录》，页
1416）

"官家"一词，现行词典中载有三义：①旧时皇帝的别称；②官
府、公家；③对为官者的尊称。《资治通鉴·晋书·晋成帝咸康三年》
中首见该词。旧时对皇帝的称呼。据胡三省注：西汉称天子为县官，东
汉称天子为国家，故兼而称之。或曰：五帝官天下，三王家天下，故兼
称之。据上注，"官家"一词的源头可能有二：①取不同朝代的异称各
一字组成；②取与之密切相关的典型说法中的代表字组成。无论①②哪
种情况，均为话语交际过程中的省便，选取原形式中的代表字组词，是
为选字缩略。

②驸马都尉本秦、汉官。汉有奉车都尉，主车舆，驸马都尉
主驸马，骑都尉主羽林骑，是为三都尉。今止称驸马，省文耳。
然唐人云："戚里旧知何驸马"，今人数列侯云"公侯驸马伯"，
盖诗词文移取便无妨。若君前奏对，自当称驸马都尉。今谒陵、
陛辞、复命，皆云驸马臣某。盖承袭谬误，莫之正耳。（陆容
《菽园杂记》，页89）

"驸马"一词，本为汉武帝始设的官职，全称驸马都尉，主要负责
管理皇帝外出时的从车之马，最初主要由宗室、外戚、诸公子孙担任此
职。三国时，魏国公主尚何晏，何被封为驸马都尉；晋代司马昭（晋
文帝）妹妹尚杜预，杜亦被封驸马都尉；晋文帝女儿常山公主尚王济，

另有刘惔、桓温均晋明帝女婿，这三个人都被封驸马都尉。魏晋以后就形成了惯例，凡皇帝的女婿均加封驸马都尉称号，取该官职前二字简称驸马。"驸马都尉"一词，本偏正结构短语，该例选取其限定语作为代表，表示全称。

2. 数词 + 共同义素

在汉语词汇中，还有一类典型的存在：有些并列词组是由两个或更多的带有共同义素的词并列组成的，汉语演变对这类词采取的办法是："数词 + 共同义素"组成缩略词，即采用所组成的各项的共同义素加上项数构成缩略词。"五教三纲""三姑六婆"等语是为典型，学术笔记可见：

①五教三纲　舜命契敷五教，孟子以为君臣、父子、夫妇、兄弟、朋友是也。《左氏传》：晏子曰："君令臣共，父慈子孝，兄爱弟敬，夫和妻柔，姑慈妇听。"去"朋友"而言"妇姑"。又曰："君令而不违，臣共而不二，父慈而教，子孝而箴，兄爱而友，弟敬而顺，夫和而义，妻柔而正，姑慈而从，妇听而婉。"五者之中，惟兄弟、妇姑专主于和顺，至于君，虽得以令臣，不可违于理而妄作。臣虽所以共君，而不可二于道而曲从。父慈其子，必教以义方。子孝其父，必箴其阙失。夫以和倡妇，尤当制之以义。妻以柔从夫，尤当自守以正。盖三者乃三纲也，所系尤重。故于睦雍敬爱之中，必有检方规正之道，庶几各尽其分，而三纲立矣。（罗大经《鹤林玉露》，页 5187）

教，甲骨文做"𣀔"，右半部像手拿皮鞭的老人，是对中国传统观念"棍棒底下出孝子"的生动诠释，最初的意义是"教育、教化"。"五教"之说，《尚书》已见，《书·舜典》"帝曰：'契，百姓不亲，五品不逊，汝作司徒，敬敷五教在宽。'"① 这是传说中尧、舜道德教化

---

① 阮元校刻：《十三经注疏》，中华书局 1980 年影印本，第 130 页下栏。

的内容。然对"五教"之内涵，却有不同看法：孟子认为"君臣""父子""夫妇""兄弟""朋友"之关系是为"五教"，而《左传》《尚书》将"朋友"换作"妇姑"，这也是后世惯常的看法。此例是由"项数＋共同质素"构成的。

纲，篆字做"綱"，本义为提渔网的总绳，因其在收渔网过程中起决定性作用，引申指"法度"，三纲即君臣、父子、夫妇间相处应遵循的法度，是"君为臣纲，父为子纲，夫为妻纲"的缩略，由"项数＋共同语素"构成。

上例评述所关涉的两个缩略词"五教""三纲"在构词方式上总体类似，但细究亦有区别，"五教"以"项数＋共同质素"构成，而"三纲"以"项数＋共同语素"构成，"共同质素""共同语素"的区别在于缩略后的词除项数之外的共同部分在原词中是否出现。若在原词中出现即为"共同语素"；若原词无则为"共同质素"，是根据原词各项的性质归纳出来的"质素"。

②三姑者，尼姑、道姑、卦姑也。六婆者，牙婆、媒婆、师婆、虔婆、药婆、稳婆也。盖与三刑六害同也。（陶宗仪《南村辍耕录》，页6265）

姑，本为丈夫的母亲，后为妇女的通称。《吕氏春秋·先识》："商王大乱，沈于酒德，辟远箕子，爱近姑与息。"高诱注引《尸子》注："姑，妇也；息，小儿也。"后用"三姑"来指代尼姑、卦姑、道姑等不务正业的妇女，由"项数＋共同语素"构成。

婆，后起字，《说文》无，本指舞蹈者婆娑舞动的状态，后又指与祖母年纪相仿的年老妇人。《广韵·戈韵》："婆，老母称也。"《集韵·戈韵》："婆，女老称。""六婆"与"三姑"同，指从事六种职业的老年妇女，与"三姑"连用，因古代这些身份的妇女经常干坏事，故其连用指不务正业的妇人。"六婆"亦由"项数＋共同语素"构成。

由上可知，"五教""三纲""三姑""六婆"四词，均由"数词＋共同义素"构成，又可细分为两种情况：①项数＋共同质素；②项数＋共同语素。在上例中，"五教"为情况①，"三纲""三姑""六婆"为情况②，①②两种情况的区别在于后起词的共同义素在原词中是否出现过，若原词中有，则属第②种情况；若原词中无，则属第①种情况。即①中的共同义素是对原词共同性质的概括，②中的共同义素则是对原词共有语素的提取。对这类词，俞理明不视为缩略词，①但笔者在这里采用最宽泛的说法来处理材料，将其归为缩略词一类。

尤其值得我们注意的有两点：（1）"在大多数情况下，缩略后的形式与原形式的主体结构保持着较大的对应关系，复音缩略结构中的一个音节，原词语的一个语素或词……这往往使人认为缩略是从原词语中选择代表语素形成的"②，但实际上，"我们只能通过缩略形式对原形式的提示来理解这个词，或者，把缩略形式看作一个整体性的成分来理解它，而不能通过语素组合成词的途径来理解这个词的意义，因而缩略后形式的字面意义可能与原词语的意义相去很远或者相反。换个角度说，利用缩略后的形式来分析词语的语义结构是不可靠的，对这种非理结构的复合词，只有在还原后才能作出正确的语义结构分析"③。（2）缩略词在使用的过程中逐渐固化，固化后的缩略词往往会取代原词来使用，且在普及过程中，缩略词所表义域在使用过程中往往会不断扩大，由点到面铺开，由实到虚转化，使用范围也日益扩展，如上文"五教""三纲"就由具体所指的内容逐渐扩展开来，以指代封建社会的正统道德教化，而"三姑""六婆"则由六种经常做坏事的"职业妇人"转而指不务正业的妇人。

---

① 俞理明：《词语缩略的界定及其理论诠释》，《四川大学学报》2002 年第 2 期。该文认为六种缩略词语只有①③⑤是严格意义上的缩略词。

② 俞理明：《"不良"和"响马"——兼论汉语词汇形式的缩略变化》，《乐山师范学院学报》2003 年第 12 期。

③ 同上。

（二）仿词造词

仿词，本为修辞学上的辞格之一，后来成为一种构词方式，亦称"仿拟词"。此类构词方式以现成的词语为基点临时构造出新词语，新词语一般同原词在意义上有所牵连：或相对，或相仿，以在话语表达过程中保持新鲜感。学术笔记中所评述的成词现象中，有不少是通过仿拟而造的。如：

> ①王逸少好鹅，曹孟德有梅林救渴之事，而俗子乃呼鹅为"右军"，梅为"曹公"。前人已载尺牍有"汤洵右军一只，蜜浸曹公两瓶"，以为笑矣。有张元裕云：邓雍尝有柬招渠曰："今日偶有惠左军者，已令具面，幸遇此同享。"初不识左军为何物，既食乃鸭也。问其所名之出，在鹅之下，且淮右皆有此语。邓官至待制典荆州，洵武枢密之子。俗人以泰山有丈人观，遂谓妻母为"泰水"，正可与"左军"为对也。（庄绰《鸡肋编》，页3997）

"右军"指鹅，经历如下逻辑过程：右军本为官职（义项①）；因王羲之做过右军之职，故称王羲之为王右军（义项②）；又因王羲之爱鹅，故称鹅为"右军"（义项③）。义项①→②→③，①→②是以官职代本体，②→③是同一指称指代密切相关的事物，均为词义的相关引申。"右军"的义项①本与"左军"相对，又"鹅"在话语交际过程中常与"鸭"并举，故"左军"仿拟指"鸭"。

"泰山"指丈人，得名理据有二：①泰山有丈人观，故称；②唐代官员因封禅大典事，被岳父连提三级，伶人戏称此事为"泰山之力也"。无论①还是②，"泰山"指"丈人"已被普及，义项固化，后世词典有载，"父""母"相对，"山""水"对举，故后人另造"泰水"以表"岳母"，是为仿拟。此类又如"东道主人"类词：

> ②自《左传》有"倚郑为东道主"之言，后汉光武谓耿弇、邓晨等皆曰"北道主人"。《北史》魏孝武谓成阳王曰："昨得汝主

簿为南道主人。"于是又有南道主人之说。史传之间，独未闻西道
主之说耳。又观《赵肃传》，独孤信东讨，肃监督粮储，军用不
竭，周文帝谓人曰："赵肃可谓洛阳主人也。"又有洛阳主人之说。
《容斋随笔》但引《左传》、《后汉》"东道主人"、"北道主人"语
出处，而不考其它。（《野客丛书》，页90）

"东道主"之说，《左传》有载。《左传·僖公三十年》："若舍郑
以为东道主，行李之往来，共其困乏，君亦无所害。"[1] 在地理位置上，
郑国在秦国东方，故称"东道主"，即东方路上的主人，后该称呼表意
泛化，用来指称款待宾客的主人，且铺开使用。随后又出现"南道"
"北道""洛阳"各"主人"，皆仿拟"东道主"而来，分别以交际主
体所处的方位不同而成。

综观以上两例，关涉到"右军""左军"、"泰山""泰水"、"东
道主""北道主人""南道主人""洛阳主人"三组词，实际上包含着
两种情况：①词义的仿拟；②词形的仿拟。"右军""左军"组属①，
"泰山""泰水"、"东道主""北道主人""南道主人""洛阳主人"
两组属②。在①类仿拟词中，所仿词本就存在，表别义，后由与被仿
词词义上的某种关联，而引申出与原词义相异，甚至没有任何关联的
词义；在②类仿拟词中，被仿词词义引申并逐渐传播，范围扩大到一
定程度后，人们尝试另造与之相对的词形来表示相关的同类事物。这
类词的出现，使话语交际的表情达意充满意趣，俞理明认为："但在
修辞层面上构成的这类成分大多是临时性成分，它影响汉语词汇的使
用，而并未给汉语词汇增加新的成分。"[2] 在绝大多数情况下，该说
法可信，但若从语言发展的历时过程来看，也不尽然：如"南道主
人""北道主人""洛阳主人"，系仿拟"东道主人"而来，从可见书
证看，史传中三词均见，既然如此，三词已在一定程度、一定范围内

---

[1] 王守谦等：《左传全译》，贵州人民出版社1990年版，第356页。
[2] 俞理明：《汉语词汇中的非理复合词》，《四川大学学报》2003年第4期。

被铺开使用，该范围内的词语成分实质上是扩大了；但不可否认的是，这三个词在词语发展的选择机制中最终被淘汰出局，最后结果符合俞理明之说。

（三）隐缺造词

隐缺造词亦为据形改造的一种，俞理明对这种造词方法亦做过详细论证："在汉语词语中有一种特殊的形式，就是在一个完整的习用词语中把其中表意所需的部分隐而不说，用剩余部分来表示这个隐去的内容，不论它的结构是否完整，表意是否合理。"① 学术笔记对该类造词的评述如：

> ①《艺苑雌黄》云："昔人文章中多以兄弟为友于，以日月为居诸，以黎民为周余，以子孙为诒厥，以新婚为燕尔类……子美云：'山鸟山花吾友于。'又云：'友于皆挺拔。'退之云：'岂谓诒厥无基址。'又云：'为尔惜居诸。'……洪驹父云："此歇后语也。"……《复斋漫录》云：唐宰相郑启为诗，好歇后句，行第五，时人呼为歇后郑五。今人无有蓄其诗者，惟旧史载其一联云："只有两行公廨泪，临行洒向渡头风。"真俳词也。后之文士不复作歇后体，以其非雅正，独石曼卿因登第覆落，例受三班借职，赋诗一首，所谓"无才且作三班借，请俸争如录事参"是也。（胡仔《苕溪渔隐丛话后集》，卷七）

"友于"始见于《尚书》，《书·君陈》："惟孝，友于兄弟。"② 此"友"为形容词，"于"为介词，二者连用，本来指兄弟之间相亲相爱，如《后汉书·史弼传》有："陛下隆于友于，不忍遏绝。"后因"友""于"经常连用，借用来指代兄弟，三国魏曹植《求通亲表》有"今之否隔，友于同忧"之语，"友于"即兄弟。

---

① 俞理明：《汉语词汇中的非理复合词》，《四川大学学报》（哲学社会科学版）2003 年第 4 期。

② 阮元校刻：《十三经注疏》，中华书局 1980 年影印本，第 236 页下栏。

"居诸"一词,《诗经·邶风·柏舟》有"日居月诸,胡迭而微"之说,孔颖达疏:"居诸者,语助也。"① "居"为语气词,略等于"乎";"诸"为语助,无实意。因经常连用,"居诸"被借用来指日月、光阴。

《诗经·大雅·文王有声》:"诒厥孙谋,以燕翼子。"② "诒"即"遗",表"流传"之意,"厥"即"其","诒厥孙谋"意为留给子孙的雄谋大略,后因其为留给子孙的,"诒厥"即用来指子孙。

《诗经·邶风·谷风》:"宴尔新昏,如兄如弟。"孔颖达疏:"安爱汝之新昏,其恩如兄弟也。"③ 原文意为被弃之妻诉说丈夫再娶新妻,如何与新人寻欢作乐。后因"宴尔"多与"新昏"连用,故反其意,被用为庆祝新婚的贺词,亦指新婚。

以上材料所涉及之"友于""居诸""诒厥""宴尔"均为典故性的隐缺造词。

> ②《临潼县志》云……生活,笔也。(《古今笔记精华录》,页180)④

"笔""屄"二字音同,为了在话语交际中避秽,用成语"妙笔生花"中"笔"后的"生花"指代"笔",亦造隐缺词。在词语使用过程中,"生花"的韵尾[ɑ]逐渐向[u]靠拢,唇形变圆,韵尾变而为[ɔ],读音与"生活"基本等同。今天的吐鲁番老人还沿用此说法。⑤

以上两例中的评述均为隐缺造词,例中评述涉及诸词"友于""居诸""诒厥""宴尔""生活",分别隐去"兄弟""日月""孙

---

① 阮元校刻:《十三经注疏》,中华书局1980年影印本,第297页上栏。
② 同上书,第527页上栏。
③ 同上书,第304页上栏。
④ 转引自王宝红《清代笔记小说俗语词研究》,博士学位论文,四川大学,2005年。
⑤ 周磊:《释"𤬡𤬓"及其它》,《中国语文》2001年第2期。

谋""新昏""妙笔"，所隐部分却恰好是词语表意的关键，这类词来源于多个语素，不能按照一般的结构规则来分析，即俞理明所谓之"非理复合词"①。然此"非理"并非毫无理据，它们以语言中原有的词为基点进行改造，这类词的名、实关系与语言学上一般的名实指称原则相悖，故被称为"非理据词"。目前语言学界部分学者仍不赞成非理据构词的说法，但该现象在汉语词汇中确实存在。初步考察学术笔记中的相关评述，不难发现这类词的出现亦有原因：①"友于""居诸""诒厥""宴尔"四词，出于典故，后常连用，故被借用指称，这类词只考虑连用出现的频率，不考虑原词的词性、结构关系；②"生活"指"笔"，是出于避秽的考虑。总之，这类词的出现，语用原因高于语法原因，对这类特殊词汇现象的深入发掘整理，能使人们正确理解话语交际中的词义，也确实能解决一部分汉语传统词汇学所解决不了的词语构造，故学术笔记中的这类相关评述亟待我们进一步发掘、整理。

## 第五节　学术笔记中相关评述所体现的汉语词汇特点

### 一　词语的约定俗成性

约定俗成，是语言形成之初的特性。根据索绪尔的看法，作为符号体系的语言事实，是一个双面的心理实体，该心理实体由能指、所指构成，而能指、所指间的关系在组合时是任意的，所以语言符号和所指意义的结合在形成之初也是任意的，是经过约定俗成而固定下来的。在语言形成、演变的过程中，刻意创新、临时性的修辞使用，甚至语用错误，都可以是新成分萌芽的基点，作为基点的萌芽成分，经过不断重复，逐渐固化为新的词汇成分。通过考察学术笔记中的相关

---

① 俞理明：《汉语词汇中的非理造词》，《四川大学学报》（哲学社会科学版）2003 年第 4 期。

评述，我们发现词语的约定俗成主要归为两类：①将错就错、习非成是；②名人效应。①②两类中不合常理甚至错误的说法，都是语言交际中对词语产生的强有力推动。

（一）将错就错，习非成是

王艾录、司富珍（2002）认为："语言自身具有很强的习非成是能力，当人们说话语流中遇到错误理据的语词（错码）时，交际者的语言心理具有一种本能的宽容，不纠缠某些细节上的错误，而是跳过这些错码，使语言交际继续正常进行。"① 这一看法在学术笔记中也得到鲜明的呈现：

> ①惟扬澄江　古今称扬州为惟扬，盖掇取《禹贡》"淮海惟扬州"之语。然此二字殊无义理，若谓可用，则他州亦可称惟徐、惟青之类矣。又多以江阴为澄江，意取谢玄晖"静如练"之句。然玄晖作诗，初不指此地而言也。滁州环城多山，故《醉翁亭记》首言"环滁皆山也"，流俗至以"环滁"目是邦，此犹可笑。（费衮《梁溪漫志》，页 3431）

惟扬，是扬州的别称。《尚书·禹贡》有"淮海惟扬州"之语，指扬州向北至淮海。句中的"惟"是助词。《广雅·释诂四》有"惟，词也"。该词用在句中，主要用来调整音节。《书·皋陶谟》："百工惟时。"② 又《召诰》："无疆惟休，亦无疆惟恤。"③ 上文《梁溪漫志》中的评述亦关注到了这类情况，认为"惟"，其他州亦可用，"惟徐""惟青"均可说。故"惟扬"中的"惟"是助词，在语用过程中，人们却逐渐误解"惟扬"是一个整体，作为扬州的别名使用开来。

此类又如"环滁"指"滁州"，起于欧阳修《醉翁亭记》中"环滁皆山也"之语，文中"环"本指"环绕"，是为动词，流俗却连用

---

① 王艾录、司富珍：《语言理据研究》，中国社会科学出版社 2002 年版，第 320 页。
② 阮元校刻：《十三经注疏》，中华书局 1980 年影印本，第 139 页上栏。
③ 同上书，第 212 页上栏。

"环滁"，将其作为滁州的别名。上文"隐缺造词"评述所涉及的"友于"亦为该情况。由上，汉语词将错就错、习非成是的能力可窥一斑。

　　②"约法三章"，自班氏作《刑法志》，谓"高祖初入关约法三章"，至今以为省约之约，皆作一句读。予观《纪》所书云："吾与诸侯约，先入关者王之，吾当王关中。与父老约，法三章耳。"若以"与父老约法三章耳"八字作一句，恐不成文理。合于"约"字句断，则先与诸侯约，今与父老约，不惟上下贯穿，而"法三章耳"方成句语。（刘昌诗《芦浦笔记》，页 2）

约法三章，语出《史记·高祖本纪》："与父老约，法三章耳：杀人者死，伤人及盗抵罪。"[①] 由书证可见，"约法三章"本"与父老约，法三章耳"断句错误，却在交际主体的不断重复之后，得以在语言集体中最终确立。

有时人们为了追求时髦，故意读错某些字音，也能造成词语的最终变异。学术笔记中最典型的例证如：

　　③缝人通称裁缝，以能裁，又能缝也。而吾乡之学操官音者，因缝与房音近，讹而为裁房，众口同音。余家妇女多随宦者，自负为善说官话，亦复呼裁房不绝声，牢不可破。（梁章钜《归田琐记》，页 155）

"裁缝"一词的理据，是以交际主体行为指代本体，裁、缝均为主体行为。《广韵·东部》："缝，符容切。"《阳部》："房，符方切。""缝"字音的韵为〔ɪwoŋ〕，"房"字音的韵为〔ɪwaŋ〕，"缝"字韵母的主要元音〔o〕受"裁"音节的影响，被同化为〔a〕，读为"房"，"裁缝"被讹读为"裁房"，成为"吾乡之学操官音者"追求的时尚。

---

① 《史记·高祖本纪》，第62页。

沈家煊认为："一个词语初现一个新的意义或新的用法后，如果这项创新为创新者或其它人所重复，这就发生了所谓的'习得'，语义的演变由此而开始。"① 不但词义、语用如此，语音也同样，当随宦妇女中有人开始把"裁缝"读成"裁房"后，其余人以之为潮流，均呼"裁缝"为"裁房"，且经久不衰，"牢不可破"。

> ④妇人以姓为称，故周之诸女皆言姬，犹宋言子，齐言姜也。自汉以来不复辨，类以为妇人之名。故《史记》言高祖居山东好美姬，《汉书·外戚传》云所幸姬戚夫人之类，固已失矣。注《汉书》者见其言薄姬、虞姬、戚姬、唐姬等，皆妾而非后，则又以为众妾之称。近世言妾者遂皆言姬，事之流传失实，每如是。今谓宗女为姬，亦因《诗》言王姬之误矣。（叶梦得《避暑录话》，页 2659）

"姬"之字，本水名，据《说文》："黄帝居姬水，因水为姓。"自黄帝以水为姓后，由于姬姓为王族，地位非常尊贵，其他诸侯都愿意纳姬姓女子为妻室。这样，姬姓女外嫁诸侯的特别多，出嫁后在己姓前加上诸侯国国名，因此，"姬"成为贵族妇女的通称，后称帝妃为"姬"甚至宗室女子为"姬"，实为误称，但习用日久，成为正确的称呼。

上述四则评述，"惟扬""环滁""约法三章""裁缝""姬"五词，均为词语将错就错、习非成是现象的呈现。通过观察以上例证，我们不难发现，虽以上各例均因习非成是而形成新词新语，但具体情况不一而足：有对所用词语误解而产生的，如"惟扬"将助词解为词语的部分，"环滁"把修饰语作为本词的一部分；有因断句错误而产生的，如"约法三章"；有因语音错误而产生的，如"裁缝"例，众随宦妇女把错讹的读音当成时髦来追随，因而生成新音；亦有对词语使用对象的误解，如"姬"，因为王姓，地位尊贵，被贵族妇女铺开使用。在语言发展的

---

① 沈家煊：《语用原则、语用推理和语义演变》，《外语教学与研究》2004 年第 4 期。

过程中，错误也是强大的社会力量之一，即所谓的"习非成是"：一个、两个错误的东西不能成是，但众多的错误一定能使错误的东西变成正解的，以上例证即为该类现象的最直接注解。

（二）名人效应

在汉语词发展过程中，一个词语可能因为某一个或某几个名人的习用，而日久产生新义并使众人效仿，最终新义、新用被固化，此即"名人效应"，学术笔记对此类现象的记载如：

①人多以"夜雨对床"为兄弟事用。如东坡《与子由》诗引此，盖祖韦苏州《示元真元常》诗"宁知风雨夜，复此对床眠"之句也。然韦又有诗《赠令狐士曹》曰："秋檐滴滴对床寝，山路迢迢联骑行。"则是当时对床夜雨，不特兄弟为然，于朋友亦然。异时白乐天《招张司业》诗云："能来同宿否，听雨对床眠。"此善用韦意，不胶于兄弟也。仆又观郑谷《访元秀上人》诗曰"且共高僧对榻眠"，《思国昉上人》诗曰："每思闻净话，夜雨对绳床。"夜雨对床施于僧，亦不为无自。然则听雨对床，不止一事。今人但知为兄弟事，而莫知其它，盖此诗因东坡拈出故尔。乐天非不拈出别章之意，然已灰埃矣。大抵凡之文章，不论是否，得当代名贤提拂，虽轻亦重。不然，虽重亦轻。韦诗固佳，重以东坡引以为用，此其所以显然着在耳目，为兄弟故事。（王楙《野客丛书》，页111）

上例是王楙对"夜雨对床"事的评述。"夜雨对床"，后世词典有载，形容兄弟或朋友间关系密切，亲切交谈。首先介绍该词出处，次则描述名诗人对这个词的复用，最后说出自己的观点，认为文章若能得到当时名人、贤人提携，"虽轻亦重"，反之则"虽重亦轻"，该观点实质上是对词语发展中"名人效应"的初步探索。对于这个问题，叶大庆在《考古质疑》中亦有论述：

"对床""听雨"，二苏兄弟酬答多用之。坡有《东府雨中别子由》诗曰："对床定悠悠，夜雨空萧瑟。"《初秋寄子由》云："雪堂风雨夜，已作对床声。"《在郑别子由》云："寒灯相对记畴昔，夜雨何时听萧瑟？"《在御史狱》云："他年夜雨独伤神。"《李公择故居》诗："对床老兄弟，夜雨听竹屋。"又《初秋子由与坡相从彭城斌诗》云："逍遥堂后千章木，长送中宵风雨声。误喜对床寻旧约，不知漂泊在彭城。"又子由《使辽在神水馆》云："夜雨从来对榻眠，兹行万里隔冰天。"子由《舟次磁湖》云："夜深魂梦先飞去，风雨对床闻晓钟。"此其兄弟所赋也，故后人多以为兄弟事。坡诗注：子由与坡在怀远驿，读韦苏州诗，至"宁知风雨夜，复此对床眠"，恻然感之，乃相约早退，为闲居之乐。大庆观苏州此诗，乃《赠元常全真二甥》，又《赠令狐士曹》云："秋林滴滴对床寝，山路迢迢联骑行。"至白乐天亦有《招张司业》诗："能来同宿否，听雨对床眠。"故坡《送刘寺丞》云："中和堂后石楠树，与君对床听夜雨。"以是观之，非独兄弟可用也。（叶大庆《考古质疑》，页 38 — 39）

上述材料中的叶说以苏轼兄弟酬唱为主线，先厘析二苏诗中用例，力证该说是对兄弟之间亲密关系的描述；后引用韦苏州、白乐天诗证明这种用法亦可用于朋友之间的应答酬唱。

综观以上各书中用例，"对床夜雨""听雨"事例本无此义，但由于二苏、白乐天等明贤不断复用，最终获得新义，故王楙在《野客丛书》中发出"大抵凡之文章，不论是否，得当代名贤提拂，虽轻亦重。不然，虽重亦轻"的感慨。

## 二 词语的生动形象性

具象思维、抽象思维是哲学上的概念，二者的对立是哲学界常论常新的问题。在思维认知过程中，人们对客观事物的认识，通过形象、联想、类比等直观方式，对客观对象进行整体的、具象的把握，此即具象思维，也是汉语背景下思维模式的典型，而这种思维方式直接影响着汉语文化，进而影响到汉语造词，直观、具体、形象是汉语造词的主要特点。这在学术笔记中多有呈现，如：

①宋上官融《友会谈丛》云："故沧州节度使米信，俭啬聚敛，为时所鄙。其长子簪，以信之故，不敢自专，但于富室厚利以取钱自用，谓之老倒还。兼以券契为约，其词以'父死，钟声才绝，本利齐到'之语。"（《茶香室续钞》，页17）①

"老倒还"，现行各类词典失收，是一种贷款，这种贷款往往是富家子弟私下所借，承诺父亲死亡之时，即连本带息偿还贷款之期。"老"，长辈去世的讳称；"倒"，父亲去世的动作；"还"，还款。三词连用，把该类贷款的还款特点呈现得生动形象。

②凡纳婢仆，初来时曰擂盘珠，言不拨自动；稍久，曰算盘珠，言拨之则动；既久，曰佛顶珠，言终日凝依然，虽拨亦不动。此虽俗谚，实切事情。（陶宗仪《南村辍耕录》，页6510）

"擂盘珠"，在盘中滚动的珠子，上例喻指干活积极，不用主人催的仆婢；"算盘珠"，即算盘档上的珠子，拨动珠子用来计数，上例中用来喻指做事不积极，需要主人"拨"才动的仆婢；"佛顶珠"，从字面上看，大佛头顶着珠子，此指终日懒散，目光呆滞的仆婢，现吴语中还有。此例三"珠"，是人们熟悉的具体有形之物，具体有形且生动形象，而仆婢做事的特征是抽象的，该例用有形之物来喻指无形之特征，是通过比喻造词。

由上可见，汉语造词时具象思维起着主导作用，表达客体的形体等外在特征均作为重要质素参与了造词，这是与汉语思维的客观规律密切

---

① 转引自王宝红《清代笔记小说俗语词研究》，博士学位论文，四川大学，2005年。

相关的。用具象比拟抽象，也是符合语言发展的认知规律的。

### 三 文化对词汇的影响

文化是一个综合体，包含着特定社会的全部知识、信仰、艺术、道德等社会成员所遵循的精神层面的东西，而词汇是最容易受感染的要素，时代、社会都是感染词汇的最重要因素。词语自产生起，就包含着丰富的文化信息、深刻的社会内涵。无论是内容还是形式；无论整个体系还是某个个体，都无一例外。因此，词语伴随着语境而随时发生变化，一直是语言中发展最活跃的部分，承载着所处社会的内涵。学术笔记对汉语词汇这个特点的关注并不少见，具体情况可归为两类：①社会文化的变迁使表相同内涵的词语形式发生改变；②文化变迁使相同词语形式所表内涵发生变化。

（一）文化变迁改变词语形式

在汉语词的发展史上，有一类特殊的存在——避讳，虽然最初使用是个性化的，但随着不断复用，个性化的用语可能会被固化，从而造成词语形式的改变。学术笔记对此类现象的关注如：

> ①尚书省文字下六司诸路，例皆言"勘会"。曾鲁公为相，始改作"勘当"，以其父名会避之也。京师旧有"平准务"，自汉以来有是名。蔡鲁公为相，以其父名准，亦改为"平货物"。（叶梦得《石林燕语》，页 2506）

"勘会"，审议，现行汉语词典有载；"堪当"，现行词典失收。"勘会"一词，曾鲁公为避父名，改为"堪当"，但后世仍沿用原形，如《元典章新集·刑部·隐藏人口》："诸人诱良人等罪，经原免，其被卖之人虽未堪会完备，合依发付给亲。"

"平准"，指古代官府调节市场、平抑物价的行为，源于春秋战国，汉武帝设平准官，《史记·平准书》有："大农之诸官，尽笼天下之货物，贵即卖之，贱则买之。如此，富商大贾无所牟大利，则反本，而万物不得腾踊，故抑天下之物，名曰平准。""平准务"即掌管相关事项的官府，历代称法不一。蔡京权倾朝野，其父名准，为避父讳，改"平准务"为"平货物"，该词现行词典未载。

综上所述，"勘当""平货物"等因避家讳而产生的新词，往往使用时间段有限。

　　②民间俗讳，各处有之，而吴中为甚。如舟行讳"住"、讳"翻"，以"箸"为"快儿"，"幡布"为"抹布"。讳"离散"，以"梨"为"圆果"，"伞"为"竖笠"。讳"狼藉"，以"榔槌"为"兴哥"。讳"恼燥"，以"谢灶"为"谢欢喜"。此皆俚俗可笑处，今士大夫亦有泛俗称"快儿"者。（陆容《菽园杂记》，页8）

"幡布"，指抹布，《说文》、徐凯系传、桂馥义证均载该词，现行词典仍载。榔槌，吴语指大而重的锤子，现行词典仍载。即榔头、锤子。谢灶，祭祀灶君，旧俗农历六月初四、十四、二十四为祭祀灶神的日子，周振鹤《苏州风俗·岁月·六月》载："谢灶：六月初四、十四、二十四日，比户媚灶。谚云：'三番谢灶，胜做一坛清醮。'祀时以米粉做团，曰谢灶团子；并素羞三簋而已。"[1]

该例所关涉的"幡布""榔槌""谢灶"三词均因地方性的避讳而发生了词形变化。

综上可知，①②两例，虽均因避讳而产生词形的变化，但最终结局各异，原因是显而易见的：①例的"勘当""平货物"皆因权臣为避家讳而产生的，变形后的词语使用时间段会随着权势的时移世易而发生变化；②中的各例，均符合特定范围内民众的心理特征，长期使用是理所当然的。

（二）文化使词语内涵发生改变

不同时代、不同的文化背景，可以使人们对相同词形的内涵理解产

---

① 　周振鹤：《苏州风俗》，上海文化出版社1989年影印本，第41页。

生变化。如：

> ①扬郡着衣，尚为新样……近用膏粱红、樱桃红，谓之福色。
> 以福大将军征台匪时过扬着此色也。（《扬州画舫录》，页 194）
> 色料初尚天蓝，乾隆中尚玫瑰紫，末年福文襄王好着深绛色，
> 人争效之，谓之"福色"。（昭梿《啸亭续录》，页 455）

福，是幸福，是福气，包含着人们对生活的所有美好理想：富贵、寿考、身体康健、阖家安宁、凡事吉庆如意、心愿全备圆满均为福之属。传世文献对"福"的释义亦各式各样，《尚书》《诗经》《礼记》均有个性化的解释：《书·洪范》："五福：一曰寿，二曰富，三曰康宁，四曰攸好德，五曰考终命。"① 《诗·小雅·瞻彼洛矣》："君子至止，福禄如茨。"郑玄笺："爵命为福，赏赐为禄。"孔颖达疏："凡言福者，大庆之辞；禄者，吉祉之谓。"② 《礼记·祭统》："贤者之祭也，必受其福，非世所谓福也。福者，备也。备者，百顺之名也。无所不顺者谓之备。"③

总之，"福"是人类对自身吉祥、圆满的期待、向往。上文材料中的主体福大将军、福文襄王均为世俗所追求之"福星"的代表，其周身的外物被时人看作福气的象征，故因福大将军着红，红即为"福色"；而福文襄王喜深绛色，深绛色又被视作"福色"。此均为社会背景赋予相同词形的不同意义。

总之，语言、文化二者互为表里，共生共存，社会文化是所用语言的基底，所用语言是当时当地文化的外化、载体，与文化共存是语言发展的永恒规律。文化为语言的发展提供了肥沃的土壤，又制约着语言（尤其是词汇）的发展；语言是文化的外化形式，是社会文化的呈现。

---

① 阮元校刻：《十三经注疏》，中华书局 1980 年影印本，第 193 页上栏。
② 同上书，第 479 页上栏。
③ 同上书，第 1602 页下栏。

# 第三章

# 学术笔记对语义现象评述的记录

## 第一节　学术笔记中语义评述的类别

　　语言符号同时具有不变性和可变性两种特征，时间的连接保证着语言连续性的存在，同时又有一个看似矛盾的结果，就是语言符号永远发生着或快或慢的变化。前者满足了话语交际的需要，后者使现实的语言生活保持着鲜活的生命。渐变到一定程度就会发生巨变，就会产生质变，一旦发生质变，这些适用于不同时、地的俗语词、古语词等词汇现象，就会成为另一时、地人们话语交际和阅读书籍的障碍。对此，《北梦琐言》有如下观照：

　　　　唐世梁太祖未建国前，崔禹昌擢进士第，有别业在汴州管内。禹昌敏俊善接对，初到夷门，希梁祖意，请陈桑梓礼，梁祖甚喜。以其不相轻薄，甚蒙管领，常预宾次，或陪亵戏。梁祖以其有庄墅，必藉牛，乃问曰："庄中有牛否？"禹昌曰："不识得有牛。"意是无牛，以时俗语"不识得有"对之。梁祖大怒曰："岂有人不识牛，谓我是村夫即识牛，渠则不识。如此轻薄，何由可奈！"几至不测，后有人言，方渐释怒。（孙光宪《北梦琐言》，页93）

　　在孙光宪的记录中，"不识得有"一词在话语主体所处的时代为俗语，表"无、没有"之意。在话语交际的过程中，因梁太祖解之为

"不认识"，认为崔禹昌有意戏弄他，大怒，差点让崔禹昌丢了性命，话语交际中面对不同的交际主体，正确使用词语使对方充分理解自己所表达的意思，才能达到交际顺畅进行的目的。因此，对一些容易引起交际障碍的俗语、古语进行训释，并在一定范围内普及势在必行。同时，对近代汉语词语进行考释也是近代词汇研究的基础，但前期研究的现状是，对近代汉语的研究长期被学界所忽视，对很多词的意义我们都不清楚，在这种情况下，词语考释更应被提到首位。学术笔记对语义现象评述的类别主要有四：对民俗语言的解释；对古语词的解释；对名物词语的解释；对附加义的解释。

## 一 解释民俗语言

民俗语言包括两大部分：俗语、民俗语汇，这两个语类互相交叉、互相兼容，已是约定俗成，并在一定范围内被认知、被长期习用，涵化着大量的民俗要素。魏晋南北朝以后，书面语与口语间的距离不断增加，六朝骈文讲究的是骈偶、对仗和辞藻、用典，已经脱离了当时的口语实际。学术笔记俗文学的性质，决定着其文本中必定有为数不少的"俗语言"训释材料。这些材料比书面语更能如实、生动地反映当时的口语实际。学术笔记对语义现象的评述主要聚焦于两个方面：俗语和俗语词。

（一）学术笔记对俗语的解释

刘叔新认为：俗语指的是出自民间集体创造并在民间流行的、语意警醒或表意诙谐生动的现成语句。它本身是一句话，有完整的意思和句子的结构形式，出现在人们的话语中是被搬引来代替自己的话语以增强表现力的……俗语实际上指的不外就是谚语和成句子的俚语。① 曲彦斌对俗语构成的形态特点做过分析，认为俗语构成的主体是定型化的、趋于定型化的习用语、短语，主要包括成语、谚语、格言、歇后语、惯用语等板块。笔者认同曲说，把不成句子的俚语作为俗语词对待。学术笔

---

① 刘叔新：《汉语描写词汇学》，商务印书馆 1990 年版，第 177—178 页。

记中有不少此类记录，综观之，主要可归为两类：其一，对俗语意义的直接解释；其二，对俗语使用和出处的说明。

1. 对俗语意义的直接解释

学术笔记对俗语意义的解释不少，方式不一而足。有的对俗语意义做直接解释；有的则先提出、阐明俗语，再做详细解释。如：

①南中解毒药谓之"吉财"，俗云："昔人遇毒，其奴吉财得是药，与其主服，遂解，因名之。"又谚曰："秋收稻，夏收头。"即妇人岁以截发而货，以为常也。（钱易《南部新书》，页359）

"吉财"，现行词典未载，上文材料先对其内涵做出解释，又对"吉财"的得名理据做出厘析。"秋收稻，夏收头"，《古今俗语集成》有载，指的是妇人每年夏天剪断头发卖掉事象。上述例证"吉财""秋收稻，夏收头"均为俗语：前者为俗语词，后者为成句的俗语。前者释其来源，后者释其意义。

②谚云："苍蝇变黑白。"盖蝇粪污物，遇白则黑，遇黑则白。世以喻夫君子小人相反也。（孔齐《至正直记》，页6660）

"苍蝇变黑白"，现行词典未载。该谚语字面意思即因苍蝇粪很污浊，能使遇到的白东西变黑，也能使遇上的黑东西变白，即苍蝇使黑、白颠倒。世人用该谚语来比喻君子和小人的区别。该例先提出谚语本体，再详细解释意义。

还有一部分俗语的解释是先说明、描述一类现象，再揭示出表示这类现象的俗语本体。如：

③化国之日舒以长，由其事简也，乱国之日短以促，由其事繁也。事繁则长日如短，事简则短日如长。谚云"闲觉日偏长"是也。（叶子奇《草木子》，页33）

"闲觉日偏长"，现行词典有载，指闲着无事的时候，就会觉得时间过得很慢。上例先从治国理政的角度提出现象，接着加以泛化说明，最后总结出俗语。

以上三例均是学术笔记对俗语现象的直接解释。

2. 对俗语出处和使用的说明

除直接解释之外，学术笔记对俗语的解释，先说明俗语的出处、使用环境，再引出俗语，努力使读者体悟到俗语的意义。此类如：

①有婢朝云善吹箎，能为团扇歌陇上声。琛为秦州史，诸羌外叛，屡讨之不降。琛令朝云假为贫妪，吹箎而乞。诸羌闻之，悉皆流涕。迭相谓曰："何为弃坟井，在山谷为寇耶？"相率归降。秦民语曰："快马健儿，不如老妪吹箎。"（李昉《太平广记》，页1814 引《伽蓝记》）

北魏秦州刺史王琛有仆婢名朝云，善于吹箎。当时边疆叛乱，屡次征讨诸羌仍未投降；于是命令朝云假扮老妪吹箎乞讨，叛乱者听到箎声皆痛哭流涕，相率归家，叛乱自平。由此语引出秦地俗语："快马健儿，不如老妪吹箎。"上例即先描述俗语使用的语言环境，后引出俗语，以使人体悟俗语之意。此类又如：

②盖刘公不欲七姨为匹，意欲九姨议姻故也。夫人诘之曰"谚云'薄饼从上揭'，刘郎才及第，岂得便简点人家女？"（吴处厚《青箱杂记》，页1657）

"薄饼从上揭"，薄饼重叠放置，取食要上下有序，此处刘烨未及第时，娶妻赵家长女，后妻子亡故，要从妻妹中选取一人续弦，赵氏有七、九两个妹妹，刘烨想续九姨，赵夫人以词语来讽喻刘烨做事情要按次序来。

以上二例作者均未直言所用俗语的意义，却通过描述俗谚所使用的语言环境而使对方体悟其话语的实际意图。

（二）学术笔记对俗语词的解释

对"俗语词"的界定，各家说法不一。郭在贻认为："魏晋六朝以后出现于典籍中的一些古代口头语，这种口头语既包括当时的方言土语，也包括一个时代的流行用语。"① 张能甫对其界定简单明了："用最简单的话说，俗语词本质上就是近代汉语词汇中的方言、口语成分。"② 徐时仪用现代汉语词汇学术语对俗语词的内涵进行了认定："以现代语言学的通常看法而论，俗语词就是古白话系统中的白话词，也就是口语词，大致和20世纪以前人们所用的'俗语'、'俚语'等术语所包含的一部分词语相当，但不包括一些谚语之类的句子。"③ 总之，俗语词是相对的概念，是与雅言词相对而言的。要说俗语词，就不得不说雅言词。雅言词是共时状态下的词汇现象，从使用范围看，它们适用于正式场合，在全民范围内通用或者基本通用，主要是书面语，而俗语词与之相对：通行未广，主要在非正式场合使用，是方言俗语、社团用语、行业用语等的通称。由上可见，对于俗语词的界定，语言学界一直未达成统一的看法。雷汉卿认为："学术界之所以对'俗语词'这一概念的内涵和外延还不能够准确界定，除了以前的研究基础比较薄弱外，我认为主要还是因为具体的感性材料积累得不够，所以我们不想在这里介绍关于'俗语词'的种种说法，也不试图给'俗语词'下定义，只想为俗语词的研究提供一份具体的材料，相信这样的材料积累多了，'俗语词'的真面目就会逐渐显露出来。"④ 笔者在这里对俗语词进行归纳整理，希望能为"俗语词"真面目的揭示提供具体可感的材料。

笔者基本上认同曲彦斌将"民俗语汇"界定为俗语词，认为其语义内容表现了某种民俗形态、具体的民俗事象等，是与民俗事象有着一

---

① 郭在贻：《训诂学》，湖南人民出版社1986年版，第142页。
② 张能甫：《〈旧唐书〉词汇研究》，巴蜀书社2002年版，第356页。
③ 徐时仪：《古白话词汇研究论稿》，上海教育出版社2000年版，第26页。
④ 雷汉卿：《近代方俗词丛考》，四川出版集团巴蜀书社2006年版，第2页。

定程度联系的词或语。综观学术笔记中的相关评述材料，笔者将其归为两类：①时俗语词；②方俗语词。

1. 解释时俗语词

时俗语词，从时间角度看，是共时存在的民间流行的、世俗的俚俗用语，这类词表达内涵的特征一般都较生动形象。如：

> ①俗谓不通时宜者为方头。陆鲁望诗云："头方不会王门事，尘土空缁白纻衣。"（陶宗仪《南村辍耕录》，页6349）

方头，吴语，不识时宜的人，上例比喻性格耿直。"不识时宜"是抽象的概念，不易表达。而"方头"正如《太平御览》卷七七三引晋袁淮《袁子正书》："申屠刚谏光武，以头轫轮，马不得前。子正云：'光武近出，未有得失，而头轫轮，此方头也。'"头方则不易转圜，可以之喻做事不圆融。此语正是用有形的具象来表达抽象的意义。该词《侯鲭录》亦有载：

> 今人谓拙直者名方头。陆鲁望作《有怀》诗云："头方不会王门事，尘土空缲白苎衣。"亦有此出处矣。（赵令畤《侯鲭录》，页2091）

此类又如"有脚阳春"：

> ②宋璟爱民惜物，朝野归美，时人咸谓璟为"有脚阳春"，言所至之处，如阳春煦物也。（王仁裕《开元天宝遗事》，页1741）

"有脚阳春"，是俗语对官吏德政的歌颂之语，初用于宋璟。宋璟，唐玄宗时期知名宰相，被称为当时"三杰"之一，他"爱民恤物"，施行德政，被老百姓称为"有脚阳春"，意即他所至之处，如阳光播洒，温暖万物，后被泛化，用来赞誉所有官员的德政。上文材料对此语的出典做了描述。笔记中此类评述又如"俗骂妇人为冠子虫"等材料，均为笔记对时俗语词的评述和解释。

2. 解释方俗语词

方俗语词，方即方言，故"方俗语词"即方言中的俗语词，这类俗语词在一定的方言区内流行。训释这类词语，学术笔记大多采用直训法，使用通用语中的同义、近义词来解释被释词。如：

①婶讶曰："几时不见，何一旦光彩若此？得勿发义财耶？"盖楚人谓掘窖为发义财也。（许奉恩《里乘》，页6）①

"发义财"，现行词典未载。"义财"，指地下埋藏的无主之财，又称为"窖金"。上文评述即用通用语"掘窖"来解释楚国方言"发义财"。

此类又如：

②予在南郑，见西陲俚俗谓父曰老子，虽年十七八，有子亦称老子。乃悟西人所谓大范老子、小范老子，盖尊之以为父也。建炎初，宗汝霖留守东京，群盗降附者百余万，皆谓汝霖曰宗爷爷，盖此比也。（陆游《老学庵笔记》，页3458）

"老子"，西南俚俗对父亲的俗称，不以年龄论。该称呼在史传中亦有记载，《宋书·孝义传·潘琮》："儿年少，自能走，今为老子不走去。"② 上述材料即对该词的内涵、使用地域范围的解释。

③退之东坡用先后语　退之《南山诗》云："或齐若友朋，或差若先后。"人多不知先后之意。练塘洪庆善吏部（兴祖）引《前

---

① 转引自王宝红《清代笔记小说俗语词研究》，博士学位论文，四川大学，2005年。
② （梁）沈约撰：《宋书》卷九十一，中华书局1974年版，第2248页。

汉志》云:"见神于先后宛若。"其注云:"兄弟妻,关中呼为先后。"予观东坡《徐州谢上表》云:"信道直前,曾无坎井之避;立朝寡助,谁为先后之容。"或疑"先后"不可对"坎井",盖不知亦出于此也。(费衮《梁溪漫志》,页3382)

"先后",中原官话方言,指妯娌,《汉语方言大词典》《四川方言词典》均载。汉代已见,且使用范围较大,史传可见用例,《汉书·郊祀志上》:"神君者,长陵女子,以乳死,见神于先后宛若。"[1] 现在陕西方言,如米脂、宝鸡等地的方言中仍在使用。

④东坡《牡丹》诗云:"一朵妖红翠欲流。"初不晓"翠欲流"为何语。及游成都,过木行街,有大署市肆曰"郭家鲜翠红紫铺"。问士人,乃知蜀语鲜翠犹言鲜明也。东坡盖用乡语云。蜀人又谓胡窗曰"泥窗",花蕊夫人《宫词》云:"红锦泥窗绕四廊。"非曾游蜀,亦所不解。(陆游《老学庵笔记》,页3523)

"翠欲流",西南官话,《汉语方言大词典》有载。"翠"表"鲜明"义,上文"郭家鲜翠红紫铺"中,"鲜""翠"二字属同义连文。《文选·嵇康〈琴赋〉》:"新衣翠粲,缨徽流芳。"李周翰注云:"翠粲,鲜色也。"[2] 宋朝时期,"翠"字的"鲜明"之义只在某些方言中使用,所以才有王应麟《困学纪闻·评诗》引用李周翰之注后说:"以鲜明为翠,乃古语。"[3]

⑤浙人谓"富家为起早",盖言钱多则事多,不能宴眠也。虽俗下之语,亦有理云。(邵博《邵氏闻见后录》,页2001)

---

① 《汉书》,第60页。
② (梁)萧统编:《文选》,中华书局1977年版,第257页上栏。
③ (宋)王应麟撰,孙通海校点:《困学纪闻》,辽宁教育出版社1998年版,第340页。

上例浙人称"富家"为"起早",是以富家的生活状态特征指代本体,"起早"指"富户",在一定范围内通用并固化,《汉语方言大词典》亦载。

上文例①②③④⑤均使用通用语中的对应词直接训释方言中的俗语词。

⑥洋者,山东谓众多为洋。《尔雅》洋……多也。今谓海之中心为洋,亦水之众多处。(赵令畤《侯鲭录》,页2050)

"洋"表"众多",上例评述谓之山东方言,古代字书中亦有记录,《尔雅·释诂下》:"洋……多也。"唐代颜师古的《匡谬正俗·洋》:"今山东俗谓众为洋。"实则现代汉语中"洋"的"众多"义已成普通话中的固定义项,如成语"洋洋大观""洋洋洒洒","洋"均取此义。

以上6例,均是学术笔记对方言俗语词的评述和释义,这类评述的标志往往很明显,如上几例中的"楚人""西陲""关中""山东""蜀人"等语,皆为明显的地域标记。

## 二　解释古语词

早在先秦时代,学者就已经开始关注古语词的问题,《孟子·滕文公上》:"庠者养也,校者教也,序者射也。夏曰校,殷曰序,周曰庠,学则三代共之,皆所以明人伦也。"① 但对古语词的性质,学术界历来众说纷纭,对之的界定没有达成统一的认识。张世禄认为,古语词在古代汉语中使用,在现代普通话中少用或不用,因其常见于古典作品中,并从文言作品中流传出来,所以可称之为文言词,张说将"古语词"等同于"文言词"。黄伯荣、廖序东则明确提出:古语词来源于古代的著作,包括文言词和历史词两类。② 黄、廖的说法将"文言词"视为

---

① 阮元校刻:《十三经注疏》,中华书局1980年版,第2702页下栏。
② 黄伯荣、廖序东:《现代汉语》,北京大学出版社2003年版,第305页。

"古语词"一类。胡裕树将文言词和古语词区分开来，但与黄、廖说法又不相同，将"古语词"归为"文言词"一类。综上可知，20世纪90年代以来，对"古语词"和"文言词"分属不同概念已达成共识，但究竟哪个范围更大一些，却成为争论的焦点。笔者认同黄伯荣、廖序东的分类法，认为古语词是大概念，包含了文言词和历史词两个小类。①

（一）解释文言词

根据黄、廖本《现代汉语》的界定，"文言词"所表示的概念内涵仍存在于社会生活中，只是已经被其他词所替代，所以口语中一般不用。② 如：

> ①《孙策传》张津常著绛帕头。帕头者，巾帻之类，犹今言幞头也。韩文公云"以红帕首"，已为失之。东坡云："绛帕蒙头读道书。"增一"蒙"字，其误尤甚。（陆游《老学庵笔记》，页3534）

"帕头"表"裹头巾"之意，即宋代的"幞头"。史传中可见，《三国志·吴志·孙策传》有"策阴欲袭许，迎汉帝"，南朝宋裴松之注引《江表传》："昔南阳张津为交州刺史，舍前圣典训，废汉家法律，尝著绛帕头。"③ 诗句中有载，宋苏轼《客俎经旬无肉》："从今免被孙郎笑，绛帕蒙头读道书。"④ 该例材料即以宋时同义词"幞头"解释文言词"帕头"，并探明了用例中的错误。

> ②今之蒙衫即古人氄衣，蒙即毛之细软，貌如诗所谓狐裘。蒙茸之蒙，俗作氄。其实即是毛衫，毛讹为蒙又转而为氄。（俞琬《月下偶谈》，页1984）

---

① 这里所指的古语词，不是上述几位先生所说的现代汉语中的古语词，而是相对于笔记小说撰写时代的古语词，也即笔记小说中所记载的古语词。
② 黄伯荣、廖序东：《现代汉语》，北京大学出版社2003年版，第306页。
③ （晋）陈寿撰，裴松之注：《三国志》，岳麓书社2005年版，第745页。
④ （清）王文浩辑注：《苏轼诗集》，中华书局1982年版，第2258页。

"毳衣"，古代天子、大夫所穿礼服的一种，用细毛织成。《说文·毳部》："毳，兽细毛也。从三毛。"段玉裁注："毛细则丛密，故从三毛，众意也。"① 徐灏笺："三毛者，蒙茸细密之貌，叠集为用之意。""蒙衫"一词，现行词典失收。上例以清代俗语"蒙衫"解释同一文言词"毳衣"。

③《麻姑传》：王方平曰："吾子不喜作狡狯事。"盖古谓戏为"狡狯"，《列异传》云："北地传书，小女折荻作鼠以狡狯"，是也。今人间为小儿戏为"狡顽"，盖本于此。或谓奸滑为狡狯，则失之。（谢采伯《续笔记一卷》，页137）

"狡狯"，指"儿戏、游戏"。有的时候，某些古语词会留存在今天的某地方言词中使用，所以我们从方言中可以找到某些汉语词发展的脉络，"狡狯"就是这样。宋陆游《示子遹》诗："诗为六艺一，岂用资狡狯。"自注："晋人谓戏为狡狯，今闽语尚尔。"由上可知，"狡狯"一词，本晋人俗语，宋时闽方言尚用。上文评书材料对"狡狯"→"狡顽"的发展以及"狡狯"词义的发展做出评析。

④周子充言：退之《黄陵庙碑》辨"陟方"事，非也。古盖谓适远为陟，《书》曰："若陟遐必自迩。"犹今人言上路也。岂得云南方地势下耶？（陆游《老学庵笔记》，页3488）

"陟方"一词，《古代汉语大词典》《中华古汉语词典》有载，指帝王外出巡视，现存古字书、文献多见。《说文·阜部》："陟，登也。从阜，从步。"② 罗振玉《增订殷墟书契考释》："从阜，示山陵形；从走（上下都为'止'），像二足由下而上。此字之意但示二足上行，不

---

① （清）段玉裁：《说文解字注》，上海古籍出版社1988年版，第399页下栏。
② （汉）许慎：《说文解字》，中华书局1963年版，第305页上栏。

复别左右足。"李孝定《甲骨文字集释》："或从步，或从走（同上）不拘，但像其上升之形。"综观以上书证，上文评述以宋代的"适远"解释"陟"，实不可信，无论从甲骨文字形还是从《说文》的解释看，"陟"均表登高之意，这也是后来"陟方"表"帝王没"义的由来。

⑤古所谓路寝，犹今言正厅也。故诸侯将薨，必迁于路寝，不死于妇人之手，非惟不渎，亦以绝妇寺矫命之祸也。近世乃谓死于堂奥为终于正寝，误矣。前辈墓志之类数有之，皆非也。黄鲁直诗云："公虚采苹宫，行乐在小寝。"按鲁僖公薨于小寝。杜预谓"小寝，夫人寝也。"鲁直亦习于近世，谓堂为正寝，故以小寝为妾媵所居耳。不然既云"虚采苹宫"，又云"在小寝"，何耶？（陆游《老学庵笔记》，页 3546）

路寝，指古代君王、诸侯处理政事的正厅，陆游用宋语"正厅"释之，与"小寝"相对，并择取文献中前辈墓志、黄鲁直诗、鲁僖公事数例以佐证。材料对"路寝"的含义做了解释，通过书证对其意义、相对词做了厘析，很是详细，但似有扩大"路寝"含义之嫌。

⑥古谓带为一腰，犹今谓衣为一领。周武帝赐李贤御所服十三环金带一腰是也。近世乃谓带为一条，语颇鄙，不若从古为一腰也。（陆游《老学庵笔记》，页 3504）

"腰"，本人体一部分（腰①），《玉篇·肉部》："腰，胯也。"后用以指衣、裤围绕在腰上的部分（腰②）。又被用为计量围在腰上的物品的量词，如裙、裤等（腰③）。在腰①→腰②→腰③的引申过程中，内涵与本体的相关是主线。

"条"本为树枝（条①），《说文·木部》："条，小枝也。"后被用作计量长条形物体的量词（条②）。条①→条②的引申，意义与本体的相似性是主旋律。上文评述是对作为量词的"腰""条"二字取舍的厘析，认为"腰"好于"条"。但在用二者交际的过程中，有一个事实是无法否认的：较之于"腰"，"条"的使用范围更为宽泛。语言发展、选择的从众原则使得二词在竞争中，后者有能力逐渐取代前者，用来计量包括裙、裤等在内的长条形物品。上文例证中作为量词的"腰""条"二字，宋代已经在口语中完成了替换。

⑦《汉书》云："背尊章嫖以忽。"老杜诗云："堂上拜姑嫜。"《玉篇》云"凡夫之父母曰嫜"，老杜独姑嫜何耶！（《正俗》云：古谓舅姑为姑嫜，今俗亦呼为姑钟。盖自章音转为钟也。）（赵令畤《侯鲭录》，页2050）

姑嫜，丈夫的母亲和父亲，即公婆。史传、字书、现存字典、词典均载。又被呼为"姑章""姑钟"。唐颜师古《匡谬正俗》卷六："古谓舅姑为姑章，今俗亦呼为姑钟。""姑章"应为"姑嫜"的异体字，后"章"受"姑"偏旁类化而为"嫜"。为何又成为"姑钟"呢？"姑"之韵为 [u]，"嫜"之韵为 [ɑŋ]，后者语音被前者类化，唇形变圆而音转为 [uŋ]，从而衍生出"姑钟"的称法。

以上7例均是学术笔记对文言词的解释，这类词所表现象在现实生活中仍存，但被别的词所取代，材料或多其释义，或对其先后词形做出品评，或对其时语对应形式做出介绍，或对其使用情况做出详细分析，对这些词的解释形式不一而足，是最初期词形演变理念的萌芽。综观之，它们都有一个共同的不足之处：用现世的对应语理解古代的文言词，缺少对处于演变状态的词形、词义现象的科学分析。学术笔记对此类现象的评述还有不少，如"栏楯"等，一般有明显的标志，如"古谓""古盖谓""犹今言""古人谓"等语。

（二）解释历史词

历史词与文言词不同，它表示的是历史上存在的事物、现象，概念所表示的对象在现实生活中已经消失，故这类词一般不用，只有在叙述历史事物、现象的时候才会使用。较之于文言词，由于所表事物的消失，这些词更是后人阅读古籍的障碍，尤其需要语言学界高度关注。学术笔记中的此类记载如：

> ①《淮南子》云："武王破纣，杀之于宣室。"许叔重云："宣室，在朝歌城外。"宣室，殷宫名。一曰：宣室，狱也。音宣和之宣。汉未央前殿有宣室，温室。音暄，见《集韵》。（姚宽《西溪丛语》，页 126）

"宣室"，是古代的宫殿名称，现存词典有载，义项主要有三：①殷代宫殿的名称，《淮南子·本经训》："武王甲卒三千，破纣牧野，杀之宣室。"高诱注云："宣室，殷宫名；一曰宣室，狱也。"① ②汉代未央宫中的宣室殿，《史记·屈原贾生列传》："孝文帝方受厘，坐宣室。上因感鬼神事，而问鬼神之本。贾生因具道所以然之状。"裴骃集解曰："未央前正室。"司马贞索隐引《三辅故事》曰："宣室在未央殿北。"② ③帝王所居的正室。由上文材料可见，"宣室"还可表"狱"之义，既见于史传，流传程度应不算太小，为何现行词典失收？

> ②官户杂户　律文有官户、杂户、良人之名。今固无此色人，言献议者已不用此律，然人罕知其故。按唐制，凡反逆相坐，没其家为官奴婢。反逆家男女及奴婢，没家皆谓之官奴婢，男年十四以下者配司农；十五以上者，以其年长，令远京邑，配岭南为城奴也。一免为番户，再免为杂户，三免为良人，皆因赦宥所及则免之。凡免，皆因恩言之，得降一等、二等，或直入良人。诸律、令、格、式有言官户者，是番户、杂户之总号，非谓别有一色。盖本于此。（费衮《梁溪漫志》，页 3430）

---

① 何宁撰：《淮南子集释》，中华书局 1998 年版，第 580 页。
② 司马迁撰，郭逸、郭曼标点：《史记》，上海古籍出版社 1997 年版，第 1914 页。

上例评述所关涉之"官户""杂户""良人"之名，均为封建王朝所用之人口制度，随着相关制度的变革，这些名词也被淹没了。

"官户"，指犯罪者、犯罪者家属被没入官府，并被编成特殊户籍进行服役。在金代是官奴婢的一种类型，身份比唐代的官户更低。范文澜等的《中国通史》载："金朝官奴婢中，原为平民籍没入官的，隶属宫籍，称监户。原为奴婢入官府的，隶太府监，称官户。"

"杂户"，亦为一种户口制度，适用于北魏至唐代时期。"杂户"的身份比普通百姓低，比奴婢高，相关史传亦有记载。《晋书·姚泓载记》："尚书姚白瓜徙四君杂户入长安。"①《旧唐书·职官志二》："凡反逆相坐，没其家为官奴婢。一免为蕃户，再免为杂户，三免为良民，皆因赦宥所及则免之。"②

"良人"，指的是"平民、百姓"。《后汉书·酷吏传·董宣》："陛下圣德中兴，而纵奴杀良人，将何以理天下乎？"③《三国志·魏志·齐王芳传》："官奴婢六十以上，免为良人。"④

以上两例均为学术笔记对古语词的评述，因其所指代之事、物在评述出现的时代已经消失，只在典籍中可见，故更是时人、后人阅读古籍的障碍，应被高度关注。

### 三　解释名物词语

名物词语一直是传统训诂学高度重视的领域。"名物"有广义、狭义的说法。狭义的名物只指自然界的生命名称，如草、木、虫、鱼、鸟、兽等。陆宗达等提出广义的名物概念，车马、宫室、衣服、星宿、郡国、山川以及人的命名也应该属于名物之列。⑤ 本书采纳陆说，认同

---

① （唐）房玄龄等：《晋书》，中华书局 1974 年版，第 3017 页。
② （后晋）刘昫等：《旧唐书》，中华书局 1975 年版，第 1838 页。
③ （清）王先谦：《后汉书集解》，中华书局 1984 年影印本，第 872 页下栏。
④ （晋）陈寿撰，裴松之注：《三国志》，岳麓书社 2005 年版，第 85 页。
⑤ 陆宗达、王宁：《训诂方法论》，中国社会科学出版社 1983 年版。该书认为，从词义学的观点来看，名物讲的是一些专名的词义。这种专名的特殊性在于，它所指称的物件范围比较特定（就概念来说，就是外延很小）而特征比较具体（就概念来说，就是内涵较大）。

名物词语不仅仅指自然界的生物，而是一个非常宽泛的概念。照此说，学术笔记的相关评述、解释材料相当多，总体可归为四类：①表动、植物的名物词语；②表制度的名物词语；③表服饰的名物词语；④表器物和食物的名物词语。

（一）对表动、植物名物词语的解释

有些植物，如花草等，由于生长区域有限，未能在大范围内推广，故需要博学多闻之士的解释推广。此类如"小桃"：

> ①欧阳公、梅宛陵、王文恭集，皆有《小桃》诗。欧诗云："雪里花开人未知，摘来相顾共惊疑。便当索酒花前醉，初见今年第一枝。"初但谓桃花有一种早开者耳。及游成都，始识所谓小桃者，上元前后即著花，状如垂丝海棠。曾子固《杂识》云："正月二十间，天章阁赏小桃。"正谓此也。（陆游《老学庵笔记》，页3488）

"小桃"，桃树的一种，初春即开花，有别于一般桃花的花期（农历三月才开）。材料提到欧阳公、梅宛陵、王文恭均有《小桃》诗，但若按照一般桃花的花期，不能完全理解上述各诗的意境。陆游即通过描述在游历成都时所见之"小桃"的外部特征——状如垂丝海棠、花期——上元前后即开花，以上述具体可感的属性、特征来解释欧阳公诗中的"小桃"，是传统训诂学"目验释名物"的典型。

也有一些花草使用在诗文中时经常表示固定的意象，成为该意象的象征，而其本义却已被人们所遗忘，这就需要语言学者对其进行考据、解释。此类如"豆蔻"：

> ②杜牧之诗云："娉娉嫋嫋十三余，豆蔻梢头二月初。"不解"豆蔻"之义。阅《本草》，豆蔻花作穗，嫩叶卷之而生，初如芙蓉穗头，深红色，叶渐展，花渐出，而色微淡。亦有黄白色，似山姜花，花生叶间，南人取其未大开者谓之含胎花，亦尚小于妊身

也。(姚宽《西溪丛语》,页33)

"豆蔻"用以指少女,千百年来亦然,其本义却鲜为人知。其实"豆蔻"别名"草果",是一种多年生常绿草本植物,主要生长于我国南海海岸的山谷中。因南方人习用其花未大开时比喻有孕之身,故又被称为"含胎花"。后世的诗人惯用这种花比喻未嫁的少女,取其年少而美丽之义。① 久而久之,"豆蔻"表少女的用法就成为常见意象出现在诗文中,致其本义被遗忘。上文评述材料引《本草纲目》对"豆蔻花"的解释,极尽描状,说明诗文中出现的"豆蔻"仍为"目验释名物"。

学术笔记还分析、整理了一些已有多种成说、分歧颇多的动、植物名称及内涵。此类"落英"是为典型:

> ③楚词落英 王荆公有"黄昏风雨满园林,篱菊飘零满地金"之句,欧阳公曰:"百花尽落,独菊枝上枯耳?"因戏曰:"秋花不比春花落,为报诗人子细看。"荆公闻之,引《楚词》"夕餐秋菊之落英"为据。予按:《访落》诗"访于落止",毛氏曰"落,始也",《尔雅》"俶、落、权、舆,始也",郭景纯亦引"访予落止"为注。然则《楚词》之意,乃谓撷菊之始英者尔。东坡《戏章质夫寄酒不至》诗云"谩绕东篱嗅落英",其义亦然。(姚宽《梁溪漫志》,页3403)

《楚辞》"落英"向来是人们争论的一个焦点,材料即是对"落"字之训的厘析。"朝饮木兰之缀露兮,夕餐秋菊之落英",意象唯美,然对其主角之一"落英"的"落"字究竟做何解?历来分歧颇多:①训"落"为"衰落""掉落"② (以王安石为代表);②训"落"为"初""始"(以欧阳修为代表);③训"落"为"下垂"③。仇兆鳌《杜诗详

---

① 参见王艾录、司富珍《汉语理据词典》,华龄出版社2006年版,第60页。
② 袁梅编著:《楚辞词典》,山东教育出版社2000年版,第133页。
③ 王启涛:《"落英"新诠》,《古汉语研究》2000年第2期。

注》"重过何氏五首"诗下有云:"黄希曰:《曲礼正义》云:妥,下也。苏氏云:关中谓落为妥。三山老人曰:花妥,即花堕。"①"堕"即"垂"义。石孝友《点绛唇》有"日薄风迟,柳眠无力花枝妥"之句,此句"妥"字形容"柳枝",足可见"妥"可以"下垂"训,与现世之"垂柳"暗合,而今天的四川方言中有用"落"表"下垂"义的例证。故本书认可③之释,认为"落英"之"落"应训为"下垂"。

> ④鬼车鸟 鬼车,俗称"九头鸟"。陆长源《辨疑志》又名"渠逸鸟"。世传此鸟昔有十首,为犬噬其一,至今血滴人家,能为灾咎。故闻之者,必叱犬灭灯,以速其过。泽国风雨之夕,往往闻之……淳熙间,李寿翁守长沙日,尝募人捕得之。身圆如箕,十胝环簇。其九有头,其一独无,而鲜血点滴,如世所传。(周密《齐东野语》,页5667)

鬼车鸟,传说中的妖鸟,是不祥之物,亦被称为"鬼车""九头鸟""渠异鸟"。除《齐东野语》外,段成式的《酉阳杂俎·羽篇》亦载:"鬼车鸟,相传此鸟昔有十首,能收人魂,一首为犬所噬。秦中天阴,有时有声,声如力车鸣。或言是水鸡过也。"② 上文材料是周密对文献中以及传闻中这种鸟的外形特征的描述。

> ⑤乌鲗八足绝短者,集足在口,缩喙在腹,形类鞋囊,其名乌鲗,噞波噀墨,迷射水魇,以卫害焉。(《海物异名》,《侯鲭录》,页2048)

"乌鲗",即乌贼,是一种身体呈椭圆形且扁平的鱼,这种鱼身体内有囊状物,该物在遇到危险时,能分泌出黑色液体,掩护自己逃走,也称

---

① (清)仇兆鳌:《杜诗详注》,中华书局1979年版,第167页。
② (唐)段成式:《酉阳杂俎》,中华书局1981年版,第156页。

为"墨鱼",这种动物在学术笔记中多处可见。上文评述是对该物外形、习性、典型特征的具体描述。《初学记》卷三十引汉代沈怀远的《南越志》:"乌贼鱼,一名河伯度事小史,常自浮水上,乌见以为死,便往啄之,乃卷取乌,故谓之乌贼。"上文是对"乌贼"别名及其理据的戏说。宋代陈旉的《颍川语小》卷下载:"鲗鱼,《本草》从鱼,从则。世俗见其能吐黑沫,且'则''贼'之音通,遂呼为乌贼。"陈旉亦对"乌贼"之得名理据提出了看法。综观这些书证,"乌贼"的得名有两说:①装死捕乌(沈怀远说);②能吐黑沫(陈旉说)。陈说可信。

以上各例均为学术笔记对表动、植物概念的解释,其中的此类评述又如"雪蛆""野婆""蝈""胡蔓""守宫""海蛮师""木馒头""子母鹊""白雀""骨托禽"等。

综观学术笔记中可见的相关例证,它们对这类名词的解释主要集中在两个方面:(1)对被释之物外形、习性、典型特征的具体描述;(2)对被释词及其各异名得名理据的解释、戏说。因被释词所关涉内涵一般只在特定区域内存在,故对其进行以上两个方面的描述、陈说并最终成书流传,是时人了解这些事物的必需。

(二)对表制度之名物词语的解释

在特定历史背景下形成的特定法令、约定的礼俗等规范即为制度。《易·节》云:"天地节,而四时成。节以制度,不伤财,不害民。"孔颖达对其功用做了具体的注疏:"王者以制度为节,使用之有道,役之有时,则不伤财,不害民也。"①制度既为特定背景、条件下的产物,必然会随着历史社会现实的变更而不断改变:有些消失了,有些改变了形式,还有一些随着条件的成熟应运而生。这就使得很多制度在流行时家喻户晓,老幼妇孺均耳熟能详,后世却不为绝大多数人所知,给学者阅读典籍制造了障碍,急需对这些词加以释义。如:

①是古时妇人皆肃拜也,今则但微屈其膝而躬不曲,其名曰

---

① 阮元:《十三经注疏》,中华书局1980年影印本,第70页下栏。

起，曰福。(《留青日札摘抄》卷一"拜")

"福"，甲骨文做"𧥛"，本为商代的一种祭祀仪式，祭祀者奉尊致酒，求神保佑（福①）；因祭祀而得神之佑为福（福②）；求神佑一般为福禄寿考，故"福""禄""寿""考"即为"福"（福③）；后世妇女所行之礼，敛衽致敬口称"福"，以表对"福禄寿考"等美好事物的追求、祝愿，亦称"福"（福④）。福①→福②→福③→福④，"福"之义项逐渐泛化、世俗化。上文评述是对古今妇人行礼形态、称呼不同的解释。

> ②先君言，旧制，朝参拜舞而已，政和以后，增以喏……又绍兴中，朝参止磬折遂拜，今阁门习仪，先以笏叩额，拜跪皆然，谓之瞻笏。亦不知起于何年也。(陆游《老学庵笔记》，页3464)

瞻笏，行于南宋的一种朝参仪式，《汉语大词典》有载。"瞻"表向上看、向前看，因朝拜仪式先以笏叩额头，故曰"瞻笏"，上文材料是对南宋以及前代朝参仪式不同的评述以及对"瞻笏"之礼的解释。

①②两例是学术笔记对古人礼仪制度的解释，该类解释主要聚焦于礼仪制度的形制、古今相近礼仪的区别。还有对其他制度的记录，如计时制度：

> ③前代，夜五更至黎明而终。本朝外廷及外郡悉用此制，惟禁中未明前十刻而终，谓之待旦。盖更终则上御盥栉，以俟明初御朝也。祖宗勤于政事如此。(陆游《老学庵笔记》，页3513)

古代时间以时辰计，具体到上例所处的时代，宋朝的禁中除了五更，还有"待旦"，略等于五更，据《说文·旦部》："旦，明也。"《玉篇·旦部》："旦，早也，朝也，晓也。"可见"待旦"即百官等待上朝的时间。古代没有钟表，计时用漏壶，将每昼夜平分为百刻，五更在"未明前十刻而终",即将近三点,此时即为"待旦",亦称"待漏"。

　　④东坡雪诗　东坡雪诗:"五更晓色来书幌,半夜寒声落画檐。"或疑五更自应有晓色,亦何必雪?盖误认五更字。此所谓五更者,甲夜至戊夜尔,自昏达旦,皆若晓色,非雪而何?此语初若平易,而实新奇,前人未尝道也。(费衮《梁溪漫志》,页3408)

　　古时一夜分为五更,从黄昏到拂晓,平分为甲、乙、丙、丁、戊五个时间段,就叫"五更",又可称"五鼓"或"五夜"。"五更"一词,又可特指第五更时,即天将拂晓。对咏雪名句"五更晓色来书幌,半夜寒声落画檐"历来颇有分歧,产生分歧的原因即对"五更"一词的解释,该句新奇之处也正在于此。根据全诗内容,则此处"五更"应总指一夜。因为院里的雪光被反射到床幔上,作者因天寒未能熟睡看到亮光,就以为天将拂晓了。一直等到天亮,看见冰溜子挂在房檐上,才明白夜半雨转为雪,醒来看到的是雪光,所以才有"半夜寒声"之语。①

　　学术笔记中还有一些名物解释的是与各种制度相关的事物,如下例的"咨报""刺":

　　⑤学士院移文三省名"咨报",都司移文六曹名"刺"。(陆游《老学庵笔记》,页3513)

　　"咨报",唐宋时期的文书名,是学士院申报三省所用。宋欧阳修《归田录》卷二对"咨报"亦有关注:"若百司申中书皆用状,惟学士院用咨报。其实如札子,亦不书名,但当直学士一人押字而已,谓之咨报,此唐学士旧规也。"

---

　　①　缪钺等:《宋诗鉴赏辞典》,上海辞书出版社1987年版,第376页。

"刺"，是古代的一种公文文体。《文心雕龙·书记》："百官询事，则有关、刺、解、牒。"①《新唐书·百官志一》："诸司相质，其质有三：一曰关，二曰刺，三曰移。"②

例⑤评述是对"咨报""刺"二物内涵、区别的明白彰显。学术笔记中此类评述又如对"贴黄"等的解释，以上均为其对各种制度及与制度相关名物的释义。

（三）对表服饰之名物词语的解释

服饰的形制，在历史的长河中也是不断变化着的，如：

> ①宣和末，妇人鞋底尖以二色合成，名"错到底"，竹骨扇以木为柄，旧矣，忽变为短柄，止插至扇半，名"不彻头"，皆服妖也。（陆游《老学庵笔记》，页3480）

"错到底"，指北宋末流行的一种镶色女鞋，鞋底尖，并以二色交错装饰，非常别致，现行文化、服饰类词典有载；"不彻头"，指宋朝时候的短柄、竹制骨扇，现行词典未载。例①是对这两种事物的形制以及典型特征的介绍。此类又有"条脱"：

> ②唐《卢氏杂说》文宗问宰臣"条脱"是何物，宰臣未对，上曰真诰言安妃有金条脱为臂饰，即今钏也。又真诰萼绿花赠羊权金玉条脱各一枚。余按周处《风土记》曰："仲夏造百索系臂，又有条达等织粗杂物以相赠"。唐徐坚撰《初学记》引古诗云："绕臂双条达然"，则条达之为钗钏必矣。第以达为脱不知又何谓也。徐坚所引古诗乃后汉繁钦《定情篇》云："何以致契阔绕腕双跳脱"，但跳条两字不同。（吴曾《辨误录》卷上，页1992）

---

① 陆侃如、牟世金：《文心雕龙译注》，齐鲁书社1995年版，第347页。
② （宋）欧阳修、宋祁：《新唐书》，中华书局1975年版，第1185页。

条脱，是螺旋形的臂饰，类似于手镯、腕钏，两头可左右活动，以变化大小，每副两个，一般为金、玉所制。李商隐《中元作》："羊权虽得金条脱，温峤终虚玉镜台。"也叫作"条达""跳脱"。上文评述广引书证，对"条脱"与当时的"钏"基本对应做了考辨。

③杜牧之《宫人》诗云："绛虫葛　犹封系臂纱。"后学不解。常见《服饰变古录》云：始于晋武帝选士庶女子有姿色者，以绯彩系其臂。大将军胡奋女泣叫，不伏系臂，左右掩其口。今定亲之家亦有系臂者，续古事也。（赵令畤《侯鲭录》，页2037）

"系臂纱"，典出晋武帝司马炎，从良家女子中挑选出容貌美丽的，用红纱系在胳膊上送入帐内（系臂纱①），《晋书·后妃传上·胡贵嫔》载："泰始九年，帝多简良家女子以充内职，自择其美者以绛纱系臂。"后以之表貌美入选为内宫之典（系臂纱②）。唐杜牧《出宫人》诗之一："十年一梦归人世，绛缕犹封系臂纱。"词义继续引申，至民间定亲，亦有仿效这种做法的（系臂纱③）。上例评述是对"系臂纱"一词三个义项的厘析，由系臂纱①→系臂纱②→系臂纱③，词的义域不断扩大。

以上各例均为对服饰名物的释义，此类释义主要从对事物具体形状的描述、外部特征的彰显以及古今形制的差异等方面展开。

（四）对表器物、食物之名物词语的解释

器物、食物也是名物词语解释的聚焦点之一。有对盛酒器的解释，如：

①阆州有三雅池，出潘远《纪闻谭》，云昔有人修此池，得三铜器，状如杯盏，上各有二篆字，一云"伯雅"，二云"仲雅"，三云"季雅"。不知所由，乃名此池为三雅池。予尝览魏文《典论》云："灵帝末斗酒直万钱，刘表一子好饮，乃制三爵，大曰伯雅，（注云：一斗。）次曰中雅，（注云：七升。）小曰季雅（注云：五升。）"今三雅池所得，乃刘氏酒器也。（恐盛酒器，非饮器也。）

（赵令畤《侯鲭录》，页 2033）

上例从阆州三雅池入手，辨析其得名理据，得出"雅"为刘氏酒器的结论。"雅"之"酒器"义，《现代汉语大词典》有载。然又有陈鹄对"雅"之上义提出不同看法：

> 阆州有三雅池，《潘远记闻》云："古有修此池者，得三铜器，状如酒杯，各有二篆，曰伯雅，曰仲雅，曰季雅。或谓刘表二子好酒，尝制三爵，大曰伯雅，受一斗；次曰仲雅，受七升；小曰季雅，受五升。"赵德麟云："恐是盛酒器，非饮器也。"余以问曾存之，存之言："古人躯干大，升合小。"王仲弓《伤寒证治论·汤剂注》云："古方三两当今一两，三升当今一升。"然则存之之言信矣。（陈鹄《西塘集耆旧续闻》，页 4816）

曹丕《典论·酒诲》存"（刘表）子弟娇贵，并好酒，为三爵：大曰伯雅，次曰中雅，小曰季雅"[1] 的记载，陈鹄从上述典故入手，先引出赵德麟的质疑，又引出曾存之关于古人"升"度量的看法，最后引《伤寒证治论》中的书证证实曾论，最后证实了评论中赵氏质疑的可信。上述二例互相补正，对"三雅池"的得名之由做出解释，并厘析了"雅"之确切含义。

时移世易，常用器物也不断发生着改变，故学术笔记中还有不少对日常器物名词的解释，如"被中炉"：

> ②《西京杂记》云：长安巧工丁缓者，为卧褥香炉，一名被中炉。本出房风，其法后绝，至缓始更为机环，转运四周，炉体常平，可置之被褥，故取"被中"为名。今谓之衮球。（赵令畤《侯鲭录》，页 2037）

---

① （魏）曹丕：《典论》，汉籍全文检索系统，一卷。

被中香炉，是一种可置于被中使用的香炉，工艺精巧，被称为"被中炉"，后世改称"衮球"。上文评述材料先引《西京杂记》对"被中炉"得名之由、最初使用情况、形制用处的演变三方面的探索，最后指出此物现世所易之名。

另有表乐器的名物词语如：

> ③窟擂子，亦云魁擂子，作偶人以嬉戏歌舞，本丧家乐也，汉末始用之于嘉会。齐后主高纬尤所好，高丽亦有之。见《旧唐·音乐志》。今字作傀儡子。又：笛，汉武帝乐工丘仲所造，云其元出于羌中。筚篥，本名悲篥，出于边地，其声悲。亦云：边人吹之以惊中国马云。琵琶，四弦，汉乐也。初，秦长城之役，有弦鼗而鼓之者。及汉武帝嫁宗女于乌孙，乃藏琴为马上乐，以慰其乡国之思。推而远之曰琵，引而近之曰琶，言其便于事也。（庄绰《鸡肋编》，页4069）

"窟擂子"，就是木偶戏，现行词典中可见，也称为"窟磊子""窟儡子"。《通典·乐六》："窟擂子，亦曰魁擂子，作偶人以戏，善歌舞，本丧乐也，汉末始用之于嘉会。北齐后主高纬尤所好。高丽之国亦有之。今闾市盛行焉。"《通典》书证即是对上文笔记中评述材料"窟擂子"的演变历程、使用场合的有力证明。

"笛"，篆文为"𥲑"，形声兼会意字，是一种竹制的管乐器，《说文·竹部》："笛，七孔筒也。从竹，由声。羌笛三孔。"据此可见，汉代时的笛子有两种规制：三孔为羌笛，七孔为雅笛。"笛"之外形跟现在的箫相似，现由"笛"引申泛指一切响声尖锐的发生器。上文评述对"笛"的创始人、起源地做了介绍。

"筚篥"，现行词典有载，又名"觱篥"，是由西域传入中原的一种管乐器，多用于军中。上文评述对"筚篥"的起源地、声音特质做了介绍。

"琵琶"，是一种弹拨乐器，初名"枇杷"，《释名·释乐器》中可见。这种乐器源自于波斯、阿拉伯，从汉代起传入我国，传入后形制发生了改变，体圆颈修，共有四根弦，十二根柱子，俗名"秦汉子"。另有一种说法，认为琵琶起源于我国的秦朝末年，因为百姓苦于修建长城的力役，弦鼗而鼓之，此即为琵琶之肇始；到了南北朝时期，曲颈琵琶开始传入我国，这种琵琶共四弦，腹为半梨形，颈上有四根柱，弹奏时横抱在怀中，使用拨子弹，是为今天琵琶的前身。唐宋以来屡经改进，增加柱位使音域更精细，把横抱改成竖抱，改拨子为手指来弹奏。改造后的琵琶有六相十八品，技法丰富，是一种重要的民族乐器，广受民间喜爱。上文评述是对"琵琶"来源及形制改进的评述。

上文几例，无论是对酒器、日常器物，还是对乐器的评述，主要涉及几方面的内容：（1）器物的产地、使用地或发源地；（2）器物得名的理据，有戏说，有文献证解，还有笔记作者对前人称说的质疑之声；（3）所解释器物的形制以及演变过程。学术笔记对该类名物词语的评述又如"叵罗""蚁子酱"等。

综上所述，学术笔记对名物词语的解释所涉及的种类繁多，评述内容涉及所释器物的方方面面，为现今各类词典的编纂提供了丰富的材料，然却因信息互通的局限，有些评述失之于无法从宏观上把控器物内涵等的演变，纠结于一点，结论未免有失偏颇。

## 四 对附加义的解释

我国传统的语义学基本上没有关涉到句子的言外之意。近年来，才有一些语言学家开始关注这种现象。英国著名的语言学家莱昂斯把句子的含义分成两类："句子意义"（即句子的字面意思）、"话语意义"（即话语交际所要表明的真正意图）；帕默尔在其《语义学》一书中也谈到了这两种意义。根据莱昂斯和帕默尔的解释，"句子意义"略等于句义，而"话语意义"基本上相当于句子的附加义，即交际主体所要表述的真实用意。吕叔湘也谈到过这个问题。[①] 从总体上看，句子的附

---

① 吕叔湘：《谈"意内言外"》，《语文建设》1964 年第 8 期。

加义属于句义最重要的部分，它不是单纯由义位的线性组合来表达的，而是由句子的字面意义结合话语交际时的各种语境，在交际过程中产生的意义，是话语交际主体所要表达的最终意图，是话语意义减去字面义后剩余的那部分。综观学术笔记中的相关例证，从注释内容来看，主要分为三类：（1）学术笔记的作者考证前代典籍中的注释文字；（2）笔记作者对特定词句的评述和对附加义的解释；（3）笔记的作者对前人释义的考索和评述。

（一）作者对典籍注释之考证

　　①《论语》云："觚不觚。觚哉！觚哉！"《太平御览》引此注云："孔子曰削觚，而志有所念，觚不时成，故曰觚哉！觚哉！觚，小器耳。心不专一，尚不时成，况于大事乎！"觚，木简也。史游《急就章》云："急就奇觚与众异。"注云："觚者，学书之牍，或以记事，削木为之，或六面，或八面，面皆可书。觚者，棱也，有棱角也。"（姚宽《西溪丛语》，页23）

"觚不觚"之说，比喻事物名实不符。语出《论语·雍也》："子曰：'觚不觚，觚哉！觚哉！'"何晏《集解》云："以喻为政不得其道，则不成。"何解只是简单地对该句从为政角度进行的解释。朱熹《集注》："觚，棱也；或曰酒器，或曰木简，皆器之有棱者也。不觚者，盖当时失其制而不为棱也。觚哉！觚哉！言不得为觚也！"①朱注已经关注到了前贤时人对这句话的不同解释，并进一步予以阐发。而姚宽在材料中引证了《太平御览》《急就章》中的相关书证，删芜去繁，对所关涉文句中的"觚"字做出解释，在引证文献、阐发附加义的同时，传达出自己的真实观点，是作者对前贤释"觚不觚"附加义的考证和评述。

---

① 阮元校刻：《十三经注疏》，中华书局1980年影印本，第2479页中栏。

②王介甫云："'俟我于城隅'，言静女之俟我以礼也。其美外发，其和中出，其节不可乱者，彤管也。'贻我彤管'，言静女之贻我以乐也。"徐道安注音辩云："彤，赤漆也。管，谓笙箫之属。"

按，《静女》诗："贻我彤管""彤管有炜"注云："炜，赤貌。彤管以赤心正人。"笺云："彤管，赤管也。"疏："必以赤者，欲使女史以赤心正人，谓赤心事夫人，正妃妾之次序也。"郑注："古者，后夫人必有女史彤管之法，史不记过，其罪杀之。"

《后汉·皇后纪》序云："颁官分务，各有典司。女史彤管，记功书过。"《左氏传·定公九年》："《静女》之三章，取彤管焉。"杜预云："《诗·邶风》也，言《静女》三章之诗，虽说美女，义在彤管。彤管赤笔，女史记事规悔之所执。"以此考之，不闻谓之乐也。（姚宽《西溪丛语》，页79—80）

学界对《静女》诗的题意，历来看法不一，大体可归为三类：一是讽刺卫宣公偷娶子妇，无耻好色；二是男女淫奔之诗；三是以男子口吻，描述幽会之乐状。实际上，对诗中的"彤管"一词究竟该如何解释，是揭示这首诗题意的关键。意即此诗题意的纷杂是由"彤管"的多解所造成的。对该词有代表性的解释有以下三种：（1）江荫香释"彤管"为有光彩的笔。因为古代女性的贤德事迹，都是要记入史册的，而记史册所用的笔名为"彤管"①，故做此解。（2）余冠英认为：因"彤"是"红色"之义，故"彤管"即涂成红色的管子，但不知道究竟为何物，也许是笛子的管。（3）普遍被人们接受的说法是："彤管"是一种植物，呈红色管状。②上文评述材料先引证前贤文献中对"彤管"一词的（1）（2）两种解释，后又由《后汉书》《左传》的相关书证来否认第（2）种看法，是对文献释义的考证。本书认同第（3）种看法，认为"彤管"就是呈红色管状的一种植物，男主人公取来送

---

① 江荫香：《诗经译注》，中国书店1982年版，第31页。
② 余冠英：《诗经选》，人民文学出版社1956年版，第48页。

给"俟我于城隅"的女子作为表记，幽期密会的青年男女欢快的神情跃然纸上。

> ③宋康王舍人韩凭，娶妻何氏，美，康王夺之。凭怨，王囚之，论为城旦。妻密遗凭书，缪其辞曰："其雨淫淫，河大水深，日出当心。"既而王得其书，以示左右，左右莫解其意。臣苏贺对曰："其雨淫淫，言愁且思也。河大水深，不得往来也。日出当心，心有死志也。"俄而凭乃自杀。其妻乃阴腐其衣。……（干宝《搜神记》，页336）

上文评述是对韩凭与妻何氏书信附加义的记载。根据材料所给背景，"其雨淫淫"一句，以大雨来比喻心中的哀愁、思念，喻之滂沱且无休止；"河大水深"句，言夫妻被既深且大的河水隔开，无法相会；"日出当心"，据苏贺的解释，是何氏对天发誓，决心以死明志。本书以为，"日出当心"还可从字形上来表附加义，"日"中加一竖，下加"心"字即为"思"。

①②③三例，均为学术笔记作者对前贤或典籍中所载句子的附加义所做的解释或评述。

（二）笔记作者对词句附加义之解释

> ①《文选》古诗云："文彩双鸳鸯，裁为合欢被。著以长相思，缘以结不解。"注："被中著绵，谓之长相思，绵绵之意。缘，被四边缀以丝缕，结而不解之意。"余得一古被，四边有缘，真此意也。著，谓充以絮。（出《文选》第五卷，《侯鲭录》，页2030）

以上材料所关涉之语出《古诗十九首·客从远方来》。填充在合欢被里的丝绵，缀结在被子边缘的丝缕，均为平凡不过的事物，但因为谐音，这些事物在女主人公心中获得了附加义：因"丝棉"之"棉"与"绵长"之"绵"谐音，故被中丝绵使女主联想到她和男主人公之间的情谊绵长无尽；被之四边"缘结"，暗示她和男主人公夫妻之情的永结不解。[①]
上文所引材料评述是笔记作者对文献所释之句子附加义的评述和印证。

> ②政和、宣和间，妖言至多。织文及缬帛，有遍地桃冠，有并
> 桃香，有佩香曲，有赛儿，而道流为公卿受箓。议者谓：桃者，逃
> 也；佩香者，背乡也；赛者，塞也；箓者，戮也。（陆游《老学庵
> 笔记》，页3538）

《广韵·豪韵》有"桃，徒刀切"，"逃，徒刀切"，"桃"和"逃"
语音完全相同。

《广韵·队韵》有"佩，蒲昧切"，又有"背，蒲昧切"；《阳韵》
有"香，许良切"，又有"乡，许良切"。据此，"佩香"和"背乡"
语音完全相同。

《广韵·代韵》有"赛，先代切"，又有"塞，先代切"，故"赛"
和"塞"完全同音。

《广韵·屋韵》有"箓，卢谷切"，又有"戮，力竹切"。"卢"
"力"二字的声母均属"来"母，"谷""竹"两字的韵母皆为"屋"
韵，所以"箓"和"戮"两字同音。

综上可知，材料是作者对所说之"妖言"附加义的解释，其实质
是谐音双关的谶语，制作者表意的真实意图在附加义上。

> ③古乐府："藁砧今何在？山上复有山。何当大刀头？破镜飞
> 上天。"藁砧，铁也，问夫何在。重山，出字，夫出也。何当大刀
> 头，刀头有环，何时还也。破镜飞上天，月半还也。如李义山
> "空看小垂手，忍问大刀头"，宋子京"曾损归书凭鲤尾，莫令残
> 月误刀头"，俱用此事云。（邵博《邵氏闻见后录》，页1949）

---

① 参见吴小如等《汉魏六朝诗鉴赏词典》，上海辞书出版社1992年版，第164页。

"藁砧"一词中，"藁"指稻、麦等的秆，"砧"指古代用锤砸东西时下面垫的器具，一般为铁质或木制。古代在死刑犯行刑时，让罪人垫上席藁伏在砧上，用铁鈇斩。因"鈇"和"夫"谐音，故后以"藁砧"指代妇女的丈夫，是因相关事物的谐音而产生的附加义。此类又如：

④吴中乡村唱山歌，大率多道男女情致而已。惟一歌云："南山脚下一缸油，姊妹两个合梳头。大个梳做盘龙髻，小个梳做扬篮头。"不知何意。朱延评树之尝以问予，予思之。翌日报云："此歌得非言人之所业本同，厥初惟其心之趣向稍异，则其成就遂有大不同者。作如是观，可乎？"树之云："君之颖悟过我矣。作如是观。"此山歌第一曲也。（陆容《菽园杂记》，页 11）

例④是对吴中之地乡村山歌附加义的解释。该评述先对吴中山歌表意的总体情况做出评述，再提出个案，说出其附加义，最后对其做出评述。上例作者对山歌附加义的描述，是从山歌表达本体的具象出发，比拟与之类似的抽象概念。

总之，以上 4 例均是学术笔记中所见的作者本人解释、评述句子附加义的现象，在这类例证中，作者对句子附加义的真正观点或在文中直接说明（如①③）；或假借议论者之口间接说出（如②）；还有一些放在话语交际过程中，在包括作者在内的交际者的对话中呈现出来（如④）。

# 第二节　学术笔记中所录释词现象的释词方式

学术笔记中的释词现象多姿多彩，丰富多样，其相关例证释词的方式也不一而足，综观可见材料，主要可归为以下几类。

## 一　直训

直训，就是以词释词，用一个同义或近义词直接解释被释词。学术笔记中可见的相关例证材料所呈现出的使用这种方式训释的词语，被释词和训释词间的关系有两种情况：（1）存于共时、流于共域的同义、近义关系；（2）存于异时、流于异地的对等关系。

（一）共时共域的同义、近义关系

　　①贤关　董仲书《贤良策》："太学者，贤士之所关也。"颜曰："关，由也。"世人乃以太学为贤关，则谬矣。（刘昌诗《芦浦笔记》，页20）

"关"，表"通过"，该义在史传中多见，《史记·酷吏列传》："其治米盐，事大小皆关其手。"① "由"，指"经由，经历"，该义项在字书、文献中亦多见，《广韵·尤韵》："由，经也。" 《论语·为政》："视其所以，观其所由，察其所安。"何宴注："由，经也。"② "贤关"一词，指通过太学来选拔官吏，后被用以指进入仕途的门径。上文评述材料先用书证对"贤关"之义进行解释，并以之证实、指出现世对其理解的谬误，实为误以本体释载体。

　　②叵字　叵字，乃"不可"二合，其义亦然。史传多连用"叵可"字，盖重出，如《安禄山传》"叵可忍"之类是也。（费衮《梁溪漫志》，页3404）

例中所关涉之"叵"，学术笔记里多见，《说郛》卷四九引宋俞文豹《唾玉集·俗语切脚字》："不可，叵字，即《释典》所谓二合字。"③ "叵"的成词及意义也是长期以来语言学界讨论的焦点之一，笔

---

① 《史记》，第260页。
② 阮元校刻：《十三经注疏》，中华书局1980年版，第2462页中栏。
③ 俞文豹：《唾玉集》，《说郛三种》，上海古籍出版社1988年版，第783页下栏。

者对其成词亦有详细讨论。① 例②以"不可"释"叵"，是用同时、同域之同义词直训被释词，而后作者还摘引文献中的错误用例，以反证"叵"字之义。

③世人多用卢橘以称枇杷。按司马相如《游猎赋》云："卢橘夏熟，黄柑橙楱，枇杷橪（耳善切。）柿。"夫卢橘与枇杷并列，则卢橘非枇杷明矣。郭璞注："蜀中有给客橙，冬夏花实相继，通岁食之，谓即卢橘也。"意者橙橘惟熟于冬，而卢橘夏亦熟，故举以为重欤？《唐三体诗》裴庾注云：《广州记》卢橘皮厚，大如柑，酢多，至夏熟，士人呼为壶橘，又曰卢橘。（陶宗仪《南村辍耕录》，页6470）

"卢橘"一词，指枇杷，现存汉语词典失收，但笔记中多见，除上例外，宋朱翌《猗觉寮杂记》卷上亦载："岭外以枇杷为卢橘子，故东坡云：'卢橘杨梅次第新。'"② 例③先指出现世通用的看法，再摘引古诗、文献中的相关用例，反证世俗看法的不科学。

以上几例均以存于共时、流于共域的同义词语解释被释词，并对该时俗的释义发出质疑的声音。

（二）异时异地的对等关系

直训的被释词与训释词之间还可能存在以下两种关系之一：（1）流于异地的对等关系；（2）存于异时的对等关系。换句话说，直训还可用通用语解释方言、用时语解释古词。

1. 以通用语解释方言

学术笔记中该类型事例多有词语标记，如：

---

① 李娟红：《"反切成词"的形成条件及其特征——古人学术笔记中"反切成词"的论述解析》，《语文研究》2016年第4期。

② （宋）朱翌：《猗觉寮杂记》，《笔记小说大观》，江苏广陵古籍刻印社1983年版，第37页下栏。

①南方或谓折花曰拗花。唐元微之诗："试问酒旗歌板地，今朝谁是拗花人。"又古乐府："拗折杨柳枝。"（陶宗仪《南村辍耕录》，页6288）

"拗"，即通用语"折，折断"，《玉篇·手部》有："拗，拗折也。"上例用通用语解释方言，并摘引古诗中的典型用例作为书证，且评述中有"南方"为释词行为中标记地域的典型词语。

②南人方言曰温暾者，乃微暖也。唐王建《宫词》"新晴草色暖温暾"。又白乐天诗"池水暖温暾"。则古已然矣。（陶宗仪《南村辍耕录》，页6240）

"温暾"，也写作"温燉"，指"微暖，不冷不热"。与例①同，上例亦使用通用语直接训释方言词，并摘引书证，最后从书证里得出本词使用已久的结论。释词行为亦有典型的地域标记词语。

上述二例均为学术笔记作者对采用通用语解释南方方言词的评述，释义言简意赅，简洁明了。

③梅宛陵诗，好用"案酒"，俗言"下酒"也，出陆玑《草木书》："荇，接余也。白茎，叶赤紫色，正圆，径寸余，浮水上，根在水底，与之深浅。茎大如钗股，上青下白。煮其白茎，以苦酒浸之，脆美可案酒。"今北方多言"案酒"。（陆游《老学庵续笔记》，页138）

"案酒"，现行各类词典有载，只是词义发生了演变，本指佐酒、下酒，三国吴陆玑《毛诗草木鸟兽虫鱼疏·参差荇菜》："荇，一名接余……鬻其白茎，以苦酒浸之，脆美可案酒。"[1] 明显使用上义；而现

---

[1]　陆玑：《毛诗草木鸟兽虫鱼疏·说郛三种》，上海古籍出版社1988年版，第168页上栏。

行词典释之为"下酒的食物"。上例为以宋代时通用的俗语（即通用语）来解释当时的北方方言词，并引《草木书》中文句作为书证来证实自己释义的科学性。

> ④一日，西溟投以诗云："我马瘰郎当，峻嶒瘦脊梁。终朝无限苦，驼水复驼汤。"一时传以为笑。按：西溟先生吾乡文雄，呼疲瘦为瘰，亦吾乡土语也。（陈康祺《郎潜纪闻二笔》，页 364）

"瘰"，"枯瘦"义，《玉篇·疒部》云："瘰，枯病。"西溟先生即明末清初的姜宸英，浙江慈溪人，由陈康祺的评述可知："瘰"表"枯瘦"是慈溪土语，土语的传布范围较方言更小，上例即以通用语来解释土语词。

以上①②③④例均为学术笔记中用异地之对等关系的词语来解释被释词，评述材料中均有明显的词语标记：例①中的"南方"，例②中的"南人方言"，例③中的"北方多言"，例④中的"吾乡土语"等。这四例中的被释词存在着一个共同点：均为诗文中的用例，足可见当时诗文已不是附庸风雅的专属物，民间俗语亦可为其表情达意的载体。

2. 以今语释古语

> ①今农家打稻之连枷，古之所谓拂也。（周密《癸辛杂识》，页 5758）

"连枷"，古代用来打谷脱粒的农具，一般由一长柄、一组并排的竹条、木条构造而成。"拂"之此义现行词典未收，但史书中可见，《汉书·王莽传中》："予之北巡，必躬载拂，每县则粟，以劝盖藏。"颜师古注："拂，所以击治禾者也，今谓之连枷。"[①] "拂"之字本有"拍打"义，疑其"连枷"义即由此义引申而来，上例即是以今世之通

---

① （清）王先谦：《汉书补注》，广陵书社 2006 年版，第 1679 页下栏。

用语解释古语词的典型。

　　②王广津《官词》云："新睡起来思旧梦，见人忘却道胜常。"
"胜常"犹今妇人言"万福"也。前辈尺牍有云"尊候胜常"者，
"胜"字当平声读。（陆游《老学庵笔记》，页 3497）

"胜常"，字面义可释为"超过平常"，是唐代妇人间使用的一种问
候用语，祝福对方一切顺遂；至宋，"万福"成为妇人间的相见礼，因
行礼时口称"万福"而得名，后意义泛化，用以指妇女行的敬礼，行
礼的时候，行礼者两只手抱松拳，在自己胸部右下侧重复上、下移动，
同时微微颔首，略做鞠躬状。上例陆游即以宋时"万福"来解释唐代
的"胜常"。

　　③苏叔党政和中至东都，见妓称"录事"，太息语廉宣仲曰：
"今世一切变古，唐以来旧语尽废，此犹存唐旧，为可喜。"前辈
谓妓曰"酒纠"，盖谓录事也。柜蓝之东有录事巷，传以为朱梁时
名妓崔小红所居。（陆游《老学庵笔记》，页 3510）

"录事"，唐代之前吴语妓女，词典可见；"酒纠"，《汉语大词典》
有载，由上例可知，其亦指妓女。上文评述用"酒纠"来解释"录
事"，并摘引前辈语录、地名作为印证，是以今语释古语。
　　该类型释义亦有明显的词语标记，如①中的"古之所谓"，②中的
"犹今妇人言"，③中的"前辈谓"等语。这类释词材料，为我们理清
词义、词形的演变提供了具体可感的丰富材料。

## 二　义界

　　综上所述，直训使用同义词或近义词解释被释词，固然简洁明了，
但这种释词方式的局限也是显而易见的，它不能明确、充分地解释被释
词语概念的内涵、特征等具体性状，而义界释词则在一定程度上克服了

这种释词方式的局限，使用定义的方式对词义所表述的概念进行性状的描写、类似物的对举等，更能形象地展示出被释词义的特点，与直训的"以词释词"不同的是，义界采用的是"以句释词"的方式，即定义式释词。学术笔记对此类释词现象的呈现如下：

①《易》正义释朵颐云，朵是动义，如手之捉物，谓之朵也。今世俗以手引小儿学行谓之多，莫知其义。以此观之，乃用手捉，则当为朵也。（庄绰《鸡肋编》，页4070）

"朵"，吴语"拿、取"义，上文评述中之"用手捉"义，疑因与上义相关引申而来的。庄绰对世俗说法的厘析，殊为可信，此例庄说先引证文献中的前贤释义，然后提出对今世俗语中相关释词的疑问，最后通过具体描写解释表示行为的词语，具体来说，宋时"小儿学行谓之多"经历了一个逻辑过程："朵"的"用手捉"义表示小儿学行的特征，"多""朵"二字音近，使"朵"转而为"多"。

②唐郑熊《番禺杂记》：广中僧有室家者，谓之火宅僧。宋陶谷《清异录》：京师大相国寺僧有妻，曰梵嫂。（陶宗仪《南村辍耕录》，页6219）

梵嫂，是世人对僧人之妻的称呼。宋陶谷《清异录·梵嫂》载："相国寺星辰院比丘澄晖，以艳倡为妻……忽一少年踵门谒晖，愿置酒参会梵嫂。晖难之。"[①] 清代宋长白《柳亭诗话》卷十一有对"梵嫂"一词的具体解释："鲍令晖有《代葛沙门妻郭小玉作》诗，结曰：'持妾一生泪，经秋复度春。'六朝以前，清规未例，世人呼为梵嫂、师娘者，往往有之。"上例陶宗仪引用唐、宋时代的文献用例及释例为"梵

---

① （宋）陶谷：《清异录》，《宋元笔记小说大观》，上海古籍出版社2001年版，第28页。

嫂"释义。虽未直接说明自己的观点，却默认了前人释义，间接表达出自己的看法。

③唐书言大臣初拜官，献食天子，名曰"烧尾"。苏瓌为相，以食贵，百姓不足，独不进。然唐人小说所载与此不同，乃云：士子初登科，及在官者迁除，朋僚慰贺，皆盛置酒馔、音乐宴之，为"烧尾"。举韦嗣立入三品，赵彦昭偎金紫，崔湜复旧官，中宗皆令于兴庆池"烧尾"，则非献食于天子也。其解"烧尾"之义，以为虎豹化为人，惟尾不化，必以火烧之乃成人；犹人之新除，必乐饮燕客，乃能成其荣。其言迂诞无据，然谓太宗已尝问朱子奢，则其来盖已久矣。近世献食天子固无是，而朋僚以音乐燕集，亦未之讲也。（叶梦得《石林燕语》，页50—51）

"烧尾"，现行词典有载，表示庆贺宴席，这种宴席主要分为两种：①唐朝士人初被授官时进献给皇帝的宴席；②唐朝士子新登科时或官员升迁时的庆贺宴席。[①] 上例评述里叶梦得先质疑唐代史传和小说中所载的"烧尾"一词的不同说法，再列举世俗对"烧尾"义项来源的解释。上例叶说实则涵盖了上述两个义项的所有内容，叶说对"烧尾"义项的世俗理据发出质疑，但并未给出确切答案。据材料，"烧尾"的得来理据主要有三说：（1）老虎、豹子变人的时候，尾巴会保留下来，所以要把它们的尾巴烧断；（2）羊进入新的群体，必须把旧尾巴烧焦才能被接纳；（3）鲤鱼跃过龙门的时候，天火会烧掉它的尾巴，只有这样才能成为真正的龙。本书认同第（3）种说法，因其更符合汉语文化中的相关说法。上例为给被释词下定义释义。

④皋卢　皋卢，茶名也。皮日休云："石盆煎皋卢。"（赵令畤《侯鲭录》，页2062）

---

① 《古代汉语词典》编写组：《古代汉语词典》，商务印书馆2000年版，第1375页。

"皋卢"，粤语，指广东广州的茶叶。上文评述只对被释词做出界定，并引诗句作为旁证，但未对被释词做出确切描述。

以上四例均为学术笔记通过下定义的方式解释被释词。实际上，即使上述各例均可归为下定义释词，其具体形式也是多样的：有笔记作者直接、具体描述性状下定义的（如例③），有引证文献中描述给被释词下定义的（如例①②），还有给被释词界定品类的（如例④），且在绝大多数情况下，文人笔记的释词方式不是唯一的，往往是几种方式的结合：如例①②在下定义后，①摘引俗语、②摘引文献说法比较互证；例③在下定义后，摘引书证提出质疑，再引用俗说解释理据，最后做出评价以亮明自己的观点。

### 三　探求理据、来源

王艾录、司富珍认为："有时，推求词语的来源和推求词语的得名之由以及词语的考释是结合在一起的。弄清了词语的来源也就弄清楚了它的得名之由，或者弄清了词语的意义。"① 据此，探求词语的理据和最初源头，亦为释词的重要方式，学术笔记对此类释词方式亦多有观照，综观所挖掘出的相关例证，我们认为，学术笔记通过探源来解释词语的评述可归为两类：（1）探求被释词的出处或源头；（2）探索被释词得名的理据。

（一）探求被释词的出处、源头

前人时贤对这种释词方式也是持肯定态度的，蒋绍愚认为："凡理据研究都是以历史溯源为其主要手段的。"② 学术笔记中的相关评述例证有不少是通过溯源的方式来释词的。如：

①古所谓揖，但举手而已。今所谓喏，乃始于江左诸王。方其

① 王艾录、司富珍：《语言理据研究》，中国社会科学出版社2002年版，第48页。
② 蒋绍愚：《近代汉语研究概要》，河北人民出版社1991年版，第295页。

时，惟王氏子弟为之。故支道林入东，见王子猷兄弟还，人问
"诸王何如？"答曰："见一群白项马，但闻唤哑哑声。"即今喏也。
（陆游《老学庵笔记》，页3528）

古代人在见面时，要作揖致敬，同时口中发出"喏"的声音，称
为"唱喏"，亦称"喏"。上述例证是陆游对"喏"的始见时间、出
典、古今相关礼仪差别的探求。

②利市　俗语称"利市"，亦有所祖。《左氏传》：郑人盟商人
之辞曰："尔无我叛，我无强贾，尔有利市宝贿，我勿与知。"（罗
大经《鹤林玉露》，页5166）

"利市"，现存词典记录义项主要有三：（1）商业买卖所得的利润
（利市①），该义项在文献中可见，《左传·昭公十六年》："尔有利市宝
贿，我勿与知。"① 杨伯峻注云："利市犹言好买卖。"（2）买卖顺利的
预兆（利市②）。（3）在喜庆节日或开工的时候主人赏赐的财物（利市
③）。利市①→利市②→利市③的演变历程，主要是通过相关引申实现
的。例②评述笔记的作者罗大经虽考证出"利市"的最早出典，却未
对其意义做出详细解释。

③"打草惊蛇"，乃南唐王鲁为当涂令，日营资产，部人诉主
簿贪污，鲁曰："汝虽打草，吾已惊蛇。"（郎瑛《七修类稿》，页
368）

打草惊蛇，比喻行事思虑不周，轻举妄动，使对方察觉并有所防
范。该词语源出自于郑文宝的《南唐近事》："王鲁为当涂宰，颇以资
产为务，会部民连状诉主簿贪贿于县尹，鲁乃判曰：'汝虽打草，吾已

---

① 阮元校刻：《十三经注疏》，中华书局1980年版，第2080页上栏。

蛇惊。'为好事者口实焉。"① 上例评述是对"打草惊蛇"所出典故的介绍。

④管中窥豹，世人唯知为王献之事，而其原乃魏武令中语也。《魏志》注：建安八年庚申，令曰："议者或以军吏虽有功能，德行不足堪任郡国之选。故明君不官无功之臣，不赏不战之士。治平尚德行，有事赏功能。论者之言，一似管窥虎豹。"（庄绰《鸡肋编》，页 4005）

管中窥豹，从管状物中看豹子，比喻人视野狭隘，没有把控全局。《晋书·王献之传》："（献之）年数岁，尝观门生樗蒲，曰：'南风不竟。'门生曰：'此郎亦管中窥豹，时见一斑。'"② 王献之事为世人所熟知，而上例评述却提出"管中窥豹"的词源并非在此，提出了其词的原初典故。

⑤《庄子·外篇》云："亲之所言而然，所行而善，则世俗所谓之不肖子。"此"不肖子"三字所自始也。（王应奎《柳南续笔》，页 176）

"不肖"，指的是"子不似父，子不如父"，《礼记》《史记》中均见。《礼记·杂记下》载："诸侯出夫人，夫人比至于其国……主人对曰：'某之子不肖，不敢辟诛。'"郑玄注云："肖，似也。不似，言不如人。"③《史记·五帝本纪》："尧知子丹朱之不肖，不足授天下，于是乃权授舜。"司马贞索隐引郑玄曰："言不如父也。"④ 后来世人用这

---

① （宋）郑文宝：《南唐近事》，《宋元笔记小说大观》，上海古籍出版社 2001 年版，第 276 页。

② （唐）房玄龄等：《晋书》，中华书局 1974 年版，第 2104 页。

③ 阮元校刻：《十三经注疏》，中华书局 1980 年版，第 1569 页中栏。

④ 郭逸、郭曼标点：《史记》，上海古籍出版社 1997 年版，第 21 页。

个词指子孙品行不端，不能继承先人的事业或违背了先人的遗愿。

学术笔记中这类评述又如"女客""纸包""喷嚏"。此类释义亦有明确的词语标记，如"盖有自来""此名起于……""盖始于……""有所祖"等，这些词语引出被释词的出典或始见时间。通过这种方式释词，可使读者更生动、形象地理解词义，使得词语的使用更得心应手，但缺乏对词义的具体解释。

（二）说明得名理据

在物理学研究中，布鲁塞尔学派的重要代表人伊利亚·普里高津创制了"耗散结构理论"，并首次提出"自组织"概念，认为一个远离平衡的开放系统，在外界条件达到一定阈值时，就会从原有的混乱无序的混沌状态，逐渐变为一种时间上、空间上或功能上的有序状态。而语言的发展历史正如同物质世界的发展史，经历着由无序到有序的转变过程，类似于"自组织"概念。在该转变过程中，每一个外界因素均可成为促动、激发语言要素生成、变化、发展的动因，这就是语言的理据。① 理据是语言发展的重要基因之一，学术笔记对词语理据的探求并不乏见。如：

①尝言乡人谓菊为九花，以其盛于九月也。（李光庭《乡言解颐》，页87）

用"九花"指"菊花"，《汉语方言大词典》中可见，北京官话，《顺义县志》（1933）有载。"九花"之得名理据亦是显而易见的：菊花花期在秋季，又以农历九月为最盛，以此得名"九花"，是以花期繁盛时间而得名。

②临江萧氏之祖，五代时仕于湖南，为将校，坐事当斩，与其妻亡命。马王捕之甚急。将出境，会夜阻水，不能去，匿于人家溜

---

① 参见王艾录、司富珍《语言理据研究》，中国社会科学出版社2002年版，第1页。

槽中。湘湖间谓"溜"为"笕"。天将旦，有扣笕语之曰："君夫妇速去，捕者且至矣。"因亟去，遂得脱。卒不知告者何人，以为神物，乃世世奉祀，谓之笕头神。（陆游《老学庵笔记》，页3520）

笕头神，是"民间传说中供奉祭祀的神名"，现行词典未载。"笕"，是"连接起来用来引水的竹制长管"，《玉篇·竹部》："笕，以竹通水也。"《正字通·竹部》亦载："笕，以竹空其中通水也。"① 因在逃难的危急关头，被人叩响藏身之笕，告知追捕者将至，而湘湖方言读"溜"为"笕"，因不知告知他们消息的是何人，故以"笕"为神物，世代供奉、祭祀。由上例可知，"笕头神"是以典故而得名。

　　③眉州青神县道侧有小佛屋，俗谓之"猪母佛"，云百年前，有牝猪伏于此，化为泉，有二鲤鱼在泉中，云："盖猪龙也。"蜀人谓牝猪为母，而立佛堂其上，故以名之。（苏轼《东坡志林》，页12）

"猪母佛"一词，现行词典未载。据上例评述，该佛被立于四川眉州佛屋中，其得名出自于百年前的传说。
　　②③两例均以传说故事为得名理据，在得名的过程中，有所出地域方言的参与，充斥着地域色彩。

　　④又有红夷一种，面白而眉发皆赤，故谓之"红毛夷"，其国乃荷兰云。（赵翼《檐曝杂记》，页66）

"夷"，我国古代对处于东方的各少数民族的统称，后来泛指所有的异族人。"红夷"，美洲最早的部族人种之一。"红毛夷"是荷兰国人

---

① （明）张自烈、（清）廖文英：《正字通》，中国工人出版社1996年影印本，第797页下栏。

的代称，因其呈红色的是头发，以"红毛夷"称之以别于其他"红夷"，故其是以本体的典型特征代本体而得名。

⑤乡人……谓善于生财者曰钱串子，入而能聚也。（李光庭《乡言解颐》，页84）

"钱串子"，由其词形可得字面义为"穿铜钱的绳子"。善于生财的人能聚财，"钱串子"本义是聚财的象征，这类人因此被称为"钱串子"。该例是以行为主体的行为特征而得名。

以上各例均是学术笔记中探求词语理据的评述，相关例证还有不少，如"猫儿戏""谷雨花""荭水"等。本章第五节专门讨论这类释词现象，兹不赘述。

## 第三节　学术笔记对俗形义学现象的评述

李万福首次提出"俗形义学"的说法，① 这是近年来兴起的语义学理论，后来他又在其《汉文字学新论》② 中列出专门的章节来加以讨论。所谓的"俗形义学"，主要是凭借个人的想象、丰富的联想"劈文切字"（安子介语），解释汉字的字形、字义，主要从解释者的主观感受出发。这种解释法在释词时不要求科学严谨，阐释汉字成字的理据时不要求完全合乎事实，有时对汉字的解释甚至是牵强附会的，为附会汉字的表意特征，俗形义学常常把形声字解释成会意字，纯粹是一种主观阐释汉字的形、义之间关系的学说。③ 学术笔记中可见的相关评述主要可归为两类：（1）使用俗形义学理论来解释词义、字义；（2）妙用俗形义学以渲染气氛，巧妙达成交际意图。本书各择取数例来加以简单说明。

---

① 李万福：《谈俗形义学》，《汉字文化》1995 年第 1 期。
② 李万福：《汉文字学新论》，重庆出版社 1998 年版。
③ 刘德辉：《俗形义学述评》，《株洲高等师范专科学校学报》2003 年第 8 卷第 1 期。

### 一　学术笔记中所见的俗形义学释义

使用俗形义学理论解释字义、词义，即使用俗形义学的典型理论来梳理、解释汉字的字形与字义间的关系，具体情况亦有二：（1）"右文说"释义；（2）文人析形释义。

#### （一）"右文说"释义

"右文说"最早由宋代王圣美提出，后世对之进行了不断阐发。刘德辉在对这种释义方法做述评时，将其明确定义为："有时候，一些表示同出一源的亲属词（即同源词）的形声字，都把同一个字作声旁。这种声旁，不管它是不是有义的偏旁，都是研究这组形声字的意义，特别是它们所代表的词的语源的重要线索。由于声旁多数位于字的右边，研究这种文字现象的学说，称为右文说。"① 学术笔记对"右文说"释义的评述亦不在少数。

1. "右文说"释义举隅

"右文说"释义，顾名思义，即用被释字的"右文"（即声旁）彼此的联系来解释词义。如：

①建炎间，莆中郑樵字渔仲，作《六书略》，谓象形、谐声、指事、会意、转注、假借，从六者而生，总计二万四千二百三十五。其间惟谐声类最多，计二万一千八百一十，约以简易，而尽得作字之义矣。……自《说文》以字画左旁为类，而《玉篇》从之，不知右旁，亦多以类相从；如戋有浅小之义，故水之可涉者为浅，疾而有所不足者为残，货而不足贵重者为贱，木而轻薄者为栈。青字有精明之义，故日之无障蔽者为晴，水之无溷浊者为清，目之能明见者为睛，米之去粗皮者为精。凡此皆可类求。聊述两端，以见其凡。（张世南《游宦纪闻》，页77）

---

① 转引自裘锡圭《文字学概要》，商务印书馆1988年版，第177页。

上例是对"右文说"理念的综述，主要涉及"戋""青"二系；而"戋"系，又关涉"浅""残""贱""栈"四字。上例评述认为，"戋"有"浅小"之义，故"浅"释为"水浅"，"残"为"因疾病而有所不足"，"贱"为"货而不足贵重"，"栈"为"木之轻薄者"，且不说此四字释义是否合理，评述所释"残"与"浅小"义又有何联系？要厘清这四字的义类，需从"戋"之义说起。如《说文·戈部》言："戋，贼也。从二戈。""戋"本会意字，从二戈，表示"互相残杀"，由此引申为"残余、铲除"，继而引申出"细小、少"之义。据《说文·水部》："浅，不深也。从水，戋声。"《说文·歹部》："残，贼也。从歹，戋声。"《说文·贝部》："贱，贾少也。从贝，戋声。"《说文·木部》："栈，棚也。竹木之车曰栈，从木，戋声。"由上可知，"浅""残""贱""栈"四字均为形声字，且"戋"均为声旁，主要表音，即便声旁亦有些许表义作用，此四字亦不可一概而论。四字之义实应分为三系：①"残损"系；②"浅小"系；③"戋"不表义。"残"属①系，"浅""贱"属②系，"栈"属③系。当然，诚如前文所述，②系之义为①系的引申，只能说①②两系系出同源，但若将二者统而不分，并牵强附会如"歹而小者曰残"之类，显然是错误的。

上例"青"系，关涉"晴""清""睛""精"四字。"青"，金文字形为"甾"是会意兼形声字，从生（植物初生之义）从丹（表植物颜色），表植物初生之色。"青"系所关涉之四字均为形声字，"日""氵""目""米"分别表四字的义类，右边的"青"表示读音。再如下例"卢"系字：

②卢者字母也，加金则为鑪，加火则为爐，加瓦则为甗，加目则为矑，加黑则为黸，凡省文者，省其所加之偏旁，但用字母，则众义该矣。（王观国《学林》，页 176 — 177）

对于上例"卢"系所关涉之各字，我们查考历代字书，《说文·皿部》："卢，饭器也。从皿，庐声。"《说文·金部》："鑪，方鑪也。从金，盧声。"段玉裁注："方对下圆言之。凡然炭之器曰鑪。"① 　《玉篇·瓦部》："甐，酒器。"《玉篇·火部》："爐，火爐也。"《玉篇·目部》："矑，目童子也。"《说文·黑部》："黸，齐谓黑为黸。从黑，盧声。"上例评述材料解释了"盧"系字之间的语义关联，但从《说文》《玉篇》等字书的释义中足可见："盧"本来只是一种饭器，即使让其表义扩展为器具，也只有"鑪""爐""甐"三字与之相关，其余二字与"盧"之义风马牛不相及。

综上所述，"右文说"的局限性是客观存在的，历代学术笔记也关注了这个事实，其中对"右文说"过于绝对的批判并不乏见。

2. 对"右文说"的批判

学术笔记对"右文说"谬误的批判，大多是以"右文说"的逻辑为起点，按照"右文"绝对表义的思路一直顺推，直至明显错谬的彰显，从而反证出"右文"一定表义的荒谬逻辑。如：

①字义　寿皇问王季海曰："'聋'字何以从'龙'、'耳'？"对曰："《山海经》云：'龙听以角，不以耳。'"荆公解"蔗"字，不得其义。一日行圃，见畦丁莳蔗横塞之，曰："它时节节皆生。"公悟曰："蔗，薯之庶生者也。"字义固有可得而解者，如一而大谓之"天"，是诚妙矣。然不可强通者甚多。世传东坡问荆公："何以谓之'波'？"曰："水之皮。"坡曰："然则滑者，水之骨也？"荆公《字说》成，以为可亚《六经》，作诗云："鼎湖龙去字书存，开辟神机有圣孙。湖海老臣无四目，漫将糟粕污修门。正名百物自轩辕，野老何知强讨论。但可与人漫酱瓿，岂能令鬼哭黄昏。"盖苍颉四目，其制字成，天雨粟，鬼夜哭。"漫瓿"之句，言之者少也。（罗大经《鹤林玉露》，页5191）

关于"聋"，《说文·耳部》云："聋，无闻也。从耳，龙声。"据

---

① （清）段玉裁：《说文解字注》，上海古籍出版社1988年版，第705页下栏。

此，"聋"本形声字，"右文说"却以"龙听以角"之语牵强附会，解之为会意字。又《说文·艸部》云："蔗，薯蔗也。从艸，庶声。"《说文·水部》云："波，水涌流也。从水，皮声。""蔗""波"亦形声字，"庶""皮"本应为前二字之声符，却均被按照"右文说"的思路强解为会意字的表义构件。据此，上例评述中苏轼顺着王荆公的思路解释"滑"字。《说文·水部》："滑，利也。从水，骨声。""滑"本形声，"骨"为声符，上例苏说却以王氏逻辑为基点，得出"滑"为"水之骨"的结论，然水以柔为特质，何"骨"之有？苏轼此举顺利地完成自己的话语交际，反讽王安石"右文说"的不科学性。此外，笔记中还有刘敞对王安石此说的讥讽：

②王荆公喜说字至于成俗，刘贡父戏之曰："三鹿为麤，鹿不如牛；三牛为犇，牛不如鹿。"谓"宜三牛为麤，三鹿为犇，若难于遽改，欲令各权发遣"。荆公方解纵绳墨，不次用人，往往自小官暴据要地，以资浅，皆号"权发遣"，故并谑之。(邵博《邵氏闻见后录》，页2023)

"麤"，表"粗壮，粗豪"之义；"犇"字为"奔"的异体字，表"奔跑"。然众所周知，鹿善跑，而牛粗壮，刘敞举出此例，并以荆公"右文说"逻辑为起点顺势推理，得出"麤"应表"奔跑"义，而"犇"却应表"粗壮"义，即上例评述中所谓的"宜三牛为麤，三鹿为犇"，以之讽刺王安石"右文说"的过于绝对。甚至有的批判还相当尖锐，《朱子语类》卷一三七载：自荆公诸人熙丰间用事，新经、《字说》之类已坏了人心术。

(二) 文人析形释义

除上文流行于世的"右文说"之外，还有一种释字方法：文人纯粹以汉字的字形为基础，忽视字形的原初造字意图，完全凭借主观判断来解释某些汉字形、义之间的关系，只为达到特定的话语交际目的，带有一定的戏说性质。本书归之为一类——文人析形释义。如：

①吴楚呼父曰爹，父多之谓也，例有三父不足多也。（曾七如《小豆棚》，页 13）①

"爹"本为北部边境方言称呼父亲之语。《广雅·释亲》："爹者，北人呼父也。"②《广韵·麻韵》："爹，羌人呼父也。""爹"本应为形声字，上部"父"表义，下部"多"表声。上例评述却故意误解"爹"为会意字，将声符作为表义构件加以解释，此解让人忍俊不禁。

②俗以吴姓为口天。《越绝书后序》云："以口为姓，承之以天。"（徐时栋《烟屿楼笔记》，卷四）

查检字书，我们发现"吴"本字下部并非为"天"，《说文·矢部》："吴，姓也，亦郡也。一曰吴，大言也。从矢、口。"《说文·矢部》："矢，倾头也。从大，象形。"段玉裁注："矢象头倾，因以为凡倾之称。"③ 故，据《正字通》及《说文》的解释，"吴"字下部本为"矢"，从原初字形上看，整个字像一个人伸着脖子张开大口在说话喊叫。④"吴"为"吳"之俗字，《正字通·口部》："吴，俗吳字。"⑤ 亦为隶变后该义的正字，旧社会江湖用语以"口天"隐称吴姓，且流传甚广，傅崇矩《成都通览·成都之呼物混名》载："口天，吴也。"⑥上例评述即为对会意字俗字形拆解而形成的隐语。

③嵇康与吕安善，每一相思，千里命驾。安后来，值康不在，

---

① 转引自王宝红《清代笔记小说俗语词研究》，博士学位论文，四川大学，2005 年。
② 《广雅义疏》，第 139 页上栏。
③ （清）段玉裁：《说文解字注》，上海古籍出版社 1988 年版，第 494 页上栏。
④ 俞理明：《汉字形体对汉语词汇的影响》，《四川大学学报》2007 年第 2 期。
⑤ （明）张自烈、（清）廖文英：《正字通》，中国工人出版社 1996 年影印本，第 134 页下栏。
⑥ 傅崇矩：《成都通览》（下），巴蜀书社 1987 年版，第 42 页。

喜出户延之，不入，题门上作凤字而去。喜不觉，尤以为欣故作。凤字，凡鸟也。（刘义庆《世说新语》，页400—401）

"凤"，我国古代传说中的神鸟，后为高贵的象征，《说文·鸟部》有："鳳，神鸟也。从鸟，凡声。"据《说文》解，"凤"本为形声字，上文评述材料却故意将其释为会意字，即将原有声符"凡"解释为表意构件，从而"凤"就成了"凡鸟"之谓，至此，吕安达到了讽刺嵇康的目的。

④越人好传谰语，如云徐天池游西湖，题某扁曰"虫二"，诘之，曰"风月无边"也。（平步青《霞外捃屑》，页239）

《说文·风部》："风，八风也……从虫，凡声。"即"風"本形声字，"虫"在"凡"内；《说文·月部》："月，阙也，大阴之精。象形。""月"为象形字，中间有两横，上例匾上题写"虫二"，实为舍弃"风月"二字边框而成，故可解之为"风月无边"。

以上各例皆学术笔记中所见的俗形义学释义，虽有失偏颇，读来却妙趣横生，往往能出其不意地达成交际主体的真实交际目的。

## 二 学术笔记中所见的俗形义学妙用现象

汉字以形表义的特征使其形体在表义过程中发挥着重要作用，这就使得俗形义学在话语交际中大行其道。文人往往会通过拆分、描绘某些字形，以构成隐语、戏语等语言妙用的现象，活跃现场气氛，顺利实现真实的交际意图。学术笔记中可见的相关例证从构成方式上看主要可归为三类：（1）描绘、拆分字形；（2）以字形的局部指代整体；（3）替换原字的偏旁。

（一）描绘、拆分字形

通过描述字形整体的外在表征、字形各个部件之间的关系、字形拆开分解后的特征来构成隐语、戏语，是文人妙用词语的惯常做法之一。

如下例"用"字谜：

①用字谜云："一月复一月，两月共半边。上有可耕之田，下有长流之川。六口共一室，两口不团圆。"（周密《齐东野语》，页5678）

《说文·用部》："用，可施行也。从卜，从中。"上例材料中的字谜把"用"描述为三种意象，无论哪一种，都是纯粹对"用"字形从不同角度进行的详细描述，完全忽视了"用"的两个会意字符，是通过对"用"整体字形的描述所构成的隐语。

又如"日"字谜：

②日谜云……又云："东海有一鱼，无头亦无尾。除去脊梁骨，便是这个谜。"（周密《齐东野语》，页5678）

"日"即太阳，《说文·鱼部》："鱼，水虫也。象形，鱼尾与燕尾相似。"据此，"鱼"为独体象形字，与"日"之义毫无关联，在字形演变中被隶定为"鱼"，从"鱼"之字形上看，把上部、下部分别去掉，就剩下中间的"田"字，再除去"田"中间一竖（脊梁骨），即为"日"字之形。该例"日"字谜是对"鱼"字形拆分后进行详细描述而构成的。

③鲍之"井"谜曰："一八五八，飞泉仰流"，飞泉仰流也者，垂绠取水而上之，故曰仰流也；一八者，井字八角也；五八者，析井字而四之，则其字为十者四也，四十即五八也，凡谜皆仿此。（程大昌《演繁露》，页866）

"井"字一共有八个角，故上例云"一八"；若把"井"的字形分解开来，则可分成四个十，和为四十，"四十"又是"五个八"的和，故又称为"五八"。上例亦由对"井"字形的拆分所构成。

④京师妇人美者谓之搭子，陋者谓之七盖。搭子者，女傍着子为好字，七者谓其不成妇女也，七字不成女。（太平老人《袖中锦》，页64）①

纯粹从字形上看，"七"字比"女"字少了一撇，若用"七"字表示"女"义，即"七字不成女"，以喻该女子形体上有某种缺陷或不足，又可指女子的容貌很丑陋。

"女"字旁边加上"子"即"搭子"构成"好"。《说文·女部》："好，美也。从女、子。"段玉裁注曰："好，本谓女子，引申为凡美之称。"②《方言》卷二亦有对"好"的释义："自关而西，秦晋之间，凡美色或谓之好。"③ 由以上可知，"好"本义为容貌美丽的女子，故上例材料用"搭子"喻容貌美丽的女子。正如俞理明所说：此例基于"七""女""好"之形体特征，忽略其原有意义和读音，重新分析字形并解释，构成新词以表新义。④

⑤耻辱之事，俗称坍眼。以二食指捺其两目之下，如八字形，是为揾八。或曰此松郡人口语。郡城中当兵者多，兵字揾去其八，乃丘字原文。吴音以丑为丘，揾八者，言之丑也。（王有光《吴下谚联》，页101）

《说文·廾部》："兵，械也。从廾持斤，并力之儿。"⑤ 由此，"兵"为会意字，从"斤"从"廾"，最初字形象人双手持斤，后汉字演变中隶变而为"兵"形。而"斤"在古代是一种器械，属斧类。《说

---

① 转引自王宝红《清代笔记小说俗语词研究》，博士学位论文，四川大学，2005年。
② （清）段玉裁：《说文解字注》，上海古籍出版社1988年版，第618页上栏。
③ 《方言疏证》，第9页上栏。
④ 俞理明：《汉字形体对汉语词汇的影响》，《四川大学学报》（哲学社会科学版）2007年第2期。
⑤ （汉）许慎：《说文解字》，中华书局1963年版，第59页上栏。

文·斤部》："斤，斫木也。象形。"段玉裁注云："凡砍物者皆用斧；砍木之斧，则谓之斤。"① "廾"之形象人两手捧着东西。《说文·廾部》："廾，竦手也。"段玉裁注云："此字谓竦其两手以有所奉也。"②上例材料视"兵"为"丘八"，故意破坏"兵"的会意结构，遮盖其下部的"八"构成"丘"，又"丘""丑"二字吴音相同，故得以用"丘"表"丑"，从而构造出"揭八"表示"丑"义。

⑥至于酒席之间，亦专以文字为戏。常为令云：有商人姓任名饪，贩金与锦。至关，关吏告之曰："任饪任人，金锦禁急。"又云："亲兄弟日曰昌，堂兄弟目木相，亲兄弟火火炎，堂兄弟金今钤。"（庄绰《鸡肋编》，页3976）

《说文·日部》："昌，美言也。从日，从曰。一曰日光也。《诗》曰：'东方昌也。'"《说文·目部》："相，省视也。从木，从目。《易》曰：'地可观者莫可观于木。'《诗》曰：'相鼠有皮。'"段玉裁注云："此引《易》说从目木之意也。目所视多矣，而从木者地上可观者莫如木也……此引经说字形之例。"③《说文·炎部》："炎，火光上也。从重火。"又《说文·金部》："钤，钤镵，大犁也。从金，今声。"综上所述，"昌""相""炎""钤"均为会意字，"昌"字上、下两部形体近似，"炎"字上、下两部分形体完全相同，被戏称为"亲兄弟"；"相"字的两个构件是"木"和"目"，"钤"字的两个构件是"金"和"今"，两组字均读音相同，形体有别，被戏称为"堂兄弟"。上例通过描写四个字的两个表意构件的形体关系，将之比拟而成戏语。

在上文六例中，文人学士或拆分字形的整体结构，或描绘字形各部分之间的关系，或组句构成字谜，或构词以表新义，或以传达幽默情趣，或以之为载体委婉说明制作者不能或不愿宣之于口的真实意图。

---

① （清）段玉裁：《说文解字注》，上海古籍出版社1988年版，第716页下栏。
② 同上书，第103页下栏。
③ 同上书，第133页上栏。

（二）以部分代整体

以部分指代整体，是文人戏语构成的重要方式，即俗所谓之"拆字格"，"一般来说，合体字都是由两个以上部件构成的，而且这些部件同样也是有意义的。因此，在汉语修辞活动中，可以充分利用汉字的这一特点进行拆解组装，来含蓄地表达思想内容。这种手法也称作拆字格。"① 如：

> ①箸屐之谜载于前史，《鲍昭集》中亦有之。如一土、弓长、白水、非衣、卯金刀、千里草之类，其原出于反正止戈，而后人因作字谜。（庄绰《鸡肋编》，页3975）

上例字谜把"王"拆分为"一土"，与"王"之本义毫不相干。《说文·王部》对"王"的解释如下："王，天下所归往也。董仲舒曰：'古之造文者，三画而连其中谓之王。三者，天、地、人也；而参通之者，王也。'孔子曰：'一贯三为王'。"故材料中"王"字谜是将"王"强行拆分为"一"和"土"而成。

同样，把"张"字解为"弓长"，亦与"张"之义风马牛不相及。《说文·弓部》："张，施弓弦也。从弓，长声。"可见"张"本形声字，本义是安上弓弦，绷紧弓，"长"在"张"字中仅仅是音符，不表义。材料中"张"字谜却把音符"长"作为意符来解释，即把形声字"张"解为会意字以构成隐语。

《说文·泉部》："泉，水原也。象水流出成川形。"故"泉"本独体象形字，字谜解"泉"为"白水"，是将"泉"强拆为会意字而成的隐语。

《说文》未收"劉"字。将"劉（刘）"解为"卯金刀"，且见之于史传，《汉书·王莽传》："夫'劉'之为字，卯、金、刀也。"② 足

---

① 池昌海：《现代汉语语法修辞教程》，浙江大学出版社2002年版，第208页。
② 《汉书》，《二十五史》，第377页。

见该解法已在一定范围内传布。俞理明认为，"卯"为"劉"的声符，材料把声符解为意符，构成新词。释"董"为"千里草"同此。

上例六则隐语是将汉字毫无理据地拆分成几个部分，拼合而成新词以构成隐语。

　　②今人以许为言午，辄以市语笑之。（平步青《霞外捃屑》，页703）

《说文·言部》："许，听也。从言，午声。"杨树达《积微居小学述林》有对"许"字之义引申脉络的具体阐述："许君以听释许，非朝朔义也。今谓：许从午声，午即杵之象形字。字从言从午，谓舂者送杵之声也……举杵劝力有声，许字之本义也……舂者手持物而口有声，故许字从言从午。口有言而身应之，故许引申义为听。"[①] 上例直接把"许"的两个意符拆分、拼合成词以指代原字，现代汉语口语中还有"言午许"的说法，即将"言午"作为定语限定"许"，此说的意图是为明示"许"与"徐"字形的差异。

　　③宋辉字元实……人谓府中有"送火军"，故致回禄。盖取其姓名，移析为此语。（《鸡肋编》，页4016）

《说文·火部》："辉，光也。从火，军声。"由此，"辉"为形声字，材料把"辉"的两个部件拼合成"火军"而为隐语。

上文三例均把原字的部件毫无理据地拆分、拼合成新词以表原字，为以原字的部件指代整体。

　　④徐铉父延休博物多学，尝事徐温，为义兴县令。县有后汉太尉许馘庙，庙碑即许邵记，岁久字多磨灭。至开元中，许氏诸孙重

---

① 杨树达：《积微居小学述林》，中华书局1983年版，第23页。

刻之，碑阴有八字云："谈马砺毕王田数七。"时人不能晓。延休一见，为解之曰："谈马言午，言午'许'字。砺毕石卑，石卑'碑'字。王田乃千里，千里'亖'字。数七是六一，六一'立'字。"此杨修辨齑白之比也。（吴处厚《青箱杂记》，页1671）

"言"就是谈话，即碑阴上的"谈"；古人的属相习惯用干支表示，属马的人在午年出生，故"谈马"就是"言午"，"言午"拼合构成"许"；砺毕石卑，"石卑"即"碑"；王城方圆千里之内的地方是王田，所以"王田"为"千里"，"千里"拼合可为"重"；数字"七"是"六"和"一"的和，故可解碑阴之"七"成"六一"，而"六"和"一"上下拼合又可构成"立"。故碑阴"谈马砺毕王田数七。"应为"许碑重立"的隐语，是用复杂的"拆字格"构成的隐语。

（三）替换偏旁

①至于酒席之间，亦专以文字为戏……又云："撅地去土，添水成池。"皆无有能酬者。（庄绰《鸡肋编》，页3976）

《说文·土部》："地，元气初分，轻、清、阳为天；重、浊、阴为地。万物所陈列也。从土，也声。"又《说文·阜部》："隍，城池也。有水曰池，无水曰隍。"上例材料将"地"的"土"旁去掉就是"也"，"也"字加上"水"旁就是"池"，这个酒令以"地"为逻辑基点，先拆分、再替换偏旁形成。

②黄鲁直在众会作一酒令云："虱去乀为虫，添几却是風。风暖鸟声碎，日高花影重。"坐客莫能答。他日，人以告东坡，坡应声曰："江去水为工，添糸即是紅。红旗开向日，白马骤迎风。"虽创意为妙，而敏捷过之。（庄绰《鸡肋编》，页4046）

《字汇·虫部》："虱，同蝨。"此字现在是"蝨"的简化字。又

《字汇·囗部》："盉，啮人虫。从囗，卂声。"综上可知，"盉"去掉"卂"即为"虫"。《字汇·风部》："风，八风也……从虫，凡声。"故"虫"外加上"凡"即可拼成"风"字。

《说文·水部》："江，水……从水，工声。"把"江"的意符"水"去掉就是"工"字。《说文·糸部》："红，帛赤白色。从糸，工声。"再把"工"字加上"糸"旁就是"紅"，即"红"。

上例所关涉两字同上文，亦为先拆分原字形体，再替换偏旁形成新字而为隐语。

上文①②例均是拆分、替换偏旁以构成新字而为隐语，极富乐趣，最大限度地满足了文人学子咬文嚼字、彰显才华的游戏心理。

### 三 俗形义学的作用与影响

形声字由声符、意符组成，在汉语中占了绝大多数。在一般情况下，字形左边的部分是意符，表示概念的义类；右边的部分是声符，表示字的读音。而包括"右文说"在内的俗形义学往往把形声字缪解为会意字，纯粹从字形上解释汉字，从造字的理据来看，这是牵强的。但正如李万福所言，若用适切的参照系来衡量的话，俗形义学自有其存在的价值。综观学术笔记中所发现的相关评述，我们认为其价值具体如下：宋代盛行的"右文说"，可谓是汉语词源学的先驱理论；俗形义学"劈文切字"的方法、思路对汉字教学来说是一个全新的开创。① 另外，历代学术笔记中的话语交际者大量利用俗形义学理论故意曲解汉字，制造幽默，达成最终交际的目的。

（一）俗形义学对同源词理论的影响

不管是从传世文献看，还是从"右文说"的逻辑论，该理论的弊端是显而易见的。尽管如此，它在汉字研究、使用、教学中的价值亦是不容我们忽视的：在"右文说"被王圣美提出之前，汉字中大量存在的形声字的声旁被认为是纯粹表音的，而王圣美"右文说"的出现，

---

① 李万福：《谈俗形义学》，《汉字文化》1995 年第 1 期。

使得人们开始注意到汉字字形中的一个事实——有一部分形声字的声旁是"声中有义"的。① 王力对该现象的评价十分中肯：这些话虽不免有牵强附会之处，但是它们已经把问题提出来了。② 此为其一。其二，"右文说"理论虽失之过于绝对，但它有意识地将声符相同的字类聚成一组，努力从声符的联系中探求语义，明确指出这些谐声字的声音和意义均存在共通之处，较之于此前训诂学用单个词的音来释义的声训学，无疑是一大进步，更能从宏观上把握汉字形、音、义关联的概貌。正因如此，"右文说"在宋代才有大行其道的土壤，现当代也有不少学者对这一说法持"有选择的赞赏"态度，如唐兰指出，"右文说"认为形声字的声符大抵是有意义的，这是训诂学里的一个重要法则。③ 刘德辉认为，王安石的"右文说"使得人们开始重新审视形声字，努力探求这类字声旁中所蕴含的意义，发现了越来越多的"声中有义"事象。段玉裁在其《说文解字注》关于"鰕""浓""兀"等字的注中，也发现了形声字的声旁兼表意义的现象；而张舜徽在其《说文解字约注》中发掘出大量"声中有义"的声旁，大概有 30 个以上。故部分形声字的声旁兼表意义是客观存在的事实，而这个观点也催生了传统训诂学"因声求义"的训诂方法，"声近义道"的观念亦为语言学界厘析、研究同源词最根本的原则。④

　　王力对"右文说"的作用做过中肯的点评，认为："'右文说'派文字学家主张凡同声符的字其意义一定也有相通之处，这种说法有它的合理之处，但也有缺点。因为不容否认，某些声音相近似的词的确是偶合的，造字的人采用同一个声符也仅仅是把它当作声符来使用；反过来说，不用同一声符的字所代表的词却不一定没有亲属关系。所以我们研究'词族'的时候，应该摆脱字形的束缚，从声音和意义两个方面找

----

① 刘德辉：《俗形义学述评》，《株洲师范高等专科学校学报》2003 年第 2 期。
② 王力：《汉语史稿》，中华书局 1980 年版，第 534 页注释。
③ 唐兰：《中国文字学》，上海古籍出版社 1979 年版，第 19 页。
④ 参见刘德辉《俗形义学述评》，《株洲师范高等专科学校学报》2003 年第 1 期。

它们的亲属关系。"①

此外，不少先贤时人如刘师培、沈兼士、杨树达等著名学者均推崇"右文说"理论，并在此说基础上进一步阐发出新的观点。

（二）俗形义学对教学识字的价值

使俗形义学开始在教学识字中发挥作用，首发于安子介。安子介大胆地完全凭借个人主观想象"劈文切字"，努力对每个常用字的意义都做出趣味性极强的说明，并以此为基础，使俗形义学服务于汉语的识字教学工作。从总体上看，"俗形义学"在汉字、汉语普及中的主要作用可归为以下两种。②

1. 增强了教育教学中识字活动的趣味性，使刻板的识字教学活动变成生动的游戏活动，从而加深了学字者对每个具体汉字的印象，大大降低了汉字记忆的费力程度，最终提高了汉字学习的效率。

2. 在教学中，俗形义学的释义方法不拘陈规，能够有效激发学生不断创新的想象力，最大限度地开发学生具象思维的能力，无论在儿童识字教学的过程中，还是在对外汉语教学的过程中，都是很有启发意义的。

尤需注意的是，俗形义学解说字义完全基于自己的主观臆测，每个字都可以从不同角度做出多种解说，在汉字普及教学过程中容易让初学者混淆汉字的"正统意义"和种种"俗形义"，导致在话语交际中产生误用，不利于汉字的规范应用，这种现状就要求教授者在使用该学说进行识字教学时一定要把握好尺度，并做好善后引导工作。

（三）俗形义学在交际中的作用

对于俗形义学在话语交际中的作用，俞理明做过总体的、客观的评述："基于汉字的形象性特征而创造的词语，具有特殊的修辞功能，它们的复合性质和对字义特殊的处理，具有反常规的特点，能够适应一定的社会需求，包括江湖行帮秘密交流，或者文学表达中的形象描写，或

---

① 王力：《汉语史稿》，中华书局1980年版，第534页。
② 参见刘德辉《俗形义学述评》，《株洲高等师范专科学校学报》2003年第1期。

者仅仅是文化教育或日常交流中浅显明了的说明，甚至是游戏心理的需要，这是一般表达无法替代的。"① 综观学术笔记中的相关评述材料，我们可将其按照作用归为以下几类。

1. 隐藏不便明说之本意

有些时候，话语交际的真实意图会损害受话者的面子或利益，不便明说，发话者就会故意制造隐晦的暗示性话语，在婉转地表达自己真实意图的同时，尽量减少对对方利益或面子的损害，这其实是符合现代语言学理论的"礼貌原则"的。当然，还有一些是出于政治需要，不敢明说真实意图，比如谶语。《说文·言部》："谶，验也。"意即"谶"就是预测事态发展、吉凶的隐语或图记，出于对统治者的畏惧，这种意图是不能明说的，这就需要话语交际的主体花心思通过智力干涉来制作谶语，在隐藏真实意图的同时，又适当地给出线索，使人"顺藤摸瓜"体悟本意，在这个过程中，俗形义学责无旁贷地被委以重任。如：

> 蔡元长当国时，士大夫问轨革，往往画一人戴草而祭，辄指之曰："此蔡字也，必由其门而进。"及童贯用事，又有画地上奏乐者，曰："土上有音，童字也。"其言亦往往有验。及二人者废，则亦无复占得此卦。绍兴中，秦桧之专国柄，又多画三人，各持禾一束，则又指之曰："秦字也。"其言亦颇验。及秦氏既废，亦无复占得此卦矣。若以为妄，则绍兴中如黑象辈畜书数百册，对人检之，予亲见其有三人持禾者在其间，亦未易测也。（陆游《老学庵笔记》，页 3543）

上例谶语所关涉之"蔡""童""秦"三字，《说文》均有载。

关于"蔡"，《说文·艸部》："蔡，艸也。从艸，祭声。"由此，"蔡"本形声字，是一种草。上例谶语却故意把形声字"蔡"谬解为会意字，用图画的形式加以表达：在原初意义中，"祭"本表音，但谶语

---

① 俞理明：《汉字形体对汉语词汇的影响》，《四川大学学报》2007 年第 2 期。

却将其纳入表义体系，画出一个人头戴着草祭祀，实际上是对"蔡"字形的呈现。

关于"童"，《说文·□部》："童，男有罪曰奴，奴曰童，女曰妾。从□，重省声。"由此，"童"亦为形声字，"□"表义类，"重"省声，上述例证中谶语却故意将"童"纯粹按照字形进行主观的拆分，描述为"土上有音"构成谶语，从表义上看与本字无关，从字形上看又是对本字形的描述，从而达到了发话者的交际意图。

关于"秦"，《说文·禾部》："秦，伯益之后所封国，地宜禾，从禾，舂省。"徐锴系传曰："舂禾为秦，会意字也。"由上可知，"秦"本形声字，"禾"表义类，"舂"省去下部"臼"表读音，而谶语却故意把"舂"之上部完全按照字形描述为"三人"，既脱离造字的原始理据，又在字形上给读者以引导，从而顺利地形成谶语。

以上三例均使用俗形义学理论来纯粹按照主观意愿曲解汉字字形，从而既制造出谶语来表达制作者的政治意图，又保全了自身。

2. 游戏文字，戏谑别人

除了上文所举谶语外，古代的士人们还喜欢随意解说汉字字形，在彰显自身才华的同时，戏谑对方，调动话语交际的气氛，这就导致了大量文人戏语的产生，而俗形义学在文人戏语的制作过程中绝对是不可或缺的。如：

> 秘书监贺知章有高名，告老归吴中。明皇嘉重之，每事优异。将行泣涕，上问何所欲。曰："臣有男，未有定名，幸陛下赐之，归乡之荣。"上曰："为道之要，莫所信孚者。信也，履信思乎顺。卿之子必信顺人也，宜名之孚。"再拜而受命焉。久而悟之，曰："上何谑我也。我是吴人，孚乃爪下为子，岂非呼我儿爪子也?"（高择《群居解颐》，页565）

上文例证是贺知章与唐明皇之间的对话。《说文·爪部》："孚，卵孚也。从爪，从子。"据上可知，"孚"本为会意字，表示"信用、诚信"的意思。而《西陲闻见录》又载:"甘州人谓……不慧之子曰爪子,殊不解所谓。"① 即在山西方言中,"爪子"指蠢材、傻瓜,从贺之答语中可见,吴方言中"爪子"亦表此义。在此戏语产生过程中,话语发出者先拆分"孚"的两个意符拼合成"爪子",又使受话者的方言参与其中,以此达到戏谑受话者的目的。

除上例外,还有不少用例,是在俗形义学理念的引导下,主观分析、解说字形使用于诗文创作中,增强了作品的表达效果。

综上所述,对"俗形义学"观念,我们要持科学的态度,一分为二地对待,具体来说,努力发掘它的精华理念,发挥其在话语交际中的积极作用;注意弃其糟粕,在使用中一定要抛弃其中过于绝对的、极端的成分,努力使之服务于汉语的话语交际和汉字的研究、识字教学等工作。

# 第四节　从学术笔记相关评述看<br>汉语词义的演变

作为音义结合体的词语,其音与义一旦结合,在话语交际中就具有了一定的稳定性。关于汉字的"名实"问题,早在先秦,荀子就对汉字形成之初的状况提出了"约定俗成"的理论,其理论长期影响着之后的相关研究。在汉字演变过程中,词语同其他自然物质一样,其稳定性是相对的,意即随着人类社会、思维方式的更替、转变,词语也会随之发生相应的变化,变化、动态性才是词语存在的绝对形式。词形如此,词义亦然。当然,有些表示自然社会客观存在的基本词,其意义始终未变,如"马""牛""羊"等词;但在更多的情况下,词义会随着社会的发展而不断发生变化。

对于汉语词汇发展、变化的相关研究,张永言等人指出,在词汇研究中几乎所有的兴趣和力量都集中于对疑难词语的考释上,这一现状亟

---

① 转引自王宝红《清代笔记小说俗语词研究》,博士学位论文,四川大学,2005 年。

须改变，对常用词语演变的研究应引起重视并放在词汇史研究的中心位置上。① 张永言等人的中肯评价为我们对汉语词汇的研究指明了方向——汉语词汇中常用词词义的变化是我们应该密切关注的部分。学术笔记中记录了大量前贤时人、笔记作者对常用词词义演变的评述，这些评述对我们研究常用词词义历时演变的价值极高。如：

> 称臣　主者称臣，盖是谦卑而已，上下通行，不特称于君上之前也。如齐太子对医者文挚云"臣以死争之"，虢君见扁鹊曰"寡君幸甚"，吕公谓汉高祖曰"臣少好相人"，高祖谢项羽曰"将军战河南，臣战河北"之类是也，不知何时乃专为对君之称。（《东斋记事》，《宋人小说类编》卷三之七，页3）

甲骨文"臣"做"��"形，该字是象形字，字形整体看来像一只竖起来的眼睛，是从侧面见到的人低着头时眼睛的样子，低头意味着臣服。据郭沫若《甲骨文字研究》，"臣"本指战争中的俘虏，意即称臣的对方不一定是君上，是泛指；而后因君主是地位最尊贵的人，"臣"才成为面对君主的专门称谓。上例评述材料通过摘引书证，厘析"臣"成为专门称呼的源流。

> 称朕　古今通上下称朕。皋陶曰"朕言惠可底"，行象曰"干戈朕、琴朕、弤朕"，《离骚》曰"朕皇考曰伯庸"，至秦天子始称曰朕。（孙宗鉴《东皋杂录》，页37）

"朕"甲骨文做"��"，是会意字，其字形表示人双手持篙撑船状。后被借用来指第一人称代词，是为泛指词，直到秦始皇时期，"朕"才成为皇帝的专称。上例评述材料亦摘引文献材料佐证、厘析"朕"意义的演变过程。

---

① 张永言、汪维辉：《关于汉语词汇史研究的一点思考》，《中国语文》1995年第6期。

学术笔记对词义演变现象的评述俯拾皆是，综观之，我们将其分为三类：词义的改变、新义项的派生和色彩义的改变。

## 一 词义的改变

在词义演变过程中，词义的改变是常见现象，即某词在长期的使用过程中，语义发生变化，后起的新义代替了旧义，即词语本身的意义发生了改变。从学术笔记所见的相关评述材料来看，该现象发生的途径主要有三：（1）词义义域扩大；（2）词义义域缩小；（3）词义义域迁移。

（一）词义义域扩大

在词语使用过程中，语义限制被放宽，从而扩大了语义。"词义的扩大是指在词的一个意义范围之内表现出来的词义扩展情况。词义扩大以后，原来词义所表示的内容就被包括在扩大了的词义所指称的范围之内，也就是说，原来表示种概念的意义被包括在扩大以后所表示的类概念的意义范围之内。"① 词义的扩大在学术笔记评述材料中多有观照，如：

> ①近代通谓府廷为公衙，即古之公朝也。字本作牙，《诗》曰："祈父，予王之爪牙。"祈父司马，掌武备，象兽以牙爪为卫，故军前大旗谓之牙旗，出师则有建牙祃牙之事。军中听号令必至牙旗之下，与府朝无异。近俗尚武，是以通呼公府公门为牙门，字称讹变转而为衙。（钱易《南部新书》，页353）

"牙门"一词，《齐东野语》《封氏闻见录》中均有载。"牙"，本义指大牙、臼齿，是动物的利器，因以引申指"将军之旗"。《集韵·麻韵》："牙，旗名。"《字汇·牙部》："牙，将军之旗曰牙，立于帐前谓之牙帐，取其为国爪牙也。"再后通过词义的相关引申，用来指称军中主将、将帅所在的营房；词义进一步扩大，因军中与官署制度极为相

---

① 葛本仪：《现代汉语词汇学》，山东人民出版社2001年版，第186页。

似，"牙门"之义继续引申，义域扩大用以通称官署。同时，在长期转写的过程中，"牙门"中的"牙"讹变为同音之"衙"，沿用至今。上文例证是对"牙门"词义演变的厘析。

②苏五奴　苏五奴妻张四娘，善歌舞，有邀迓者，五奴辄随之前。人欲得其速醉，多劝酒。五奴曰："但多与我钱，吃米追子亦醉，不烦酒也。"今呼鬻妻者为五奴自苏始。（崔令钦《教坊记》，页 241）

苏五奴，人名，其妻张四娘貌美如花，且能歌善舞，时常有人约其游玩，在财务的诱惑下，苏五奴不但同意妻子出去作陪，而且明言只要对方付钱够多，自己可以在适当的时候装醉酒，使客人与妻子玩得尽兴。世人因以称呼"鬻妻求财者"为"苏五奴"。又因"五"与"乌"音同，"乌""龟"是处于同一词语内的质素，所以宋、元时期又转"五奴"为"龟奴"。"五奴"之义从专名变为典型的泛指，义域不断扩大。

③苏常间俗语，谓不择言而乱语者曰吴赵。按《明史》张居正夺情时，吴中行、赵用贤皆以疏论被杖，吴中人谓之吴赵，此其始也。（赵翼《陔余丛考》，页 978）

吴赵，现行汉语词典未载，但在溧阳方言中还存在，指"随口乱说话、胡说八道"。"吴赵"本指吴中行、赵用贤二人，二人有共同特点，曾经因为乱说话而被打板子，后因以借来泛指乱说话的人。

④吾汀与豫张接壤，凡见迂阔拘牵者，率名之曰"牛毛先生"。及余令永新，乃知为刘氄先生，而外郡称传之误也。先生即永新文安公定之父，相传授室之日，举烛告天曰："为祖宗求嗣。"途中遇雨，愈缓步安行，曰："宁可湿衣，不可乱步。"（黎士宏

《仁恕堂笔记》，页115)①

"牛毛"是"刘髦"的讹变。因为永新刘髦先生在为祖宗求嗣的途中突遇大雨，不似常人奔跑躲雨，而是愈加"缓步安行"，且说出"宁可湿衣，不可乱步"的话，因此举"刘髦"成为著名的迂腐之人的代表，后专名泛化，代称具有相同特征的一类人，后传入外郡之后，因"牛""刘"语音相近，"毛""髦"语音相同，故"刘髦先生"被讹传为"牛毛先生"。

⑤万历中，苏人有邱姓者，勤于吊丧，而形体短小，人呼之为"邱的笃"。(赵翼《陔余丛考》，页848)

"邱的笃"，本指苏人中的某一邱姓者，这个人个子很矮，经常给人吊唁。明代富人去世，前去吊唁的亲友可以获得赠金。邱的笃便以之为生，因屡次去给陌生的钟姓乡绅吊唁取金，而传出恶名。后来称这种人为"邱的笃"。

以上五例均以具有相同特征的一类人中的典型代表为逻辑基点，由于行为特征的相似而逐渐引申，义域扩大，成为一类人的泛称，且在词义演变的过程中，新义逐渐取代旧义，本源义不再使用，故归为词义的改变。

（二）义域的缩小

与前类相对，增加原词义项的语义限制，择取其中的某个点表意，使词语由表示意义面的泛指而发展成为专指，并逐渐固化，这就是义域的缩小。葛本仪对这类词义义域缩小后的表意情况做过详细的论述："一般来说，词义缩小以后，该词原来所表示的概念，则要有新的名称（词或词组）来表示，这新名称表示的意义和缩小后的词义形成了类属

---

① 转引自王宝红《清代笔记小说俗语词研究》，博士学位论文，四川大学，2005 年。

关系。"① 学术笔记中所记载的相关评述如下：

①古者居室皆称宫 古者居室，贵贱皆通称宫，初未尝分别也。秦、汉以来，始以天子所居为宫矣。《礼记》云："父子异宫。"又云："儒有一亩之宫，环堵之室。"林子中在京口作诗寄东坡云："欲唤无家一房客，五云楼殿锦鳌宫。"而东坡和云："卬头莫唤无家客，归扫峨眉一亩宫。"盖本诸此。（费衮《梁溪漫志》，页3387）

宫，上古是房屋的通称。《说文·宫部》有："宫，室也。从宀，躬省声"。据此，"宫"为形声字，据文献记载，复原后的西安半坡遗址房屋，围墙建立在圆形的地基上，上方覆盖以圆锥形的屋顶，在房顶的斜面上开有孔以供通气，围墙的中部有门，通气孔和门呈"吕"字形分布。② 唐代陆德明的《经典释文·尔雅音义》载："宫，古者贵贱同称宫，秦汉以来惟王者所居称宫焉。"③ "宫"在秦汉以后才成为帝王住所的专称。从泛指所有房屋到专指帝王的住所，"宫"的义域缩小了。

②丈人 又且鞮侯单于谓："汉天子，我丈人行"。注：丈人，尊老之称也。故《荆轲传》：高渐离"家丈人召使前击筑"。杜甫赠韦济诗云："丈人试静听。"而柳宗元呼妻父杨詹事丈人，母独孤氏为丈母。故今时惟婿呼妇翁为然，亦不敢名尊老，以畏讥笑。（庄绰《鸡肋编》，页3997）

"丈人"本是对老人的尊称，是泛指，该义项的使用在《论语》里多见。上文评述是对"丈人"之义项的厘析：先摘引书证佐证其"老人"义，再引书证说明现世的称呼。由上例书证可见，唐宋时期，"丈

---

① 葛本仪：《现代汉语词汇学》，山东人民出版社2001年版，第191页。
② 中国科学院考古研究所等：《西安半坡》，文物出版社1963年版。
③ （唐）陆德明：《经典释文》，中华书局1983年版，第415页上栏。

人”已逐渐成为“岳父”的专指，由笔记作者的评述可以推断，唐代应是前义向后义转化的过渡时期，宋时前义已基本上不用。其实《三国志·蜀志·先主传》载：“献帝舅车骑将军董承辞'受帝衣带中密诏，当诛曹公。'”裴松之注云：“董承，汉灵帝母董太后之侄，于献帝为丈人。盖古无丈人之名，故谓之舅也。”① 此足可证南朝宋时期“丈人”已经开始指岳父。关于“丈人”词义的流变，南宋朱弁亦有详细讨论：

> 丈人本父友之称　丈人本父友之称，不必妇翁。《汉书·匈奴传》“汉天子，我丈人行”是也。唐人尤喜称之，杜子美《上韦左丞》诗曰“丈人试静听”，而不闻子美之妇为韦氏也，如此甚多。柳子厚记先友韩退之其一也，至与之书，乃称退之“十八丈父”，友而字之者，以其齿相近乎？近岁之俗不问行辈年齿，泛相称必曰丈，不知起自何人？而举世从之。至侪类相狎，则又冠以其姓，曰某丈某丈，乃反近于轻侮也。（朱弁《曲洧旧闻》，页3029）

《易·师》：“贞，丈人，吉。”孔颖达疏曰：“丈人，谓庄严尊重之人。”② 孔疏“丈人”为“庄严尊重之人”，并未提及年龄。而《论语·微子》“子路从而后，遇丈人以杖荷蓧”，何晏《集解》曰：“丈人，老人也。”③ 何晏集解明确界定了“丈人”一词是对老人的尊称。上文朱弁的评论实质上是从唐宋贤人的用例证实了孔疏的解释，继而描述了该词因在世俗中使用泛滥，词义的色彩发生了改变，由尊称而至“近于轻侮”。

从词语的义域演变考察，不论“丈人”最初之义是否关涉年龄，其到唐宋后，开始广泛用为“岳父”的专称，均为词语义域的缩小所致。

---

① 《三国志》，第589页。
② 阮元校刻：《十三经注疏》，中华书局1980年版，第25页中栏。
③ 同上书，第2529页下栏。

③"宁馨"、"阿堵"，晋宋间人语助耳。后人但见王衍指钱云："举阿堵物却。"又山涛见衍曰："何物老媪生宁馨儿?"今遂以阿堵为钱，宁馨儿为佳儿，殊不然也。前辈诗"语言少味无阿堵，冰雪相看有此君"，又"家无阿堵物，门有宁馨儿"，其意亦如此。宋废帝之母王太后疾笃，帝不往视，后怒谓侍者："取刀来剖我腹，那得生宁馨儿!"观此，岂得为佳? 顾长康画人物，不点目睛，曰："传神写照正在阿堵中。"犹言"此处"也。刘真长讥殷渊源曰："田舍儿，强学人做尔馨语。"又谓桓温曰："史君，如馨地宁可斗战求胜?"王导与何冲语曰："正自尔馨。"王恬拨王胡之手曰："冷如鬼手馨，强来捉人臂。"至今吴中人语言尚多用宁馨字为问，犹言"若何"也，刘梦得诗曰："为问中华学道者，几人雄猛得宁馨。"盖得其义。以宁字做平声读。(洪迈《容斋随笔》，页50—51)

"宁馨"，晋宋时期的俗语，指"如此、这样"，并无褒贬的分别。王力对"宁馨"的来源做出别解："'宁馨'可能是'尔'字的方言变形。'尔''宁'古双声，'宁'破裂为'宁馨'，'宁馨'叠韵。"①"宁馨儿"本释为"这样的孩子"，后因山涛用该词美称"小孩儿"，后这种用法流传开来。

"阿堵"是六朝人的口语，近指"这、这个"，亦为泛称；"阿堵物"本泛称"这个东西"，后王衍用"阿堵"指钱事流传开来以后，"阿堵（物）"逐渐开始作为"钱"的专称来用。

"阿堵""宁馨"二词相同，贤人（山涛、王衍）在使用的时候，只取了原义一个义点，且在名人故事流传开后，所取义点成为旧词的新义逐渐固化，旧义逐渐消失，原词的义域缩小。

④万岁本古人庆贺之词。……盖古人饮酒必上寿称庆曰万岁，其始上下通用为庆贺之词，犹俗所云万福、万幸之类耳。因殿陛之

---

① 王力：《汉语史稿》，中华书局1980年版，第283页。

间用之，后乃遂为至尊之专称，而民间口语相沿未改，故唐末犹有以为庆贺者，久之遂莫敢用也。（赵翼《陔余丛考》，页409—411）

上例评述主要是对"万岁"词义演变的厘析：原为古人祝酒词，可比之于万福、万幸；后来因在殿陛间多用，而成为君主的专称。从上例评述可见，至唐代末年，民间仍有将"万岁"做祝酒词的用法，只是该词用为君主专称的时间久了，民间才逐渐不用。下例是对"万岁"义项时间的考证：

> 称万岁　万岁之称不知起于何代，商周以来不复可考。《吕氏春秋》"宋康王室中饮酒，有呼万岁者，堂上悉应"，《战国策》"冯谖烧债券，民称万岁"，蔺相如奉璧入秦，秦王大喜，左右皆呼"万岁"……称万岁，是则庆贺之际上下通称之，初无禁制，不知自何时始专为君之祝也。（范镇《东斋记事》，《宋人小说类编》卷三之七，页2）

"万岁"用作民间的祝酒词，文献中多见，如《韩非子·显学》："今巫祝之祝人曰：'使若千秋万岁。'千秋万岁之声括耳，而一日之寿无征于人，此人所以简巫祝也。"[1]《战国策·齐策四》又曰："矫命以责赐诸民，因烧其券，民称万岁。"[2] 以上二则书证中的"万岁"均祝颂之语，可泛称在所有人身上。而《汉书·高帝纪上》云："九月，归太公、吕后，君皆称万岁。"[3] 此例书证可证，至迟在汉代"万岁"已为帝王的专指。笔记中上例例证征引文献中相关材料，努力说明"万岁"词义的演变。

综上可知，由"古人泛称的庆贺之语"转而"专称君主"，"万岁"的义域缩小并逐渐固化，旧义逐渐消失，词义最终发生改变。

---

[1] 《韩非子校注》，第693页。
[2] 何建章注释：《战国策注释》，中华书局1990年版，第382页。
[3] 《汉书》，第5页。

⑤诸父大人　伯、叔父谓之诸父，兄、弟之子谓之犹子，故皆可称为父子。《二疏传》，受乃广子之兄，而班固书曰："即日父子俱移病。"又今人称父为大人。而此书受叩头曰："从大人议。"则诸父亦通称，犹孟子之所谓大人者，盖皆尊者之称尔。（费衮《梁溪漫志》，页3387）

上例费衮以宋时俗称厘析《二疏传》中"父子"称谓，引出对"大人"称谓的解释，明确指出宋时"大人"为"父亲""诸父"的称呼。河南南阳镇平方言中对"父之弟"按照排行称呼为"排行＋爹"，其实质应为古代"父之兄弟"称为"诸父"的遗留。据费氏的说法，孟子时期，"大人"一词其实是对人的尊称，是泛指。该词义项的演变交替在庄绰的《鸡肋编》中亦有观照：

"大人"以大对小而言耳，而世惟子称父为然，若施之于他，则众骇笑之矣。今略举经史子传之所云，以证其失焉。（庄绰《鸡肋编》，页3996）

由上例足可知，宋时"大人"已成为对父亲的专称，处于古义与今义交替的末期。上例"若施之于他，则众骇笑之矣"之语明确透漏出两个信息：（1）用"大人"作为泛指尊称现象仍存在；（2）"大人"泛称已为绝大多数人所否定。由此，"大人"新旧义项的交替已基本上完成，该词成功缩小了义域。

（三）义域的迁移

除上述两类情况外，还有一部分词语的义域发生了迁移，即通常所谓的词义转移，该类别包含较之前两类更广。凡引申的意义既不属于扩大，又不属于缩小的，都可以认为转移。① 如：

---

① 王力：《汉语史稿》，中华书局1980年版，第561页。

①至古之官名今以之呼执艺者：薙发曰待诏，工匠曰司务，典伙曰朝奉，皆不可解。（陈其元《庸闲斋笔记》，页94）

"待诏"一词，本指饱学之士、医卜之流，凡在内庭别院供职，以待皇家诏命的人，均以之称，同为"待诏"，亦有门类之别，如医待诏、画待诏等，宋、元时期"待诏"的词义发生转移，开始用于尊称手艺工匠。至清代，某些方言区使用"待诏"指称代发匠，如《莹窗异草》三编卷三"笑案"："其子以薙发为业，即世之所谓待诏也。"①又《吴下谚联》卷三"张待诏买爷叫"："剃发为业，稗官家称为待诏，非官名也。"② 上二例均用"待诏"指理发匠。

司务，在明代是一种官名，明代"司务"掌管着文书的出纳、官署衙门内部的杂务，从结构上看，"司务"应为动宾结构。到了清代，"司务"用以尊称手艺工匠，词义发生转移，结构不可考。

朝奉，宋朝时有一些相关官名，如朝奉郎、朝奉大夫，还用作对士人的尊称。南宋以后开始称呼富豪、店主，其实是南宋商业发达的缩影；至清词义发生迁移，用来称呼当铺老板、店员等。《此中人语》卷之三"张先生"条："近来业典当者多徽人，其掌柜者，则谓之朝奉。""朝奉"即为当铺老板。

②俗谓医曰郎中，延医曰请大夫，不解何义。或亦如业薙发者之谓待诏，仓场给役者之谓舍人欤？家乡则谓之药方，盖指其所肄业也。故村谣曰：吃饭先喝汤，不用请药方。萝卜上了街，药方把嘴撅。（李光庭《乡言解颐》，页49）

郎中，肇始于战国的官名，掌管侍卫。秦、汉时沿用此制，在内充

---

① （清）长白浩歌子：《萤窗异草》，人民文学出版社1990年版，第400页。
② （清）王有光：《吴下谚联》，中华书局1982年版，第85页。

当侍卫，对外从军作战。两晋至南北朝期间，"郎中"是尚书曹司长官的称呼。隋唐以后，六部均设郎中，分别掌管各部司政务。但到了宋代，"郎中"的词义开始发生迁移，用以指称医生，如洪迈《夷坚志·刘师道医》："伸手求脉……妇在傍，忽鼓掌笑曰：'刘郎中细审此病，不可医也。'"

大夫，本亦为官名。至宋代始，医官设大夫、郎等官阶。"郎中"义域发生迁移，用以称呼医生，并沿用至今。

③宣和中，陕右人发地，得木简于瓮，字皆章草，朽败不可诠次。得次橄云："永初二年六月丁未朔，廿日丙寅得车骑将军莫府文书，上郡属国都尉、二千石守丞、延义县令三水，十月丁未到府受印绶，发夫讨畔羌，急急如律令。马四十匹，驴二百头，日给。"……"急急如律令"，汉之公移常语，犹今云"符到奉行"。张天时，汉人，故承用之，而道家遂得祖述。（赵彦卫《云麓漫钞》，页125）

"急急如律令"，汉朝时公文的常用之语，取"令至即行"之义。上例中宋代的赵彦卫先征引前代橄文用例，次对其加以界定，后用当时常用之对应词释义，再说明其词义迁移的时间及典故。宋人叶大庆的《考古质疑》更是引证诸多文献，解释"急急如律令"的意义演变过程：

程氏《考古篇》云："李济翁《资暇集》：'今人符咒后言急急如律令者，今音零，律令，雷鬼之最捷者，谓当如律令鬼之捷也。'按《风俗通》论《汉法》九章，因言曰：'天吏者，治也。当先自正，然后正人，故文书下如律令。'言当承宪履绳，动不失律令也。今道流符咒，凡形移悉仿官府制度，则其符咒之后云如律令者，正是效官府文书为之，不必凿以为雷鬼也。"大庆按，《文选》袁绍《橄豫州》终日"如律令"，曹公《橄吴部曲》终亦曰

"如律令"，是知李说之缪。盖律者，所以禁其所不得为；令者，所以令其所当为；如律令者，谓如律令不得违也。道家符咒，正是效官府文书为之，诚如程氏说，故大庆复以袁绍、曹公之事而实之。（叶大庆《考古质疑》，页41）

上例叶大庆的评述由先贤时人对"急急如律令"的各种解释入手，考证《文选》两篇檄文中的相关用法，认为前代常用之语应为"如律令"，而"急急如律令"是道家符咒模仿官府文书而成的。王楙亦对该语做过详细解释：

《资暇集》曰：符祝之类，末句"急急如律令"者，人以为如饮酒之律令，速去不得迟也。一说谓汉朝每行下文书，皆云"如律令"，言非律令文书，行下当亦如律令。故符祝有如律令之言。按律令之令，读如零。律令是雷边捷鬼，此鬼善走，与雷相疾，故曰如律令。仆谓雷边捷鬼之说，出于近世杂书，西汉未之闻也。汉人谓如律令者，戒其如律令之施行速耳，岂知所谓捷鬼邪！此语近于巫史，不经之甚。宋时有文书"如千里驿行"之语，正汉人如律令之意也。（王楙《野客丛书》，页134）

上例王楙的评述提到，《资暇集》中有对"急急如律令"的解释，提出两种解释来说明该语得来的理据。王楙接着提出了自己的看法，认为"如律令"即"按法令执行"之义；后被道家借用为符咒终语。

由上可知，该词最早适用于汉代公文，后被道家符祝借用，且后世公文中不再使用，旧义退出，新义固化，词义的主要适用范围逐渐改变，是为词义发展中的词义迁移。

④行装非行李 《左传》：晋使子员谓郑人曰："君有楚命，亦不使一介行李，告于寡人。"《注》：行李，谓行人也。今人乃谓行装为行李，非也。（彭□《墨客挥犀》，页283）

"行李"一词，本用来指使者，史传中多见，如《左传·僖公三十年》："行李之往来，共其困乏。"杜预注云："行李，使人。"① 又清郝懿行《证俗文》卷六还有对"行李"词形的厘析："古者行人谓之'行李'，本当作'行理'，理，治也。作'李'者，古字假借通用。"后词义由相关事由引申出"行装"义，用以指称"出行所带的东西"，并沿用至今，如唐元稹《叙诗寄乐天书》："有诗八百余首，色类相从，共成十体，凡二十卷，自笑冗乱，亦不复置于行李。"据此，唐代"行李"指"行装"。

上例评述中作者意在纠正时人对该词的错误用法，实质上彰显着在词义发展的问题上，作者缺乏动态的眼光，不能从宏观上把握词义的整体。

⑤陈亚诗云："陈亚今年新及第，满城人贺李衙推。"李乃亚之舅，为医者也。今北人谓卜相之士为巡官。巡官，唐、五代郡僚之名。或谓以其巡游卖术，故有此称。然北人市医皆称衙推，又不知何谓。（陆游《老学庵笔记》，页3468）

巡官，唐代时的官名，位于判官、推官之下，韩愈、温庭筠均做过巡官。后用来称呼以占卜星象为业的人，"巡官"的词义发生迁移。

衙推，亦为唐代官名，如宋洪迈《容斋三笔·朱崖迁客》："唐韦执谊自宰相贬崖州司户，刺史命摄军事衙推。"② 至五代、宋朝时，衙推开始指称医卜星象之士，宋孙光宪《北梦琐言》卷十八："庄宗好俳优，宫中暇日，自负著囊药箧，令继岌破帽相随，似后父刘叟以医卜为业也。后方昼眠，岌造其卧内，自称刘衙推访女。"③"衙推"的词义发生迁移，后因以指称医生。

---

① 阮元校刻：《十三经注疏》，中华书局1980年版，第1831页上栏。
② （宋）洪迈：《容斋三笔》，上海古籍出版社1978年版，第429页。
③ （宋）孙光宪：《北梦琐言》，中华书局2002年版，第333页。

## 二 派生新义项

另有一种情况，即有些词义在使用过程中，有时改变，有时不变，实际上是该词派生出了新义项。与前文情况不同的是，新义项的增加并未妨碍原义项的并存使用，即旧义并未消亡。在这种情况下，词的义项增多了，新旧义项始终保持着各自的独立性，在同一时期内并存使用。学术笔记对该现象的评述为数不少，本书将挖掘到的相关评述材料归为两类：（1）派生出固定义，后义沿用；（2）派生出临时义项，短期或在特定场合使用。

### （一）派生出固定义

派生出固定义，即新义项派生出后被逐渐固化，且在后世的话语交际过程中继续使用。学术笔记中可见之相关评述如"逋峭"：

> ①庸峭　魏收有"逋峭难为"之语，人多不知其义。熙宁间，苏子容丞相奉使契丹，道北京。时文潞公为留守，燕款从容，因扣"逋峭"之义。苏公曰："向闻之宋元宪云：'事见《木经》。'盖梁上小柱名，取其有折势之义耳。"乃就此事作诗为谢云："自知伯起难逋峭，不及淳于善滑稽。"而齐、魏间以人有仪矩可喜者，则谓之"庸峭"。《集韵》曰："庸㟢，屋不平也。庸，奔模反；㟢，同都反。今造屈势有曲折者，谓之'庸峭'云。"二字与前义亦近似。今京师指人之有风指者，亦谓之"波峭"。虽转"庸"为"波"，岂亦此义耶？（周密《齐东野语》，页5521）

上例评述材料是对"逋峭"之义及词形演变的厘析，评述所关涉之义有二：①梁上小柱有曲折之势；②人有风致。与现存各类词典所释义项基本一致。评述先以理解障碍入手，以文献、字书中对该词的记载和解释为基，证以京师人之时俗语。整个解释过程有理有据，颇为可信。

[文潞公] 因问魏收有"逋峭难为"之语，人多不知"逋峭"何谓，苏公曰："闻之宋元宪公云：事见《木经》，盖梁上小柱名，取有折势之义耳。"（徐度《却扫编》，页4508）

此例切入点与上例同，切入后证之以前代文献中的解释，亮明自己的观点。从总体上看，"逋峭"本义的典型特征是"有折势"，此特征符合我国传统文化以"摇曳多姿"为美的审美特质，由此为基点，根据特征的相似引申出"人有风致""文章曲折多姿"义，是汉文化特质在词义演变中的映射。

余按：上例评述对象涉及"逋峭""庸峭""波峭"三形。检字书，《玉篇·广部》下有"庸，屋上平"，又宋代李诫《营造法式·总释下·门》有"石门谓之庸"之语，故"庸"义项有二：①平顶屋；②石门；"庸峭"一词乃取①义与"峭"构成从属关系的合成词。"逋"字之义项共有七：①逃亡；②拖欠；③拖延；④散乱；⑤不到；⑥平；⑦通"膊"，暴露；故"逋峭"之语，概取⑥义与其反义词"峭"构成联合式合成词。综观之，"逋峭""庸峭"二形，虽在上例评述释义中基本作为同义词出现，实却为构词形式不同、深层语义结构相异的近义词；而"波峭"之形义，则是在上述二词之义"梁上小柱曲折之势"固定后，由特征相似引申并音变而成。

此类评述又如"右军""曹公"等：

②王逸少好鹅，曹孟德有梅林救渴之事，而俗子乃呼鹅为"右军"，梅为"曹公"。前人已载尺牍有"汤洵右军一只，蜜浸曹公两瓶"，以为笑矣。（庄绰《鸡肋编》，页3997）

左、中、右三军，为周制天子三军。王羲之曾担任"右军"将军，故后被人称为王右军，是以官职称本体。又因王羲之爱鹅到极致，并拟鹅之态练字，致其书法造诣登峰造极，以此"右军"又被借为"鹅"的俗称，此之谓以本体代相关事物。至此，"右军"义的两次引申均为相关引申。

　　同上例，因曹操"梅林救渴"事广为流传，故曹公被借用为"梅"的别称，是以相关代表人物而指代本体。

　　以上二例，均是由相关人物指代本体，使得借体在某个阶段、某个范围内产生了新义，由于新义的广泛使用，固化为旧词的一个义项。

　　　　③鹘大如鹰，苍黑色，尾稍短。善击凫雁，中必提之而飞，遇幽稳处，则下食。鹘有数种，俊而大者，俗谓之木鹘，可以捕乌鹊。其养雏也，一巢数只，各有等差。最下者，羽毛粗重，鼻根黄如蜡色，俗呼之曰蜡鼻。更无他能，反为众鸟所侮，故江湖间呼不肖子为"蜡鼻"。（吴曾《能改斋漫录》，页444）

　　"蜡鼻"是等级最差的鹘雏，因其鼻根呈蜡黄色，故被称为"蜡鼻"，为以典型特征代本体。别的鸟类经常欺负能力极差的"蜡鼻"，该特征与社会生活中的不肖子行为特征相似，故同类而及，"不肖子"亦被称为"蜡鼻"，此为特征相似而引申，该义在广泛使用后被固化成新义项。

　　　　④兹为年　《吕氏春秋》云："今兹美禾，来兹美麦。"注云："兹，年也。"《公羊传》云："诸侯有疾曰负兹。"注云："兹，新生草也。"一年草生一番，故以兹为年。《古诗》云："为乐当及时，何能待来兹。"《左氏传》"五稔"，杜诗"十暑岷山葛"，皆此意。（罗大经《鹤林玉露》，页5160）

　　"草木兹盛"为"兹"，《说文·艸部》："兹，艸木多益。"因草木最典型的特征即一年一生，所以"兹"被引申表"年"，且被广泛使用，《孟子·滕文公下》："今兹未能，请轻之，以待来年。"句中"兹"即为年。上例评述是笔记作者对"兹"之义项引申过程的厘析，属相关引申。

在以上四例里，原词新义被派生出后，逐渐演变为原词的固定义项并与旧义共存，实现了新义项的派生。

（二）派生出临时义

在话语交际过程中，有些词语因为修辞而产生临时的意义，只在该语境中使用，没有成为被广泛使用、长期存在的固定义项，即由旧词派生出的临时义项。如：

> ①花  洛阳人谓牡丹为花，成都人谓海棠为花，尊贵之也。亦如称欧阳公、司马公之类，不复指其名字称号。然必其品格超绝，始可当此；不然，则进而"君"、"公"，退而"尔"、"汝"者多矣。（罗大经《鹤林玉露》，页5318）

"花"本泛指，但在上例评述材料中，却在不同地域成为不同的特指代词。因洛阳人心目中的牡丹非别花可比，笔记作者对洛阳牡丹的概貌所做的详细描述如下：

> 《牡丹记》云：牡丹初不载文字，惟以药见《本草》，然花中不为高品。谢灵运惟说永嘉竹间水际多牡丹，沈、宋、元、白之流，皆善咏花，当时一花之异，必形于篇什，至于牡丹，则弃而不传。昔人但云延、青、越等州是其出处，亦不言洛中之盛。今洛阳牡丹，遂为天下第一。（彭□《续墨客挥犀》，页493）

由上足可见，作为著名观赏植物的牡丹，至宋代以后，以洛阳为冠，换句话说，牡丹在洛阳，归为百花之首，故在洛阳凡"花"即指牡丹。再说海棠，据《华阳县志》载，海棠最盛于成都。① 著名诗人如陆游，正值壮年时进入四川从军，晚年在家乡写下许多怀念成都海棠的

---

① 《华阳县志》载："海棠古称蜀客，见于题咏，以蜀为盛。"南宋爱国诗人陆游，壮年入蜀从军，告老还。

诗句，故在成都凡"花"即指海棠。《柳南随笔》亦印证"花"的这两个义项情况：

> 中州重牡丹，故言花即知为牡丹。成都重海棠，故言花即知为海棠。（王应奎《柳南随笔》，页 117）

根据认知语言学的观点，不同的文化环境造就了有差异的认知，不同的认知决定着语言成素所表达的具体含义。上例"花"在洛阳、成都的不同内涵即该观点的具体呈现，但由于使用地域的局限性，"花"的上述二义并没有固化为固定义项，只能被归为临时义项。此类又如"果"：

> 洛人凡花不曰花，独牡丹曰花。晋人凡果不言果，独林檎曰果，荆人橘亦曰果。（王得臣《麈史》，页 1365）

"果"的最初字形（甲骨文）为"𣎴"，是象形字，像树上结的果实，是为泛指。"林檎"，一种味道类似于苹果，外形比苹果小的水果，盛产于山西芮城，故山西人称"果"即"林檎"；荆地盛产橘，故荆人谓"果"即橘子。

以上各例均为本词在植物的盛产地派生出特定的临时义项的事象。该类事象存在一个共同的特征：因临时义项使用区域的限制，新义先天缺乏广为流布的条件，最终未被固化为新的固定义项，只是在特定环境、特定地域中偶一用之。

> ②王逸少好鹅，曹孟德有梅林救渴之事，而俗子乃呼鹅为"右军"，梅为"曹公"。前人已载尺牍有"汤洵右军一只，蜜浸曹公两瓶"，以为笑矣。有张元裕云：邓雍尝有柬招渠曰："今日偶有惠左军者，已令具面，幸遇此同享。"初不识左军为何物，既食乃鸭也。问其所名之出，在鹅之下，且淮右皆有此语。邓官至待制

典荆州，洵武枢密之子。俗人以泰山有丈人观，遂谓妻母为"泰水"，正可与"左军"为对也。（庄绰《鸡肋编》，页3997）

正如前文所述，"右军""曹公"因相关引申而分别指代"鹅"和"梅子"，并逐渐固化为新的义项。由于汉语词汇系统类推机制的影响，相应词也出现了相关变化，如本与"右军"本义相对使用的"左军"，又产生了与"右军"引申义相对的新义——鸭。但在词义演变的过程中，"左军"的"鸭"义远不如"右军"的"鹅"义稳固，因后者有王羲之作为强有力的招牌，而前者只是附庸在后者身上的关联者，只可能成为本词的一个临时义项而存在。

在以上二例中，旧词在使用过程中产生了新义，但新义由于种种原因并未被固定下来，成为只在特定语境中临时、偶尔使用的派生义项。

## 三　词语色彩义的演变

在词义的发展中，词语概念意义的变化只是影响词语使用的一方面内容，词语色彩义的改换也直接影响着原词的使用。学术笔记对这类情况也多有评述，典型的如"鹰犬"：

①颂人之美，以飞走比况者有之，不过用麟、凤、虎、豹、鹰、鹏之类而已。然罕有以犬为美况者。观后汉《张表碑》云："仕郡为督邮，鹰撮卢击。"此何理哉？今人以抹曹取媚上官，奔走为用者，为鹰犬，乃知亦有自云。（王楙《野客丛书》，页74）

"鹰犬"一词指的本是被驱使的人，本无褒贬之义；后用之以比喻权贵的爪牙，成为贬义词。检汉籍史部①，"鹰犬"一词共检出用例228处。以《汉书》《后汉书》《宋史》为代表文献，我们在《汉书》《后汉书》中，"鹰犬"共见用例7处，中性共计5例，贬义共计2例。

---

① 汉籍全文检索系统·史部。

而在《宋史》中，"鹰犬"用例高达 22 处，其中，中性共 12 例，贬义共 10 例。据上文可见，由《汉书》《后汉书》至《宋史》，"鹰犬"用例明显增加，而被用为贬称的比重由 28.6% 上升至 45.5%，是后世"鹰犬"完全成为贬称，词义色彩彻底发生改变的预兆。

> ②今人谓贱丈夫曰"汉子"，盖始于五胡乱华时。北齐魏恺自散骑常侍迁青州长史，固辞。文宣帝大怒曰："何物汉子，与官不受!"此其证也。承平日，有宗室名宗汉，自恶人犯其名，谓"汉子"曰"兵士"，举宫皆然。其妻供罗汉，其子授《汉书》，宫中人曰："今日夫人召僧供十八大阿罗兵士，大保请官教点《兵士书》。"都下哄然传以为笑。（陆游《老学庵笔记》，页 3471）

"汉子"原是一种敬称，是北方边境的少数民族对中原地区汉族人的称谓。后来经历了五胡乱华，中原地区实力削弱，随之汉族人在周边少数民族中的地位急剧下降，反映在词语上，即"汉子"的色彩义由褒扬转而为贬斥。故该词"因外族使用而意义、用法发生变化"，"演变成泛指的对男子的贱称"①。而后随着政治形势的历次变动，"汉子"由贬称而为泛指，随着中原政治影响的重新崛起，词义色彩再次发生转变，"汉子"重新成为对成年男性的美誉。如：

> 世俗称人曰"汉子"，犹云"大丈夫"也……三代而下，汉之功最著，故至今称中国人犹曰"汉子"。（王应奎《柳南随笔》，页 12—13）

这种美称一直持续到现代，现代人夸奖成年男性刚毅的时候，仍用"是条汉子"来赞誉。

上文例②中"汉子"色彩义的演变原因是民族地位的变化，旧词

---

① 王云路：《试论外族文化对中古汉语词汇的影响》，《语言研究》2004 年第 1 期。

的使用情况也会导致词义色彩的演变。俞理明说过："在称谓词的使用过程中……爱美之心人皆有之，在交际中，为了取悦于对方，使用比对方实际身份高贵的称谓用词也是常见的，美好的称谓词在使用中被滥用而发生贬化。"① 学术笔记中的此类典型如对"秀才"词义演变的评述：

> ③秀才之名，自宋、魏以后，实为贡举科目之最，而今人恬于习玩，每闻以此称之，辄指为轻己。因阅《北史·杜正玄传》载一事……盖其重如此。……《唐书·杜正伦传》云："隋世重举秀才，天下不十人，而正伦一门三秀才，皆高第。"乃此也。（洪迈《容斋随笔》，页 441）

秀才，是自汉代开始的举士科名，与孝廉并用，晋葛洪《抱朴子·审举》："时人语曰：'举秀才，不知书；察孝廉，父别居。'"② 东汉时因光武帝讳"秀"，"秀才"被改称为"茂才"，《后汉书·左雄周举等传论》："汉初诏举贤良、方正，州郡察孝廉、秀才，斯亦贡士之方也。"③ 唐朝初年秀才亦为举士科目之一，与明经、进士并设，后被废除。后世，"秀才"成为泛称：唐宋年间参加科举考试的人均称秀才，明清时期，凡进入州府县学的生员皆称为秀才。至此，"秀才"由于泛称而含金量降低，泛滥后成为贬称。

> ④老先生之称，始见于《史记·贾谊传》。明时称翰林曰老先生，虽年少总称老先生。国初称相国曰老先生，两司称抚台亦曰老先生。近时并不以称老先生为尊，而以为贱，何也？（钱泳《履园丛话》，页 68）

老先生，最初为敬称，是对德高望重的长者的尊称。《史记·屈原

---

① 俞理明：《"小姐"正名》，《语文建设》1997 年第 5 期。
② 《抱朴子》，第 393 页。
③ 《后汉书》，第 2042 页。

贾生列传》："是时贾生年二十余，最为少。每诏令议下，诸老先生不能言，贾生尽为之对，人人各如其意所欲出。"① 宋时开始用作官场的称呼；元代时开始常用于官场；明代仍用作官称，但对不同对象称呼各异，具体如下：督抚被三司称为老先生，巡抚被称为先生大人；清代康熙年间开始泛滥，凡京官均尊称为老先生，该称呼由于滥用而意义贬化。

③④二例均为特定范围内使用的敬称被民间、官场泛滥使用，终而受到社会的排除，本词的色彩义发生了由褒而贬的现象。

以上数例为本书对学术笔记中所见的词义演变评述材料的梳理。诚如张永言等人所说："要探明词汇发展的轨迹，特别是上古汉语到近代汉语词汇的基本格局的过渡，即后者逐步形成的渐变过程，则常用词的演变嬗递更加值得我们下功夫进行探讨……词汇史的研究应该把它们放在中心的位置。只有这样才可能把汉语词汇从古到今发展变化的主线理清楚，也才谈得上科学词汇史的建立。"② 以上文择取评述为代表的相关例证，学术笔记对其记录、评述仍然是零碎的、不成体系的，且未上升至理论高度，但对科学的汉语词汇史的建立，其作用不可或缺，值得我们高度关注。

# 第五节　学术笔记中语义评述对<br>汉语词语理据的揭示

前贤对事物名、实之间的关系多有评述，陆宗达等人认为："名物是有来源的，在给一个专名定名的时候，完全没有根据，没有意图几乎是不可能的……在不同程度上都有源可寻。"③ 张永言亦对该现象做过详细说明："语言的词汇是不断地发展丰富的，发展的主要途径是创造新词，而新词的创造又多半是在已有的语言材料和构词方法的基础上进

---

① 《史记》，第 186 页。
② 张永言、汪维辉：《关于汉语词汇史研究的一点思考》，《中国语文》1995 年第 6 期。
③ 陆宗达、王宁：《训诂方法论》，中国社会科学出版社 1983 年版，第 89 页。

行的。因此新词的语音形式和意义内容之间的联系，一般说来并不是偶然的。这就是说，除了一些'原始名称'以外，语言里的词大多是有其内部形式可寻，或者说是有理据可说的。"① 陆宗达、张永言等人明确提出并详细描述的，其实就是汉语词语的成词理据。

词的理据还被某些语言学家称为"内部形式"。张永言曾说："所谓词的内部形式，又叫词的词源结构或词的理据，指的是以某一语音表达某一意义的理由或根据。"② 高守纲认为："词给对象以名称，而名称的选定，是以人们所联想到的对象的特征为依据的，体现在词的内部结构之中的作为命名根据的对象特征，叫词的'内部形式'，也叫作词的理据或词的词源结构。"③ 据张永言、高守纲所言，词的理据基本上等同于词的内部形式。考察学术笔记中的相关评述材料，我们发现，除了对名物词语的命名存在理据外，即使是一般的词语，其名、实之间的关系也是有迹可循的。

## 一　学术笔记中语义评述所体现的理据

在谈到释词现象时，蒋绍愚曾经指出："有时，推求词语的来源和推求词语的得名之由以及词语的考释是结合在一起的。弄清了词语的来源也就弄清了它的得名之由，或者弄清了词语的意义。"④ 由此说足可见：对词语理据的探求，是汉语释词的重要方法之一；细究被释词的释义过程，我们同样可以反推出其成词的理据。学术笔记中有大量对此类文人、笔记作者释词现象的评述，通过观察，不难发现相关例证所呈现的理据可归为两类：直感理据和非直感理据。

（一）学术笔记对直感理据的评述和说明

直感理据是指人们将视听等感官作为创造词语的依据。⑤ 外在的、

---

① 张永言：《关于词的"内部形式"》，《语言研究》1981 年第 1 期。
② 同上。
③ 高守纲：《古汉语词义通论》，语文出版社 1994 年版，第 233 页。
④ 蒋绍愚：《近代汉语研究概况》，北京大学出版社 1994 年版，第 281—282 页。
⑤ 王艾录、司富珍：《汉语的语词理据》，商务印书馆 2001 年版，第 110 页。

直观的、形象的外部特征最容易成为事物命名的依据，但在通常情况下，事物所表现的特征可从多个角度呈现出来，于是人们在为事物命名的时候可以依赖的特征就具有了多样性，事物得名理据的多源性就成为可能。综观学术笔记对直感理据的评述和说明，我们认为可归为三类：因视觉感受而得名；因嗅觉感受而得名；因听觉感受而得名。

1. 因视觉感受而得名

事物的形状、颜色、姿态等可见的外部特征，均可作为得名理据而为事物命名。学术笔记中的评述如：

> ①骓驼堰　许昌至京师道中，有重阜如骓驼之峰，故名骓驼堰。皆积沙难行，俗因呼为"骓驼嫣"。又有大泽，弥望草莽，名好草陂，而夏秋积水，沮洳泥淖，遂易为"粗糟陂"。如小姑山、彭郎矶之类，为世俗所乱者，盖不胜数也。（庄绰《鸡肋编》，页4032）

"骓驼堰"，现行词典未载，由上例可知，其得名是因为它的外形特征类似于重重叠叠的驼峰。但上例中所提及的另外称法"骓驼嫣"的"嫣"，现存词典中释义为：①美好；②"蔫"的通假字；①②两义均与"骓驼嫣"无关，其成词理据有待进一步查考。虽如此，汉语词语得名理据的多源性在此评述中被鲜明呈现。

又如上例提及的"好草陂"，其得名是因其上有成片的草莽；又因夏秋积水，像在泥淖中一样难行，又被人戏称为"粗糟陂"。上例评述还提到了"小姑山""彭郎矶"等，认为这些名称被世俗所乱用，其实这是事物得名的多源理据在起作用。

> ②拥剑　何逊诗云："跃鱼如拥剑。"孟浩然诗云："游鱼拥剑来。"按，拥剑，如彭蜞之类，蟹属，一螯偏大，故谓之拥剑，非鱼也。（姚宽《西溪丛语》，页63）

"拥剑"蟹的一种，因为它的螯大得像兵器而得此名。蟹的种类其实很多，蟛蜞是人们最常见的一种蟹。晋代崔豹《古今注·鱼虫》有对蟹的详细解释："彭蜞，小蟹。生海边泥中，食土，一名长卿。其一有螯偏大者名拥剑。"[1] 即明确提出了"拥剑"的外形特征，间接呈现出它的得名理据。左思《吴都赋》有"拥剑"用例："于是乎长鲸吞航，修鲵吐浪，跃龙腾蛇……乌贼拥剑……涵泳乎其中。"李善注有对"拥剑"形体特征的详细描述："拥剑，蟹属也。从广二尺许，有爪。其螯偏大，大者如人大指，长二寸余，色不与体同，特正黄而生光明。常忌护之如珍宝矣，利如剑，故曰拥剑。其一螯尤细，主取食。"[2] 宋代洪迈的《容斋四笔·临海蟹图》亦对"拥剑"做了详细的外形描述："三曰拥剑。状如蟹而色黄，其一螯偏长三寸余，有光。"[3] 据上文书证，不难发现，"拥剑"的得名理据是其形体的典型特征。上例评述即姚宽对诗文中"拥剑"用例摘引，并直接对其类属、外形特征做出的描述，间接体现出"拥剑"得名的理据。

③方空　又有所谓"方空"者。《汉·元帝纪》："罢齐三服官。"注云："春献冠帻，縰为首服，纨素为冬服，轻绡为夏服，凡三。"师古曰："縰与纚同音山尔反，即今之方目纱也。"又《后汉》："建初二年，诏齐相省冰纨、方空縠、吹纶絮。"纨，素也。冰，言色鲜洁如冰。《释名》曰："縠绥方空者，纱薄如空也。"或曰："空，孔也。即今之方目纱也，纶如絮而细。吹者，言吹嘘可成此纱也。"荆公诗云"春衫犹未著方空"者是也。（周密《齐东野语》，页5549）

"方空"是古代的一种丝织品，亦称"方目纱""方目裳"，史传中多见，《汉书·元帝纪》："罢角抵、上林宫馆希御幸者、齐三服官、北假田官、盐铁官、常平仓。"唐代颜师古注曰："李斐曰：'齐国旧有

---

[1] （晋）崔豹：《古今注》，辽宁教育出版社1998年版，第13页。
[2] （梁）萧统编，（唐）李善注：《文选》，中华书局1977年版，第83页下栏。
[3] （宋）洪迈：《容斋随笔》，上海古籍出版社1978年版，第684页。

三服之官。春献冠帻縰为首服'……縰与纚同，音山尔反，即今之方目裦也。"① 颜注是以时语释古语。《后汉书·章帝纪》亦见"方空縠"，李贤注："方空者，纱薄如空也。或曰，空，孔也，即今之方目纱也。"② 李注以其典型特征释此物得名理据。

上例评述摘引各家文献中说法，间接说明"方空"的得名理据，并引诗文以证实，是以其典型特征而得名。

④僧道诚释氏要览云："方丈，寺院之正寝。始因唐显庆年中，敕差卫尉寺丞李义，表前融州黄水令王元策，往西域充使。至毗耶黎城东北四里许，维摩居士宅示疾之室，遗址叠石为之。元策躬以手板纵横量之，得十笏，故号方丈。"余按，王简栖头陀寺碑云："宋大明五年，始立方丈，茅茨以庇经像。"李善引高诱曰："堵长一丈，高一丈，回环一堵为方丈，故曰环堵，言其小也。"（吴曾《能改斋漫录》，页37）

"方丈"，现行词典所载例证有三：①一丈见方之地；②平方丈；③寺院主持所住之地。上例评述以先代文献对"方丈"的释义、起源、得名的考索切入，以寺庙碑文为佐证，说明了"方丈"的起源时间以及得名之由。上例释文可信，"方丈"是以其面积特征而得名。

⑤长安故宫阙前有唐肺石尚在，其制如佛寺所击响石而甚大，可长八九尺，形如垂肺，亦有款志，但漫剥不可读。按《秋官·大司寇》"以肺石达穷民"，原其义，乃申冤者击之，立其下，然后士听其辞，如今之挝登闻鼓也。所以肺形者便于垂，又肺主声，声所以达其冤也。（洪迈《梦溪笔谈》，页163）

---

① （清）王先谦：《汉书补注》，广陵书社2006年版，第97页上栏。
② （清）王先谦：《后汉书集解》，中华书局1984年影印本，第77页下栏。

"肺石"一词，现代词典可见。这种石头在古代设立于朝廷的门外，供百姓敲击鸣冤，呈红色、肺状。在上例评述中，沈括以长安门口的肺石入手，详细描述它的外形特征，次以《秋官》中的书证，剖析阐明肺石何以用肺形。

①②③④⑤五例均以事物的外部特征为得名理据，是以视觉感受而得名。

> ⑥红薇花　郑、许田野间，二三月有一种花，蔓生，其香清远，马上闻之，颇似木樨，花色白，土人呼为鹭鸶花，取其形似也，亦谓五里香、红薇花。或曰，便是不耐痒树也，其花夏开，秋犹不落，世呼百日红。（朱弁《曲洧旧闻》，页2978）

上例评述材料是对"红薇花"两种说法五种称呼的说明，在这些命名中，"百日红"之名，现存词典、前代文献中均载，陆游《思政堂东轩偶题》诗有"赪桐花畔见红蕉"，自注云："赪桐，嘉州谓之百日红。"文震亨的《长物志·草木》有对得名的解释："此花四月开，九月歇，俗称百日红。"文说可信，"百日红"即以其花期大概的长度命名；由上例评述知，"鹭鸶花"是以其外部形状得名；"五里香"言其"香远益清"，以其嗅觉特征得名；关于该植物的外形特征，朱弁所说不甚全面，朱说明确其花色白，实则亦有红色，故又名"红薇花"。朱书上例所举之花，一物五名，更是事物得名理据多源性的明证。

> ⑦五加皮　药有五加皮，其树身干皆有刺，叶如楸，俗呼之为刺楸。（朱弁《曲洧旧闻》，页2982）

五加，是一种灌木，根、茎可入药，据《本草》载，因此物以五叶交加的为上品，故以得名。此物又称"刺楸"，文献亦载，《桐谱·类属》有"文理细紧，而性善裂"的记载，藩法连注曰："指刺桐，今通称刺楸，又名茨楸、棘楸、鼓钉刺、刺枫树等。《桐谱》作者家乡群众今仍称刺桐。五加科，棘楸属，落叶乔木。"《桐谱》潘注即对此物的各种别名、性属做出了详细介绍。而上例评述则对此物外形的典型特征做了详细介绍，足可证"刺楸"之名是以其"树干有刺、树叶如楸"的外部特征得名。

> ⑧和尚稻　洛下稻田亦多，世人以稻之无芒者为和尚稻，亦犹浙中人呼师婆粳，其实一也。（朱弁《曲洧旧闻》，页 2978）

"和尚稻"，古代北方方言，指没有芒的稻子。因"稻之无芒"与和尚无发类似，故以此得名，是以主体某一特征的相似而得名。

2. 以听觉感受得名

> ①丁玱一作丁当，或作丁东，皆谓其声也。而吾郡人老者谓之老丁东，亦如老人谓之龙钟，取竹动摇之意也。（王棠《燕在阁知新录》，页 65）①

"丁东"，坚硬物体如玉石、金属撞击的声音，是象声词。因为老年人走路不稳，所拄拐杖摇晃发出类似声音，故材料中作者的乡人用以指称老年人。

> ②麦啄者，楚北之鸟也。释其名者，或曰如布谷，以声而得名。或曰麦熟时啄之则肥美，与北地之铁雀同一食法，而较腴。（李光庭《乡言解颐》，页 79）

麦啄，即布谷。上例评述先释其生长之地，再释其二名得名之由。由文例可知，"布谷"为以本体叫声得名，为以听觉感受得名；"麦啄"则以其行为、体态特征而得名，为以视觉感受得名。

---

① 转引自王宝红《清代笔记小说俗语词研究》，博士学位论文，四川大学，2005 年。

　　③娃娃鱼即鲵鱼，出雅州河中，四足能上树，作儿啼，故俗以娃娃呼之。(佚名氏《听雨楼随笔》，页340)①

　　娃娃鱼，多产在我国的广西，是一种两栖动物，主要在山谷的溪水中生活，是大鲵的俗称。上例是对该物外形、声音特征的描述，因其叫声像婴儿啼哭，故被称为娃娃鱼，为以听觉感受得名。

　　④傍鲜鲜，细鱼名，冬天黎明，渔船榜鼓，声声不绝，言"傍此鲜鲜，趁早来买"。故有是名。(张岱《夜航船》，页340)②

　　"傍鲜鲜"，现存词典未载。上例评述是对"傍鲜鲜"得名之由的详细说明。据上例，"傍鲜鲜"仍是以听觉感受得名，但与例③不同的是，此物得名非因本体声音，而是以与之密切相关之人所发出的声音得名。

　　上文四例所关涉之事物，均由听觉感受得名，但情况又不完全相同，具体如下：例①由与所表本体关联密切的事物声音特点而得名；例②③均由所表事物本体叫声特征而得名；例④则由与本体密切相关之人发声而得名。在上文几例中，笔记作者均直接挑明被释词得名的理据。

　　3. 以嗅觉感受得名

　　①木犀花，江浙多有之，清芬沤郁，余花所不及也。……湖南呼"九里香"，江东曰"岩桂"，浙人曰"木犀"，以木纹理如犀也。(张邦基《墨庄漫录》，页4723)

　　上例评述介绍了木犀花的三个别名，先说明此物盛产地、典型特

---

　　①　转引自王宝红《清代笔记小说俗语词研究》，博士学位论文，四川大学，2005年。
　　②　同上。

征，最后介绍不同地域的人们对其的不同称呼。"九里香"，是湖南人
对木犀的称呼，为以其气味"清芬沤郁"而得，以嗅觉感受得名；浙
江人称"木犀"，是以其木外形纹理如犀而得，以视觉感受得名；因其
是桂花的一种，丛生在岩岭中，故江东称之为"岩桂"，为以"生长
地＋类属"得名。

②芸草，古人用以藏书，曰"芸香"是也。置书帙中即无蠹，
置席下即去蚤虱。叶类豌豆，作小丛，遇秋则叶上微白，如粉汗，
南人谓之"七里香"。大率香草，花过则无香，纵叶有香，亦须采
掇嗅之方觉。此草远在数十步外已闻香，自春至秋不歇绝，可玩
也。（邵博《邵氏闻见后录》，页 2017）

"七里香"，是芸草的别称，芸草全草都有香气，可用之入药。沈
括《梦溪笔谈·辩证一》有对古代芸草功用及异名的记载："古人藏
书，辟蠹用芸。芸，香草也，今人谓之'七里香'者是也。"[1] 可见，
宋代人称芸草为"七里香"。上例评述先说明古代芸草的功用，次详细
解说此物的外形特征及异名。上例说明足可见其异名"七里香"为以
其嗅觉特征得名。

上文二例"九里香""七里香"均以嗅觉感知得名，需要注意的
是，二名中的里程"九里""七里"均非实指，皆为言香味传播甚远的
虚指，且二例作者均直言其得名的理据。

③闽广多异花，悉清芬郁烈，而末利花为众花之冠。岭外人或
云抹丽，谓能掩众花也，至暮则尤香。今闽人以陶盎种之，转海而
来，浙中人家以为嘉玩。然性不耐寒，极难爱护，经霜雪则多死，
亦土地之异宜也。（张邦基《墨庄漫录》，页 4713）

---

① （宋）沈括：《元刊梦溪笔谈》卷三，文物出版社 1975 年版，第 11 页。

茉莉，属木犀科，是一种常绿灌木，夏季开花，花色为白，香味浓郁。上文例证作者认为，"抹丽"是以嗅觉特征得名：因其香味"清芬愈烈""为众花之冠"，且能掩盖所有花香，故而得名。此说实不可信，实际上，"茉莉"是音译词，原词是梵语的"Mallika"，正因如此，"茉莉"异形词众多。由上可知，我们对学术笔记中所见的评述材料，必须详加考证，摒弃讹误后才能加以利用。

综上所述，以视觉感官、味觉感官、嗅觉感官、听觉感受为理据得名的事物，因赖以命名的理据显而易见，故词语名与实之间的联系很容易被交际主体所感知，我们归之为直感理据。

（二）学术笔记所呈现的非直感理据

王艾录、司富珍对非直感理据做过界定，认为非直感理据不是来自造词时对人对物的直接感觉，而是来自一段传闻、民俗、历史、附会的故事等。① 王艾录、司富珍所说的各种理据，不容易被交际主体所感知，故由上述各种理据产生的词名、实间的联系亦难被感知，我们归之为非直感理据。学术笔记中的相关评述所关涉的非直感理据主要可归为四类：以语音相关为理据得名；以事物盛产地为理据得名；以典故为理据得名；以相关事、人为理据得名。

1. 以语音相关为理据得名

①骨路　市井中有补治铜铁器者，谓之"骨路"，莫晓何义。《春秋正义》曰："《说文》云：'锢，塞也。'铁器穿穴者，铸铁以塞之，使不漏。禁人使不得仕宦，其事亦似之，谓之禁锢。"余案："骨路"正是"锢"字反语。（陆游《老学庵笔记》，页139）

宋代市井中把"补治铜铁器者"称为"骨路"，实为由"锢"（表"塞"义，体现了"补治"的特征）字的反切语得到。检《广韵》，《广韵·没韵》有"骨，古忽切"，《广韵·暮韵》有"锢，古暮切"，

_____

① 王艾录、司富珍：《汉语的语词理据》，商务印书馆2001年版，第110页。

二字均以"古"为反切上字，可知"骨""锢"二字声母相同；《广韵·暮韵》有"路，洛故切"，又有"暮，莫故切"，"路""暮"均以"故"为反切下字，故"路""暮"两字韵调相同。综上可知，取"骨"字之声，"路"字之韵、调，可拼合而得"锢"字的声、韵、调，所以"骨路"即"锢"字的反切语。从这个角度来看，"骨路"一词是由紧密相关之字的语音得名的。

②陈师锡家享仪，谓冬至前一日为"冬住"，与岁除夜为对，盖闽音也。予读《太平广记》三百四十卷，有《卢项传》云："是夕，冬至除夜。"乃知唐人冬至前一日，亦谓之"除夜"。《诗·唐风》："日月其除。"除音直虑反。则所谓"冬住"者，"冬除"也。陈氏传其语，而失其字耳。（陆游《老学庵笔记》，页3526）

"冬除"即"冬至前一日"。《广雅·释诂二》："除，去也。"①《史记·律书》："气始于冬至，周而复生。"②"冬除"的称法为取"除"的"去旧纳新"义。因在闽音中，"除""住"相近，所以闽人称"冬除"为"冬住"。上例评述是对"冬除"内涵、得名的解释，摘引书证作为旁证，文末鲜明地亮出自己的观点。由上例可知，"冬住"是因方音相近而得之异名。

③《北户录》云："岭南俗家富者，妇产三日或足月，洗儿，作团油饭，以煎鱼虾、鸡鹅、猪羊灌肠、蕉子、姜、桂、盐豉为之。"据此，即东坡先生所记盘游饭也。二字语相近，必传者之误。（陆游《老学庵笔记》，页3466）

团油饭，实为"盘游饭"。苏轼《仇池笔记·盘游饭古董羹》载有

---

① （清）王念孙：《广雅疏证》，上海古籍出版社1983年版，第19页下栏。
② 《史记》，第51页。

其详细做法："江南人好做盘游饭，鲊、脯、鲙、炙无不有，埋在饭中。""团油饭"是台湾现代著名的小吃"筒仔米糕"的前身。检《广韵》,《广韵·桓韵》："盘，薄官切""团，度官切"，故"盘""团"二字声音近似，故称"盘游饭"为"团油饭"。这个异名亦为二字读音相近而得名。

④蜀人爨薪，皆短而粗，束缚齐密，状若大饼食炎。不可遽烧，必以斧破之，至有以斧柴为业者。孟蜀时，周世宗志欲取蜀，蜀卒涅面为斧形，号"破柴都"。（陆游《老学庵笔记》，页 3459）

周世宗，名为柴荣，是我国后周的皇帝。因柴荣之"柴"与"斧柴"之"柴"音同，故蜀人把面捏成斧的形状，并取名为"破柴"，实表"破柴荣"之义。上例即是对此物得名的详细解说。

⑤近人谓各携酒食聚饮，谓之蝴蝶会，不知实为壶碟会。……赵味辛司马怀玉《亦有生斋集》中言，京师士人，各携一壶一碟酾饮，谐其声曰蝴蝶会，云云。司马为乾隆四十五年召试举人，官青州府同知，是乾隆时已有此称矣。（刘声木《苌楚斋三笔》，页 494）

因"蝴蝶""壶碟"二词同音，所以"壶碟会"被称为"蝴蝶会"。

⑥吴才老谓滇语呼江为公，故名江鱼为公鱼。案，公当为工，江从工得声也。西洱河所出六七寸之小鱼，今犹呼工鱼。（桂馥《札朴》，页 341）①

在滇语中，"江"被称为"工"，所以滇人把生长在江中的鱼称为"工鱼"，此物亦以方言中的相同语音得名。

---

① 转引自王宝红《清代笔记小说俗语词研究》，博士学位论文，四川大学，2005 年。

以上六例所关涉之事物的得名，均与语音相关，或因语音相似，或因语音相同，另外，方音也作为重要成分参与上例多词的命名，故理据不易被感知。

2. 以事物盛产地为理据得名

"产地 + 类名"亦为事物命名的重要方式之一。学术笔记对该类得名理据的呈现如下。

①韩墩梨　姑苏地名韩墩，产梨为天下冠。比之诸梨，其香异焉，中都谓之"韩墩梨"。（叶绍翁《四朝闻见录》，页 5001）

因产梨冠天下，故韩墩所产之梨被称为韩墩梨，该例是典型的以"产地 + 类名"得名。上例评述不仅解释了相关事物的得名理据，还详细描述了该类事物的外在特征。

②北方白菜，以安肃县所出为最。……近吾乡永福亦产此，俗呼为永福白，较胜于浦城。（梁章钜《浪迹三谈》，页 488）

产于永福之白菜被称为"永福白"。该例不同于上例，实为以"产地 + 类名质素"得名，即在命名的时候，类名中的重要质素"白"（而非事物的整个类名）被择取为命名因素。

③惟八旗祭祀，不用炷香，专有一种薰草，产于塞外，俗呼为达子香，质如二月新蒿，臭味清妙而不浓郁。（福格《听雨丛谈》，页 138）

上例评述关涉之熏香产于塞外，产地的主要居民是"达子"，故被称为"达子香"，是以"盛产地主要居民 + 类名"得名。上例评述是对这种香的产地、功用、特点等的详细描述，间接地呈现出事物的得名理据。

④兴化军莆田县去城六十里，有通应侯庙，江水在其下，亦曰通应。地名迎仙。水极深缓，海潮之来亦至庙所，故其江水咸淡得中，子鱼出其间者，味最珍美，上下十数里鱼味即异，颇难多得。故通应子鱼，名传天下。而四方不知，乃谓子鱼大可容印者为佳。虽山谷之博闻，犹以通印紫鱼为披绵黄雀之对也。至云"紫鱼背上通三印"，则传者益误，正可与"一麾"为比矣。以子名者，取子多为贵也。（庄绰《鸡肋编》，页 4027）

上例评述所关涉之"通应子鱼"，为以"产地＋类名"得名。上例评述作者先介绍"通应子鱼"得名之由，描述其味觉特征以及味觉形成的原因，最后引出世俗错误的说法，并以诗文中的用例为佐证，最后说明自己的观点。

⑤语儿梨　语儿梨，果实之珍，因其地名耳。（前汉封椽终古为语儿猴。孟康曰：语儿，越中地名。）（赵令畤《侯鲭录》，页 2056）

古代地名有"语儿乡"，在现在的浙江省桐乡县西南，前代文献有载，汉袁康的《越绝书·外传记越地传》详细介绍过"语儿乡"的得名理据及更名过程："语儿乡，故越界，名曰就李。吴疆越地，以为战地，至于柴辟亭。女阳亭者，勾践入官于吴，夫人从，道产女此亭，养于李乡。勾践胜吴，更名女阳，更就李为语儿乡。"上例评述开篇明义，笔记作者直接说明"语儿梨"的得名方式。

但对于"语儿梨"的得名理据，学术笔记中有争议，如：

语儿梨　语儿梨初号斤梨，其大者重至一斤，不知"语儿"何义？郑州郭慎蒙陵旁产此甚多，其父老云：有田家儿数岁不能言，一日食此梨，辄谓人曰："大好！"众惊异，以是得名。洛中

士大夫陈振著小说云："语儿当为御儿，盖地名梨所从出也。"按御儿非产梨之地，不知陈何所据也？（《曲洧旧闻》，页2978）

上例评述阐明了"语儿梨"的两种得名理据：①以典故得名；②以产地得名，并经过字形的转换。笔者按：上文两例共提出关涉词的三种、两类得名理据，因其产地"语儿乡"得名之说可信，因"语儿乡"文献有载。以产地流传之典故得名的说法似为臆说；而以产地"御儿"得名之说，其地名未见有载。综上可知，《曲洧旧闻》例中二说法实不可信。

3. 以典故为理据得名

①东坡老人在昌化，尝负大瓢行歌于田间，有老妇年七十，谓坡云："内翰昔日富贵，一场春梦。"坡然之。里人呼此媪为春梦婆。（赵令畤《侯鲭录》，页2091）

传说当苏轼被贬官到昌化时，曾经在田间遇到一位老妇人告诉他："内翰昔日富贵，一场春梦！"东坡十分认同她的说法，后来这个妇人被里人称呼为"春梦婆"。后世，这个典故也被用作比拟感叹荣华富贵的变幻不定。此例"春梦婆"为以典故得名。

②昔有人养二猿，牝者甚淫。一日失牡，叫号不已。主人遍觅不得，翌日乃出自破鼓中。故今号人之避内差者，曰"躲破鼓"。（梁绍壬《两般秋雨庵随笔》，页231）

"躲破鼓"一词，《汉语大词典》失收。据上例评述，牡猿为躲避母猿的内差，夜里躲进主人家的破鼓中，第二天早上才出来。故后世躲避内差被人戏称为"躲破鼓"。上例评述不仅对"躲破鼓"的含义做出解释，还详细讲解了该词赖以得名的典故。

③杭州范某，娶再婚妇，年五十余，齿半落矣。奁具内橐橐有

声，启视则匣装两胡桃，不知其所用，以为偶遗落耳。次早，老妇临镜敷粉，两颊内陷，以齿落故，粉不能匀，呼婢曰："取我粉榪来。"婢以胡桃进，妇取含两颊中，扑粉遂匀。杭人从此戏呼胡桃为粉榪。（袁枚《子不语》，页156）

胡桃，被杭州人戏称为粉榪。典出于再婚老妇妆匣中所置的胡桃，此胡桃被主人作为敷粉时的榪头，并明确称之为"粉榪"，故后世杭州人戏称胡桃为"粉榪"。在上例评述里作者详细描述了关联物的出典以及功用，从而生动地呈现出事物得名的理据。

④山下曰黄椒村，村之妇女闻天子至，咸来瞻拜龙颜，欢声如雷，曰："不图今日得睹天日。"帝喜，敕夫人各自遂便。故至今村妇皆曰夫人，虽易世，其称谓尚然不改。（陶宗仪《南村辍耕录》，页6215）

因黄椒村村妇均出门迎接天子的到来，帝喜，称各位村妇为"夫人"，故此称呼被流传并长期沿用，虽时移世易仍未改。

⑤俗戏屠宰者谓之姜太公，此亦有所本。……按《楚词》："师望在肆，鼓刀扬声。"注云：吕望鼓刀在列肆，文王亲往问之。望曰："下屠屠牛，上屠屠国。"文王乃载与俱归。（赵翼《陔余丛考》，页967）

上例是笔记作者对俗称"屠宰者谓之姜太公"来源的解释。在解释过程中，笔记作者先指明得义理据的客观存在，再引证文献书证及相关注解，以表明得名理据，印证前说。

上文五例均以典故得名，学术笔记中可见的相关例证还有前文提到的"牛毛先生""邱的笃"等例，实际上，其"得名理据"有待商榷，因上文例证中亦有因典故旧词而派生出新义的例证，如例⑤。

尤其值得我们关注的是：因典故得名的评述必须同后人因附会产生的民俗理据得名的例证区分开来，被后人附会的民俗理据又被称为"虚拟理据"，它其实并非造词的最初、最本源的理据，而是因理据遗失，后人无法解释其得名的缘由，而杜撰出一段故事附会在词形上，虚拟出来的理据。学术笔记中相关例证的典型如对"王八"理据的评述：

⑥又《七修》载："晋人曰王八，盖后五代王建行八，素无赖，盗驴马，贩私盐，故人晋曰王八贼。今俗误为王霸。"闻之故老曰："忘八，盖忘孝弟忠信礼义廉耻也。"又闻一人为一绅对曰："一二三四五六七，孝弟忠信礼义廉。"众初不解，询之知为晋语，忘八无耻也。（褚人获《坚瓠广集》，页413）

上例所释"王八"得名的理据共四种，查证文献，该词的得名理据实有六解。上文材料所提及的四种是人们常提到的，但若细究，恐怕四种说法都缺乏强有力的事实根据，是后人杜撰出来的，是为虚拟理据。此类评述又如：

⑦《潜居录》："冯布少时，绝有才干。赘于孙氏，其外父有繁琐事，辄曰昪布代之。"至今吴中谓赘婿为布代。又《猗觉寮杂记》："世称赘婿为布袋，谓如身入布袋，气不得出也。"或云人家有女无子，恐世代自此而绝，不肯出嫁，招婿以补其世代。俗又呼补代为野猫，谓口卸妻而去也。疑作野冒，即补代之意。（褚人获《坚瓠六集》，页206）

上例评述亦阐明了称赘婿为"布代"的三种理据：前两种来源于前代笔记后二种；来源于民间俗说，在征引的过程中，作者间或表达出自己的观点。笔者按：该词三种理据，三个词形。疑第三种为正解，前两种应为该称呼流传开后，人们附会了理据，并产生了与之义密切相关的词形。

4. 以相关事、人为理据得名

（1）以相关事物得名

①吴人谓杜宇为"谢豹"。杜宇初啼时，渔人得虾曰"谢豹虾"，市中卖笋曰"谢豹笋"。唐顾况《送张卫尉诗》曰："绿树村中谢豹啼。"若非吴人，殆不知谢豹为何物也。（陆游《老学庵笔记》，页3476）

上例"杜宇"是鸟，又被称为"杜鹃"，传说中，古代蜀王死后化为杜鹃鸟，因蜀王名杜宇，故二者成为同义词。吴语中杜宇又称"谢豹"。因其初啼在每年的春末夏初时候，故杜宇初啼时节所得虾为"谢豹虾"，所获笋为"谢豹笋"。此例"谢豹虾""谢豹笋"均以"相关事物＋属类"的方式命名。学术笔记中还有一些例证，直接使用和它关系密切的事物名称来命名，如：

谢豹　谢豹，虢州有虫名谢豹，常在深土中；司马裴沈子常治坑获之……或出地听谢豹鸟声，则脑裂而死，俗因名之。（段成式《酉阳杂俎》，页169—170）

如上文所述，"谢豹"本来是鸟名，后来因虢州有一种虫与这种鸟渊源颇深，这种虫常年生活在地下，一旦听到杜宇的叫声就会脑裂而死，故此虫又被称为"谢豹"。

②前胡遍生山谷间，春初吐叶，土人采为菜，味极香，俗名罗鬼菜，又名姨妈菜。黔中妇女好游，相识即通往来，呼为姨妈饭，则必设此，故名。（李宗昉《黔记》，页153）①

---

① 转引自王宝红《清代笔记小说俗语词研究》，博士学位论文，四川大学，2005 年。

"姨妈菜"，最初多被苗民采摘，并且多由妇女带进城市进行售卖，旧俗称苗妇为姨妈表示亲热，所以得名"姨妈菜"，此菜由与之相关的人物得名。后来黔中妇女之间，交游设宴的时候一定有这个菜，故人们把此类宴席称为"姨妈饭"，此饭则以必需原料为理据而得名。

③万历年间，家中有大厅者，即加门槛税，今人称大户云有门槛人家，盖指此也。（顾公燮《消夏闲记摘抄》，页49）①

门槛税，是明代实行的一种税。清顾燮的《丹午笔记·门槛税》有对这种税及其相关称呼的详细解释："万历年间，凡家中有大厅者，即加门槛税，故今人称大户曰'是有门槛人家'。"此说可信，因为富户、大户人家要收门槛税，所以被称为"有门槛人家"，此为以相关制度为理据而得名。

④俗称子曰豚犬，考《越语》："范蠡欲速报吴，使国民众多，令国人女子十七不嫁，丈夫三十不娶，皆罪父母。生丈夫与酒三壶，犬一，生女子与酒一壶，豚一，世俗称谓盖本于此。"（吴翌凤《灯窗丛录》，页63）②

上例评述先明确界定关涉词的内涵，次考文献中相关记载，说明该形、义关联的理据：为鼓励生育，国民若生男孩，国家奖励"酒三壶，犬一"；若生女孩，则奖励"酒一壶，豚一"，故子女被统称为"豚犬"，此为以相关国家政策为理据得名。

（2）以相关人物得名

①蔡太师作相时，衣青道衣，谓之"太师青"；出入乘棕顶轿

---

① 转引自王宝红《清代笔记小说俗语词研究》，博士学位论文，四川大学，2005年。
② 同上。

子，谓之"太师轿子"。秦太师作相时，裹头巾，当面偶作一折，谓之"太师错"；折样第中窗上下及中一二眼作方眼，余作疏棂，谓之"太师窗"。（陆游《老学庵笔记》，页3541）

因蔡京在宋朝做宰相时，权势滔天，受追捧权贵心理的影响，人们把蔡京经常穿的青色称为"太师清"，把蔡京乘坐的棕顶轿子称为"太师轿子"；同样，当秦桧掌握权柄时，人们把秦桧带头巾折角的样式称为"太师错"，还有"太师窗"之说。上例关涉之物均由相关著名人物为理据得名。

　　②世有所出、所嗜、所作，因以冠名者多矣。莫邪作宝剑而名其剑曰莫邪。（《贾谊传》："《吊屈原赋》'莫邪为钝兮。'"应劭曰："莫邪，吴大夫也，作宝剑，因以冠名。"）（杨炫之《洛阳伽蓝记》，《履斋》，页157）

上例评述首先说明事物以人名冠名的诸多方式，次提出莫邪剑的得名理据，最后摘引书证及其相关解释，印证上文已说。莫邪剑事见汉代赵晔的《吴越春秋·阖闾内传》。上例评述观点可信，此剑因其铸造人得名。

　　③朱高安，少好学，用志不纷。……高安抚浙，崇俭奖廉，论民嫁娶之节，里党宾蜡宴会，止五簋，俱有常品，浙人呼为朱公席。（陈康琪《燕下乡脞录》，页115）[1]

朱高安，即清康熙年间程朱学派的重要代表朱轼，因其为高安人，故时人将其称为"朱高安"，朱轼为康熙朝的御用文人，地位非常显赫，但生活简朴。后世高安民间流行着"朱公席"，极为素简，四盘两

---

[1]　转引自王宝红《清代笔记小说俗语词研究》，博士学位论文，四川大学，2005年。

碗即为待客之席，且据说朱轼宴请乾隆时亦用此席，此席因其创始人名而得名。

④寒食火禁，盛于河东，而陕右亦不举爨者三日。以冬至后一百四日，谓之"炊熟日"，饭面饼饵之类，皆为信宿之具。又以糜粉蒸为甜团，切破暴干，尤可以留久。以松枝插枣糕置门楣，呼为"子推"，留之经岁，云可以治口疮。（庄绰《鸡肋编》，页3993）

炊熟日，是晋文公为纪念介子推而下令全国实行的，传说中，在晋文公烧绵山逼死介子推后，幡然悔悟，于是下令全国开展活动纪念他：制定"炊熟日"。当天家家要做蒸饼，称之为"子推蒸饼"；还有人家用面粉、枣泥做成三角馅饼，并穿挂在柳条上晾晒，纪念遮挡烈焰保护介子推的义禽。此例"子推蒸饼"是以其所纪念的人名为理据而得名。

综上可知，由语音相关、因典故、因事物产地、因相关人事而得名，无论哪种，均非所命名事物本身明显可见的特征，是隐含在内的，需要人们考索，甚至是后人附会的，这些理据不如直感理据容易被人所感知，故被称为"非直感理据"。

## 二 笔记小说体现词语理据之方式

在语言符号的构成要素中，音、义是必不可少的，音义结合后所代表的词义内涵是显露在外的，是话语交际中直接起作用的因素，音义结合的推动力，虽然促成了语言符号的生成，并不断支撑着它们的运转，但其在日常交际中并不显露在外，可谓话语交际的幕后英雄。学术笔记中相关评述例证所呈现的此类"幕后英雄"的方式可归为两类：直接说明，间接体现。

（一）直接说明

学术笔记中可见的相关评述相当多，即使同为直接说明，具体呈现方式亦不一样：在有些评述中，笔记作者直接表明自己对该评述的观

点；还有一些同类评述，笔记作者通过考证前代文献及相关解释，间接
呈现出自己所认同的观点。

1. 作者本人直接说明

> ①浮炭　谢景鱼家有陈无己手简一编，有十余帖，皆与酒务官
> 托买浮炭者，其贫可知。浮炭者，谓投之水中而浮，今人谓之麸
> 炭，恐亦以投之水中则浮故也。白乐天诗云"日暮半炉麸炭火"，
> 则其语亦已久矣。（陆游《老学庵笔记》，页 3506）

"浮炭"是一种炭，这种炭质松、分量极轻、很容易着火燃烧。
因其质松且轻，投在水中就能浮起来，被人们命名为"浮炭"，此为
以典型特征得名；而小麦磨面后剩下的"麸"，密度亦很小，也能在
水中上浮，这个特征跟上例之炭相同，"麸"和"浮"两字音近，所
以人们又把"浮炭"称为"麸炭"，《嘉定县续志》有对这种称呼的
解释："麸炭，俗呼炭也。"① 此例"麸炭"为因特征相似而引起的词
形质素的替换。上例作者在评述过程中直接说明自己关于此词得名理
据的看法。

> ②浙中少皂荚，澡面浣衣皆用肥珠子。木亦高大，叶如槐而
> 细，生角，长者不过三数寸。子圆黑肥大，肉亦厚，膏润于皂荚，
> 故一名肥皂，人皆蒸熟暴干，乃收。（庄绰《鸡肋编》，页 3998）

肥珠子即浙江所称的肥皂树②，又名"无患子"，人们把它的果实
去核捣碎，可以去除衣服上的污垢。因为其子典型特征有四：圆、黑、
肥、大，较之于皂荚，更多肥油，去污效果更好，所以人们把它们称为
"肥皂"，俗称之为"肥皂荚"。由上可知，"肥皂"因其较之于同类事

---

① 转引自闵家骥、范晓、朱川、张嵩岳《简明吴方言词典》，上海辞书出版社 1986 年
版，第 259 页。

② 程超襄、杜汉阳：《本草药名汇考》，上海古籍出版社 2004 年版，第 98 页。

物的典型特征而得名。在上例评述中，作者在描述该物具体外貌特征的同时，直接阐明其得名理据。此类又如：

> ③鹅性痴，见人辄伸颈相嚇，故俗称痴人为鹅头。（冯梦龙《古今谭概》，页149）

人们认为鹅性痴傻，该特征与痴人相似，所以把痴人称作"鹅头"，此例是以主体性质相似为理据得名。

> ④张姬，盱眙汪孟棠观察云任爱姬也，早卒。汪固深于情者，思之殊切。都中友以"茧子"呼之，谓其多情缠绵若茧也，汪即别号茧兹。（姚元之《竹叶亭杂记》，页120）

茧子，即为蚕茧，因其构成是由蚕丝层层围绕，在汉族文化中，这种构成方法常被用在诗文中表达男女感情的缠绵不断，故上例中交际主体把茧子用作意象来比喻多情的人，是以具象喻抽象，因特征相似的比喻而得名。

在上文几例中，评述的作者均在字里行间直接说明被释词的理据。这类评述一般都有明显的话语标记，作为作者观点的引导，如"故名"（如例②）、"号为……以其……""故俗称"（如例③）等。

2. 以考证文献直接说明

学术笔记中亦有一些评述材料，作者先考证前代文献对关涉词的理据分析，再通过评论性话语表明自己的看法。如：

> ①余考《中华古今注》云："不借，草履也。以其轻贱易得故人人自有不假借也。"然则循名以考实，其义可信。（吴曾《辨误录》，页28）

在上例评述中，笔记作者吴曾先以文献（《中华古今注》）对名物词"不借"的解释及理据分析切入，次表明考索方法（循名以考实），最后得出结论（其义可信），至此，吴曾对该解释的真实观点得以鲜明呈现。

②俗呼牝马为课马者。《唐六典》：凡牝，四游五课，羊则当年而课之。课，岁课驹犊也。（陶宗仪《南村辍耕录》，页6222）

"课"字与"騍"同，故"课马"就是"騍马、母马"。《尔雅·释畜》有"牡曰隲，牝曰騇"，邢昺疏有对上文两词适用地域及内涵的解释："今江东呼驭马为隲，騇即草马之名也。"① 上例评述中作者先摘引出《唐六典》对"牝"的释义，最后得出"牝马"即"课马"的理据。

另有一类，笔记作者直接援引传世文献关于词语理据的解释，未添加自己的评论，如：

③今之蜡梅，按《山谷诗》后云："京洛间有一种花，香气似梅花，亦五出而不能晶明，类女功捻蜡所成，京洛人因谓蜡梅。"（赵彦卫《云麓漫钞》，页66）

上例所关涉之"蜡梅"，是一种落叶灌木，花期在每年的冬末，香气浓郁，可供人观赏，亦可作为药品入药。因这种植物不管香气还是花形都跟腊梅相似，所不同的是花瓣的黄色没有梅花的莹润，就像是用蜡做成的梅花，因此得名蜡梅。李时珍《本草纲目·木三·蜡梅》有对此物得名理据的详细解释："此物本非梅类，因其与梅同时，香又相近，色似蜜蜡，故得此名。"② 上例评述材料直接援引《山谷诗》后注对其名称得来理据所做的解释，并未明说自己的观点，但在此种情况

---

① 阮元校刻：《十三经注疏》，中华书局1980年版，第2652页下栏。
② （明）李时珍：《本草纲目》，人民卫生出版社1982年版，第2132页。

下，作者对引证文献往往是认同的。此类又如：

> ④《正俗》云：或问今以卧毡著里施缘者，何以呼为池毡？答曰：《礼》云："鱼跃拂池。"池者，缘饰之名，谓其形象水池耳。左太冲《娇女》诗云："衣被皆重池。"即其证也。今人被头别施帛为缘者，犹呼为被池。此毡亦为有缘，故得名池耳。俗间不知根本，竞为异说，当时已少有知者，况比来士大夫耶？独宋子京博学，尝用作诗云："晓来侵帘压，春寒到被池。"余得一古被，是唐物，四幅红锦外缘以青花锦，与此说正合。（赵令畤《侯鲭录》，页 2030）

被池，被子一头缝以布帛，为了使盖在上身的被子不染汗垢而缝。上例评述材料以引证文献中相关解释切入，释"池"为"边饰"。颜师古《匡谬正俗·池毡》有对此物的记载："今人被头别施帛为缘者，犹谓之被池。"从上例评论看，"被池"为以外形特征比拟得名。评述作者在引证文献后，提出了俗间议论的荒谬，最后以自己所得唐代古被印证前说，表明自己的观点。

（二）间接体现

除以上直接说明理据的例证外，学术笔记中还涉及不少间接体现理据的评述材料，这类评述往往是对所释词主体的外部形态、典型特征加以详细、形象、生动的描摹，从而使人悟出得名理据的线索。如：

> ①《嘉祐杂志》云："峨眉雪蛆治内热。"予至蜀，乃知此物实出茂州雪山。雪山四时常有积雪，弥遍岭谷，蛆生其中。取雪时并蛆取之，能蠕动。久之雪消，蛆亦消尽。（陆游《老学庵笔记》，页 3510）

《玉篇·虫部》："蛆，蝇蛆也。"可见"蛆"指蝇类的幼虫。据文献记载，其实亦有类似蝇蛆的虫类的存在，如水蛆、雪蛆等，《草木子》有对"雪蛆"的解释："阴山以北，积雪历世不消，生蛆如瓠，谓之雪蛆。"① 由《草木子》的解释可知这种虫的生长地、习性、形状以及得名之由。而上例陆游的评述对这种虫的习性、生存状态、生长地做了更为细致、形象的描述。上例陆说虽未明言此物得名的缘由，却在描述中将之间接呈现给读者，是间接体现关涉物得名理据的典型。此类例证又如：

②凡锻甲之法，其始甚厚，不用火，冷锻之，比元厚三分减二乃成，其末留箸头许不锻，隐然如瘊子，欲以验未锻时厚薄，如浚河留土笋也，谓之"瘊子甲"。（沈括《梦溪笔谈》，页 164）

上例沈括的评述从对锻甲方法的详细介绍入手，用比拟的手法生动、形象地描绘出"瘊子甲"的外形特征，亦间接呈献给读者这种铠甲的得名之由——由外形特征比拟而得。

③东坡在惠州作《梅》词云："玉骨那愁烟瘴，冰姿自有仙风。海仙时遣探芳丛，倒挂绿毛幺凤。 素面尝嫌粉污，洗妆不退唇红。高情易逐海云空，不与梨花同梦。"广南有绿羽丹觜禽，其大如雀，状类鹦鹉，栖集皆倒悬于枝上，土人呼为"倒挂子"。而梅花叶四周皆红，故有"洗妆"之句。二事皆北人所未知者。（庄绰《鸡肋编》，页 4059）

上例《鸡肋编》作者庄绰以东坡《梅》词切入，详细描述南方土俗说法中的"倒挂子""洗妆"两物的典型外部特征，以释所引诗中"倒挂""洗妆"两个意象。同样，二物得名的理据在庄文的形象描述中鲜明地呈现在读者眼前。

---

① （明）叶子奇：《草木子》，中华书局 1959 年版，第 13 页。

④襄、随之间故春陵、白水地，发土多得金麟趾、袅蹄。麟趾中空，四傍皆有文，刻极工巧；袅蹄作团饼，四边无模范形，似于平物上滴成，如今之干柿，土人谓之"柿子金"。（沈括《梦溪笔谈》，页180）

上例沈括对"柿子金"的产地、形制等特征的形象描绘，使读者很容易就体察到此物的得名之由。

以上四例，虽然评述者并未直言被释词语的得名理据，但作者对被释词典型特征所做的详细、生动、形象的描述，足以使读者理清思路，感知到相关概念的得名缘由，与前文几类情况不同，此类例证在话语表达中往往没有标志性词语的存在。

## 三　小结

综上可知，学术笔记对词语理据的评述涉及的类别很多，体现方式多样，上文是对其相关评述所做的简单归纳、整理。统而论之，词语理据呈现的形式是丰富多样的，也正是词语理据的多源性、多样化的存在，才使得汉语词丰富、形象、生动，能够游刃有余地表达社会生活中的各种客观存在。但无论其呈现出的形式如何多变，汉语词语音义结合的理据一旦确定，就具有了相当的稳定性，会长期存在，恒定使用。其实，汉语词汇中亦有不少词语，一直沿用造字之初就形成的内部理据，不管词语的理性概念意义是否发生变化，词形却从未发生改变，这种现象在学术笔记中并不乏见，如对"下茶"的记载：

①近日八旗纳聘，虽不用茶，而必曰下茶，存其名也。（福格《听雨丛谈》，页169）

"下茶"是婚礼中的一种礼仪，古已有之，在古代的婚姻里，男方必送茶礼，后虽不再送茶礼，但人们仍然把结婚前男方送的聘礼称为"下茶"。明代许次纾的《茶疏·考本》有对这种礼仪得名理据的详细解释:"茶不移本,植必生子。古人结昏,必以茶为礼,取其不移置子之义也,今人犹名其礼曰下茶。""下茶"之礼,起于古代,虽后世礼仪的形式、内容有变,但名称仍然长期使用,此即为汉语词语理据稳固性的鲜明呈现。此类又如:

> ②通州有所谓包灯者,相传包释修孝廉时为友人做灯,未竟,公车促之,不赴,俟作毕始行。此包灯所自始。近日通州校场前每岁灯市犹曰包灯市,其实不出本处,皆来自大江以南也。(王应奎《柳南续笔》,页145)

上例评述首先详细解释"包灯"所自来的源头,次引现世"包灯市"的说法,虽与前代"包灯"无关,但称呼却因其特殊意义而沿用下来。

上两例足可见汉语词语理据多样性的客观存在,并不妨碍名词音义关系形成后的稳固使用。

综上所述,词语的理据是语言学界词汇学及相关研究的重要参变量,我们在今天、未来的相关研究中对之不应小觑。然实际情况是,"近二十年来,虽然我国的词汇和语法研究都取得了很大的进展,但大多数的研究成果还是侧重于对语言事实的一个描写和叙述,至于事实为什么是这样而不是那样,这里面有无一定的缘由,却很少有人作深层次的思考与探讨。即使有所涉及,也大都限于少数问题或个别论文,还很不完善。"[1] 学术笔记作为俗文学的性质,决定了其中必然有不少前世文人、笔记作者对汉语词语构词理据的评述、讨论、分析,当然其中不乏民间附会之说,但从总体来看,学术笔记中的这些零碎材料亟须深加挖掘,广为使用,努力使其服务于现代汉语词语理据的研究以及各类词典、字书的编纂工作。

---

① 参见王艾录、司富珍《汉语的语词理据》,商务印书馆2001年版,徐枢序。

　　总之，学术笔记中的相关语义学述评可谓亟待我们发掘整理的宝藏，周大璞就对这部分材料的重要价值做过肯定："杂考笔记中的训诂……积累了非常丰富的训诂资料，可以说是汉语训诂资料的宝库，其中既保存了先秦两汉的古训，也阐明了许多词语的新义，以及近代的俗语方言，这对研究汉语语义学、词汇学和汉语发展史，都是很有用处的。只可惜现在还很少人能认真地开发这个宝库，整理这些资料，使它从杂乱的、零碎的变成有条理有系统的东西，以便能够充分发挥它在汉语研究中的作用。"① 本章内容对其中相关评述做了整理、归纳、考索，希望能为周大璞所说的"条理系统"工作贡献自己的一分力量。若能抛砖引玉，引发更多学者对这些学术瑰宝的高度关注、讨论，则可谓一大幸事！

---

① 周大璞：《训诂学初稿》，武汉大学出版社 1985 年版，第 133 页。

# 第四章

# 学术笔记对语用现象的
# 评述研究

## 第一节　国内外语用学研究概况

### 一　国外语用学的发展状况

"语用学"（Pragmatics）1938 年由美国哲学家莫里斯（Charles William Morris）首次提出①，之后不断发展、流传。20 世纪 50 年代中期至 60 年代末，是西方语言学研究取得发展的重要时期。1954 年，语用学的具体研究对象为何被语言学家巴尔—希勒尔首先提出；次年，著名的"言语行为理论"被英国哲学家奥斯汀提出，该理论是奥斯汀在哈佛大学作《论言有所为》系列演讲中提出的；1967 年，美国著名哲学家格赖斯在哈佛大学做讲座时，提出了"会话含义理论""合作原则"及"合作原则"所包含的四条准则，成为语用学研究长期以来讨论的重要内容。而《语用学》杂志 1977 年在荷兰的阿姆斯特丹正式出版，标志着语用学成为独立的新学科在语言学界得到承认。

20 世纪 80 年代，语用学学科的研究在西方进一步得到完善、发

---

①　莫里斯《符号学理论基础》指出：符号学包括句法学、语义学和语用学三个部分。句法学研究"符号之间的形式关系"；语义学研究"符号及其所指对象的关系"；语用学研究"符号和解释者的关系"。莫里斯在 1939 年出版的《美学和符号理论》一书中谈到语用学时，又将"解释者"改为"使用者"。C. W. Morris, *Foundations of the Theory of Signs*, Chicago: University of Chicago Press, 1938.

展：1983 年，列文森《语用学》① 和利奇《语用学原则》② 的出版，是当时语用研究的风向标；1986 年，《语用学杂志》与《语用学和其他学科》成为新成立的国际语用学学会的学术刊物；1987 年，格赖斯在原有理论的基础上又提出了新的"格赖斯会话含义理论"；同年，范叔伦的《语用学：语言适应理论》一书出版。这些成果代表着 20 世纪 80 年代西方语用学研究的新高度。

90 年代，在语用学学者的不懈努力下，国外语用学研究的新成果层出不穷：《语用学概论》③《言语交际中的意义：语用学概论》④《语用学》⑤《理解语用学》⑥，等等。

总之，"语用学"这个术语最早由哲学家提出，故早期的哲学研究是其必经阶段；直到 20 世纪 70 年代，语用学才逐渐被语言学界所关注，开始进入语言研究的阶段；80 年代，语用学开始有了自己的基本理论和独立的研究方法及其学术刊物，并有了自己的优秀教材，最终被确立为语言学研究中的一门独立学科。90 年代，语用学学者孜孜以求，使这一学科的研究得到进一步发展和完善。

## 二　语用学的引进及其与汉语的结合

1980 年，胡壮麟《语用学》⑦ 一文在《国外语言学》杂志上发表，开启了国内读者介绍语用学的新时代。随后，国内介绍、评介语用学的论文不断出现。近几十年来，语用学的研究愈加被语言学界所重视，中国社会科学院 1989 年发起并设立了专门的"汉语运用的语用原则"研究课题组，主要使用西方的语用学理论、分析方法来研究汉语的语言事实，

---

① 列文森：《语用学》（剑桥出版社，1983 年），沈家煊摘译，《国外语言学》1986 年第 1、2、4 期。
② Leech, *Principles of Pragmatics*, London：Longman, 1983.
③ J. Mey, *Pragmatics：An Introduction*, Oxford：Blackwell, 1993.
④ J. Thomas, *Meaning In Interaction：An Introduction to Pragmatics*, New York：Longman Group Limited, 1995.
⑤ G. Yule, *Pragmatics*, London：OUP, 1996.
⑥ J. Verschueren, *Understanding Pragmatics*, Arnold, London and New York, 1999.
⑦ 胡壮麟：《语用学》，《国外语言学》1980 年第 3 期。

研究成果相当丰硕，于 1994 年结集成《语用成果论集》①。

　　将西方语用学的理论跟汉语的语言事实结合起来，建立起汉语语用学理论，是我国的语用学研究者在引进西方理论的过程中始终贯彻、不倦追求的终极目标。故我国在语用学研究中也出现了不少优秀的成果，如何自然的《语用学概论》②，何兆熊的《语用学概要》③《新编语用学概要》④，熊学亮的《认知语用学》⑤，左思明的《汉语语用学》⑥，索振羽的《语用学教程》⑦，等等，上述著作在理论上立足于国外语用学大家（格赖斯、列文森、利奇等）的理论框架，但在分析、阐发的过程中更加重视汉语实际，尽可能使用汉语事实作为语料，且在成书的过程中不断加入自己基于汉语事实的研究成果。以何自然的《语用学概论》为例，该书是在英语、汉语比较基础上进行的研究，最具特色的是该书对中国人使用外语现象所做的特色研究；而索振羽的《语用学教程》则在西方理论的基础上新增"语境"专章研究，阐明了中国特色的"得体原则"；何兆熊《语用学概要》中的"语用学研究中的语料收集方法"、左思明《汉语语用学》中的"篇章结构"、熊学亮《认知语用学》中的"前指现象"等，均为具有开创性的中国特色的语用学成果。

　　此外，近些年来，我国还出现了评述、修正、补充西方语用学理论的成果：沈家煊⑧、徐盛桓⑨所构建的会话含义理论框架，是基于列文森（Levinson）语用推导机制所做出的修正和补充。从 1986 年起，钱冠连开始修正、补充格赖斯的"合作原则"：针对量的原则，提出语言

① 《语用成果论集》，北京语言学院出版社 1994 年版。
② 何自然：《语用学概论》，湖南教育出版社 1988 年版。
③ 何兆熊：《语用学概要》，上海外语教育出版社 1989 年版。
④ 何兆熊：《新编语用学概要》，上海外语教育出版社 2001 年版。
⑤ 熊学亮：《认知语用学》，上海外语教育出版社 1999 年版。
⑥ 左思明：《汉语语用学》，河南人民出版社 2000 年版。
⑦ 索振羽：《语用学教程》，北京大学出版社 2000 年版。
⑧ 沈家煊：《我国的语用学研究》，《外语教学与研究》1996 年第 1 期。
⑨ 徐盛桓：《会话含义理论的新发展》，《现代外语》1993 年第 2 期；《新 Grice 会话含义理论和否定》，《外语教学与研究》1994 年第 4 期。

对冗余信息有一个容忍度，可以接受多余的话①；认为利奇的礼貌原则不能拯救合作原则，提出了假信息论②；认为在不合作现象中，存在着既不遵守四个准则，又不产生会话含义的合作系统③；因而他指出"合作并不是原则"，并建议增加一条准则：身势面相必须与话语和谐一致。④。钱冠连主要基于对禅宗对话的分析和研究，提出"言语交际三相论"⑤，并明确指出，基于汉语事实基础上的语用学，其实质是人文网络语言学。顾曰国基于汉语事实修正了列文森于 20 世纪提出的礼貌原则和"面子"理论，在 1993 年、1994 年所发表的文章中，顾曰国把言语行为的考察放在社会活动的大范围中，提出"言语行为不是单方面的行为，而是与听话人有关的双方共同的行为"。程雨民在其《语言系统及其运作》中也详细研究了语言交际中的推理过程。⑥

总而言之，在国外语用学传入中国的几十年来，我国语用学界基于汉语实际所做的语用学研究取得的成果是十分丰硕的。尽管如此，传统汉语中有待发掘的有价值的语料还有很多，对这些语料的进一步发掘，对充实、完善、发展汉语语用学理论体系大有裨益。而学术笔记作为文人随笔记录的俗文学作品，它所记录的汉语语用现象生动形象，较之于传世典籍，更是其所在时代语言的活化石，在语用学的研究中，十分值得查考。

## 三 学术笔记对汉语语用的揭示

学术笔记的俗文学性质决定其文本中除了记录大量的俗语词外，还有不少对当时文人相谑时制作的文人戏语、隐语以及出于某种政治需要出现的谶语等语用现象的评述、记录，这些评述材料是古代士人、智者、百姓对汉字、汉语活用的活化石。综合考察学术笔记中所见的相关

---

① 钱冠连：《语言冗余信息的容忍度》，《现代外语》1986 年第 3 期。
② 钱冠连：《言语假信息》，《外国语》1987 年第 5 期。
③ 钱冠连：《"不合作"现象》，《现代外语》1989 年第 1 期。
④ 钱冠连：《汉语文化语用学》，清华大学出版社 1997 年版，第 63 页。
⑤ 同上书，第 323 页。
⑥ 程雨民：《语言系统及其运作》，上海外语教育出版社 1997 年版。

评述材料，本章主要从五个方面对其加以分析整理：（1）对汉语语境干涉的评述；（2）附着于人的符号束参与语用评述；（3）汉语语用中的智力干涉；（4）"合作原则"在笔记文本中的呈现；（5）笔记文本对"得体原则"的评述。本章对以上内容择取数例分节加以详细讨论。

## 第二节　学术笔记对语境干涉现象的评述

我国文献早在传统语言学时期，就已经关注到了语境及其重要作用，只是当时"语境"这一术语还未被提出，但"语境"的思想已在不止一种文献中崭露头角，如晋杜预的《春秋左传集解序》："春秋虽以一字为褒贬，然皆须数字以成言。"唐孔颖达《正义》对其的解释即为"语境"思想的最初萌芽："褒贬虽在一字，不可单书一字以见褒贬……经之字也，一字异不得成为一义，故经必须数句以成言。"① 南朝刘勰的《文心雕龙·章句》亦载："夫人之立言，因字而生句，积句而成章，积章而成篇。篇之彪炳，章无疵也；章之明靡，句无玷也；句之清英，字不妄也；振本而末从，知一而万毕矣。"② 亦为古人对"语境"所做的初步探讨。

1923 年，波兰著名语言学家马林诺夫斯基正式提出这个术语③，之后弗斯接受并发展了马氏的理论，形成完整的语境理论。我国的语言学家在引进这个术语后，对其进行不断的讨论，出现了不少创新，如 20 世纪 30 年代，基于弗斯的"情景语境"理论，我国著名语言学家陈望道首次提出"题旨"与"情境"理论④；20 世纪 60 年代，我国语言学界的一批学者从汉语的修辞学、语体、风格等方面开始对汉语语境做进一步的研究，取得了丰硕的成果。最近几十年来，基于汉语实际的语境研究更是获得质的飞跃，出现了一批新的有价值的成果，最具代表性的

---

① 《春秋左传正义》，晋杜预注，唐孔颖达疏：《十三经注疏》，中华书局 1980 年版。
② 周振甫：《文心雕龙今译》，中华书局 1986 年版，第 306 页。
③ 见 1923 年马林诺夫斯基为 Ogden 和 Richards 所著《意义的意义》一书所写的序。
④ 陈望道：《修辞学发凡》，上海教育出版社 1979 年版，第 11 页。

如钱冠连的《汉语文化语用学》一书，补充、完善了此前国内的汉语语境理论。钱冠连认为，语境是指言语行为赖以表现的物质和社会环境。钱说将汉语语境归为"语言符号内"和"语言符号外"两类。而语言符号内语境又分为两部分：上下文语境（适用于书面语的交际）、上下语语境（适用于日常的话语交际）。① 本书立足于钱冠连对语境的具体分类，分析、归纳、整理学术笔记中的相关评述材料，将搜集到的相关语料归为两类：（1）非语言语境对语言符号的干涉；（2）语言语境对语言符号的干涉。

## 一　非语言语境对语言符号的干涉

　　每个社会的文化、风俗、群体的行为准则、固化的价值观念、客观存在的历史事件等，都可能成为话语交际中干涉语言符号使用的因素，此即非语言语境对语言符号的干涉。② 从实质上看，此干涉其实是在话语交际中，线性语言符号之外的因素干涉线性语言符号的使用和表达意图的理解。学术笔记中所见的相关评述主要可归为两类：（1）某个民族的特定文化、固有传统对语言交际线性符号的干涉；（2）话语交际之外的自在物体、意外出现的人和物以及交际所关涉的自然环境对语言线性符号使用、理解的干涉。

　　（一）某个民族的特定文化、传统对语言符号的干涉

　　钱冠连认为，语用原则和策略，与其说是为了交际的成功，倒不如说是为了寻找出对付社会人文网络（社会文化、风俗习惯、行为准则、价值观念、历史事件等）对人使用符号上干涉的办法。③ 事实诚如钱氏所说。学术笔记对避讳现象的评述是我们寻求中国社会人文网络的重要突破口——远古时代，有太多的自然现象是我们的先民所解释不了的，这类现象就被人们解释为超自然的力量。在这样的背景下，人们有一个普遍看法：人名与自身的安康、命运关联紧密，为保护自身的利益，他

---

① 钱冠连：《汉语文化语用学》，清华大学出版社 1997 年版，第 79 页。
② 同上书，第 81 页。
③ 同上书，第 286 页。

们排斥其他人说出自己的名字；为维护尊长的安全、利益，下级、晚辈亦尽力避免在一切场合提及对方的姓名。这种习俗就是中国历史上长期绵延的避讳习俗，以致影响到现代人的思维。①从历时的角度看，我国的避讳习俗源起于周朝，形成、发展于秦、汉两代，盛行于唐、宋，而元代废除了避讳习俗，至明、清两代，避讳习俗较唐、宋更其。从学术笔记中可见的相关评述材料看，避讳习俗从其方式上可归为两类：一为通过换字形成避讳语；二为对原字的缺笔形成避讳语。

1. 换字避讳

换字避讳，即对需避讳之字的字形进行调换，所换之字常与被换之字形近或音、义相同（相近）。学术笔记中的相关例证如：

①避讳而易字者。按《东观汉纪》云："惠帝讳盈，之字曰'满'；文帝讳恒，之字曰'常'；光武讳秀，之字曰'茂'。"云云。盖当时避讳，改为其字。之者，变也。如卦变爻曰之也。（周密《齐东野语》，页 5473）

上文评述所关涉之汉惠帝名刘盈，为汉高祖刘邦的嫡长子，为西汉王朝第二任皇帝。关于"盈"，《说文·皿部》："盈，满器也。"故上例提及汉人为避其讳，凡"盈"均代以"满"，是以同义字替换。

所关涉之汉文帝名刘恒，是刘邦的中子，母为薄姬。关于"恒"，《说文·二部》："恒，常也。"汉人为避其讳，凡"恒"均代之以"常"，亦为同义字替换。

光武帝名刘秀，为刘邦九世孙。关于"秀"，《广雅·释言》："秀，茂也。"汉人为避其讳，凡"秀"均代之以"茂"，是以同义字替换。

上文评述是对《东观汉记》中所记录的汉代人对以上三位君主的避讳事例，均为以同义字替换本字以避讳。

_____

① 王建：《中国古代避讳史》，贵州人民出版社 2002 年版。

②淮南王安，避父讳长，故《淮南》书，凡言长悉曰"修"。王羲之父讳正，故每书正月为"初月"，或作"一月"，余则以"政"字代之。王舒除会稽内史，以祖讳会，以会稽为"郐稽"。司马迁以父讳谈，《史记》中，赵谈为"赵同子"，张孟谈为"孟同"。范晔父名泰，《后汉书》，郭泰为"郭太"。李翱祖父名楚今，故为文皆以"今"为"兹"。杜甫父名闲，故杜诗无"闲"字。苏子瞻祖名序，故以序为"叙"，或改作"引"。曾鲁公父名会，故避之者，以堪会为"堪当"。蔡京父名准，改平准务为"平货务"。此皆士大夫自避家讳也。（周密《齐东野语》，页 5473）

上例评述为学术笔记对诸侯及民间避讳的评述。

关涉人物之一：淮南王刘安，乃刘邦之孙，为淮南厉王刘长的儿子。为避父刘长讳，凡"长"均代之以"修"，是以同义字替换。

关涉人物之二：东晋著名书法家王羲之，其祖父名正。《集韵·清韵》："正，岁之首月，夏以建寅月为正，殷以建丑月为正，周以建子月为正。"又《说文·刀部》："初，始也。从刀，从衣，裁衣之始也。"《玉篇·一部》："一，王弼曰：一者，数之始也。"为避祖父讳，"正"被王羲之代之以"初""一"，是以同义字替换形成避讳。《广韵·清韵》："正，诸盈切。"《集韵·清韵》："政，诸盈切。"故"正""政"二字音同，"正"又被王羲之代之以"政"，是用同音字替换本字形成避讳。

"会"，同"郐"，是古代的国名。《汉书·地理志下》："子男之国，虢、会为大。"颜师古注："会读曰郐，字或作桧。"① 会稽太守王舒之父名"会"，为避父讳，王舒将"会稽"改称"郐稽"，是用同音字替换本字形成的避讳。

①②两例所关涉之各避讳事宜，无论使用同音字替换还是用同义字替换，均为本字的替换形成避讳。更有甚者，为避讳同音字还要改称，

---

① （清）王先谦：《汉书补注》，中华书局 1983 年版，第 848 页下栏。

如学术笔记对"田登避讳"事的记录：

  ③田登作郡，怒人触其名，犯者必笞，举州皆谓灯为火。值上元放灯，吏揭榜于市曰："本州岛依例放火三日。"俗语云："只许州官放火，不许百姓点灯"，本此。（冯梦龙《古今谭概》，页56—57）

  上例评述是作者对俗语"只许州官放火，不许百姓点灯"得来之由的记载，因郡守田登之"登"与"灯"同音，为避其讳，要求全郡人改称"灯"为"火"，故"上元放灯"成为"上元放火"。无独有偶，陆游的《老学庵笔记》也有对这件事的记载：

  田登作郡，自讳其名，触者必怒，吏卒多被榜笞。于是举州皆谓灯为火。上元放灯，许人入州治游观。吏人遂书榜揭于市曰："本州依例放火三日。"（陆游《老学庵笔记》，页3494）

  陆文例不同于《古今谭概》例的是，陆文只是对"田登避讳"事例的客观记录，但字里行间仍呈现出文例作者对此事的真实态度。然蔡絛的记载又异于以上两例：

  又有田殿撰升之登者，名家，亦贤者也，绵历中外。一日，为留守南都，时群下每以其名"登"，故避为"火"。忽遇上元，于是榜于通衢："奉台旨，民间依例放火三日。"（蔡绦《铁围山丛谈》，页3083）

  蔡文所记"田登避讳"事，源于属下的自觉，而非上两例的被动、被迫避讳。无论被动抑或主动避讳，源出于该典的俗语"只许州官放火，不许百姓点灯"，后世都成为"封建社会的老百姓在统治者的专制下毫无自由"的代名词。

④韩墩梨　姑苏地名韩墩，产梨为天下冠。比之诸梨，其香异焉，中都谓之"韩墩梨"。后因光皇御讳，改谓"韩村梨"。至侂胄专国，馈之者不敢谓"韩村"，直曰"韩梨"。因此皆谓"韩梨"矣，非侂胄意也。吴中平田有培塿，皆曰"墩"，后避讳，皆曰"坡"。而避村名尤甚于避庙讳，菁村至改曰菁山，谢村至改曰谢溪。盖中都人以外人为村，故讳之。流传浸失，图谋易讹，故因韩事及之。（叶绍翁《四朝闻见录》，页5001）

上例评述中之"韩墩梨"以"产地＋事物类名"得名。然在宋光宗时代，由于光皇名赵惇，据《广韵》音系，《魂韵》有"惇，都昆切"，又有"墩，都昆切"，由此足见"惇""墩"两字同音，所以"韩墩梨"被改称"韩村梨"；至于韩侂胄专权后，人们为避其讳又把"韩村梨"改称"韩梨"。上例以"韩墩梨"的避讳为切入点，引发对韩侂胄专权后一系列避讳事象的评述。

⑤吕后讳雉，《封禅书》谓"野鸡夜雊"。武后讳曌，（音照。）以诏书为"制书"，鲍照为"鲍昭"。改懿德太子重照为"重润"，刘思照为"思昭"。简文郑后讳阿春，以《春秋》为《阳秋》，富春为"富阳"，蕲春为"蕲阳"。此避后讳也。（周密《齐东野语》，页5471）

吕后，讳雉，汉高祖刘邦之妻。雉，本为一种鸟，俗称野鸡。《封禅书》避后讳，改称"雉"为"野鸡"，是以同义字替换本字。

武后，取"日月当空"义造"曌"字，以为己名，读为"照"。《广韵·笑韵》："照，之少切。"又《笑韵》："诏，之少切。"故"照"与"诏"二字音同，据此又可类推出"曌"与"诏"同音，时人为避武后讳，改称"诏书"为"制书"，"鲍照"为"鲍昭"，改"重照"为"重润"，以上皆为与本字同音之字的避讳。

有时，不但同音字，甚至同属一韵之字亦需避讳：

⑥裴谈过苏环，小许公方五岁，乃读庾信《枯树赋》。将及终篇，避谈字，因易其韵曰："昔年移柳，依依汉阴（南）。今看摇落，凄怆江浔（潭）。树犹如此，人何以任（堪）。"（钱易《南部新书》，页317）

据《广韵》音系，《谈韵》："谈，徒甘切。"又《覃韵》："南，那含切。"再《覃韵》："潭，徒含切。"又《覃韵》："堪，口含切。"根据古今语音的对应关系，上文"谈"字韵为〔am〕，"南""潭""堪"三字韵为〔m〕，四字之韵相近，故被避讳替换。

综观上文六例，无论为本字避讳，还是为同音字，甚至同韵字避讳，均为用语被换字形、音、义相同、相近的字替换本字，皆为换字避讳。

2. 缺笔避讳

除上文换字外，还可通过缺写被避讳之字的某些笔画、偏旁来实现避讳。该类型较"易字避讳"简单，一般只为本字避讳。如：

①本朝真宗讳恒，音"胡登切"。若阙其下画，则为"恒"，又犯徽宗旁讳。后遂并"恒"字不用，而易为"常"，正用前例也。（周密《齐东野语》，页5473）

上例是对宋真宗赵恒避讳事的记载，本用省写"恒"下一笔来避讳，又因犯徽宗讳，遂改"恒"为"常"。前者为缺笔避讳，后者为换字避讳。

②绍圣间，安惇为从官，章惇为相，安见之，但称"享"而已。（周密《齐东野语》，页5476）

上例中，安惇为下级，章惇为上级，符合为尊者避讳的条件，故安为避章讳，见面自称"享"，是缺省己名中的"忄"而成的避讳。

（二）自在物体、意外人或物、自然环境对语言符号的干涉

除去本民族特定的文化、固有的传统外，话语交际外的自在物体、意外出现的人或物①、赖以达成的自然环境等也能干涉语言线性符号的使用。学术笔记对该现象的关注如下：

> ①万历中，袁中郎（宏道）令吴日，有江右孝廉某来谒，其弟现为部郎，与袁有年谊，置酒舟中款之。招长邑令江蓂萝（盈科）同饮，将携往游山，舟行之次，酒已半酣，客请主人发一口令，中郎见船头置一水桶，因云，要说一物，却影合一亲戚称谓并一官衔。指水桶云："此水桶非水桶，乃是木员外的箍箍（哥哥）。"盖谓孝廉为部郎之兄也。孝廉见一舟人手持笤帚，因云："此笤帚非笤帚，乃是竹编修的扫扫（嫂嫂）。"时中郎之兄伯修（宗道）、弟小修（中道），正为编修也。蓂萝属思间，见岸上有人捆束稻草，便云："此稻草非稻草，乃是柴把总的束束（叔叔）。"盖知孝廉原系军籍，有族子现为武牟也。（褚人获《坚瓠补集》，页480—481）

上例评述是笔记作者对文人游玩过程中为了活跃现场气氛而制作的文人戏语的评述，《酒令丛钞》卷一亦转抄上例材料，并在"箍箍"下注云："吴人读哥音如箍，盖云哥哥也。"将上例戏语置入《广韵》音系中考察，可知：

（1）《广韵·晧韵》："扫，苏老切。"又《晧韵》："嫂，苏老切。"故"扫""嫂"二字声韵完全相同。

（2）《广韵·烛韵》："束，书玉切。"《屋韵》："叔，式竹切。""式""书"二字声母同归入"审"母，而"玉""竹"二字同读入声，

---

① 钱冠连：《汉语文化语用学》，清华大学出版社1997年版，第80页。意外人或物，即意外符号：一切可以当话题或者可以被话题借用的突然因素，意外出现的人或物，都可算作意外符号。

韵母近似，可知，"束"与"叔"读音近似。

由上可知，"箍"与"哥"吴音相同，"扫"与"嫂"二字读音完全相同，"束"与"叔"二字读音相近，故在话语交际过程中，与上文前三字密切相关的本体事物水桶、笤帚、稻草分别被用为交际过程中的自在物体，干涉了语言符号的使用，圆满达成交际主体的交际意图。

②廖鸣吾、伦彦式偕入朝，洞野曰："有一偶语，试对之。人心不足蛇吞象。"白山徐应云："天理难忘獭祭鱼。"廖，楚人，伦，粤人，盖以物产相嘲云。（焦竑《玉堂丛语》，页273）

上例是笔记作者对文人谑语理据的评论。据温昌衍的说法，粤地多蛇，其方言中甚至有"蛇话"[①]之说；而楚地盛产獭，"獭祭鱼"之说始见于《礼记·月令》："东风解冻，蛰虫始振，鱼上冰，獭祭鱼。"[②]因为獭性贪婪，常常将捕到的鱼陈列在水边继续捕食，就像人祭祀时摆放的贡品一样，这种行为被人称为"獭祭鱼"[③]。故上例中两个交际主体是以对方家乡盛产物为交际过程外的自在物体，干涉语言线性符号使用的。

③穰侯与纲寿接境，魏冉将以广其封也，乃伐纲寿而取之。兵回，而范雎代其相矣。艾子闻而笑曰："真所谓'外头赶兔，屋里失獐也。'"（苏轼《艾子杂说》，页1598）

上例是对"外头赶兔，屋里失獐"事的描述。秦国穰侯魏冉为了扩张自己的封地，带兵进攻别国，范雎却趁机取代他当了宰相。艾子用

---

① 温昌衍：《略论粤中客家地区"蛇话"的性质及得名缘由》，《客家研究辑刊》2003年第12期。

② 陈澔注：《礼记集说》，中国书店1994年版，第83页。

③ 《古代汉语词典》，商务印书馆1998年版，第1508页。还有一种说法，认为"祭"的本义应是"残杀"（陆宗达、王宁《古汉语词义答问·说"祭"字》），獭性残，食鱼往往吃一两口就抛掉，而其捕鱼能力又强，所以每食必抛掉许多吃剩的鱼。

"外头赶兔，屋里失獐"讥讽魏冉。这句话中的"兔""獐"两字本与话语交际过程毫无关联，此处却以性质的相似成为自在物体，干涉了语言线性符号的使用，赋予原句以言外之意。

④《渔隐丛话》云：朝廷尝遣使高丽，彼一僧馆伴宴，会中行令，有云"张良项羽争一伞，良曰：'凉伞'，羽曰：'雨伞'。"我使曰："许由晁错争一瓢，由曰：'油葫芦'，错曰：'醋葫芦'。"（俞文豹《唾玉集》，页783）

上例评述中，张良之"良"和"凉伞"之"凉"，项羽之"羽"与雨伞之"雨"，许由之"由"和油葫芦之"油"三组是同音字；而晁错之"错"、醋葫芦之"醋"二字读音相近。故上例以张良、项羽、许由、晁错四名作为话语交际之外的自在物体，干涉语言线性符号的使用，由谐音而达成幽默。

⑤绍圣中，蔡京馆辽使李俨，盖泛使者，留馆颇久。一日，俨方饮，忽持盘中杏曰："来未花开，如今多幸。"京即举梨谓之曰："去虽叶落，未可轻离。"（陆游《老学庵笔记》，页3485）

上例评述所关涉的关键字分别为："杏""幸"和"梨""离"两组。《广韵·梗韵》："杏，何梗切。"又《梗韵》："幸，胡梗切。"因二字之反切上字"何""胡"的声母皆归"匣"母，反切下字同为"梗"，故"杏"与"幸"两个字的声母、韵母、调类完全相同。

《广韵·脂韵》："梨，力脂切。"又《支韵》："离，吕支切。"两字的反切上字"力""吕"的声母皆归"来"母，故"梨"和"离"二字声母相同，韵母相近。

综上可知，"杏""梨"二字因分别与"幸""离"二字谐音，成为话语交际过程之外的自在物体，干涉语言线性符号的使用，产生言外之意。

⑥刘道真自牵船嘲女子曰："女子何不调机弄杼而采莲?"女子答曰："丈夫何不跨马挥鞭而牵船?"道真又尝素盘共人食,有姬青衣将二子行。道真嘲曰："青羊将二羔。"姬应声曰："两猪共一槽。"(周玘《开颜录》,页986)

上例评述中,"青羊将二羔"与着青衣之姬颜色、数量相同,而"两猪共一槽"中的"两猪"与"道真尝素盘共人食"的行为性质相似,故"青羊""两猪"被话语交际过程中的两个交际主体分别制作成自在物体,参与话语的交际,达成谐谑的交际意图。但是,本节上文所关涉的内容应与下节附着符号束中所伴随的物理符号区别开来。

## 二　语言语境对语言线性符号的干涉

除上文外,语言符号内的因素对语言线性符号的干涉作用更直接,这种干涉即语言语境对语言线性符号的干涉。根据钱冠连的看法,此类干涉可归为两类:上下文语境、上下语语境对语言线性符号的干涉。[1]本书综合考察学术笔记中可见的相关例证,将之归为四类:(1)文篇断句对话语理解的干涉;(2)诗文押韵对语言线性符号的干涉;(3)俗语词的使用对语言线性符号的干涉;(4)同形异音词对语言线性符号的干涉。

(一)文篇断句对话语理解的干涉

书面语言的组成部分除语言片段外,还包括标点符号,标点符号是书面语表达不可或缺的辅助性工具。它的正确使用能有效地帮助人们确切地表情达意、准确地理解话语交际的意图。[2]但实际情况是,标点符号是近代才产生的,古人文章著作中并未使用标点,后人在阅读前代的古籍时,习惯在书面文篇中圈圈点点标识断句,此即训诂学中的明句

---

① 钱冠连:《汉语文化语用学》,清华大学出版社2002年版,第79页。
② 黄伯荣、廖序东:《现代汉语》(下册),高等教育出版社1997年版,第183页。

读。阅读古籍能否明句读，决定着读者理解文意的正误。

对文篇的断句干涉语言线性符号理解的现象，学术笔记也关注到了，如：

> ①《西汉》极有好语，患在读者乱其句读。（去声。）如《卫青传》云："人奴之生得无笞骂足矣安得封侯事乎。""人奴之"为一句，"生得无笞骂足矣"为一句，"生"读如"生乃与哙等为伍"之"生"。谓人方奴我，平生得无笞骂已足矣，安敢望封侯事。则语有意味而句法雄健。今人或以"人奴之生"为一句，只移一字在上句，便凡近矣。（费衮《梁溪漫志》，页3390）

上例评述所关涉的关键字"生"，《广韵·庚韵》对其注音为："所庚切""又所敬切"，意即此字有二音，二音的不同之处在于声调："所庚切"为平声，"所敬切"为去声。"生"字究竟归属哪句？"生"归属不同造成句义的理解、句法的完全不同，上例评述即对此问题的讨论，并明确提出"生"字应归下句的观点。笔者按："生"应归入上句，表"生平"之义。此类又如：

> ②圣人污　孟子曰："宰我、子贡、有若智足以知圣人。污，不至阿其所好。"赵岐注云："三人之智足以识圣人。"污，下也，自是一节。盖以下字训污也，其义明甚。而老苏先生乃做一句读，故作《三子知圣人污论》，谓："三子之智，不足以及圣人高深幽绝之境，徒得其下焉耳。"此说窃谓不然，夫谓"夫子贤于尧、舜，自生民以来未有"，可谓大矣，犹以为污下何哉？程尹川云："有若等自能知夫子之道，假使污下，必不为阿好而言。"其说正与赵氏合。大抵汉人释经子，或省去语助，如郑氏笺《毛诗》"奄观铚艾"云："奄，久。观，多也。"盖以久训奄，以多训观。近者黄启宗有《补礼部韵略》，于"淹"字下添"奄"字，注云："久观也。"亦是误以笺中五字为一句。（《容斋随笔》，页68—69）

上例评述材料是洪迈对"圣人污"中"污"字归属的讨论，材料摘引《孟子》赵岐注和苏洵对该问题的不同说法，并引证其他文献中的相关用例，明确否定苏说。苏洵对此问题的阐述如下：

> 孟子曰："宰我、子贡、有若，智足以知圣人污。"吾为之说曰：污，下也。宰我、子贡、有若三子者，其智不足以及圣人高深幽绝之境，而徒得其下者焉耳。宰我曰："以予观于夫子，贤于尧舜远矣。"子贡曰："由百世之后，等百世之王，莫之能违也。"有若曰："出乎其类，拔乎其萃，自生民以来，未有夫子之盛也。"是知夫子之大矣，而未知夫子之所以大也，宜乎谓其知足以知圣人污而已也。圣人之道一也，大者见其大，小者见其小，高者见其高，下者见其下，而圣人不知也。苟有形乎吾前者，吾以为无不见也，而离娄子必将有见吾之所不见焉，是非物罪也。太山之高百里，有却走而不见者矣，有见而不至其趾者矣，有至其趾而不至其上者矣。而太山未始有变也，有高而已耳，有大而已耳。见之不逃，不见不求见，至之不拒，不至不求至。而三子者，至其趾也。颜渊从夫子游，出而告人曰：吾有得于夫子矣。宰我、子贡、有若从夫子游，出而告人曰：吾有得于夫子矣。夫子之道一也，而颜渊得之以为颜渊，宰我、子贡、有若得之以为宰我、子贡、有若，夫子不知也。夫子之道，有高而又有下，犹太山之有趾也。高则难知，下则易从。难知，故夫子之道尊；易从，故夫子之道行。非夫子下之而求行也，道固有下者也。太山非能有趾，而不能无趾也。子贡谓夫子曰："夫子之道至大也，故天下莫能容夫子。夫子盍少贬焉！"夫子不悦。夫有其大，而后能安其大；有其小焉，则亦不狭乎其小。夫子有其大，而子贡有其小。然则无惑乎子贡之不能安夫子之大也。（《苏洵集》，卷九）

前例，"污"字的归属决定着句义的理解，主要是由于"污"的断句不同使发出动作的主体不同，具体如下：若"污"被单独断开，发出动作的行为主体应为"宰我""子贡""有若"三个人；而若苏说成立，把"污"归属为上句，则发出动作的行为主体是圣人。笔者按：此例洪说可信。

③有味其言　今人用推毂事，必连"有味其言"作一句。予观《史记·郑当时传》载："其推毂士及官属丞史，诚有味其言之也，常引以为贤于己。"究其文意，"有味"合句断。盖谓推毂者诚有味，而其言之者，常以为贤于己。《汉书》节去"之"字，小颜从"也"字下注，皆误尔。不然，上下文全不相贯。（刘昌诗《芦浦笔记》，页2）

推毂，本意指的是帮助人推车，使之前进，因行为相类比喻推荐人才。① 上例评述探讨"其推毂士及官属丞史，诚有味其言之也，常引以为贤于己"断句，以《史记》中的断句为基点，明确表示自己的不同意见，认为句读应从"有味"后断开，后文又指出《汉书》行文错误，以"不然，上下文全不相贯"结语，是作者对断句错误影响词句理解观点的认同。

④廉远地　比见书坊时文赋，有以《上廉远地则堂高》命题者，窃疑焉。贾谊《政事疏》："人主之尊如堂，群臣如陛，众庶如地。故陛九级，上廉远地则堂高，陛亡级，廉近地则堂卑。"师古曰："级，等也。廉，侧隅也。"恐合以"陛九级上"句断，廉隅去地远则堂自高耳。（刘昌诗《芦浦笔记》，页3）

上例评述讨论了"故陛九级，上廉远地则堂高"的断句问题。以文赋命题切入，次引贾谊《政事疏》中的句读，明确指出上二处错误，

---

① 《古代汉语词典》，商务印书馆1998年版，第1578页。

条分缕析，得出"上"归上句的结论。笔者按：此说可信。

　　⑤《孟子》：晋人有冯妇者，善博虎，卒为善士。则之野，有众逐虎云云，其为士者笑之。注：为善士者，以善博虎有勇名，故进以为士，之于野外。至今读者以"卒为善士"为一句，"则之野"为一句。以余味其言，则恐合以"卒为善"为一句，"士则之"为一句，"野有众逐虎"为一句。盖以其有博虎之勇，而卒能为善，故士以为则。及其不知止，则士以为笑。"野有众逐虎"句，意亦健，何必谓之野外而后云攘臂也。（刘昌诗《芦浦笔记》，页1—2）

　　冯妇，古代善于博虎的男子名。上例评述是对该典故断句问题的讨论。作者以《孟子》中的行文及下注为切入点，《孟子·尽心下》："晋人有冯妇者，善搏虎，卒为善士。则之野，有众逐虎。虎负嵎，莫之敢撄。望见冯妇，趋而迎之；冯妇攘臂下车。众皆悦之，其为士者笑之。"赵岐注："其士之党笑其不知止也。"[1] 次证之以现世读者的断句，最后提出自己的观点"卒为善""士则之"各为一句，明确自己如此断句的依据。《菽园杂记》有对刘昌诗说法的肯定：

　　冯妇善搏虎，卒为善，士则之。野有众逐虎，虎负嵎，冯妇攘臂下车，众皆悦之，其为士者笑之。近见嘉兴刻本，点法如此，颇觉理胜。盖悦之者，搏虎于野之众；笑之者，即之之士也。前后相应。（陆容《菽园杂记》，页144）

　　上例是对嘉兴刻本中标点法的肯定，同上文刘说，亦说明了自己断句的理由，殊为可信。

　　以上五例均是学术笔记对文篇断句干涉话语交际过程的关注。随着口头语的不断演变，它与存世典籍所使用的语言距离不断拉大，且典籍

----

① 阮元校刻：《十三经注疏》，中华书局1980年影印本，第2775页中栏。

中的句读均是读者按照自己的理解标注的，不一定能确切表明原著者的本义，故后世训诂学者对存世典籍的断句工作的探讨就显得尤为重要。断句正确与否，直接影响着读者对文意的理解，故学术笔记中留存的这部分材料十分值得我们查考。

（二）诗文押韵对语言线性符号的干涉

诗歌押韵的发展经历了一个漫长的过程，实际情况正如郭锡良所说：唐代以前的诗歌，在形式上是比较自由的。在平仄换韵、字数多少、句式长短等方面，都没有固定的限制。经过六朝骈俪之风的陶冶，诗人开始有了将四声交织地运用于创作的自觉。[①] 唐代，特别是武后时期，以沈佺期、宋之问为代表的宫廷诗人从前贤、时人作诗格律应用的实践中总结出规律，把成熟的形式固化，形成律诗的"回忌声病，约句准篇"，为后世诗人作诗规定了明确的规格。[②] 关于诗歌中的押韵，学术笔记中有如下记载：

> 唐人以格律自拘，唯白居易敢易其音于语中。（陈鹄《西塘集耆旧续闻》，页4842）

上例是对唐代律诗例外情况的专门提及，唐诗中格律之严由此可窥一斑。唐代初期的诗歌，如果押韵、句式所使用的规制不是很严格，只是大致整齐，就会被归为古体诗；如果诗歌的押韵、形式规制很严格，绝对按照律诗的要求写作，就被归为今体诗。在正常情况下，唐代律诗严格要求押韵，除第一句可押可不押之外，偶句绝对要押韵。而且，唐诗的押韵有两条"铁"的规制：(1)通常押平声韵；(2)每首诗的韵脚均取自同一韵部，不能"出韵"，也不能换韵。[③]

实质上，诗歌的押韵要求音节的强迫对等，这种对等规律是古人作诗、文时所用的语用策略，故押韵对话语交际中语言线性符号的影响是

---

① 参见李玲璞、郭锡良《古代汉语》（下），语文出版社1992年版，第1120页。

② 游国恩：《中国文学史》（2），人民文学出版社1963年版，第26页。

③ 参见李玲璞、郭锡良《古代汉语》（下），语文出版社1992年版，第1121页。

避免不了的。学术笔记对诗歌用韵的记载屡见不鲜，从总体上看可归为两类，这里分别择取数例说明如下。

1. 对用韵情况的记载

学术笔记中有对文人押韵总体情况的评述，如：

①作诗押韵是一奇。荆公、东坡、鲁直押韵最工，而东坡尤精于次韵，往返数四，愈出愈奇。如作梅诗、雪诗押"瞰"字、"叉"字，在徐州与乔太傅唱和押"粲"字，数诗特工，荆公和"叉"字数首，鲁直和"粲"字数首，亦皆杰出。盖其胸中有数万卷书，左抽右取，皆出自然。初不着意要寻好韵，而韵与意会，语皆浑成，此所以为好。若拘于用韵，必有牵强处，则害一篇之意，亦何足称？坡在岭外《和渊明怀古田舍》诗云："休闲等一味，妄想生愧脼。"自注云："渊明本用'缅'字，今聊取其同音字。"《和程正辅同游白水岩》诗云："恣倾白蜜收五棱，细劚黄土栽三桠。"自注云："来诗本用'石亚'字，惠州无书，不见此字所出，故且从'木'奉和。"且东坡欲和此二韵，似亦不难矣，然才觉牵合，则宁舍之，不以是而坏此篇之全意也。后人不晓此理，才到和韵处，以不胜人为耻，必据力冥搜，纵不可使，亦须强押，正如醉人语言，全无伦类，可以一笑也。（费衮《梁溪漫志》，页3406）

上例开篇即对诗歌押韵总体情况给出评价，接着明确指出代表人物各自的用韵特点。费衮分别择取荆公、东坡、鲁直三人名诗、名句中的用韵，点明用韵的最高境界。再举苏东坡作诗把"缅"改成"脼"的例证，大加赞赏。《尔雅·释言》："愧，惭也。"《说文·纟部》："缅，微丝也。从纟，面声。"苏诗将"缅"改成"脼"，与前文"愧"有意义上的关联，更能与诗文的原意紧密契合。又把《和程正辅同游白水岩》中的"石亚"改成"桠"，后者更能与本诗中的"栽"字契合。学术笔记中亦有对著名诗人个体用韵习惯的记录和评述，如对白居易用韵的评述：

②白乐天诗，好以司字作入声，如云"四十著绯军司马，男
儿官职未蹉跎"，"一为州司马，三见岁重阳"，是也。又以相字作
入声，如云："为问长安月，谁教不相离"，是也。相字之下自注
云：思必切。以十字作平声读，如云："在郡六百日，入山十二
回"，"绿浪东西南北路，红栏三百九十桥"，是也。以琵字作入声
读，如云："四弦不似琵琶声，乱写真珠细撼铃"，"忽闻水上琵琶
声"，是也。武元衡亦有句云："唯有白须张司马，不言名利尚相
从。"（洪迈《容斋随笔》，页 12）

上例评述是洪迈对白乐天用韵总体情况的评价。《广韵·之韵》：
"司，息兹切。"《广韵·阳韵》："相，息良切。"《广韵·脂韵》："琵，
房脂切。"三字因本均平声，上例却引证诸诗证实白乐天经常把这三个
字用作入声入诗。而《广韵·缉韵》："十，是执切。""十"本读为入
声，却被白居易用作平声入诗。实质上，白居易的这种习惯是"司"
南北方音差异的呈现。白居易的这个用韵习惯亦被陆游关注到了：

白乐天诗云："四十著绯军司马，男儿官职未蹉跎。""一为州司
马，三岁见重阳。"本朝太宗时，宋太素尚书自翰苑谪鄜州行军司马，
有诗云："鄜州军司马，也好画为屏。"又云："官为军司马，身是谪
仙人。"盖北音"司"字作入声读。 （陆游《老学庵笔记》，页
3524）

此例陆游在引证了白居易诗上述用韵习惯的同时，亦对南北方音
"司"字的不同做出初步论断，较上文洪例是一个较大的进步。
学术笔记还对同一字用在多个韵中的现象做了记载：

③《极泪圣涯诗》盖出《唐史·文艺叙传》也。三字皆仄，一
字是平，不免以"涯"字为押。然涯之一字而见于三韵：五又，鱼

奇反；十三佳，宜佳反；九麻，牛佳反。（俞成《萤雪丛说》，页1659）

此例对"涯"用在多个韵中的现象做了记载。考《广韵》，不难发现"涯"是多音字。《广韵·佳韵》："涯，五佳切。又鱼羁切。"在《广韵》音系中，"又"拟音为［iɐu］，"佳"拟音为［ai］，"麻"拟音为［a］，三音全不相同，却同用"涯"一字押韵。

2. 学术笔记对押韵所产生的同素异序词的记录和评述

刘叔新认为，同素异序词是指只在词根顺序上相反而没有任何意义色彩差别的成对复合词，是现代汉语中等义词的重要组成部分。[1] 马显彬曾对同素异序词的生成原因做过描述，认为同素异序词的形成原因至今还没有完全弄清楚，一般认为它跟平仄押韵、方言和汉语构词的不稳定性有关，通过对同素异序词的全面考察，发现这些原因存在一些疑点，它的形成跟平仄押韵、方言等关系不大，它主要是利用汉语词序的灵活性有意识地创造出来的。[2] 笔者按：上述马显彬文中提到的两种原因实为同一问题的不同层面，目前的普遍看法是表层原因，马显彬说则是深层原因，前者以后者为基点。从学术笔记中探求到的相关例证看，一大部分同素异序词是为押韵而产生的。如：

①古人诗押字，或有语颠倒，而于理无害者。如韩退之以"参差"为"差参"，以"玲珑"为"珑玲"是也。比观王逢原有《孔融》诗云："虚云座上客常满，许下惟闻哭习脂。"黄鲁直有《和荆公西太一宫》六言诗云："啜羹不如放麑，乐羊终愧巴西。"按《后汉》史有"脂习"而无"习脂"，有"秦西巴"而无"巴西"，岂二公之误耶。《汉皋诗话》云：字有颠倒可用者，如"罗绮""绮罗"，"图书""书图"，"毛羽""羽毛"，"白黑""黑白"之类，

---

① 刘叔新：《汉语描写词汇学》，商务印书馆2005年版，第316页。
② 马显彬：《同素异序词成因质疑》，《湛江师范学院学报》2004年第5期。

方可纵横。惟韩愈、孟郊辈才豪，故有"湖江""白红""慨慷"之语，后人亦难仿效。若不学矩步，而学奔逸，诚恐"麟麒""凰凤""木草""川山"之句纷然矣。（魏庆之《诗人玉屑》，页145）

上例评述是笔记作者对诗文中同素异序词总体使用情况的评述。例中所关涉之"秦西巴"是人名。《广韵·麻韵》："巴，伯加切。"《广韵·齐韵》："霓，五稽切。"又《广韵·齐韵》："西，先稽切。""霓""西"两字韵、调完全相同，所以鲁直诗中把"西巴"改成"巴西"。

②《汉皋诗话》曰：字有颠倒可用者，如"罗绮"、"绮罗"之类，方可纵横。惟韩愈、孟郊辈才豪，故有"慨慷"之语，后人亦难仿效。仆谓"慨慷"二字，退之、东野亦有所祖，非二公自为也。然"慷"字多作平声用。观曹孟德《短歌行》曰："对酒当歌，人生几何！譬如朝露，去日苦多。慨当以慷，忧思难忘。何以解忧？惟有杜康。"第一章协歌、何、多，第二章协慷、忘、康。退之、东野辈盖祖此。非特二公也，前后名人如左太冲、张文昌、王昌龄、岑参等，皆用此语，仆不暇缕举。如岑参诗廿五韵并于平声方字韵押，其一联有曰："苓然西郊道，握手何慨慷。"是皆有"慨慷"之语。古人颠倒用字，又不特"慨慷"二字而已。"凄惨"作"惨凄"，"琴瑟"作"瑟琴"，"参商"作"商参"，皆随韵而协之耳。又如曹子建、袁阳源等，皆以西字与先字协，则汉赵壹盖尝如是。潘安仁等以负荷之"荷"作平声协，则《班超赞》固已然矣，《班超赞》又出于《楚辞》，蔡宽夫《诗话》谓此体至魏晋犹在，仆谓不但魏晋，六朝尚然，如王韶之诗是也。类而推之，何可胜数！又如"绸缪"二字，张敞则曰"内饰则结缪绸"。（王楙《野客丛书》，页326－327）

上例王楙遍引书证，以曹操的《短歌行》为例，评述其中的用韵情况。《广韵·荡韵》："慷，苦朗切。"《广韵·漾韵》："忘，巫放切。"《广韵·唐韵》："康，哭冈切。"《广韵·代韵》："慨，苦盖切。"
上例中因"微"字独用，不能和"阳韵"相押，故把"慷慨"改为
"慨慷"来谐韵。《广韵·阳韵》："方，府良切。"故上例之岑参诗把
"慷慨"改成"慨慷"以谐"方"韵。

此外，材料还举出不少改变原词词序来谐韵的例证，最终得出
"皆随韵而协之耳"。

董志翘对"同素反序词"做过详细评述："同素反序双音词，即两
个相同词素以相反词序构造的意义相同或相近的双音词，如宿住、住
宿，来往、往来等，这有两种情况，一是 AB、BA 式同时使用，一是只
有 BA 式。同素反序双音词反映了两个同义语素结合初期的随意性和不
稳定性。但在以后的选择过程中，调序规则起了决定性作用。"① 这种
现象虽然在一定程度上反映了语素组合过程中的不稳固性、随意性，但
诗歌的押韵在其形成中绝对是不可或缺的推动力，故本书认为诗歌中出
现的同素异序词现象是创作中有意识的语用现象。

（三）俗语词干涉语言线性符号的使用和理解

除上文所举例证外，俗语词的使用对语言线性符号的干涉也十分显
著。《汉语大词典》将"俗语词"界定为：（1）民间流行的说法；（2）
通俗流行并已定型的语句；（3）方言土语。这种说法比较宽泛，实为
"俗语言"而非"俗语词"的内涵。此处即以此界定为理论基点，讨论
学术笔记对该类语言现象干涉语言符号使用的评论。"差不多每个村落
都有它自己的方言土语特征"②，这些方言土语在话语交际过程中往往
会干涉语言线性符号的使用、理解，如：

> ①曹咏为浙漕，一日坐客言徽州汪王灵异者。咏问汪王若为
> 对。有唐永夫者在座，遽曰："可对曹漕。"咏以为工，遂爱之。
> 曾觌字纯甫，偶归，正官萧鹏巴来谒。既退，复一客至，其所狎

① 董志翘：《〈入唐求法巡礼记〉词汇研究》，中国社会科学出版社2000年版，第185
页。

② 布龙菲尔德：《语言论》，袁家骅等译，商务印书馆1980年版，第425页。

也。因问曰："萧鷓巴可对何人?"客曰："正可对曾鹘脯。"觊以为嫚己,大怒,与之绝。然"鷓巴"北人实谓之"札八"。(陆游《老学庵笔记》,页3495)

《广韵·禡韵》:"鷓,之夜切。"《广韵·黠韵》:"札,侧八切。"《广韵·麻韵》:"巴,伯加切。"又《广韵·黠韵》:"八,博拔切。"北方人把"鷓巴"称为"札八",且"章"与"庄"二韵混淆,"黠""禡""麻"三韵混淆,其实是北方语音合流的缩影。在上例话语交际中,正是南北语音的差异,导致交际的最终失败,使得交际主体曾觊误解对方"嫚己","大怒",且"与之绝"。

②元丰五年,黄冕仲榜唱名,有暨陶者,主司初以"洎"音呼之,三呼不应。苏子容时为试官,神宗顾苏,苏曰:"当以入声呼之。"果出应。上曰:"卿何以知为入音?"苏言:"《三国志》吴有暨艳,陶恐其后。"遂问陶乡贯,曰:"崇安人。"上喜曰:"果吴人也。"时暨自阙下一画,苏复言字下当从旦。此唐避睿宗讳,流俗遂误,弗改耳。(叶梦得《石林燕语》,页2544)

上例评述中所关涉之关键字"洎",查《广韵》,《至韵》有"暨,其冀切",又"洎,其冀切",为群母至韵去声。而吴音却呼"洎"为入声。故在上例话语交际中,当吴人暨陶名中的"暨"被主司呼为"洎"时,造成"三呼不应"的局面。

③鲁直在戎州,作乐府曰:"老子平生,江南江北,爱听临风笛。孙郎微笑,坐来声喷霜竹。"予在蜀见其稿。今俗本改"笛"为"曲"以协韵,非也。然亦疑"笛"字太不入韵。及居蜀久,习其语音,乃知泸、戎间谓笛为"独"。故鲁直得借用,亦因以戏之耳。(陆游《老学庵笔记》,页3461)

《广韵·锡韵》："笛，徒历切。"《广韵·烛韵》："曲，丘玉切。"《广韵·屋韵》："竹，张六切。"又《广韵·屋韵》："独，徒谷切。"在蜀语方音中，"锡""屋"二字的韵是混称的。故陆游初游蜀地见该书稿时，以通语的眼光看待该诗的用韵，产生"笛"字不入韵的看法是很正常的。由此例可见，方音入诗现象还可作为今天研究方言语音的重要语料。

以上三例评述，均为方音干涉语言线性符号的例证。虽然学术笔记中的这类记载是不成体系、零散的，但这些材料的发掘，足可使后人管窥到方音演变的一鳞半爪。

学术笔记中还记载了方言词干涉语言线性符号使用、理解的现象，情况如下：

> ④曹孝忠者，以医得幸。政和、宣和间，其子以翰林医官换武官，俄又换文，遂除馆职。初，蜀人谓气风者为云，画家所谓赵云子是矣。至是京师市人亦有此语。馆中会语及宸翰，或谓曹氏子曰："计公家富有云汉之章也。"曹忽大怒曰："尔便云汉！"坐皆愕然，而曹肆骂不已。（陆游《老学庵笔记》，页3479）

在上例评述中，"疯"和"风"二字读音相同，后者又与"云"同类而及，所以四川人把"疯子"称为"云汉"；京师亦有此语，表"美好文章"之义。曹氏为蜀人，当其子听到有人对他说"公家富有云汉之章"时，以蜀地方言理解为"疯子"，反应激烈，对对方破口大骂，实为对同音词二义的错解造成了交际的失败。[①] 此例是学术笔记对俗语词干涉话语交际过程的记录。此类又如：

> ⑤俚语有"张王李赵"之语，犹言是何等人，无足挂齿牙之

---

① 李文泽《宋代语言研究》（线装书局2001年版）第101页从"避忌用语"的角度对"云汉"的意义做了解释。

意也。宣和间，王将明、张子能、王履道、李士美、赵圣从俱在政
府，是时"张王李赵"之语喧于朝野，闻者莫不笑之。（朱弁《曲
洧旧闻》，页3008）

张、王、李、赵，本中国最大的四个姓氏，因其在生活中最常见，
就被连用起来泛指一般人、普通人。清翟灏《通俗编·称谓》："张、
王、李、赵，此语正依《梁书》张甲、王乙、李丙、赵丁之次，非俚
俗所偶然杜撰。"上例评述是对其连用参与交际戏谑对方的记录。

综上可知，不论是方言语音，还是方俗语词，都能参与话语交际的
过程，或别有意趣，或制造出交际障碍，妨碍话语交际的顺利进行。

（四）同形异音词对语言线性符号的干涉

同形异音词，指词形相同而词音、词义相异之词。[①] 这类词对话语
交际所产生的干涉是显而易见的：从话语理解上看，同形异音词是产生
歧义的根源之一，容易造成受话者的理解失误；从语言线性符号的使用
来看，同形异音词容易使话语表述者误用。这两种使话语交际失败的干
涉现象在学术笔记中均有相关呈现。

1. 产生歧义

同形异音词，因词形完全相同，在交际过程中（尤其是书面语的
交流中）最易产生歧义，造成受话人理解的错误。如：

①姓"但"者，音若"檀"。近岁有岭南监司曰但中庸是也。
一日，朝士同观报状，见岭南郡守以不法被劾，朝旨令但中庸根
勘。有一人辄叹曰："此郡守必是权贵所主。"问："何以知之？"
曰："若是孤寒，必须痛治，此乃令'但中庸根勘'，即是有力可
知。"同坐者无不掩口。其人悻然作色曰："拙直宜为诸公所笑！"
竟不悟而去。（陆游《老学庵笔记》，页3519）

---

① 《大辞海》（语言学卷），第104页。

上例评述中的关键词"但","是表范围、程度的副词，略等于'只''仅'。《正字通·人部》有对"但"该义项的解释："但，语辞。犹言特也，第也。"① 《广韵·旱韵》又有对该义项之"但"读音的反切："但，徒旱切。"此外，"但"还是一个姓氏。《通志·氏族略五》载："但氏，汉有西域都护但钦，又济阴太守但巴。"且据《广韵》，"但"在表姓氏和做程度副词的时候，读音是不同的，是为同形异音词。上例中交际主体即是把二字混淆所致的交际失败。此类又如：

> ②李献臣好为雅言。曾知郑州，时孙次公为陕漕罢赴阙，先遣一使入京，所遣乃献臣故吏。到郑廷参，献臣甚喜，欲令左右延饭，乃问之，曰："餐来未？"使臣误意餐者谓次公也，遽对曰："离长安日，都运待制已治装。"献臣曰："不问孙待制，官人餐来未？"其人惭沮而言曰："不敢仰昧，为三司军将日，曾吃却十三。"盖鄙语谓遭杖为餐。献臣掩口，曰："官人误也，问曾餐与未曾餐，正欲奉留一食耳。"（沈括《梦溪笔谈》，页190－191）

《集韵·换韵》："餐，饼也。"方成珪考证云："案《类篇》饼作食弁，饼俗饭字，今定作饭。"由上可知，雅言中表示"吃饭"义的，形、音和俗语中表示"遭杖打"义的"餐"完全相同，而且后义已成时人的习惯用法，雅言中的用法被对应的俗字"饭"替代了，所以在话语交际中，发话者对"餐"雅言义的使用干涉了使臣对语言线性符号的理解，答语使人啼笑皆非。

2. 导致误用

歧义是在同形异音词对话语线性符号理解过程中产生的，而误用则是在语言线性符号的使用中产生的，因各种相关知识的缺乏而导致主体对同形异音词的错误使用。如：

---

① （明）张自烈、（清）廖文英：《正字通》，中国工人出版社1996年影印本，第34页上栏。

①投水屈原　有士人尝以非辜至讼庭，守不直之，士人愤懑，大声称屈，守怒曰："若为士，乃敢尔！为我属对，不能，且得罪。"因唱曰："投水屈原真是屈。"士人应声曰："杀人曾子又何曾。"守曰："吾句有二屈字，而汝句尾乃曾（音层），字，汝之不学明矣！顾何所逃罪邪？"士人笑曰："此乃使君不学尔！按屈姓，流俗皆如字呼，而屈到、屈原，皆九勿切，使君尝研究否？"守惭，释遣之。（费衮《梁溪漫志》，页3437）

对于上例评述中的关键词，《广韵·物韵》："屈，区勿切。又九勿切。"《广韵·登韵》："曾，作腾切（zēng）。又昨棱切（céng）。""屈"和"曾"两组字读音不同，而且所表示的义项没有任何关联，是两组同形字。上例评述中的太守诘责士人的无知，其实是自己把二"屈"误解为一字而产生的误解。

②紫荷　《漫录》载刘伟明《赠熊本待制》诗："西清寓直荷为橐。"欧阳文忠《回吴舍人启》，以"红药翻阶"对"紫荷持橐"，皆为误。然又引《隋志》，尚书录令仆射、吏部尚书，朝服缀紫荷。录令左仆射左荷，右仆射、吏部尚书右荷，以俟博识者。予考《晋舆服志》：八座尚书荷紫，以生紫为袷囊，缀之服外，加于左肩。所谓荷囊乃负荷之荷。然则《隋志》载紫荷、左荷、右荷，要知亦是负荷，分明非芰荷之荷也。（刘昌诗《芦浦笔记》，页21）

《尔雅·释草》："荷，芙蕖。"郭璞注云："别名芙蓉，江东呼荷。"① 《诗·郑风·山有扶苏》："山有扶苏，隰有荷花。"毛传解释为："荷花，扶渠也，其花菡萏。"② 《广韵·歌韵》："荷，胡歌切。"

---

① 郭璞：《尔雅音图》，中国书店1985年版，第26页。
② 阮元校刻：《十三经注疏》，中华书局1980年影印本，第341页下栏。

此处"荷"是名词，读为平声。

"荷"亦有"扛，担"义，并由此义引申指"负荷"。清朱珔《说文假借义证》有对该义项产生、读音的解释："古担负字作'何'，今作'荷'，读上声。《易·噬嗑》'何校'《释文》：'何，本作荷。'《论语》'荷蒉'《释文》：'荷，本作何。'是'荷'为'何'之假借。"《公羊传·宣公六年》有"有人荷畚自闺而出者"，何休注云："荷，负也。"①《汉书·灌夫传》："魏其言灌夫父死事，身荷戟驰不测之吴军，身被数十创，名冠三军，此天下壮士，非有大恶，争杯酒，不足引它过以诛也。"颜师古注云："荷，负也。"②《广韵·哿韵》："荷，胡可切。"此处"荷"是动词，读为上声。

上例评述所引诗句把"红药翻阶"对以"紫荷持橐"，为对"荷"字两个不同意义的混淆而导致的词语误用现象。

学术笔记中还有对交际主体未达到特定意图而主观故意产生的词语误用现象的记载，如：

　　③或谮胡宿于上曰："宿名当为去声，乃以入声称，名尚不识，岂堪作词臣？"上以问宿。宿曰："臣名归宿之宿，非星宿之宿。"谮者又曰："果以归宿取义，何为字拱辰也？"故后易字武平。（邵博《邵氏闻见后录》，页1962）

上例中"宿"，《广韵·屋韵》有"宿，息救切"。此处"宿"为去声，表示"星辰、星座"义，现存各字书、韵书中有对该义项的记载，《玉篇·宀部》："宿，星宿也。"《集韵·宥韵》："宿，列星也。"而"宿"又可表"归宿"之义，只是与上义读音不同，《广韵·屋韵》："宿，息逐切。"此处"宿"为入声。

上例评述中谮者弹劾胡宿的行为话语，是基于上述二"宿"在音、

---

① 阮元校刻：《十三经注疏》，中华书局1980年影印本，第2279页中栏。
② （清）王先谦：《汉书补注》，广陵书社2006年版，第1085页上栏。

义上与主体胡宿名中的不对应而产生的。

以上均为学术笔记所记载的同形异音词干涉语言线性符号的使用以及对话语交际的理解，从一个侧面呈现了汉语语境对话语交际过程的干涉。

对于语境，何兆熊认为：（1）语境的范围大于情景、背景等；（2）语境其实是一个知识系统。① 学术笔记中上述相关例证印证了何兆熊的观点，且证明了汉语语境对话语交际过程的干涉古已有之。

## 第三节　学术笔记对附着符号束
## 参与语用现象的评述

### 一　关于附着于人的符号束

何自然认为，附着符号是指语言符号以外，一切伴随着人的符号，如气息、面部符号、身势符号，伴随着的物理符号（物体）。多方面的附着符号，形成了一个与话语同步的符号集合，于是成为符号束。②

上文所讲的语境干涉中有"可见的话语交际过程之外的自在物体、交际中意外出现的人或物、交际进行的背景自然环境"，其中就包含了物理符号即自然物。钱冠连认为，"伴随着人的物理符号（物体）"指称的是"伴随着人的"物理符号（自然物），如交际主体随身所带的笔、碗筷、放大镜、书本以及各种劳动工具……又如交际主体本身就有的工具系统、衣着、头饰……当它们不只是具体物件而是获得交际约定的象征意义时，都成为符号进入了话语交际活动。而"自在物体、意外人或物、自然环境"（树、山、建筑物、艺术品……）虽然具有成为符号进入交际活动的可能，却是远早于话语交际活动而存在的，不是交际主体中任何一个带着的，不依附于交际中的任何说话人、听话人。③学术笔记中有不少相关的评述内容。

---

① 何兆熊：《语用学概要》，上海外语教育出版社1989年版，第25页。
② 转引自钱冠连《汉语文化语用学》，清华大学出版社2002年版，第110页。
③ 同上书，第11页。

## 二 学术笔记所记录的附着符号束参与语用评述

（一）伴随着人的物理符号的参与

伴随着主体而来的自然物在话语交际过程中被发话者的言语行为使用时，便产生了代表着另外的事物的象征意义，以其视觉形象参与话语交际，获得了话语符号的现实意义。但是，这些伴随物一定是话语交际中的某个人故意准备好的，如果不满足这个条件，只能算是话语交际活动中的自在物体。学术笔记中所见的相关评述内容，主要呈现了此类符号与参与交际的本体之间的两种关系：（1）伴随符号与象征本体间的行为、性质，有的相似，有的相关；（2）伴随符号与象征本体语音或相似，或相关。

1. 行为或性质相似和相关

话语交际活动中的某些伴随符号参与交际过程，是由于伴随符号的性质、行为等外在特征与象征本体相似或相关。如：

> ①至嘉靖朝，张、桂用事恣肆，有人于御前放郭索横行，背有朱字，世宗取阅，乃漆书璁、萼姓名，此大珰辈所为也。其后分宜擅权，枉杀贵溪，京师人恶之，为语曰："可恨严介溪，作事忒心欺。常将冷眼观螃蟹，看你横行得几时？"一蟹之微，古今皆借以喻权贵，然亦一蟹不如一蟹矣。咏严后二句，或又云："善恶到头终有报，只争来早与来迟。"语亦确。（沈德符《万历野获编》，页664）

上例是笔记对京师人讽刺权臣之事的评述。在评述中，"郭索"被用作话语交际活动的伴随物。"郭索"，即螃蟹爬行的样子。① 横着爬行是螃蟹的典型特征，此与权臣霸道行事的特征异曲同工，故被人故意捉来，且在其背写上字放在国君面前讽刺权贵。此例因"螃蟹"的行为特征与所喻之人存在某种相似，被话语交际者蓄意准备用来参与交际，

---

① 《古代汉语词典》，商务印书馆1998年版，第521页。

故为伴随物而非自在物体。

　　②高骈在维扬，曾遣使致书于浙西周宝曰："伏承走马，已及奔牛。今附虀一瓶、葛粉十斤，以充道路所要。"盖讽其为虀粉矣。（钱易《南部新书》，页321）

　　上例是对高骈讽周宝书的评述，评述所关涉之关键词有二："虀"和"葛粉"。虀，是切成细末的葱、姜、蒜等，用以腌菜、酱菜或调味①；葛，野生的多年生草本植物，葛根可被制成淀粉，这种粉末就是"葛粉"。上述两物在外形上均为粉末状，故高书言外之意为讽刺周宝如虀粉一般，粉身碎骨。

　　上两例中的物理符号，均为交际主体故意准备的，故为伴随物而非自在物体，其参与交际的基点均为与象征本体行为、性质的相似。

　　2. 语音相关

　　语音相似或相关，亦为伴随物参与话语交际的重要因素之一，这类伴随物的功用是，通过与象征本体的谐音来祝福对方、自身的幸福美满。如：

　　①按《岁时记》："正月一日，贴画鸡，今都门剪以插首，中州画以悬堂，中贵人犹好画大鸡于石，元日张之。盖北地呼'吉'为'鸡'，俗云室上大吉也。"（周亮工《书影》，页56）

　　上例评述中用于话语交际的伴随物是画"鸡"。《广韵·齐韵》："鸡，古奚切。"又《质韵》："吉，居质切。"二字的反切上字"古"和"居"的声母均为"见"母，拟〔k〕音；在两个反切下字中，"奚"韵拟为〔iei〕，"质"韵为入声，韵尾收〔k〕音。故"鸡"与"吉"语音不同。但在方言中，"北地呼吉为鸡"，所以人们用"鸡"

――――――――――

　　① 《古代汉语词典》，商务印书馆1998年版，第697页。

表"吉"，元旦时把画鸡贴在门上，祝愿全家来年大吉。

②杭俗不以毡，而用米袋，名曰"传袋"，又曰"代代相传"，袋隐代。传代之义，甚佳，后世可作娶妇典故用。（金埴《巾箱说》，页152）

上例评述中参与话语交际活动的伴随物是"米袋"。《广韵·代韵》："袋，徒耐切"，又有"代，徒耐切。"故"袋"和"代"两字读音完全相同，由此"米袋"得以示"传代"之义。学术笔记中的此类例证又如：

③李泌宿内院，旦起，或窃泌鞋送帝所，帝曰："鞋者谐也，当为弼谐，事宜谐矣。"今人家嘉礼答采，必设绛丝鞋。新妇过（平）门，进舅姑及诸姑伯姊，必具乾鞋坤鞋诸仪，亦取夫妇谐好（去）偕老之义，事或本于唐。（金埴《不下带编》，页28）

该例中参与话语交际活动的伴随物是"鞋"。《广韵·皆韵》："鞋，户皆切"，又"谐，户皆切"。由此，"鞋""谐"两字同音。《说文·言部》："谐，詥也。"《玉篇·言部》："谐，和也。"唐宋婚礼中送"鞋"的仪礼，是基于"谐"的"和谐"之义，由二字的谐音表示对新婚夫妇和谐恩爱的美好祝愿。又如：

④世俗小聘盛行，用一小元宝，一如意，名曰一定如意。（于鬯《花烛闲谈》，页304）①

上例评述以元宝、如意作为伴随物参与话语交际。世俗小聘盛行用"一（锭）小元宝，一如意"，取"元宝"的"一锭"，与"如意"拼

---

① 转引自王宝红《清代笔记小说俗语词研究》，博士学位论文，四川大学，2005年。

合成"一锭如意"之语，与"一定如意"谐音，表达对一对新人生活幸福美满的祝福。

> ⑤刘逵公达奉使三韩，道过余杭，时蒋颖叔为太守，以其新进，颇厚其礼，供张百色，比故例特异。又取金色鳅一条与龟献于逵，以致今秋归之意。或曰，颖叔老老六大不能以前辈自居，尚何求哉！（朱弁《曲洧旧闻》，页3010）

上例评述中参与话语交际的伴随物是"金色鳅"和"龟"，因"金鳅"与"今秋"谐音，"龟"与"归"谐音，故二物名拼合表示"今秋归"义。

以上五例均为人们在话语交际过程中蓄意准备的特定的物理符号，使之在时间、场合特定的情况下参与既定的话语交际活动，表达特定的意义，圆满达致自己的交际目的。

（二）人随身而有之系统的参与

综观学术笔记中的相关评述材料，我们把人随身符号系统参与话语交际活动的情况归为四类：（1）话语交际主体的衣饰系统参与交际；（2）话语交际主体的工具系统参与交际；（3）话语交际主体的姓名官职参与交际；（4）话语交际主体的形状特征参与交际。

1. 话语交际主体的衣饰系统参与交际

> ①谚以人之作（佐）事玩忽不经意，谓之"撇在脑后"者，语本于宋时伶伦之口。杨存中在建康军，以美玉琢成双胜帽环进高庙，为尚御裹，谓之"二胜环"。取两宫北还之兆。偶一伶在御旁，高宗指环示之："此杨太进来，名二胜环。"伶接奏云："可惜二胜环，且掉在脑后！"至今传其语。（金埴《不下带编》，页123）

上例评述中参与话语交际活动的伴随物是用美玉琢成的"二胜环"。检《广韵》，《广韵·青韵》："胜，识蒸切。"又《广韵·没韵》：

"圣，式正切。"两个反切上字"识""式"的声母均归为审音三等，反切下字"蒸"和"正"两个字韵尾相同，所以"胜"和"圣"两个字读音相同。《广韵·删韵》有"环，户关切"，又有"还，户关切"，故"环"和"还"二字音同。故上例评述中交际主体杨存中用"二胜环"作为帽饰，真实意图在其谐音之语"二圣还"上，即盼望、祝愿二圣（徽宗和钦宗）顺利返回朝廷。此类评述又如：

②宣和中，童贯用兵燕、蓟，败而窜。一日内宴，教坊进伎为三四婢，首饰皆不同。其一当额为髻，曰蔡太师家人也；其二髻偏坠，曰郑太宰家人也；又一人满头为髻如小儿，曰童大王家人也。问其故，蔡氏者曰："太师觐清光，此名'朝天髻'。"郑氏者曰："吾太宰奉祠就地，此'懒梳髻'。"至童氏者曰："大王方用兵，此'三十六髻'也"。（周密《齐东野语》，页5595）

上例参与交际的伴随物为小儿头上的发髻。《广韵·霁韵》："髻，古诣切"，又"计，古诣切"，故"髻"和"计"二字完全同音，典故中童贯的家人故意把头发梳得"满头为髻如小儿"，是以其谐音"三十六计"之语，表隐缺部分"走为上"之义，以达到为童贯献策的意图。

以上两例均为话语交际行为主体衣饰参与交际活动的例证。

2. 话语交际主体的工具系统参与交际

①福唐张道多与人言偈，语人祸福如徐神公言《法华》，既过无不神验者。然亦时有戏剧警动小人者。郡有胥魁，其性刚悍，素为郡人所恶。偶以年劳出职，既府谢而出，跃马还家，道逢道人，冲突而过。既内不自安，下马挽张，且求偈言。张于茶肆取纸大书，与之曰："畜生骑畜生，两个不相争。坐者只管坐，行者只管行。"胥览之，大惭而退。余儿时尝闻，魏处士隐居陕府，有孔目官姓王者好为恶诗，尝至东郊，举示魏，及言其精于属对。魏甚苦之，而不能却也。一日，忽有数客访魏，而王至，云："某夜得一

联，似极难对。能对者当输一饭会。"众请其句，云："笼床不是笼床，蚊厨乃是笼床。"方窃自称奇，而魏即应声曰："我有对矣，可以'孔目不是孔目，驴纣乃是孔目。'"一座称快。王即拂袖而出，终身不至草堂也。盖小人僭妄，不可堪忍，虽大修行人与大雅君子，箭在机上不得不发也。（何薳《春渚纪闻》，页2433）

上例评述所述之相关事例其实有二：（1）张道人作诗讽刺胥魁例，该例中胥魁所骑的马作为伴随物参与了话语交际；（2）魏处士对诗讽刺王姓孔目官例，该例中孔目、驴纣作为伴随物参与了话语交际。例（1）中，话语交际主体胥魁，骑着马冲撞了张道人，不但不道歉，还要求偈言，对方就以其所骑之马为话题作诗，讽刺胥魁像畜生一样。例（2）中，王姓孔目官好写恶诗，故讨人嫌，魏处士苦之，以驴纣为话题对其恶诗，骂其为驴。

②韩襄毅公破大藤峡，蛮寇荡平，置酒称贺，诸官俱齐，独邵宪长后至。会天微雨，张盖而入，韩公心不平，即席出令曰："天阴雨下人撑伞，伞字中间有四人，有福之人人伏侍，无福之人伏侍人。"即举酒属邵，邵应曰："人逢喜事精神爽，爽字中间有四人，人前莫说人长短，只恐人后又有人。"（周元暐《径林续记》，页38）

上例评述中参与交际的伴随物是邵宪长拿的雨伞。酒席中，韩襄毅公不满邵宪长的迟到之举，就将他手中的伞作为伴随物参与交际，通过对"伞"字形中"四人"的具体描述制作酒令讽刺邵。

以上两例评述均为话语交际主体把人随身所带的工具作为伴随物参与话语交际活动。

3. 话语交际主体的姓名官职参与交际

①皮日休谒归仁绍，托故不出。日休假其姓为诗嘲曰："硬骨顽形知几秋，臭骸知是不风流。及至死后钻令遍，只为当初不出

头。"仁绍复嘲曰："几片尖裁砌作球，火中炼了水中揉。一包闲气知常在，惹踢招拳卒未休。"(《文酒清话》，"皮归相嘲")

上例评述是对皮日休、归仁绍二人以姓互相戏谑的记录。

上例评述所关涉的关键词中，"龟"的典型特征是：背部和腹部都有硬甲，而且头尾、四肢均可缩到甲壳里面。交际主体之一归仁绍的姓与"龟"音同，所以皮日休就以龟的外形特征为基点作诗，戏谑归仁绍；而归又以对方"皮"姓，将其比喻成皮球，并以皮球的典型特征为基点，回敬皮日休，使人读来感觉妙趣横生。

②刘克庄潜夫，弟希仁，俱以史官里居。郡集，寓公王朦轩迈戏之云："大编修，小编修，同赴编修之会。"后村云："欲属对不难，不可见怒。"王愿闻之，乃云："前通判，后通判，但闻通判之名。"盖王凡五得倅而不上云。王又尝调后村云："十兄，二十年前何其壮，二十年后何其不壮。"刘应之曰"二画，二十年前何其遇，二十年后何其不遇。"此善谑也。(周密《齐东野语》，页5649)

上例交际过程以通判、编修作为伴随物参与交际。上例中刘氏兄弟虽同为编修，实际品级却不同，所以王迈以"编修"为对戏谑兄弟二人："大编修、小编修，同赴编修之会。"因为王迈曾经有五次要调升通判的正职，但最终未得，故刘克庄以此事为对回敬王迈："前通判，后通判，但闻通判之名。"此例是刘克庄、王迈互以对方官职作为伴随物参与话语交际活动。此类又如：

③国子博士郭忠恕，有才学，好谐谑，屡以谤讪得罪。尝嘲司业聂（聶）崇义云："近贵全为聵，攀龙只作聋。虽然三个耳，其奈不成聪。"崇义应声答曰："莫笑有三耳，全胜畜二心。"忠恕大惭。(彭□《续墨客挥犀》，页474)

上例中，作为伴随物参与话语交际活动的是聂（聶）崇义的"聶"、郭忠恕的"忠恕"。在上文谑文中，郭忠恕以"聶"字中的三个"耳"为基点，改换部件分别组成"聸"和"聋"字嘲笑对方。而聶崇义则以对方名下的两个"心"为基点，讽刺对方"畜二心"。

> 郭忠恕嘲聂崇义曰："近贵全为聸，攀龙即作聋，虽然三个耳，其奈不成聪。"崇义曰："吾不能诗，姑以二言为谢：勿笑有三耳，全胜畜二心。"陈亚蔡襄亦云："陈亚有心终是恶，蔡襄无口便成衰。"王汾刘攽亦曰："早朝殿内须呼汝，寒食原头尽拜君。"攽又嘲王觌云："汝何故见卖？"觌曰："卖汝直甚分文！"其滑稽皆可书也。（邵博《邵氏闻见后录》，页2023）

此例关涉之事有三：（1）同上例郭、聂以姓名相嘲；（2）陈亚、蔡襄以名互谑：该例中，"亚"被添上"心"表"恶"，"襄"被拆去口表"衰"，是通过对主体姓名字形的拆、装形成谑语；（3）刘攽、王觌互嘲：该例中，刘问话的主体词是将对方之名字形加以拆分、倒换拼合而成，而王的答话则是将对方之名部件拆分直接拼合而成。

除上文几例外，还有将主体绰号作为附着物参与交际的，如：

> ④杨畏字子安。元丰、元祐、绍圣更张，独能以巧免，世号"杨三变"。薛昂肇明在政府，和《驾幸蔡京第》诗，有"拜赐应须更万回"，太学呼为薛万回。昂守洛师日，杨闲居洛下，一日，府宴别无客，惟子安一人而已。或问一幕官曰："今日府会他客不与耶？"幕官曰："客甚易得，但恐难得如此好属对耳。"（朱弁《曲洧旧闻》，页3000）

上例评述中，幕官虽未在行文中直接把"杨三变""薛万回"作为附着物，却在与子安的对话中潜隐着将前二者绰号为对的言外之意。另外，学术笔记中还有将交际主体的籍贯、姓名巧妙地结合起来进入话语交际的情况，如：

⑤隋牛弘为吏部侍郎，有选人马敞者，形貌最陋，弘轻之，侧卧食果子嘲敞曰："尝闻扶风马，谓言天上下。今见扶风马，得驴亦不假。"敞应声曰："尝闻陇西牛，千石不用鞚。今见陇西牛，卧地打草头。"弘惊起，遂与官。（张鷟《朝野佥载》，页86）

此例中，交际主体马敞的姓"马"、籍贯"扶风"，牛弘的姓氏"牛"、籍贯"陇西"均作为伴随物参与到话语交际活动中。

4. 话语交际主体的性状特征参与交际

①王平甫学士躯干魁硕而眉宇秀朗，尝盛夏入馆中，方下马，流汗浃衣，刘攽见而笑曰："君真所谓'汗淋学士'也。"（魏泰《东轩笔录》，页2763）

上例评述中，主体之一王平甫，因在盛夏入馆时"流汗浃衣"而被刘贡父谑为"汗淋（翰林）学士"，是以交际活动发生时对方的典型形态特征为基点，谐音构成谑语，参与话语交际活动。

②唐封抱一任栎阳尉，有客过之，既短，又患眼及鼻塞。抱一用千字文语作嘲之，诗曰："面作天地玄，鼻有雁门紫。既无左达承，何劳罔谈彼。"（李昉《太平广记》，引《启颜录》，页1994）

该例材料中的交际主体以对方的形体特征作为伴随物参与交际。具体来说，发话者封抱一用《千字文》的语言作诗讥讽客人。封之诗实为歇后——隐去每句话的末字以隐晦表达作诗者的真实意图：材料中的四句诗分别把"黄""塞""明""短"四个字隐藏起来，讽刺客人的肤色黄、眼睛有疾、鼻不通、身材矮小。

③常熟严相国（讷）面麻，新郑高相国（拱）作文，常用腹稿，二相退食相遇，高戏严曰："公豆在面上。"俚语，诮苏人曰盐豆儿。严答曰："公草在腹中。"盖河南曰驴也。一时捧腹。（褚人获《坚瓠十集》，页 317）

此例评述以严讷、高拱二人的面部、行事典型特征（严面麻、高常用腹稿）参与交际。严相国祖籍江苏常熟，面上有麻，因为当时俗语讥诮江苏人为"盐豆儿"，所以高相国就讥刺他面上的麻子为"豆在面上"；高相国是新郑人，写文章时常用腹稿，因当时有诨号称河南人为"驴"，故严相国讥讽高为"草在腹中"，实指其为驴也。

## 三　小结

综观学术笔记中所见的相关评述材料，除去以上几种情况外，还有把交际主体的面相身势作为伴随物参与话语交际的，这种情况被刘孝存称为"人体语"①。因学术笔记对这类事象的记录相对较少，故我们只在此处择取数例简单地说明如下：

①故老能言五代时事者云：冯相（道）、和相（凝）同在中书，一日，和问冯曰："公靴新买，其直几何？"冯举左足示和曰："九百。"和性褊急，遽回顾小吏云："吾靴何得用一千八百？"因诟责久之。冯徐举其右足曰："此亦九百。"于是烘堂大笑。（欧阳修《归田录》，页 604）

上例评述中，话语主体的形体动作参与到了交际活动中。在冯相道告诉和相凝新靴价钱时，先只说了一只的价钱，同时伴以举足的动作，只是该动作发出时间较晚，以至于被对方忽略，从而诟责身边的小吏，

---

① 刘孝存：《中国神秘言语》，中国文联出版社 1999 年版，第 39 页。所谓"人体语"，便是我们人类惯常使用的发声语言之外的、以人体的各个部位的动作情态来传达情感和信息的"无声语言"。

被在场众人嘲笑。此例之主体因忽视话语交际中的身势语而导致了对话语符号理解的失误。此类又如：

②利用许之岁遗银绢三十万疋两。利用之行也，面请所遗虏者，上曰："必不得已，虽百万亦可。"及还，上在帷宫，方进食，未之见，使内侍问所遗。利用曰："此机事，当面奏。"上复使问之，曰："姑言其略。"利用终不肯言，而以三指加颊。内侍入白：三指加颊，岂非三百万乎？上失声曰："太多！"既而曰："姑了事亦可耳。"帷宫浅薄，利用具闻其语。既对，上亟问之，利用再三称罪，曰："臣许之银绢过多。"上曰："几何？"曰："三十万。"上不觉喜甚，由此利用被赏尤厚。（苏辙《龙川别志》，页72）

上例评述中的交际主体先以"三指加颊"的身势语卖关子，在对方急于想知道答案时，再用言语明确表达确切信息。在上述话语交际活动中，交际主体巧妙地利用身势语的模糊性探明对方心理预期的下限，更好地达成了交际，从而"被赏甚厚"。

③韦庆本女选为妃，诣明堂欲谢，而庆本两耳先卷。朝士多呼为卷耳。时长安令杜松寿见庆本而贺之，因曰："仆固知足下女得妃。"庆本曰："何以知之？"松寿乃自模其耳而卷之，曰："卷耳，后妃之德也。"（高择《群居解颐》，页565）

上例评述中话语交际主体以"卷耳"为身势语参与交际。"卷耳"本为一种植物，又名"苍耳"，属菊科。《诗·周南·卷耳》："采采卷耳，不盈顷筐。嗟我怀人，寘彼周行。"毛传曰："卷耳，苓耳也。"朱熹集传对这种植物的形状做了具体的描述："卷耳，枲耳。叶如鼠耳，丛生如盘。"[1]　《诗序》有对"卷耳"诗意的提挈，认为《卷耳》表

---

[1]　阮元校刻：《十三经注疏》，中华书局1980年影印本，第277页下栏。

"后妃辅助君子"之意，上例中交际主体韦庆本即用此动作取《诗经》的"卷耳"之意参与交际活动。

由上可知，附着符号束是参与到语言交际活动中的重要因素之一。钱冠连认为："语言作为符号有它先天的缺陷，这便是附着符号束参与言语活动的前提。""这就是说，附着符号束的参与能帮助克服语言的局限，帮助会话双方推测出多于话面的含义，当然也能帮助推测出会话的一般含义。"① 也就是说，在日常的话语交际中，人们或者为了特定的表达意图，或者不愿、不能直接说出某些话，往往就要借助于上文所关涉之附着符号束参与到表情达意的过程中，借助无声语言以达到最佳的交际效果。

## 第四节　学术笔记对智力干涉现象的评述

正如维特根斯坦所说："语言是一座遍布歧路的迷宫。"即使不说"语言交流的方式受到权力的扭曲，便构成了意识形态网络"，语言符号的复杂性仍是话语交际中的客观存在。正因该特性的存在，智力干涉活动就成了我们话语交际中的必需。钱冠连说："智力干涉就是听话人运用最基本的事理逻辑、对世界的知识与记忆及人际关系，推测出说话人词语里的隐含之义的推理过程。"② 本节所界定的智力干涉，是上文钱冠连所说的推理过程最终达成的话语信息。

### 一　学术笔记所记录的智力干涉的种类

综观学术笔记中的相关评述例证，我们认为其功用可分为隐语、谶语和文人戏语三大类。

（一）隐语

关于"隐语"的界定，学术界历来众说纷纭，"国内汉语学界眼下

---

① 钱冠连：《汉语文化语用学》，清华大学出版社 2002 年版，第 112 页。
② 同上书，第 131 页。

通行的隐语定义存在着缺憾，同时在隐语同黑话的关系、隐语的确认以及隐语的类别等问题上也存在着严重的分歧。"[①] 闻一多认为："隐语古人只称作隐，它的手段和喻一样，而目的完全相反，喻训晓，是借另一事物把本来不明白的说得明白点；隐训藏，是借另一事物来把本来可以说得明白的说得不明白点。"[②] 上文两说虽然描述角度不一，但"隐"为其共同特质，该典型特征在学术笔记中也得到了印证：

> 隐语　古之所谓庾词，即今之隐语，而俗所谓谜。《玉篇》"谜"字释云："隐也。"人皆知其始于"黄绢幼妇"，而不知自汉伍举、曼倩时已有之矣。（周密《齐东野语》，页 5687）

上例评述是周密摘引书证对"隐语"含义、起源时间的解释以及对世俗说法的否定。学术笔记中此类记载还有不少，如：

> ①谜　古无谜字，若其意制，即伍举东方朔谓之为隐者是也。隐者，藏匿事情不使暴露也。至《鲍照集》，则有井谜矣。《玉篇》亦收谜字，释云，隐也。即后世之谜也。（程大昌《演繁露》，页 866）

上例评述是笔记作者征引文献对"谜"之义的解释、起源以及字谜的记载。

> ②瓦者，野合易散之意也，不知起于何时；但在京师时，甚为士庶放荡不羁之所，亦为子弟留连破坏之地。……其吹曲破断送者，谓之把色。……商谜，旧用鼓板吹《贺圣朝》，聚人猜诗谜、字谜、戾谜、社谜，本是隐语。　有道谜（来客念隐语说谜，又

---

[①] 　曹炜：《关于汉语隐语的几个问题——兼论隐语与黑话的区别》，《学术月刊》2005 年第 4 期。

[②] 　《闻一多全集》第 1 卷，三联书店 1982 年版。

名打谜)、正猜（来客索猜）、下套（商者以物类相似者讥之，人名对智）、贴套（贴智思索）、走智（改物类以困猜者）、横下（许旁人猜）、问因（商者喝问句头）、调爽（假作难猜，以定其智）。（耐得翁《都城纪胜》，"瓦舍众伎"）

上例评述作者在材料中对"谜"的来源，"谜"从各种角度分出的具体种类做出详细的记录，由此谜语之盛可见一斑。

③商谜者，先用鼓儿贺之，然后聚人猜诗谜、字谜、戾谜、社谜，本是隐语。有道谜，来客念思司语讥谜，又名"打谜"。走智，改物类以困猜者。正猜，来客索猜。下套，商者以物类相似者讥之，又名"对智"。贴套，贴智思索。横下，许旁人猜。问因，商者喝问句头。调爽，假作难猜，以走其智。（吴自牧《梦粱录》，页196）

该例亦为对商谜、道谜的形式以及各种具体分类、含义的描述。

综观以上三例，不难发现以下几点：（1）"谜"起源于"隐语"；（2）谜语（隐语）出现时间很早；（3）谜语的种类繁多；（4）谜语主要用于商业或酒令以调节气氛。以学术笔记中发现的相关例证为基点，若从功能、适用场合上分类，我们所挖掘到的评述主要可归为两类：一般隐语、江湖隐语（意即通常所谓的"行业隐语"）。

1. 一般隐语

①有日者苦于贫穷，问计于一得道者，答云："汝向日月边去。"日者思之，乃"明"字，遂往明州，其术盛行。（李昌龄《乐善录》，页1331）

该例评述是对"明"字所做的隐语。《说文·明部》："朙，照也。从月，从囧。明，古文朙，从日。"商承祚《说文中之古文考》有对

"明"之字形、义的详细解说："朙、明皆古文也……囧像光之煽动，有明意，故可用为明。……日月相合以会明意。"① 上例评述中的道人将"明"字两会意字符拆分，直接拼合成词做成隐语。

  ②墨斗云："我有一张琴，丝弦长在腹。时时马上弹，弹尽天下曲。"（周密《齐东野语》，页 5687）

上例评述的关键词"墨斗"是"木工画直线的工具"。沈括的《梦溪笔谈·技艺》有对"墨斗"的记载："書文象形，如绳木所用墨斗也。"②《玉篇·曲部》有"曲，不直也"，即弯曲，是相对于"直"而言的；又有"曲，章也"，指的是"乐曲、歌曲"。上例隐语具体描述墨斗的性质、功用、形状，巧妙地转换"曲"之二义以构成谜语。

  ③打稻枷云："天下有道则见，无道则隐。瞻之在前，忽焉在后。"（周密《齐东野语》，页 5687）

《广韵·晧韵》有"稻，徒晧切"，又有"道，徒皓切"，故"道"和"稻"两字音同，上例评述即利用二字的同音而巧妙地转换概念，制作出谜语。

  ④日历云："都来一尺长，上面都是节。两头非常冷，中间非常热。"……水中石云："小时大，大时小。渐渐大，不见了。"或以为小儿囟门。手巾云："八尺一片，四角两面。所识是人面，不识畜生面。"（周密《齐东野语》，页 5688）

上例评述涉及三个隐语：（1）日历隐语：先描述主体的外形、尺

---

① 商承祚：《说文中之古文考》，上海古籍出版社 1983 年版，第 65 页。
② （宋）沈括：《梦溪笔谈》卷十八（四部丛刊本），商务印书馆 1934 年重印本。

寸（都来一尺长）；次则描述日历的内涵（上面都是节）；再描述其内涵所关涉的概念特征（两头非常冷，中间非常热）。故该隐语是由对日历各方面特征加以具体描述而制成的。（2）水中石（小儿囟门）隐语：主要通过描述主体在成长过程中的形体特征变化而成隐语。（3）手巾隐语：作者先描述主体的外表（八尺一片，四角两面）；次描述其功用（所识是人面，不识畜生面）。

此例中的三个隐语均是由对所关涉主体事物的外形、生长、功用等特征的具体描绘而成的。

2. 江湖隐语

江湖隐语，即通常所谓的"黑话"，对于该"隐语"，时人前贤亦做过不少描述。黄伯荣、廖序东对其做过简明的界定："隐语是个别社会集团或秘密组织中的一种只有内部人懂得的特殊用语。"① 祝克懿对其外延和内涵做过详细描述："在印欧语里，隐语、黑话、暗语、行话有着大致相当的内涵和外延。而在汉语中，它们不是属于同一层级的概念，汉语的隐语是上位类型，黑话、暗语、行话等是以隐秘性为特征，以社会交际需要和人类思维进化为前提，从古已有之的谜语发展出来的下位类型。"② 刘孝存对其功用做过详细描述："江湖隐语，便是旧时江湖中诸多行门中的一种不公开的暗语，被江湖众人在接头相认等联系、联络时用。"③ "黑话使用的范围相当广泛，只要两个以上的人为了保守秘密就可以约定一些隐语，这些隐语实质上就是黑话。"④ 以上各家从不同角度对"江湖隐语"做出了界定。综观学术笔记中所见的相关例证，可见江湖隐语往往是通过赋予旧词以特殊含义而形成的。

学术笔记中有对兵器相关隐语的记载，如：

---

① 黄伯荣、廖序东：《现代汉语》（上），高等教育出版社 1997 年版，第 310 页。
② 祝克懿：《论隐语及其下位类型》，《汉语学习》2003 年第 4 期。
③ 刘孝存：《中国神秘言语》，中国文联出版社 1999 年版，第 55 页。
④ 黄伯荣、廖序东：《现代汉语》（上），高等教育出版社 1997 年版，第 310 页。

①王建初起，军中隐语代器械之名，以犯者为不祥，至孟氏时犹有能道其略者。剑曰夺命龙，刀曰小逡巡，枪曰肩二，斧曰铁糕糜，甲曰千斤使，弓曰潘尚书，弩曰百步王，箭曰飞郎，鼓曰圣牛儿，锣曰响八，旗曰愁眉锦，铁蒺藜曰冷尖。（陶谷《清异录》，页 112）

上例关涉到的兵器隐语共 12 种，其形成方式多样，但均以本体的某种典型特征为基点构成，典型的如"箭"因其快而被称为"飞郎"，又如"锣"因其响声而被称为"响八"。还有对赌场及其相关事物之隐语的记录，如：

②博徒隐语，以骰子为惺惺二十一。又曰象六，谓六只成副。（陶谷《清异录》，页 105）

上例关涉之"骰子"，以其上点的总数而成隐语"惺惺二十一"；又以其形制而为隐语"象六"。上例评述不但对骰子的隐语做出介绍，还对其成词理据做出初步的探索。亦有文人学士以行业隐语入诗现象的记载，如：

③亚作药名《生查子·陈情》献之，曰："朝廷数擢贤，旋占凌霄路。自是郁陶人，险难无移处。　也知没药疗饥寒，食薄何相误。大幅纸连粘，甘草《归田赋》。"亚又别成药名《生查子·闺情》三首，其一曰："相思意已深，白纸书难足。字字若参商，故要槟榔读。　分明记得约当归，远志樱桃熟。何事菊花时，犹未回乡曲。"其二曰："小院雨余凉，石竹生风砌。罗扇尽从容，半下纱厨睡。　起来闲坐北亭中，滴尽真珠泪。为念婿辛勤，去折蟾宫桂。"其三曰："浪荡去未来，踯躅花频换。可惜石榴裙，兰麝香销半。　琵琶闲抱理相思，必拨朱弦断。拟续断朱弦，待这冤家看。"（吴处厚《青箱杂记》，页 1641）

上例评述是对陈亚以药名隐语入诗现象的记载，由上可窥当时社会隐语之盛况。

（二）谶语

学术笔记中还有谶语一类。关于谶语，《说文·言部》："谶，验也。"《文选·左思〈吴都赋〉》："藏气谶纬，祕象竹帛。"吕向注详细解释了谶语的主要功用："谶，谶书，预言王者之兴亡也。"① 刘孝存对谶语的起源时间、制作主体、表意载体做过详细说明："谶，源于秦代。巫师、方士假托鬼神之言，诡为隐语。"② 在封建王朝统治下，上至统治者，下至平民百姓都极度重视谶语。对于此，学术笔记中有如下记载：

> ①王曰："叔久不见官家，不知今谁作相？"上曰："晏殊也。"王曰："此人名在图谶，胡为用之？"上归阅图谶，得成败之语，并记志文事，欲重黜之。宋祁为学士，当草白麻，争之。乃降二官知颍州，词曰"广营产以殖货，多役兵而规利"，以它罪罪之。殊免深谴，祁之力也。（苏辙《龙川别志》，页79—80）

上例评述旨在说明图谶在人们心目中的地位。图谶，是古代符命、占验之书。上例典故中的晏殊因其名在图谶中，差点被君主废黜，由此封建统治者信任图谶程度之深可窥一斑。

> ②亲朋馈送赴解士人点心，则曰"黄甲头魁鸡"。以德物称之，是为佳谶。（吴自牧《梦粱录》，页27）

上例评述是与科考相关的谶语。黄甲，是古代科举考试中，甲科及第进士者的名单，用黄色的纸书写，故名，是以"事物的颜色＋概念

---

① （梁）萧统编，（唐）李善注：《文选》，上海古籍出版社1986年版，第98页上栏。
② 刘孝存：《中国神秘言语》，中国文联出版社1999年版，第131页。

内涵"得名；头魁，是为科举考试的榜首；鸡，取其谐音字"吉"。在古代士人赶赴科考前，亲朋要馈送点心，且名之为"黄甲头魁鸡"，以祝福将赴考之人高中榜首，是为吉谶。

　　③命堂阁轩亭名，不可不慎。黄葆光知处州，作宾馆，号"如归"。或曰："视死如归，不祥。"黄寻即死于职。龚澈为瑞安令，亦作如归亭，后得罪，编置雷州。蔡京尝游吴兴慈感院，院有新堂未名，京为书榜曰"超览"。有坐客贺曰："行即走召，而人臣四见矣。"明年，京遂入相。若是者，其偶然邪？亦事有符合邪？然语忌不可不避尔。（方勺《泊宅编》，页2145）

上例评述材料关涉到的谶语有两个：（1）黄葆光死在任内，有人认为他的"如归"别馆是这件事的谶语，因"如归"可解为"视死如归"；（2）蔡京出任宰相，有人归功于他的"超览"堂，因"超览"二字从字形上可被分解为"行走即召，而人臣四见矣"。

　　④太子中书舍人陈有方知蕲水县，临水创亭，名"必观"，盖取荀况"君子必观于水"之义。或者解曰："必观亭者，必停官也。"后有方竟以罪免官而去。（吴处厚《青箱杂记》，页1673）

上例评述中，陈有方在蕲水做县官时，在水边造了一个亭子，命名为"必观亭"，因此亭名与"必官停"三字同音，被人们倒序解为"必停官"之义，成为陈官职被罢免的谶语。

　　③④两例均以亭、堂之名为谶。学术笔记中亦有不少谶语是对政权更替、变迁的预言，如：

　　⑤衍在蜀时，童谣曰："我有一帖药，其名为阿魏，卖与十八子。"其后衍兄宗弼果卖国归唐，而宗弼乃王建养子，本姓魏氏，此其应也。（吴处厚《青箱杂记》，页1668）

上例童谣是对前蜀齐王归唐的谶语。评述中的"王衍"即前蜀后主，登基于 918 年，去位于 925 年，在位一共七年。评述中之王宗弼，是蜀王高祖的养子魏宏夫，被赐姓名为王宗弼，后被封为齐王，但最终背蜀归唐。童谣中的"阿魏"即齐王本姓，而"十八子"是对唐朝"李"姓字形的分解。此类又如：

⑥广南刘䶮初开国，营构宫室得石谶，有古篆十六，其文曰："人人有一，山山值牛。兔丝吞骨，盖海承刘。"解者云："人人有一，大人也；山山，出也；值牛者，䶮建汉国，岁在丑也；兔丝者，晟袭位，岁在卯也；吞骨者，灭诸弟也。越人以天水为赵为盖海，指皇朝国姓也；承刘者，言受刘氏降也。"又乾和中童谣曰："羊二四日天雨至。"解者以羊是未之神，是岁辛未二月四日国亡；天雨，犹天水，斥国姓。又曰大宝末有稻田自海中浮来，上鱼藻门外，民聚观之。布衣林楚材见而叹曰："水鱼湫湫兮。"当时好事或有记其语，洎王师至，潘美为部署，方悟为"潘"字。（吴处厚《青箱杂记》，页 1669）

上例评述涉及之谶语有三，均为对政权更替的预言。综观之，拆字、比喻、方言等均成为重要质素进入谶语的制作中。

③④⑤⑥例四则材料中，虽然谶语制作者挖空心思地制造了谶语为"天命所授"的痕迹，但均为时人所记写、传诵，其可信度十分值得怀疑。早在宋代，洪迈就质疑过谶语的可信度。如：

诗谶不然　今人富贵中作不如意语，少壮时作衰病语，诗家往往以为谶。白公十八岁，病中作绝句云："久为劳生事，不学摄生道，少年已多病，此身岂堪老?"然白公寿七十五。（洪迈《容斋随笔》，页 14）

上例洪迈明确表明自己对谶语的态度，但这在封建社会里只是非常微弱的呼声，并未能也不可能在当时社会引起反响，因政权的更替需要找出一个合适的、顺应民意的契机，谶语仍然为封建社会的统治阶级深信不疑，引领着民众的政治取向。

（三）文人戏语

学术笔记中还记载了不少"文人戏语"，这类话语是人们在各种交际场合为调动、调节现场气氛而制作出来的。本书把笔记中可见的相关评论归为两种："酒令"和"谑语"。

1. 酒令

饮酒行令是中国传统中非常重要的娱乐方式，主要是为人们在饮酒时助兴的，也是古人社交的一种方式，其产生源远流长。《红楼梦》四十回中鸳鸯说："酒令大如军令，不论尊卑，唯我是主，违了我的话，是要受罚的。"[①] 由此明确可知，行酒令的直接目的是罚酒，但终极目的却是活跃现场气氛、交流情感、彰显才华。行酒令的方式可谓五花八门，文人雅士常用对诗或对对联，猜字或猜谜等方式来进行。[②] 如：

> ①至于酒席之间，亦专以文字为戏。常为令云：有商人姓任名饪，贩金与锦。至关，关吏告之曰："任饪任人，金锦禁急。"又云："亲兄弟日曰昌，堂兄弟目木相。亲兄弟火火炎，堂兄弟金今钤。"又云："撅地去土，添水成池。"皆无有能酬者。（庄绰《鸡肋编》，页3976）

上例关涉到的文人戏语有三例。第一例主要由语音的相关而成，将其语音置入《广韵》系统中，《广韵·沁韵》："任，汝鸩切"，故"任"之声属"日"母，韵归"沁"韵，读为〔ȶem〕，去声；《广韵·寝韵》："饪，如甚切"，"饪"的声、韵、调分属"日"母、"寝"韵

---

① （清）曹雪芹、高鹗：《红楼梦》，人民文学出版社1990年版，第350页。
② 参见许赣荣《中国酒大观目录》第八章第三节之八：酒令。

〔ĭem〕、上声；《广韵·真韵》："人，如邻切"，日母真韵〔ĭěn〕平声。由上可知，"任""饪""人"三字语音相近，声调不同。《广韵·侵韵》："金，居吟切"，为见母侵韵〔ĭem〕平声；《广韵·寝韵》："锦，居饮切"，为见母寝韵〔ĭem〕上声；《广韵·缉韵》："急，居立切"，为见母缉韵〔ĭep〕入声。由上可知，"金""锦""急"三字，语音相近，声调不同。此戏语利用"任""饪""人"、"金""锦""急"两组字声调的抑扬制作绕口令，以达到活跃现场气氛的目的。

《说文·日部》："昌，美言也。从日，从曰。"故"昌"为会意字，"日""曰"为其两个意符，从外形上看，这两个意符极为相似，故戏语将其描述为"亲兄弟"。又《说文·目部》："相，省视也。从目，从木。""相"亦为会意字，"目""木"为"相"字的两个意符，"目""木"二字读音完全相同，字形却毫不相干，故戏语将其描述为"堂兄弟"。同样，戏语将"炎"之两"火"描述为"亲兄弟"，将"钤"字之两个意符"金""令"比拟为"堂兄弟"。该例戏语关联之会意字有四个，制作者分别以每个字组成意符的语音、形体上的联系，通过比拟描述制作戏语。

《说文·土部》："地，元气初分，轻清阳为天，重浊阴为地，万物所陈列也。从土，也声。""地"为会意字，去"地"之"土"为"也"，添"水"即为"池"，故上例戏语曰"添水成池"。此例戏语是由对会意字意符的拆分、替换拼合而成的。

②蛙谜　曹著机辨，有客试之，因作谜云："一物坐也坐，卧也坐，立也坐，行也坐。"著应声曰："在官地，在私地。"复作一云："一物坐也卧，立也卧，行也卧，走也卧，卧也卧。"客不能解。曹曰："我谜吞得你谜。"客大惭。（段成式《卢陵官下记》，页828）

此例戏语是以谜答谜。第一谜是客人所作，由具体描述青蛙的形体特征而成；第二谜是曹著所作，通过具体描述蛇的外形特征而成；曹著的最后一句是通过两个谜底之间的关系进一步给出线索。

2. 谑语

《说文·言部》："谑，戏也。从言，虐声。"谑，即"开玩笑、嘲弄"之义。学术笔记中所见的谑语常常是文人学士之间并无恶意的互嘲，是善意的玩笑。如：

> ①唐安陵人善嘲，邑令至者，无不为隐语嘲之。有令口无一齿，常畏见嘲。初至，谓邑吏："我闻安陵太喜嘲弄，汝等不得复踵前也。"初上，判三道，佐史抱案在后曰："明府书处甚疾。"其人不觉为嘲，乃谓称己之善。遂甚信之。居数月，佐史仇人告曰："言'明府书处甚疾'者，其人嘲明府。"令曰："何为是言？"曰："书处甚疾者，是奔墨。奔墨者翻为北门，北门是缺后。缺后者翻为口穴，此嘲弄无齿也。"令始悟，鞭佐史而解之。（李昉《太平广记》，页1989）

上例评述中"书处甚疾"从意义上解即为"奔墨"。《广韵·魂韵》："奔，博昆切。"故"博""奔"声母同。又《广韵·德韵》："北，博墨切。"可知"奔""博"同声母，可在反切中替换，"奔""墨"二字可翻为"北"。又《广韵·德韵》："墨，莫北切。"故"墨""莫"二字声母同。《广韵·魂韵》："门，莫奔切。"同声母替换，"墨""奔"二字可翻为"门"。"北门"又解为"缺后"。

《广韵·屑韵》："缺，苦穴切。""缺""苦"同声。《广韵·厚韵》："后，胡口切。""后""胡"同声。又《广韵·侯韵》："口，苦后切。"《广韵·屑韵》："穴，胡决切。"同声替换，"缺""后"二字可翻为"口"，"后""缺"二字可翻为"穴"。至此，制作者的本义彰显，安陵佐史是巧妙、重复、隐晦地利用反切规律以戏谑对方的"无齿"。

> ②晏元献公以文章名誉，少年居富贵，性豪俊……为南京留守，时年三十八。幕下王琪、张亢最为上客。亢体肥大，琪目为

牛；琪瘦骨立，亢目为猴。二人以此自相讥诮。琪尝嘲亢曰："张亢触墙成八字"，亢应声曰："王琪望月叫三声。"一座为之大笑。（欧阳修《归田录》，页 614）

上例评述中，交际主体为张亢和王琪。因张亢外形肥胖高大，故被王琪称呼为牛；王琪因身形既瘦又矮，被张亢讥讽为猴。因为牛角抵在墙上就会呈八字形，王琪以"张亢"替代"牛"，讥之为"张亢触墙成八字"；又因李白的诗句"猿啼三声泪沾裳"，张亢以"王琪"代"猿"，改之为"王琪望月叫三声"。戏语中张、王二人均以对方的形体特征参与交际。

③一日，杨素与牛弘退朝，白语之曰："日之夕矣。"素曰："以我为'牛羊下来'耶？"（朱揆《谐噱录》，页 1587）

上例为侯白、杨素、牛弘戏谑事。"杨""羊"两字音同，因《诗经》中有"日之夕矣，羊牛下来"① 之语，故侯白以"日之夕也"表隐缺语"羊牛下来"之义，侯说中的"羊""牛"分别为杨素和牛弘的影射。该谑语是由隐缺、谐音构成的。

④士人口吃，刘贡父嘲之曰："本是昌徒，又为非类，虽无雄才，却有艾气。"盖周昌、韩非、扬雄、邓艾皆口吃也。（邵博《邵氏闻见后录》，页 2024）

上例是对口吃之人的嘲谑，周昌、韩非、扬雄、邓艾是历史上口吃者的代表，史传、文献多见。《史记·张丞相列传》有对周昌盛怒谏君主的记载："昌为人口吃，又盛怒，曰：'臣口不能言，然臣期期知其

---

① 王延海译注：《诗经今注今译》，天津古籍出版社 1986 年版，第 156 页。

不可。陛下虽欲废太子，臣期期不奉诏。'"[1]《世说新语·言语》又有对邓艾口吃的典型记载："邓艾口吃，语称艾艾。"[2] 后人以上文周、邓的"期期""艾艾"拼合在一起来形容人口吃的情状。《史记·韩非子列传》有对韩非口吃的记载："（非）为人口吃，不能道说，而善著书。"[3]《汉书·扬雄传》有对扬雄口吃及其性格特征的记载："（雄）口吃不能剧谈，默而好深湛之思。"[4] 上例刘贡父以"昌""非""雄""艾"四字参与交际，是对口吃之士人的嘲笑。

⑤刘贡父与王介甫最为故旧。荆公尝戏拆贡父名曰："刘攽不值一分文。"谓其名也。贡父复戏拆荆公名曰："失女便成宕，无宀真是妒，下交乱真如，上交误当宁。"荆公大叹，而心衔之。（王铚《默记》，页4552）

《说文·攴部》："攽，分也。从攴，分声。"可知"攽"是形声字，"分"表声，上例王安石却把"攽"之字形主观解释为"分""文"二字，以"不值一分文"之语嘲谑刘攽。

荆公名"安石"，《字汇·宀部》："宕，过也。今言放宕也。"《玉篇·女部》："'妬'，同'妒'。"《说文·女部》："妒，妇妒夫也。从女，户声。"为回敬王安石，刘攽把"安""石"二字拼合在一起，通过增减、改换偏旁构成"宕""妬"二字，以讥讽王安石。

以上五例均为文人之间互相嘲谑的记录，汉字使用得生动灵活在上例证中被形象地呈现出来，是反驳"汉字落后说"的有力证据。

## 二　学术笔记所体现之智力干涉的理据

"理据"之说，最迟在南北朝出现。南朝齐僧岩的《重与刘刺史

---

① 《史记》，第612页。

② 王根林、黄益元、曹光甫校点：《汉魏六朝笔记小说大观》，上海古籍出版社1999年版，第775页。

③ 《史记》，第754页。

④ （清）王先谦：《汉书补注》，中华书局1983年影印本，第1486页上栏。

书》有"纡辱还诲，优旨仍降，徽庄援释，理据皎然"的说法，句中"理据"可解为"论据"。王艾录认为："最为广义的理据指语言系统自组织过程中促动或激发某一语言现象、语言实体产生、发展或消亡的动因，其涉及范围可以包括语言各级单位以及篇章、文字等各个层面。"① 本书所涉及之智力干涉的理据，是以上几种智力干涉现象产生的依据、过程。综观之，学术笔记中相关例证主要有以下五种理据：对字形的拆分；对字形的描绘；对事物性状的描绘；双关；借代。

（一）对字形的拆分

对汉字字形的主观拆解、拼合即拆分字形，即古人所称的"别字之体"（《后汉书·五行志》），亦称为"离合法"②。通俗来讲，该方式即把交际中特定的合体字主观地拆分为多个字符，并把这些字符拼合、替换以构成谜语。学术笔记中的相关记载如：

> ①士人左君……最善谑，二十八年，杨和王之子倓，除权工部侍郎，时张循王之子子颜、子正，皆带集英修撰，且进待制矣。会叶审言自侍御史、杨元老自给事中，徙为吏、兵侍郎，盖以缴论之故。左用歇后语作绝句曰："木易已为工部侍，弓长肯作集英修。如今台省无杨叶，豚犬超升卒未休。"左居西湖上，好事请谒，人或畏其口，后竟终于布衣。（洪迈《容斋随笔》，页589）

上例评述涉及之关键字为"杨""张"二字。《说文·木部》："杨，木也。从木，易声。"《说文·弓部》："张，施弓弦也。从弓，长声。"由上可知，"杨""张"二字均为形声，例中善谑之左君将二字的字符先拆分、再拼合成词指代原字，是拆字而为隐语。

---

① 王艾录、司富珍：《语言理据研究》，中国社会科学出版社2002年版，第2页。
② 何九盈：《汉字文化学》，辽宁人民出版社2000年版，第342页。

②嵩山寇天师尝刻石为记表于山中。上元初，有洛川郃城县民因采药于山，得其记以献……其铭记文甚多，奥不可解，略曰："木子当天下。"又曰："止戈龙。"又曰："李代代不移宗。"又曰："中鼎显真容。"又曰："基千万岁。"所谓"木子当天下者"，言唐氏受命也；止戈龙者，言天后临朝也，止戈为武，天后氏也；李代代不移宗者，谓中宗中兴再新天下也；中鼎显真容者，显实中宗之庙讳，真为睿宗之徽谥，得不信乎！基千万岁，基玄宗也，千万岁者，盖言历数久长也。（张读《宣室志》，页675）

上例评述中，"木子""止戈"二词分别为"李""武"两字的隐语。《说文·木部》："李，果也。从木，子声。"《说文·戈部》："武，楚庄王曰：夫武，定功戢兵。故止戈为武。""李"为形声，"武"为会意。同上例，材料中的谶语亦为把"李""武"二字的字符拆分开来直接拼合成新词以替代原字，以此隐晦地预示政治变迁的到来。

又如：

③元和元年，秋九月，淮西帅吴少诚死，子元济拒天子命……晋国裴公度将而击焉。……命封人深城壕，且发其地。有得一石者，上有雕虫文字为铭……文曰："井底一竿竹，竹色深渌渌，鸡未肥，酒未熟，障车儿郎且须缩。"……俄有一卒，自行间跃出而贺曰："……今逆竖子且死矣……'井底一竿竹，竹色深渌渌'者，言吴少诚由行间一卒，遂拥千万兵，为一方帅，且喻其荣也。'鸡未肥'者，言无肉也，夫'肥'去'肉'为'己'字也。'酒未熟'者，言无水也，以'酒'去'水'为'酉'字也。'障车儿郎'，谓兵革之士也，'且缩'者，谓宜退守其所也。"……是岁冬十月，相国李愬将兵入淮西，生得元济，尽诛反者。裴公因校其日，果己酉焉。（张读《宣室志》，页676）

在上例评述的谶语中，"鸡未肥"从字面义上理解即"无肉"，

"肥"去掉"月"（肉）旁即为"巴"，字形类似于"己"；"酒未熟"从字面义上看即无水，"酒"去掉"氵"即为"酉"。故以上二句是通过对"肥""酒"字形的拆分预示政治变迁的时间的。

以上三例均为通过对字形的拆分而达成的智力干涉现象。

（二）对字形的描绘

描绘字形亦为文人智力干涉的常用方式之一，具体描绘的字形可以是特定汉字的整体，也可以是特定汉字的部分，主要通过描述、比较两种方式达成。

1. 描述法

描述法，即对特定汉字整体字形或部分有代表性部件的具体、形象的描述来达成智力干涉目的的语用方式。学术笔记中的相关记载如：

> ①黄巢令皮日休作谶词，云："欲知圣人姓，田八二十一。欲知圣人名，果头三屈律。"巢大怒。盖巢头丑，掠鬓不尽，疑"三屈律"之言，是其讥也。遂及祸。（钱易《南部新书》，页320）

上例是皮日休为黄巢作的谶词。《说文·黄部》："黄，地之色也。从田，从芡，芡亦声。芡，古文光。"本为形声兼会意字，在皮日休的谶语中，"黄"被主观地曲解为"田八二十一"，是纯粹从汉字字形上进行的毫无理据的拆分。又《说文·巢部》："巢，鸟在木上曰巢，在穴曰窠。从木，象形。"徐锴系传有对该象形字具体而形象的解释："臼，巢形也；巛，三鸟也。"① 在上例谶语中，"巛"却被皮日休联系"巢"字整体字形而描述成"果头三屈律"，正符合了黄巢头部的典型特征，以至于"巢大怒"，皮日休"遂及祸"。此处是具体描绘"巢"的形体特征而形成的智力干涉。

> ②荆楚贾者与闽商争宿邸。荆贾曰："尔等一人，横面蛙言，

---

① 蒋人傑编纂，刘锐审定：《说文解字集注》，上海古籍出版社1996年版，第1295页。

通身剑戟，天生玉网，腹内包虫。"闽商应之曰："汝辈腹兵，亦自不浅。"盖谓荆字从刀也。（陶谷《清异录》，页25）

上例是交际主体描述对方家乡简称而成的智力干涉。《说文·虫部》："闽，东南越。蛇种。从虫，门声。"本为形声字，却被上例解为会意，"腹内包虫"是对"闽"之字形的描述。《说文·草部》："荆，楚。木也。从艹，刑声。"本亦为形声字，上例评述却将之解释为会意，以"汝辈腹兵"将"荆"字释为从刀，是对"荆"字整体字形的主观描述。

2. 比较法

本字与形近字的字形差别，亦为智力干涉的重要理据，学术笔记中的很多相关例证是通过具体描述甚至夸大、凸显其差别而进行的智力干涉，即为比较法，如：

①法眼姓鲁，雪峰姓曾。或问雪峰师何姓也，答曰："鲁人不系腰。"却问法眼师何姓也，答曰："雪峰系腰带。"（钱易《南部新书》，页389）

上例评述是以交际主体之姓参与交际活动的例证。其中雪峰俗姓曾，法眼俗姓鲁。上文评述通过对"曾""鲁"两个字形体的对比，发现中间之横为"鲁"字独有，将其比拟为腰带，再对"鲁""曾"的整体字形做出详细描述：把"鲁"描述成"雪峰（曾）系腰带"，将"曾"描述成"鲁人不系腰"。

此类又如：

②张乂，延平人……莆田林叔弓，亦轻浮之士也，于是以其名字作诗、赋各一首嘲之。其警联云："身材短小，欠曹交六尺之长；腹内空虚，乏刘义一点之墨。"诗警句云："中分爻两段，风使十横斜。文上元无分，人前强出些。"曲尽形容之妙。（周密

《齐东野语》，页 5595）

　　上例评述中的警联所涉及之关键字为"交""义"和"乂""爻"，《说文·丿部》："乂，芟草也。刈，乂或从刀。"《说文·交部》："交，交胫也。从大，象交形。"《说文·我部》："義，己之威仪也。从我羊。""义"是"義"的简体字。由《说文》可知，"乂""交""义""爻"四个字在意义上并无任何联系，上例评述所制警联的依据是四字的字形差别，通过对字形的比较并将之具体措述为：（1）"欠曹交六尺之长"，意即"乂"比"交"在字形上少"六"；（2）"乏刘义一点之墨"，以"乂"比"义"少了中间一点为依据；（3）"中分爻两段"，将"爻"分成两段即为"乂"。认为"乂"比"交"少"六"，比"义"少一点，并以此为根据做警联。综上可知，上例评述是通过对参与交际主体——字，从整体字形上进行详细比较，经过主观的分解、具体描述、凸显字形差别而成的智力干涉。

　　但在更多的情况下，文人进行智力干涉的方式不是单一的，经常将比较、描述两种方式综合使用。如：

　　　　③亚又自为"亚"字谜曰："若教有口便哑，且要无心为恶。中间全没肚肠，外面强生棱角。"（吴处厚《青箱杂记》，页 1642）

　　《说文·口部》："哑，笑也。从口，亚声。"故"哑"本为形声字；又《说文·心部》："恶，过也。从心，亚声。""恶"亦为形声字，"亚"表读音。基于字形上的差别，"亚"左边加"口"即为"哑"，故上例曰"若教有口便哑"；而"恶"去掉"心"即为"亚"，故上例曰"且要无心为恶"。这两句将"亚"与"哑""恶"形体进行比较，具体描述并添、换偏旁制成谜语。而下两句"中间全没肚肠，外面强生棱角"的制作，是基于对"亚"整本字形的典型特征——中间空、外边凸所进行的形象性比拟描写。

④东坡《赠赵德麟秋阳赋》云："生于不土之里，而咏无言之诗。"盖寓畤字也。（陆游《老学庵笔记》，页3494）

"畤"是秦汉时期用以祭祀天地、五帝的祭坛。《说文·田部》有对"畤"的具体解释："畤，天地五帝所基址祭地……右扶风有五畤。""不土之里"句基于"畤"的偏旁"田"与"里"的字形区别，纯粹从字形上对二者的区别进行具体描述；"无言之诗"句基于"畤"之"寺"旁与"诗"的区别，"诗"去"讠"即为"寺"。故上两句合而为"畤"，为对"畤"字形进行拆分，并比较、替换偏旁而成的智力干涉。

（三）描绘事物性状

对词语所表达概念之事物形状特征加以具体描摹，亦为学术笔记常见的一种智力干涉达成的方式，如：

①日谜云："画时圆，写时方，寒时短，热时长。"（周密《齐东野语》，页5687）

因太阳圆，故曰"画时圆"；"日"字的形体是方的，所以"写时方"；冬季太阳照射地球的时间短，是为"寒时短"；夏天太阳照射地面的时间长，是为"热时长"。上例谜语具体描述了太阳的形状、"日"字字形的整体特征、太阳的性质。

②染物霞头云："身居色界中，不染色界尘。一朝解缠缚，见姓自分明。"（《齐东野语》，页5687）

霞头，是古代染件上所系的小布条，上面书写染件主人姓名用以识别。上书物主姓名以资识别。宋胡仔的《苕溪渔隐丛话前集·半山老人一》："世传霞头隐语是半山老人作，云：'生在色界中，不染色界尘；一朝解缠缚，见性自分明。'"上例隐语是由详细描述关涉物的特点、功用所成的。

③持棊云："彼亦不敢先，惟其不敢先，是以无所争，是以能
入于不死不生。"（周密《齐东野语》，页5687）

持棊，是围棋棋局中相持双方的棋势。持，是围棋棋局中的术语。棋局中黑、白子相间，如果其中一方于成相持之处先下子，就会被另外一方吃尽。《艺文类聚》卷七四引应玚《弈势》文："持棊相守，莫敢先动。"这个隐语是具体描述"持棊"棋势而成的。

④蹴鞠云："瞻之在前，忽焉在后。乐然后笑，人不厌其笑。"
（周密《齐东野语》，页5687）

蹴鞠，是足球运动，据传始于黄帝，最初是武士练习用的，主要用以练武、娱乐和健身，在战国时代就已经开始流行。《正字通·足部》有对"蹴鞠"的详细解释："鞠，旧注蹴鞠，皇帝所造，习兵之势，今戏球。不知所蹴之球为鞠，本从革，非鞠即鞠也。"① 该词始见于《史记·苏秦列传》："临菑甚富而实，其民无不吹竽鼓瑟，弹琴击筑，斗鸡走狗，六博蹋踘者。"② "蹋踘"也写作"蹴鞠"，本来是军中的一种游戏，后来成为民间运动，又途经阿拉伯传入欧洲，最终发展成现代的足球。上例"蹴鞠"隐语是具体描述足球运动特征而成的。

⑤印章云："方圆大小随人，腹里文章儒雅。有时满面红妆，常在风前月下。"（周密《齐东野语》，页5687）

印章，是古代用作取信的图章。因印章形式多样，故上例曰"方

---

① （明）张自烈、（清）廖文英：《正字通》，中国工人出版社1996年影印本，第1121页上栏。

② 《史记》，第637页。

圆大小随人"；因印章上刻着主人的信息，故有"腹内文章儒雅"之说；因印章常使用红色的印泥，故上例曰"有时满面红妆"；因其经常被文人用在自己所作诗文下方作为落款，故上例曰"常在风前月下"。综上可知，上例智力干涉通过具体描述印章的形制、内涵、相关物的颜色、功用等特征而成。

⑥金刚云："立不中门，行不履阈。俨然人望而畏之，斯亦不足畏也矣。"（周密《齐东野语》，页5687）

金刚，即金刚力士，是佛教中佛前执金刚杵的侍从力士。宋元照《行宗记》卷二上有对"金刚力士"的含义及得名之由的解释："金刚者，即侍从力士，手持金刚杵，因以为名。"上例隐语是通过对金刚力士的外形、形制特点的具体描述而成的。

⑦蜘蛛云："上不在天，下不在田。中心藏之，玄之又玄。"又云："自东至西，自南至北，无思不服。"（周密《齐东野语》，页5687）

上例中前四句诗对蜘蛛用以藏身的蛛网的特征加以具体描述，后例利用"丝"的谐音字"思"，比拟描述蜘蛛使用丝网捕食、长生的特点。

⑧拄杖云："用之则行，舍之则藏，惟我与尔。危而不持，颠而不扶，则焉用彼。"（周密《齐东野语》，页5687）

拄杖，指手杖，拐杖。该隐语是由形象地描述拐杖的功用、特点而成的。

⑨木屐云："可以托六尺之孤，可以寄百里之命。遇钢则铿尔

有声，遇柔则没齿无怨。"（周密《齐东野语》，页5687）

木屐，是木底鞋，形制不一，有的有齿，有的没有齿。《后汉书·五行志一》有对木屐盛行之状的呈现："延熙中，京都长者皆着木屐。"① 上例隐语是对木屐功用以及行走时声音特征的具体描绘。

以上几例均是学术笔记对事物形状具体描绘而成的智力干涉。

（四）双关

陈汝东如是说：双关是一种修辞方法，更是一种文化，特别是谐音双关。谐音双关是利用语音相同或相近的词语构成的。人们可以利用语音上的相似性，借助联想以理解作者真正的话语动机。② 学术笔记对谐音双关所构成的智力干涉的评述比比皆是，如：

> ①俞俊，其先嘉兴人……书诗联盘中云："清梦断柳营风月，菲仪表梓里葭莩。"盖柳营，暗藏亚夫二字。菲仪，谓非人。表梓，谓婊子，总贱倡滥妇之称。葭莩，皆是夫也。（陶宗仪《南村辍耕录》，页6500）

上例书诗联盘中的"清梦断柳营风月，菲仪表梓里葭莩"中，因周亚夫驻军在细柳营，所以隐缺"柳营"者代周亚夫③，而"表梓"和"葭莩"两个词均谐音双关。

"表""婊"二字音同。《广韵·止韵》有"梓，即里切"，又有"子，即里切"，故"梓""子"二字亦同音。《康熙字典·女部》有对"婊"字的释义："婊，俗呼倡家为婊子。"④ 故上例书诗联盘中取"表梓"的同音词"婊子"来讥讽也先普化一家人的无耻。

《广韵·麻韵》有"葭，古牙切"，属见母麻韵平声；又《广韵·

---

① 《后汉书》，第65页。
② 陈汝东：《当代汉语修辞学》，北京大学出版社2004年版，第240页。
③ 柳营，对驻军营盘的美称。西汉周亚夫驻军细柳营，柳营即细柳营之略。
④ 《康熙字典》（标点整理本），汉语大词典出版社2002年版，第200页。

皆韵》有"皆，古谐切"，为见母皆韵平声。由之，"葭""皆"两个字读音相近。《广韵·虞韵》有"葭，芳无切"，又有"夫，甫无切"，由之，"葭"与"夫"两个字在读音上的差别是声母送气与否，两个字读音相近。所以上例用"葭葭"表"皆夫"义。

②龙朔中，杨思元恃外戚，典选多排斥选士，为选人夏彪讼之。御史中丞郎馀庆弹奏免官。许南阳曰："故知杨吏部之败。"或问之，许曰："一彪一狼，共看一羊，不败何待？"（钱易《南部新书》，页293）

《广韵·唐韵》有"郎，鲁当切"，又有"狼，鲁当切。""狼"和"郎"两个字音同。《广韵·阳韵》有"杨，与章切"，又有"羊，与章切。"故"杨""羊"二字同音。所以上例用"狼"指"郎"义，用"羊"指"杨"义，均为谐音双关。

③石中立，字曼卿……天禧为员外郎，时西域献狮子，畜于御苑，日给羊肉十五斤，率同列往观。或曰："吾辈忝预郎曹，反不及一兽。"石曰："若何不知分！彼乃苑中狮子，吾曹园外狼耳，安可并耶？"（孔平仲《孔氏谈苑》，页2249）

上例评述中"园"和"员"读音同，"郎"和"狼"读音同，所以石中立用"园外狼"指代"员外郎"，与"苑中狮子"互相对应，赋予"园外狼"言外之意，是为谐音双关。此类例证又有：

④苏公尝会孙贲公素，孙畏内殊甚，有官妓善商谜，苏即云："蒯通劝韩信反，韩信不肯反。"其人思久之，曰："未之中否？然不敢道。"孙迫之使言，乃曰："此怕负汉也。"苏大喜，厚赏之。（庄绰《鸡肋编》，页4046）

上例是"商谜",是宋代瓦舍中盛行的说唱艺术,主要形式为猜谜语,通过滑稽风趣的话语达到交际者的真实意图。此例评述中苏轼以故事为基点出题,官妓以谐音揭破隐义:用"负"谐"妇"音表义回答,答语又巧妙地实现了"汉"的"汉子"义向"汉朝"义的转换。

⑤宣和五六年间,上方织绫,谓之遍地桃。又急地绫,漆冠子作二桃样,谓之并桃。天下效之,香谓之佩香。至金贼犯阙,无贵贱皆逃避,多为北贼虏去,此亦谶也。(赵令畤《侯鲭录》,页2075)

上例评述中所关涉的关键词为"遍地桃""并桃",此例"桃"谐"逃"音,亦为谐音双关。

以上五例均为学术笔记对谐音双关所造成的智力干涉的评述。

（五）借代

"借代是人们认识事物的重要方式和认知的基本特征之一。"① 甲事物同乙事物不相类似,但有不可分离的关系,利用这种关系,以乙事物的名称来代替甲事物,叫借代。② 由上知,借代是用某事物的突显属性来指代该事物,或者用一个概念来代替另一个与之相邻相近的概念,体现了认知语言学上转喻映射的两大重要原则:"突显原则"和"接近原则"③。学术笔记对这类智力干涉现象的记载不在少数。以笔记中所记载的宋诗用例为例,宋代诗坛上最盛行的是西昆体,西昆体的主要特征是"不说破",指代语是以上特征在语用上的呈现。对此学术笔记中有这样的记载:

①国初尚《文选》,当时文人专意此书,故草必称"王孙",

---

① 彭建武:《认知语言学研究》,中国海洋大学出版社2005年版,第29页。
② 《大辞海》,第158页。
③ 陈敏:《宋人笔记与汉语词汇学》,博士学位论文,浙江大学,2007年。

梅必称"驿使"，月必称"望舒"，山水必称"清晖"。至庆历后，恶其陈腐，诸作者始一洗之。方其盛时，士子至为之语曰："《文选》烂，秀才半。"建炎以来，尚苏氏文章，学者翕然从之，而蜀士尤胜，亦有语曰："苏文熟，吃羊肉；苏文生，吃菜羹。"（陆游《老学庵笔记》，页3522）

上例评述中涉及之代语主要有"王孙""驿站""望舒""清晖"，四词分别指代草、梅、月、山水，因为前者是《文选》对后者的代称。由上例评述可见，该指代在宋初的诗文创作中被普遍使用，是为认知语言学"接近原则"的生动呈现。又如：

②"蔚蓝"乃隐语天名，非可以义理解也。杜子美《梓州金华山》诗云："上有蔚蓝天，垂光抱琼台。"犹未有害。韩子苍乃云"水色天光共蔚蓝"，乃直谓天与水之色俱如蓝耳，恐又因杜诗而失之。（陆游《老学庵笔记》，页3511）

蔚蓝，是天空的颜色，而在陆游的评述中，人们用以指蓝天。此例为以本体典型颜色来指称本体，是认知语言学中"突显原则"的印证。

综上所术，学术笔记对智力干涉现象的记载表明，智力干涉背后所潜隐的理据是多样的，是典型的中国式词语的灵活运用，十分值得我们查考。

# 第五节　学术笔记对语用原则的论述

## 一　合作原则

### （一）合作原则的提出

美国著名的语言学家格赖斯在其《逻辑与会话》中明确提出了"合作原则"：在正常的情况下，人们的交谈不是由一串不连贯、无条理的话语组成的。之所以如此，是因为交谈的参与者在某种程度上意识到一个或一组共同的目的，或者至少有一个彼此都能接受的方向。这种目的或方向，可能一开始就是相当明确的，也可能是不甚明确的，还有可能是在谈话的过程中逐渐明确起来的。在交谈过程中，不适合谈话目的或方向的话语被删除，使交谈得以顺利进行。这样，就提出了一个要求交谈参与者共同遵守的一般原则："合作原则"，即在参与交谈时，要使你说的话符合你所参与的交谈的公认目的或方向。① 对此，格赖斯指明遵守合作原则就是对准则的遵守，他还效仿哲学家康德构建范畴体系的做法，划分出"量""质""关系""方式"，并以之为基点提出对应的四个准则。

（二）会话隐含意义的产生

话语交际主体对各准则的遵守、违背均会产生会话隐含意义。1975年，格赖斯明确界定"会话隐含意义"，即会话互动过程中所产生的一些"在实际语言运用过程中留下的'隐性'内容"。语言使用者遵守准则所产生的会话隐含意义被称为"标准会话隐含意义"；蔑视会话合作原则所产生的会话隐含意义被称为"非标准会话隐含意义"②。从学术笔记中的相关评述看，在实际的话语交际中，人们经常故意违背合作准则而制造"非标准会话隐含意义"，以之表示自己的真实意图，本节主要对这部分内容做详细的爬梳整理。

## 二 笔记小说所录之非标准会话隐含意义

统观学术笔记中所见的相关例证，我们认为，学术笔记中相关例证所呈现的"非标准会话隐含意义"的实现途径主要有四：不遵守方式准则；不遵守质的准则；不遵守量的准则；不遵守相关准则。

（一）方式准则的不遵守

清楚明白地说出所要说的话，尤其要：（1）避免晦涩；（2）避免歧义；（3）简练；（4）有条理。这就是格赖斯提出的方式准则。③ 对

① 索振羽：《语用学教程》，北京大学出版社 2000 年版，第 56 页。
② S. D. Davis, *Pragmatics: A Reader*, New York: Oxford University Press, 1991, p. 311.
③ 索振羽：《语用学教程》，北京大学出版社 2000 年版，第 57 页。

方式准则的违背，经常会造成言外之意的产生。如：

①宝元初，元昊创立文法，故名"吾祖"，慢书始闻，朝廷为之忿然。……后数年，力尽求和，岁增赂遗，仍改名"兀卒"，朝廷竟不问。（苏辙《龙川别志》，页86）

《广韵·没韵》有"兀，五忽切"，属疑母没韵入声；又"吾，五乎切"，为疑母没韵平声，"兀""吾"两个字音近；又"卒，臧没切"，为精母没韵入声；《广韵·姥韵》有"祖，则古切"，精母姥韵上声，"卒""祖"两个字语音相近。由上知，"兀卒"和"吾祖"音近，夏国仍自称"兀卒"，是通过谐音对方式准则的故意违背，以不遵守"避免歧义"次准则来羞辱朝廷。

②其蛋女子荡恣，如吴下唱杨花者曰绾髻，有谣曰："清河绾髻春意闹，三十不嫁随意乐。江行水宿寄此生，摇橹唱歌桨过滘。"桨者摇船也，亦双关之意。滘者觉也。（屈大均《广东新语》，页360）

上例中，"滘"是方言，为"觉"的同音字，指河道相通处，多在地名中使用，所以在歌谣中被用以表"觉"义以制造双关，亦为对方式准则"避免歧义"次准则的不遵守。

③酒客为令，以诗一句影出果子名类庾语，如云："迢迢良夜惜分飞是清宵离。"清宵离者，青消梨也。又云："黄鸟避人穿竹去是山莺逃。"山莺逃者，山樱桃也。又云："芙荷翻雨浴鸳鸯是水淋禽。"水淋禽者，水林擒也。（沈作喆《寓简》卷十）

上例中，"清宵离"读音与"青消梨"相同，"山莺逃"读音与"山樱桃"同，"水淋禽"读音与"水林擒"同。上例诗句影出果子名之现象亦违反了方式准则中的"避免歧义"次准则。

以上几例均违背了格赖斯合作原则的方式准则，产生了话语交际的非标准会话含义，委婉地表达出作者的真实意图。

（二）质的准则的不遵守

所说的话要力求真实，尤其是：（1）不要说自知是虚假的话；（2）不要说缺乏足够证据的话。① 这些是格赖斯的"质的准则"。在实际的话语交际中，交际主体故意通过各种方式违背"质的准则"，把本意隐藏起来，又若有若无地给对方以线索联想，使对方对本意的理解有迹可循。如：

①明皇封泰山，张说为封禅使。说女婿郑镒本九品官。旧例：封禅后，自三公以下，皆迁转一级。惟郑镒因说，骤迁五品，兼赐绯服。因大酺次，玄宗见镒官位腾跃，怪而问之，镒无词以对。黄幡绰曰："此乃泰山之力也。"（段成式《酉阳杂俎》，页 12）

上例评述是对"泰山"表"岳父"之义来源的记载。在封禅大典中，因郑镒的岳父张说为封禅使，郑镒在典礼后由九品骤迁为五品，当玄宗问起这件事的时候，伶人黄幡绰答曰："此乃泰山之力也。"这句答语故意违背质的准则，说出明知虚假的话，但答语却无疑与事实关联密切，故能在幽默中讽刺事实。

②乡人谓……进城为上县，见欲县考者曰要上县吃子儿火烧去了。……子儿者，之而也。火烧者，烤也。若曰之而用得明白，则可以考，斯言近之矣。（李光庭《乡言解颐》，页 21）

上例评述中，"子儿"和"之而"两词音近，故能用"子儿"代指"之而"；火烧指用面做、火烤成的饼，其主要动词"烤"和"考"

---

① 索振羽：《语用学教程》，北京大学出版社 2000 年版，第 57 页。

音同，故人们用"火烧"指代"考"，说了明知虚假的话，是对质的准则的故意违背。

③水读为髓，柴读为财，土音也，元旦担水抱柴扣门户，问之，答曰："送财"，则入之，而置其水其柴釜灶中，大喊曰"添财添财"，家家如是。（西清《黑龙江外记》，页291）①

《广韵·佳韵》有"柴，士佳切"，属崇母佳韵平声，《广韵·哈韵》有"财，昨哉切"，为从母哈韵平声。由上知，"柴"和"财"的音本不同，因土音把"柴"读为"财"，所以元旦送柴，口称"送财"以祝福对方。该交际主体亦违反质的准则，通过虚假的话祝福对方来年发财。

④有故人喜谐谑，见人家后房或北里倡女，多隐讳年岁，往往不肯出二十以上。故友戏谓曰："汝等亦有减年恩例，尽被烧丹学仙道人买去。"盖道士多诳诞，动辄年数百岁耳。（沈作喆《寓简》，页902）

上例评述中，交际主体洞悉"故人"虚报年龄的行为，却不明说，以"汝等亦有减年恩例，尽被烧丹学仙道人买去"讥讽，违背格莱斯质的原则，用明知虚假的话调侃对方。

⑤刘子仪侍郎三入翰林，颇不怿，诗云："蟠桃三窃成何味，上尽鳌头迹转孤。"移疾不出，朝士问候者继至，询之，云："虚热上攻。"石中立滑稽，在座，云："只消一服清凉散。"意谓两府始得用青凉伞也。（赵令畤《侯鲭录》，页2054）

上例评述中，刘子仪三次未升迁而心情郁结，称病不出，却答问候

---

① 转引自王宝红《清代笔记小说俗语词研究》，博士学位论文，四川大学，2005年。

者曰"虚热上攻"，通过虚假的话来掩饰真实的状况，是对质的准则的违背。而石中立"清凉散"之语，字面与"虚热上攻"相对，实则取其同音词"青凉伞"表示官职的升迁，是对方式准则的故意违背。又如：

⑥阳孝本字行先……号曰"玉岩居二"，仍为作真赞。居士不娶，坡每来，直造其室，尝戏以元德秀呀之。居士曰："某乃阳城之裔。"故坡诗曰："众谓元德秀，自称阳道州。"皆谓无妻也。（方勺《泊宅编》，页2106）

上例中，阳孝本，字行先，终身不娶；元德秀，事母至孝，亦终身不娶。因二人均终身不娶，故苏东坡用元德秀①戏称阳孝本，是对质的准则的故意违背，用明知虚假的话戏谑对方。

（三）量的准则的不遵守

"量的准则"指所提供的信息的量：（1）所说的话应包含当前交谈目的所需要的信息；（2）所说的话不应包含多于需要的信息。② 学术笔记中亦有不少评述实例故意违反量的准则，形成非标准性隐含意义以表真实意图。如：

①至元二十四年，桑哥之为尚书丞相也，专权擅政，虐焰薰天，贿赂公行，略无畏避。中书平章武宁正献王彻理时为利用监，独奋然数其奸赃于上前。上怒，以为丑诋大臣，命左右批其颊。王辨不为止，且曰："臣思之熟矣，国家置臣子，犹人家畜犬，譬有贼至而犬吠，主人初不见贼，乃棰犬，犬遂不吠，岂良犬哉？"上悟，收桑哥，籍其家。……余按《北史·宋游道传》：毕义云奏劾游道，杨遵彦曰："譬之畜狗，本取其吠，今以数吠杀之，恐将来

---

① 元德秀（696—754），字紫芝，河南人。岁少孤，事母孝，曾为鲁山令。终身未娶，卒，门人谥曰文行先生。

② 索振羽：《语用学教程》，北京大学出版社2000年版，第56页。

无复吠犬。"诏除名。则王之以犬自况，为有所本矣。（陶宗仪《南村辍耕录》，页6157）

上例中的话语主体王彻理为劝谏，把"国家置臣子"比喻成"人家蓄犬"，为交际过程提供了冗余的信息，是对量的准则的故意违背。又如：

②先君读山谷《乞猫》诗，叹其妙。晁以道侍读在坐，指"闻道猫奴将数子"一句，问曰："此何谓也?"先君曰："老杜云'暂止啼乌将数子。'恐是其类。"以道笑曰："君果误矣。《乞猫》诗'数'字当音色主反。'数子'谓猫狗之属多非一子，故人家初生畜必数之曰：'生几子。''将数子'犹言'将生子'也，与杜诗语同而意异。"以道必有所据，先君言当时偶不叩之以为恨。（陆游《老学庵笔记》，页3528）

上例评述是陆游对《乞猫》诗的述评，材料在释前诗时把"生子"称为"数子"，实质是在交谈过程中提供了多出需要的信息，从而违背了量的准则。再如：

③杨何，字汉臣，莆田人也。登进士第，为南阳士掾，狂率喜功。刘汲作帅，就辟幕府。金人破邓，全家皆死于兵。始在乡校以薄德取怨于众，人嘲之曰："牝驴牡马生骡子，道士师姑养秀才。"盖谓其父本黄冠，母尝为尼也。（庄绰《鸡肋编》，页3979）

上例评述中，因交际主体杨何的父亲本为道士（黄冠），母亲本为尼姑，杨虽中秀才却狂傲不讨人喜，故被乡人拉出家事谓之"道士师姑养秀才"，此句本已多出需要信息，为使讽刺效果更佳，乡人又加"牝驴牡马生骡子"之语与之相对，以畜生喻之，信息冗余尤甚，表达效果更佳。

④三宝柱，字延珪，色目人，颇以才学知名。虽湛于酒色，而能练达吏事，刚正有守。为浙省郎中日，大书四句于门屏之上曰："逆刮蛟龙鳞，顺捋虎豹尾，若将二伎论，尤比干人易。"其意盖以杜绝人之求请耳，然亦隘矣哉，终不大显达，而死于难。（陶宗仪《南村辍耕录》，页 6248）

上例中，"逆刮蛟龙鳞，顺捋虎豹尾"之语所表之意本不必需，交际主体三宝柱列出以上二事，是通过冗余信息传达决心之坚，虽违反了量的准则，却圆满地达到了自己的表达意图。

⑤名落孙山　吴人孙山，滑稽才子也。赴举他郡，乡人托以子偕往。乡人子失意，山缀榜末，先归。乡人问其子得失，山曰："解名尽处是孙山，贤郎更在孙山外。"（范公偁《过庭录》，页 353）

上例评述中，必需信息是乡人之子是否上榜，而答话者却将自己的信息也顺带说出，是冗余信息，也是下文体现答语必需信息的铺垫。

以上五例在话语交际过程中均故意违反量的准则，据此产生了非标准性会话隐含意义，通过冗余信息使发话者所要表达的真实意图更加彰显。

（四）相关准则的不遵守

格赖斯还在关系范畴下提出相关准则，即所说的话必须与所表意图相关，对相关准则的违背，经常造成"言在此而意在彼"的语效。学术笔记中也记载着不少相关例证，如：

①崔公铉之在淮南……僮以李氏妒忌……僮志在发悟，愈益戏之。李果怒，骂之曰："奴敢无礼，吾何当如此？"僮指之，且出曰："咄咄！赤眼而作白眼讳乎？"铉大笑，几至绝倒。（《玉泉子

真录》，页 220）

上例中，家僮的答语"赤眼""白眼"，本与李氏之问毫不相干，却被前者用来戏弄李氏的妒忌，虽违背了相关准则，讽刺效果却更生动形象。

②嘉兴总管凌师德，以文章政事自居，同僚莫敢与抗。然其行实贪污，颇闻人有讥议，因出对云："竹本无心，外面自生枝节。"有推官对云："藕因有窍，中间抽出丝毫。"盖讽之也。（陶宗仪《南村辍耕录》，页 6501）

上例评述中，话语交际主体为脱罪，以竹为主题，以其形体为基点发出"竹本无心"之语，表明己本无心贪污的心迹；下文推官却以藕为题，以其特征为基点，具体描述藕的特征以讥讽凌师德。在话语交际中，交际双方均赋予所关涉事物以非标准性会话隐含意义，违反相关准则达成双关。

③开宝中，王师围金陵，李后主遣徐铉入朝，对于便殿，恳述江南事大之礼甚恭，徒以被病未任朝谒，非敢拒诏。太祖曰："不须多言，江南有何罪？但天下一家，卧榻之侧，岂可许他人鼾睡。"（吴愱《类说》，页 486）

上例评述中，后文"卧榻之侧，岂可许他人酣睡"和前语"江南事大"本毫不相关，却被太祖连贯使用，虽从表面上看，前言后语违反了相关准则，其实是发话者有意为之，旨在用其性质的相似来拒绝李后主的要求。后"卧榻之侧，岂容酣睡"之语被用以为典，比喻不允许别人侵入自己的利益范围。①

---

① 王剑引等：《中国成语大辞典》，上海辞书出版社 1998 年版，第 1349 页。

④打草惊蛇，乃南唐王鲁为当涂令，日营资产，部人诉主簿贪污，鲁曰："汝虽打草，吾已惊蛇。"（郎瑛《七修类稿》，页 368）

"打草惊蛇"之语，本指因惩罚甲而让乙产生警惕心。后多用之以喻行事不密，使对方有所察觉，预为防备。① 当上例中部人控诉主簿贪污的时候，南唐王鲁以这句不着边际的话作答，是对相关准则的违背。上例材料所述亦为对"打草惊蛇"源头的说明。

以上数例均为学术笔记对违背合作原则诸准则所产生的非标准会话隐含意义的记录，上文诸例中的语用行为均为积极的言语交际活动，是人们对相关话语表达形式选择的结果。故虽未遵守合作准则，却圆满地达成了交际目的。

## 第六节　学术笔记对得体原则的论述

"合作原则只是语言使用者实施语用策略的指导方针"②，违背合作原则的语用现象屡见不鲜，1983 年，利奇为了拯救格赖斯合作原则于困境，首次提出礼貌原则③，而我国语用学家索振羽又在"礼貌"原则的基础上提出"得体原则"。

### 一　得体原则
（一）得体原则提出的理论背景

由上文论述，格赖斯"合作原则"的缺陷是显而易见的，需要进一步提出理论来补救。新格赖斯会话含义理论应运而生，它所涉及的因素较"合作原则"更具体、更确定，在一定程度上增强了"合作原则"

---

① 王剑引等：《中国成语大辞典》，上海辞书出版社 1998 年版，第 220 页。
② 刘森林：《语用策略》，社会科学文献出版社 2007 年版，第 45 页。
③ 刘润清：《关于 Leech 的礼貌原则》，《外语教学与研究》1987 年第 2 期。

的解释力。但正如索振羽所说：解释力增强是新格赖斯会话含义理论的明显优点，但抽象化、程序化色彩浓重，从描写语用学的角度来看，却是新格赖斯会话含义理论的缺点，因为交际大众难于熟练掌握，从而导致其实用价值降低。[①] 那么，对于"合作原则"的缺陷，我们应如何补救？如何完善？针对这些问题，索振羽提出"得体原则"。

（二）得体原则的内容及其与合作原则的关系

我们在话语交际中，为适应不同的语境，使用拐弯抹角的方式间接地表达自己的真实意图，使交际效果达到最佳的原则就叫作"得体"。"得体原则"有三个准则：礼貌准则、幽默准则、克制准则，在以上三条准则下又各有次准则数条。得体原则无疑是对格莱斯"合作原则"的补救，我们通过"得体准则"可以更科学、更合理地解释一些问题，这些问题是"合作原则"解释不了的。学术笔记中有不少评述是对索振羽"得体原则"的呈现。

## 二　笔记小说所体现的得体原则

在学术笔记的相关评述材料中，"得体原则"的三条准则均有体现。我们各择取数例加以说明。

（一）笔记小说所体现的礼貌准则

在言语交际过程中，每个交际者都希望得到对方的尊重。为了达成最佳的交际效果，发话者必须根据语境采取最适当的交际策略以示对对方的尊重。"在交往中为了给自己面子，也为了保留对方的面子，最好的办法就是使用礼貌语言。"[②] 学术笔记中的相关评述对听话人的尊重，主要表达方式可归为以下两种：（1）恰当的称呼；（2）婉转的说法。

1. 恰当的称呼

称呼是人与人之间社会关系的体现，在交际过程中，发话者需要根据对方尊卑、长幼、亲疏的差异，使用恰当的话语称呼听话人。该次准

---

① 索振羽：《语用学教程》，北京大学出版社 2000 年版，第 87—88 页。
② 何自然：《语用学与英语学习》，上海外语教育出版社 1997 年版，第 107 页。

则价值主要表现为"恰当",只有称呼"恰当",话语交际才算是遵守了礼貌次准则。① 学术笔记中所记载的"恰当称呼",主要可归为两类:(1)避讳;(2)谦敬辞的使用。

避讳事象的表达意图是对君主、尊长、贤者的尊重。如:

> ①王羲之之先讳"正",故法帖中谓"正月"为"一月",或为"初月",其它"正"字率以"政"代之。(陆游《老学庵续笔记》,页138)

上例的王羲之为避祖父"王正"讳,把"正"改为"一""初"或"政",是为易字避讳,用"一""初"代替"正",是以同义字替换本字,以"政"代之,是以同音字代之。

有时同音字也要避讳,如:

> ②《唐律》禁食鲤,违者杖六十。岂非"鲤""李"同音,彼自以为裔出老君,不敢斥言之,至号鲤为"赤鲜公",不足怪也。旧说鲤过禹门则为龙,仙人琴高、子英皆乘以飞腾,古人亦戒食之,非以其变化故耶。(方勺《泊宅编》,页2135)

上例是为贤者避讳。因为李耳的"李"与鲤鱼的"鲤"音同,所以《唐律》禁止吃鲤鱼,足见古人对避讳的重视程度。

封建社会的礼制层级严格,这种层级亦表现在用词上,如:

> 《春秋纬含文嘉》曰:天子坟高三仞,树以松。诸侯半之,树以柏。大夫八尺,树以栾。士四尺,树以槐。士人无坟,树以杨柳。(赵令畤《侯鲭录》,页2077)

---

① 索振羽:《语用学教程》,北京大学出版社2000年版,第95页。

上例是学术笔记对不同层级之坟形制差异的评述。古人的称呼语也一样，阶层、地位不同，所使用的称谓也是不同的，这就是汉语谦敬词的使用。学术笔记中的相关记载如下：

③呼君为尔汝　东坡云："凡人相与号呼者，贵之则曰公，贤之则曰君，自其下则尔汝之。虽王公之贵，天下貌畏而心不服，则进而君公，退而尔汝者多矣。"予谓此论特后世之俗如是尔，古之人心口一致，事从其真，虽君臣父子之间，出口而言，不复顾忌，观《诗》、《书》所载可知矣。箕子陈《洪范》，对武王而汝之。《金縢》策祝，周公所以告大王、王季、文王三世祖考也，而呼之曰"尔三王"，自称曰"予"。至云："尔之许我，我其以璧与珪，归俟尔命，尔不许我，我乃屏璧与珪。"殆近乎相质责而邀索也。《天保》报上之诗，曰"天保定尔，俾尔戬穀"，《祕宫》颂君之诗，曰"俾尔炽而昌"，"俾尔昌而炽"，乃《节南山》、《正月》、《板》、《荡》、《卷阿》、《既醉》、《瞻卬》诸诗，皆呼王为尔。《大明》曰"上帝临汝"，指武王也。《民劳》曰"王欲玉女"，指厉王也。至或称为小子，虽幽、厉之君，亦受之而不怒。呜呼！三代之风俗，可复见乎？晋武公请命乎天子，其大夫赋《无衣》，所谓"不如子之衣"，亦指周王也。（洪迈《容斋随笔》，页193）

上例评述是对古人称谓语的记载。其中"公"用以通称封建朝廷的最高官位。《汉书·百官公卿表》有对"三公"的解释："太师、太傅、太保，是为三公，盖参天子，坐而议政，无不总统，故不以一职为官名。"① 汉承前制，"三公"仍然是丞相、太尉和御史大夫。后"公"成为泛指词，指朝廷中的职高掌权者，为后世"公"意义进一步泛化奠定了基础。

君，亦为敬称。《说文·口部》："君，尊也。从尹；发号，故从

① （清）王先谦：《汉书补注》，中华书局1983年影印本，第295页下栏。

口。"由上可知,"君"本会意词,指位尊者发号施令,后词义引申指行为动作的发出者。

尔,第二人称代词,相当于"你"。最初对上、对下均用,《正字通·爻部》有相关记载:"我称人曰尔……古人臣称君皆曰尔。《诗·小雅·天保》称尔者九,《大雅·卷阿》称尔者十三,《书·伊训》、《太甲》称尔、汝亦然。"①后来只用于称平辈和晚辈。《孟子·尽心下》:"人能充无受尔汝之实,无所往而不为义也。"焦循《孟子正义》:"尔汝,为尊于卑、上于下之通称。"②"尔"之字在传世字书、韵书中均见,《小尔雅·广诂》:"尔,汝也。"③《广韵·语韵》:"汝,尔也。""尔""汝"互释,均为第二人称代词。《正字通·水部》有对"汝"本义及词义演变的解释:"汝,本水名,借为尔汝字。"④

由上可见,在古代的人称代词中,等级是重要质素,称呼得体才能达到预期的交际目的,如上例评述材料是对"进而君公,退而尔汝者"类前恭后倨现象的批判。

> ④负兹 《公羊传》桓公十六年"属负兹",注曰:天子称不豫,诸侯称负兹,庶人称负薪。莫知兹为何物。予观《史记·周纪》:"卫康叔封布兹。"徐广曰:"兹,藉席之名。诸侯病曰负兹。"然后知兹乃席也,与负薪盖有等级。(刘昌诗《芦浦笔记》,页19)

上例评述对"负兹"的词义、来源、近义词做出详细的解释。由此我们可见,封建社会的等级制度在行为动词中亦有鲜明呈现,上例所关涉到的生病事,于天子、于诸侯、于庶人,称谓各不相同。具体到上

---

① (明)张自烈、(清)廖文英:《正字通》,中国工人出版社1996年影印本,第645页下栏。

② 焦循撰:《孟子正义》,中华书局1987年版,第1008页。

③ 《小尔雅义证》,第9页上栏。

④ (明)张自烈、(清)廖文英:《正字通》,中国工人出版社1996年影印本,第575页上栏。

例所涉及之关键词："豫"，古文做"𧰼"，本义为非常大的象，后引申指安乐、喜乐义，"不豫"字面义即不安乐；上例"兹"乃"席"，"负兹"的字面义即躺在席上；"薪"为柴火，"负薪"的字面义即躺在柴木上。由上可知，三词的等级是通过主体行为的典型特征区分开来的。在交际过程中，若不能恰当地使用谦敬辞，就会导致交际活动的失败。学术笔记中对这类现象的记载如下：

⑤李□兵部使陕西转运使，尝至一州，军伶白语但某叨居兵部，缪忝前行。李大怒。（江修复《江邻几杂志》，页 591）

上例评述中，"前行"是兵、吏二部的称呼语。"叨"为"非分地承受"之义，是谦辞。《华严经·序·音义上》引《韵圃》："叨，忝。"《说文·心部》："忝，辱也。从心，天声。"由上可知，"叨""忝"均为谦辞。《后汉书·杨震传附杨赐》"忝"用例："臣受恩偏特，忝任师傅，不敢自同凡臣，括囊避咎。"① 谦辞本应自用，评述中却被军伶用以称呼自己，交际失败不可避免。

综上所述，在具体的话语交际中，置身于特定的场合，面对着特定的交际对象，只有恰切地使用称呼语，才能圆满完成交际任务。由以上数例可见，称呼语的恰当，不仅体现在人称代词上，行为用语的等级性也是需要交际双方尤其是发话者注意的。

2. 婉转的说法

何兆熊认为："礼貌是人们使用间接语言的一个很重要的原因。"② 在大部分使用英语的环境下，挽救面子的行为通常是利用负面面子礼貌策略实施的。使用负面面子礼貌形式的倾向，强调听话人的自由权利，是一种顺从策略。布朗和列文森把负面面子策略分为10 种。上述面子策略中有"闪烁其词"（Hedge）之说，英语如此，

---

① 《后汉书》，第 252 页。

② 何兆熊：《新编语用学概要》，上海外语教育出版社 1997 年版，第 148 页。

汉语亦然。在学术笔记中挖掘到的相关评述中，通过婉转的说法（即上文的闪烁其词）软化、减弱对交际双方面子威胁的话语行为不在少数。

婉转，即不直说本意而用委曲含蓄的话来烘托、暗示。① 学术笔记中的此类记载如：

> ①曾子宣丞相常排蔡京于钦圣太后帘前。太后不以为然，曾公论不已，太后曰："且耐辛苦。"盖禁中语，欲遣之使退，则曰"耐辛苦"也。京已出，太原复留。（陆游《老学庵笔记》，页3490）

上例评述中，关键词"耐辛苦"字面义为"忍受劳累"，略等于现代人所说的"辛苦了""受累了"，但在宋朝宫闱用语中它表示的还有言外之意：请您退下吧!② 其实是通过认知语言学上的"移情"来减弱对对方面子的威胁，即在认同对方情感的基础上，暗示自己的真实意图。

> ②赵正夫丞相薨，车驾临幸。夫人郭氏哭拜，请恩泽者三事，其一乃乞于谥中带一"正"字。余二事皆即许可，惟赐谥事独曰："待理会。"平时徽庙凡言"待理会"者，皆不许之词也。正夫遂谥"清宪"。（陆游《老学庵笔记》，页3490）

此例评述的关键词"待理会"从字面上看表"以后再说吧"之义，现代人婉拒亦有"以后再说"之语。在上例评述中，交际双方存在观点上的分歧，但为了保全对方的面子，话语交际主体徽宗推而不拒，婉转地达到了自己真实的交际意图。

上两例话语交际，无论通过何种方式，都最大限度地维护了发话者

---

① 《大辞海》，第160页。
② 参见陈敏《宋人笔记与汉语词汇学》，博士学位论文，浙江大学，2007年。

的面子，使双方的面子受损程度降到最低，是适应具体场合的交际，圆满地达成了交际活动的真实意图。

（二）学术笔记中所体现的幽默准则

"幽默"是由英语 Humour 译过来的。索振羽认为，"幽默"外谐内庄，它引人发笑，但不庸俗，不轻浮，它言语含蓄，话里含哲理，存机智，它是一种诉诸理智的"可笑性"的精神现象，是语言使用者的思想、学识、经验、智能的结晶。① 该类语用现象在笔记中多有记载，如：

> 杨文公有重名于世，常因草制，为执政者多所点窜，杨甚不平，因以稿上涂抹处以浓墨傳之，就加为鞋底样，题其榜曰："世业杨加鞋底。"或问其故，曰："是他别人脚迹。"……自后舍人行词遇涂抹者，必相谑云："又遭鞋底。"（陈鹄《西塘集耆旧续闻》，页 4824）

上例评述是对俗语"又遭鞋底"来源的记录，由例可知，该俗语的得来，是由于"以浓墨窜改稿子"与"加鞋底"在外形上类似，而其所关涉之交际主体又有"重名于世"，该语才被流传开来，泛指士人涂抹稿子的行为。综观所收集到的相关评述材料，我们将其从形成理据上归为以下四类：歪解、归谬、双关、飞白。

1. 歪解

歪解，即用些似是而非、出人意料的奇妙歪理去解释某种现象，造成幽默情趣，是智者故意用歪理去解释某种事物或现象来造成幽默情趣的。② 学术笔记中的此类记载如：

> ①一日，馔亲宾，愿亦预焉。李公有故人子弟来投，落拓不事。李公遍问旧时别墅，及家童有技者，图书有名者，悉云卖却。

---

① 索振羽：《语用学教程》，北京大学出版社 2000 年版，第 100 页。
② 同上书，第 117 页。

李责曰："郎君未官家贫，产业从卖，何至卖及书籍古画？"惆怅之久。复问曰："有一本虞永兴手写《尚书》，此犹在否？"其人惭惧，不敢言卖，云："暂将典钱。"愿忽言曰："《尚书》大屯。"李公忘却先拒其谈谐之事，遂问曰："《尚书》何屯？"愿曰："已遭尧典舜典，又被此儿郎典。"李公兴怒之意大开，自此更不拒周。（赵璘《因话录》，页98）

《尚书》中有《尧典》《舜典》。《说文·丌部》："典，五帝之书也。"《玉篇·丌部》："典，经籍也。"故"典"指典籍，而上例评述中《尧典》《舜典》中的"典"即取"经籍"义。除此义外，"典"还可指"抵押，抵押之物"，例中"又被此儿郎典"，其中，"典"表示"抵押"。上例中交际主体周愿通过"典"二义项的巧妙转化，形成幽默话语的两个脚本之间的反差，即最终构成的幽默空间。

北齐笑星石动箭以语言幽默著称于世。学术笔记中有不少对其幽默话语的记载，如：

②动箭又尝于国学中，看博士论云："孔门弟子，达者七十二人。"动箭因问曰："达者七十二人，几人已著冠？几人未著冠？"博士曰："经传无文。"动箭曰："先生读书，岂合不解！孔子弟子，已著冠有三十人，未著冠有四十二人。"博士曰："据何文解以辨之？"曰："《论语》云'冠者五六人'，五六得三十也；'童子六七人'，六七四十二也。岂非七十二人？"坐中皆大悦。（李昉《太平广记》，页1917—1918）

在《论语·先进》"暮春者，春服既成，冠者五六人，童子六七人，浴乎沂，风乎舞雩，咏而归"[1]句中，"五六人"和"六七人"正解是概数，而石动箭却将"五六人""六七人"故意歪解为两数相乘，

---

[1] 阮元校刻：《十三经注疏》，中华书局1980年版，第2500页下栏。

以乘积解。故上例正解与石解分别构成幽默话语的两个脚本，圆满达成幽默语效，调动了现场的气氛。

③北齐高祖尝以大斋日设聚会……石动筩最后议论，谓法师曰："且问法师一个小义：佛当骑何物。"法师答曰："或坐千叶莲花，或乘六牙白象。"动筩云："法师全不读经，不知佛所乘骑物。"法师即问云："檀越读经，佛骑何物?"动筩答云："佛骑牛!"法师曰："何以知之?"动筩曰："经云：'世尊甚奇特'，岂非骑牛?"坐皆大笑。（敦煌卷子《启颜录》"论难"篇）

上例评述中，"特"表"牛"之义。《说文·牛部》："特，朴特，牛父也。从牛，寺声。"另，"特"可表"独特、特殊"义，上例佛经中"世尊甚奇特"语中的"特"正解为"独特"义，而石却故意歪解"特"为"牛父"，成功达成脚本一、二解的空间，制造出幽默语效。

2. 归谬

归谬，即接过对方的荒谬说法"顺杆爬"，使其进一步强化、明朗化，以显示其荒谬可笑。① 学术笔记中的此类记载如：

①今人谓贱丈夫曰"汉子"，盖始于五胡乱华时。北齐魏恺自散骑常侍迁青州长史，固辞。文宣帝大怒曰："何物汉子，与官不受!"此其证也。承平日，有宗室名宗汉，自恶人犯其名，谓"汉子"曰"兵士"，举宫皆然。其妻供罗汉，其子授《汉书》，宫中人曰："今日夫人召僧供十八大阿罗兵士，大保请官教点《兵士书》。"都下哄然传以为笑。（陆游《老学庵笔记》，页 3471）

"汉子"本为对汉人的美称，其色彩义的褒贬几经周折。由于五胡乱华使汉民在边疆民族中的地位降低，其色彩义由褒而贬。故材料中的

---

① 索振羽：《语用学教程》，北京大学出版社 2000 年版，第 119 页。

宗汉为避开己名中的贬称，把"汉子"改称为"兵士"，为讥讽宗此举的荒唐，宫中人以其思路为逻辑脉络，一路顺推，由"其妻供罗汉""其子授《汉书》"之语，同义替换成"今日夫人召僧供十八大阿罗兵士，大保请官教点《兵士书》"，圆满完成幽默话语脚本二的形成，达成幽默语效。

> ②南朝谓北人曰"伧父"，或谓之"虏父"。南齐王洪轨，上谷人，事齐高帝，为青、冀二州刺史，励清节，州人呼为"虏父使君"。今蜀人谓中原人为"虏子"，东坡诗"久客厌虏馔"是也，因目北人仕蜀者为"虏官"。晁子止为三荣守，民有讼资官县尉者，曰："县尉虏官，不通民情。"子止为穷治之，果负冤。民既得直，拜谢而去。子止笑谕之曰："我亦虏官也，汝勿谓虏官不通民情。"闻者皆笑。（陆游《老学庵笔记》，页 3537）

上例中，中原人被蜀人蔑称为"虏子"，故"北人仕蜀者"被蜀人蔑称为"虏官"。例中晁子止在蜀为官，有蜀人诉讼中称所讼之县尉为"虏官"，即以蜀人之语为逻辑基点，在其中冤拜谢时，以己亦虏官之语戏谑之，是为归谬。

3. 双关

双关，利用语言文字上同音或同义的关系，使一句话关涉到两件事。① 学术笔记中利用字、词的谐音造成讠语双关，"言"在此而"意"在彼，即为谐音双关。如：

> ①韩侂胄用兵既败，为之须鬓俱白，困闷莫知所为。伶优因上赐侂胄宴，设樊迟、樊哙，旁有一人曰樊恼，又设一人揖问："迟，谁与你取名？"对以"夫子所取"，则拜之曰："是圣门之高第也。"又揖问哙曰："尔谁名汝？"对曰："汉高祖所命。"则拜

---

① 《大辞海》，第159页。

曰："真汉家名将也。"又捐恼云："谁名汝？"对以"樊恼自取。"
（叶绍翁《四朝闻见录》，页5001）

上例评述中，《广韵·元韵》有"樊，附元切"，又有"烦，附袁切"，由上可知"樊"与"烦"二字音同，故"樊恼"和"烦恼"两词同音，由不同词的谐音达成双关。

　　②嘉泰末年，平原公恃有扶日之宫，凡事自作威福，政事皆不由内出。会内宴，伶人王公瑾曰："今日政如客人卖伞，不由里面。"（张仲文《白獭髓》，页1731）

《广韵·尤韵》有"油，以周切"，又有"由，以周切"。由上可知"油"和"由"两字完全同音，歇后语"客人卖伞——不油（由）里面"，即以上文同音字为逻辑基点，讽刺当时政事均由平原君做主的政治形势。

　　③又因郭倪，敦杲致，因赐宴以生菱进于桌。上命二人移桌，忽生菱堕地尽碎。其一人云："苦，苦，苦，坏了许多生菱，只因移果卓！"（叶绍翁《四朝闻见录》，页5001）

上例评述中，"移果桌"分别谐"倪、杲、倬"三字之音，"生菱"一词谐"生灵"词音，拼合起来讽刺郭倪、敦杲的兵败。
　　除此之外，学术笔记中还有一些例证通过词语两个或多个义项的巧妙转换以达成双关语效，如：

　　④何自然中丞上疏，乞朝廷并库，寿皇从之。方且讲究未定，御前有燕，杂剧伶人妆一卖故衣者，持裤一腰，只有一只裤口，买者得之，问如何着？卖者云："两脚并做一裤口。"买者曰："裤却并了，只恐行不得。"寿皇即寝此议。（张端义《贵耳集》，页4309）

上例评述中，"库"与"裤"二字同音。《说文·行部》："行，人之步趋也。"故"行"表"行走"。《易·系辞上》："推而行之谓之通。"孔颖达疏有对"通"的详细解释："因推此以可变而施行之，谓之通也。"① 此处"行"即"推行"之义。上例评述以"库""裤"的同音为基点，巧妙地实现"行"的两个义项的转化，达成双关。

以上各例中，话语的线性组合均违拗了语言系统对话语组合的规定性，从而造成一个词语的两个义项、两个或多个词语之间的冲突，干涉语言符号的使用和理解。巧妙的是，这些冲突在另一个层面转换成新的语言信息，在话语组合的规定性之内重新统一，传达出言外之意。此"言外之意"与原意分别形成幽默话语的两个脚本，为幽默语效的达成制造出必需的空间。

4. 飞白

"飞白"，即模仿、记录或援引他人语言运用中所出现的错误或者作者自己说错、写错某些话，以造成幽默情趣。"飞白"可细分为语音飞白、词语飞白、语法飞白、文字飞白和逻辑飞白。② 学术笔记中的记载如：

> ①光化中，朱朴……洎操大柄，无以施展……俳优穆刀绫作念经行者，至御前曰："若是朱相，即是非相。"翌日出官。（孙光宪《北梦琐言》，页 132）

《金刚经》中有"诸相非相"③ 的说法，上文评述材料中的交际主体俳优故意将"诸相"错说为"朱相"，制造出言外之意以弹劾朱相，此即为文字飞白。

---

① 阮元校刻：《十三经注疏》，中华书局 1980 年版，第 83 页上栏。
② 索振羽：《语用学教程》，北京大学出版社 2000 年版，第 108 页。
③ 朱棣集注：《金刚般若波罗蜜经集注》，上海古籍出版社 1984 年版，第 56 页。

②高祖友尝集儒生会讲……动筛云："先生全不读书，《孝经》亦似不见。天本姓'也'，先生可不见《孝经》云：'父子之道，天性也'。此岂不是天姓？"高祖大笑。（敦煌卷子《启颜录》"论难"篇）

上例评述中，"性"为"本性"义。《孟子·告子》："告子曰：'生之谓性。'"赵岐注曰："凡物生同类者皆同性。"① "姓"是姓氏，是家族的标志。《说文·女部》："姓，人所生也。"《玉篇·女部》："姓，姓氏。"毛传对《诗·唐风·杕杜》"岂无他人，不如我同姓"中"姓"的解释为"同姓，同祖也"②。《左传·隐公八年》有"天子建德，因生以赐姓"，杜预注云："因其所由生以赐姓。"③ 综上所述，因"性"和"姓"两个字同音，石动筛就把"天性"的"性"故意解释成"姓氏"的"姓"，以此故意错解《孝经》中的"天性也"，此处亦文字飞白。

③崔四八，即慎由之子，小名缁郎。天下呼油为麻膏，故谓之麻膏相公。（钱易《南部新书》，页292）

上例评述中，"由"和"油"两音相同，油又被天下人呼为"麻膏"，于是在话语交际中，"慎由"的"由"被使用者以"麻膏"偷换，达成幽默，是为词语飞白。

④东坡元丰间系御史狱，谪黄州。元祐初起知登州，未几以礼部员外郎召，道中偶遇当时狱官，甚有愧色。东坡戏之曰："有蛇蜇杀人为冥官所追，议法当死……冥官大怒诘之曰：'蛇黄牛黄皆入药，天下所共知。汝为人，何黄之有？'左右交讯。其人窘甚，

---

① 阮元校刻：《十三经注疏》，中华书局1980年版，第2748页上栏。
② 同上书，第365页上栏。
③ 同上书，第1733页下栏。

曰：'某别无黄，但有些慚惶。'"（《东皋杂录》，页37）

上例中"黄""惶"两个字读音相同，故交际主体苏东坡用"惶"来指代"黄"，偷梁换柱以形成文字飞白，达成幽默。

> ⑤刘贡父呼蔡確为"倒悬蛤蜊"，盖蛤蜊一名"壳菜"也。確深衔之。（邵博《邵氏闻见后录》，页2024）

上例评述中，蔡確之"確"即今之"确"。"壳菜"又名"蛤蜊"，"确"与"壳菜"之"壳"同音，故刘贡父以之为基点，称呼蔡確为"倒悬蛤蜊"。

以上几例均是学术笔记通过各种方式形成幽默话语的脚本，制造出幽默语效得以达成的表意空间，圆满完成既定的交际目的。

（三）笔记小说中所体现的克制准则

在言语交际中，说话人由于种种原因（如不便直言或不愿意直言或不能直言等）不能直言不讳地训斥别人，而采用克制的方式表达对他人的不满或责备。① 学术笔记中可见的相关评述材料亦不在少数：

> ①宁宗恭淑后上仙，而曹氏为婕妤，平原特以为亲属。偶值真里富国进驯象至，平原语公瑾曰："不闻有真理富国。"公瑾曰："如今有假杨国忠！"平原虽憾之，而无罪加焉。（张仲文《白獭髓》，页1731）

上例中，因交际主体之一平原公依仗自己是曹婕妤的亲属作威作福，此行为与杨国忠假借杨玉环的事例性质相似，所以交际主体用"假杨国忠"来指桑骂槐地讽刺平原公，羞辱听者。

---

① 索振羽：《语用学教程》，北京大学出版社2000年版，第124页。

②包孝肃公在言路，极言时事。后为京尹，令行禁止，至今天下皆呼"包待制"，又曰"包家"。市井小民及田野之人凡徇私者，皆指笑之曰："你一个包家！"见贪污者曰："你一个司马家！"（赵善璙《自警篇》"德望门"）

此例评述中"包家"的称呼实为"反语"。包孝肃公包拯是后世清官的典范。因为他当过大章阁待制、龙图阁直学士，故被雅称为"包待制"，又被称为"包家"，本为官员铁面无私的代表人物，却被民间称"包家"为徇私者，故为反语。学术笔记中还有作诗讽刺挖苦对方的事例，如：

③嘉兴林叔大镛掾江浙行省时，贪墨鄙吝，然颇交接名流，以沽美誉。其于达官显宦，则刲羊杀豕，品馔甚盛，若士夫君子，不过素汤饼而已。一日，延黄大痴作画，多士毕集，而此品复出。扪腹阔步，讥谑交作。叔大赧甚，不敢仰视，遂揖潘子素，求题其画。子素即书一绝句云："阿翁作画如说法，信手拈来种种佳。好水好山涂抹尽，阿婆脸上不曾搽。"大痴笑谓曰："好水好山，言达官显宦也；阿婆脸不搽，言素面也。"言未已，子素复加一句云："诸佛菩萨摩诃萨。"俱不解其意。子素曰："此谢语，即僧家忏悔也。"哄堂大笑而散。（陶宗仪《南村辍耕录》，页6439）

上例中的林叔大"贪墨鄙吝"，在宴会上用来招待"达官显贵"的饭食丰盛异常，与"士夫君子"大相径庭，所以例中子素作诗以"好山好水"和"阿婆脸不搽"二语分别讽刺林叔大的两面性。

④新昌李相绅性暴，不礼士。镇宣武，有士人遇于中道，避不及，为前驺所拘。绅鞫之，乃宗室，答曰："勤政楼前尚容缓步，开封桥上不许徐行，汴州岂大于帝都，尚书未尊于天子。"公失色，使去。（赵令畤《侯鲭录》，页2078）

上例评述中，交际主体虽不满于李绅的残暴，却并未直说，而是以诗句提供多于交际需要的冗余信息，通过比较讽刺对方的无礼。

⑤马默击刘贡父，玩侮无度，或告贡父。贡父曰："既称马默，何用驴鸣?"立占《马默驴鸣赋》，有"冀北群空，黔南技止"之警策，亦或谓奇才也。（邵博《邵氏闻见后录》，页2024）

上例中，交际主体刘贡父以对方之姓名参与交际，讥之为驴，达成自己的交际意图。

以上诸例均为学术笔记对汉语机智使用语言的记载和评述。由上可见，语言的使用其实是语言形式被不断选择的过程。交际主体预期语效的达成必须建立在最佳的表达方式之上。得体的标准是要适合一定的语境，如符合幽默准则的例证不一定礼貌，有的甚至很不礼貌（如对恶意的挑衅进行幽默的反击，就是以不礼貌回敬不礼貌），但不能说它是不得体的，因为适合特定的环境，幽默话语的交际效果最佳。①

---

① 索振羽:《语用学教程》，北京大学出版社2000年版，第100页。

# 第五章

# 学术笔记中语言文字学
# 论述动态考评

## 第一节 学术笔记中"反切成词"
## 论述动态考评

反切成词是汉语特有的词汇现象，独特而复杂。自汉代以来，关注者就不乏其人，学术笔记针对该现象的短论屡见不鲜，但仅对其概念的界定、称说意见纷歧，更遑论对同一语言现象的不同称说了；且此前学界对该现象的研究，多局限于材料的整理与描述，鲜有人论及其深层的生成机制等动态过程。本节试图在已搜罗到的学术笔记中典型"反切成词"短论、札记和已有成果基础上，考察该现象的形成原因。不妥之处，敬祈方家指正。

### 一 概念的界定

《诗经·唐风·采苓》有"舍旃舍旃"之语，郑玄笺云："旃之言焉也，舍之焉舍之焉"，实为合音理念的萌芽，但并未有明确称说。宋代学者开始自觉关注这种现象：高承《事物纪原》、沈括《梦溪笔谈》、郑樵《通志》、洪迈《容斋三笔》均有涉及，提出概念并进行简单的描述、阐释。郑樵意识到合音词是从互逆角度进行的，认为"慢声为二，急声为一"，即把该现象的成因分成合音与分音两种情况，从而把相关研究推至新高度。当代学者更是抽丝剥茧，将合音词的研究带入一个蓬勃发展的新时期：章也明确提出辞书中应区分"合音词"的两种情况；① 李春玲更是对"合音词"研究做了历史的梳理和辨析，甚为全面。② 相关讨论见仁见智，成果丰硕，但亦纷歧频出：仅对相关概念的称说，历代文献就互相牵扯、纠缠不清，及至当代仍不能统一：切音词和析音词、合音词和反切成词、合音词和反切语、合音词和分音词⋯⋯为使此互逆彰显明白，拙文不揣浅陋，将该现象称为"析音词"与"合音词"。

　　析音词，即郑樵所谓的"慢声为二"，是"一个单音词通过音节缓读，析为上下两个字，生成一个新的复音节语音形式，意义不变或少变"③。"反切成词""分音词""反切语"皆为前人对此现象之称谓。这些称说对理清合音、分音现象功不可没，然其不科学之处亦显而易见："反切成词""反切语"之"反切"指向不明（杜子劲就认为"减缩语"即相当于昔日学者所谓之"反切语"。按此说法，减缩语＝反切语＝合音词）；"分音词"之"分"不能体现出造词时人们对语音的加工。而用"析音词"来称说这类现象，既能避免指向不明，又能体现造词过程对语音的分析、加工，更恰切、明确。合音词，即郑樵所谓"急声为一"。杜子劲称之为"减缩语"："所谓减缩语，相当于昔时学者所谓反切语，如'不可'为'叵'，'何不'为'盍'，'之乎'为'诸'，等等。"④

## 二　学术笔记中对析音词的论述及其形成分析

（一）对析音词的论述

古代学术笔记中有关析音词的短论和札记，一般有"反切""切脚"之类的标记语。如：

---

① 章也：《合音词、"反切成词"及其在词典中的释义》，《辞书研究》1989 年第 2 期。
② 李春玲：《古代汉语合音词研究历史述略与理论辨析》，《青海师范大学学报》（哲学社会科学版）2015 年第 4 期。
③ 陈敏：《宋人笔记与汉语词汇学》，博士学位论文，浙江大学，2007 年。
④ 杜子劲：《减缩语略论》，《国文月刊》1946 年第 49 期。

①孙炎作反切语，本出于俚俗常言，尚数百种。故谓秀为鲫溜，凡人不慧者即曰不鲫溜；谓团曰突栾，谓精曰鲫令，谓孔曰窟笼，不可胜举。（宋祁《宋景文公笔记》，页750）

《广韵·宥韵》："秀，息救切。"《广韵·昔韵》："鲫，资昔切。"《广韵·宥韵》："溜，力救切"。"息"为"心"母，"资"为"精"母，声母虽不完全相同，但皆为齿头音，发音部位相近，故"鲫溜"切"秀"。"鲫溜"一词，《古代汉语大词典》《汉语方言大词典》第五卷皆载，指敏捷、机灵，现多用于方言，较之于"敏捷、机灵"，用法更灵活，可直接作定语，如"那人鲫溜可（就）走了"（新郑土话），极富表现力。

《广韵·桓韵》："团，度官切。"《广韵·没韵》："突，陀骨切。"《广韵·桓韵》："栾，落官切。""团""突"皆"定"母，"团""栾"皆"桓"韵，故"突栾"切"团"。"团"曰"突栾"，《古代汉语大词典》《汉语方言大辞典》第三卷有载，指圆形的，后借指团圆。明徐伯龄《蟫精隽》卷三"世语"："世语中有切母成音……团曰突圞，今作团圞，是叠床上之床也。"故至迟到明代，"突栾"已转而为"团圞"，《现代汉语词典》作"团栾"。"圞"为"圝"之俗体，表"圆"义。"团圞"与原词之形、音、义皆联系紧密。

《广韵·清韵》"精，子盈切。"《广韵·昔韵》："鲫，资昔切。"《广韵·劲韵》："令，力政切。""精""鲫"同属"精"母，而"盈""政"不同的只是声调，故"鲫令"为"精"。"鲫令"一词，《汉语方言大词典》有载，指机灵，安徽、江苏方言常用。"鲫令"从词形上极易使人联想到鲫鱼，从而使其滑溜、敏捷等特点进入词语表现，生动形象，故一直在方言中使用。

《广韵·董韵》："孔，康董切。"《广韵·没韵》："窟，苦骨切。"《广韵·东韵》："笼，卢红切。""康""苦"声同，"红""董"韵同调不同，故"窟笼"切"孔"。"孔"曰"窟笼"，《现代汉语大词典》《红楼梦语言词典》《当代汉语词典》《现代汉语常用词词典》《汉语方

言大词典》均载，已经进入普通话，且在口语中使用频率要远高于
"孔"。

　　这种造词法所选之上字、下字的声、韵、调可以在一定限度内随使
用者自由发挥，不严格依据反切注音的规则。如"鲫令"切"精"，
"令""精"之调不同。所选上字、下字分别与本字之声、韵相近的情
况也有，如：

> ②世人语音有以切脚而称者，亦间见之于书史中。如以蓬为勃
> 笼，盘为勃兰，铎为突落，叵为不可，团为突栾，钲为丁宁，顶为
> 滴宁页，角为矻落，蒲为勃卢，精为即零，螳为突郎，诸为之乎，
> 旁为步廊，茨为蒺藜，圈为屈挛，锢为骨露，窠为窟驼是也。（洪
> 迈《容斋随笔》，页 620）

　　《广韵·东韵》："蓬，薄红切。"《广韵·没韵》："勃，蒲没切。"
《广韵·东韵》："笼，卢红切。""蓬""勃"皆并母，"蓬""笼"韵
调相同，故"勃笼"切"蓬"。"勃笼"，《汉语方言大词典》《古代汉
语大词典》皆载，还可作"勃卢"。

　　《广韵·桓韵》："盘，薄官切。"《广韵·没韵》："勃，蒲没切。"
《广韵·寒韵》："兰，落干切。""盘"之韵为［uan］，"兰"之韵为
［an］，分属"桓""寒"二韵，此为韵相近而切。"勃兰"又作"勃
阑"，《汉语方言大词典》载"勃阑"。

　　《广韵·铎韵》："铎，徒落切。"定母铎韵入声；《广韵·没韵》：
"突，陀骨切。"定母没韵入声。故"突落"切"铎"。"突落"，现行
辞书未见有载。

　　《广韵·果韵》："叵，普火切。"《广韵·物韵》："不，分物切。"
《广韵·哿韵》："可，枯我切。""普（叵）"之声所属之"滂"母和
"分（不）"所属之"非"母只有是否送气的差别；而"火"之韵为
［ua］，"我"之韵为［a］，韵腹不同。但"叵"却作为"不可"的切
音出现，此为声、韵皆相近而切。

《广韵·迥韵》："顶，都挺切。"《广韵·锡韵》："滴，都历切。"《广韵·耕韵》："𫘫，郎郢切。""顶""滴"同声，而"顶（挺）""𫘫（郢）"分属"迥""静"二韵，为韵相近而造。"滴宁页"，现行辞书未见有载。

"钲"为"丁宁"，《古代汉语大词典》《古汉语实用词典》《汉语大字典》皆载。从所引书证看，"丁宁"为"钲"之别名，自古已有。

"砢落"，《汉语方言大词典》第三卷有载，指角落，晋语、甘肃甘谷话常用。按：河南新郑话亦有此语，读音略有不同，"落"儿化；表意亦有差别，指"小窟窿"。

"勃卢"，《古代汉语大词典》有载。

"突郎"，《汉语方言大词典》第三卷有载，冀鲁官话、吴语中指螳螂。

"步廊"，现行辞书未见有载。

"蒺藜"，《当代汉语词典》《古汉语实用词典》《学生多功能汉语词典》《现代汉语大词典》《汉语大字典》皆载。

"曲挛"，现行辞书未载，但部分方言中仍然使用。按：河南新郑土话有"曲挛"一词，"挛"读为［lyan］，"曲挛"指弯弯曲曲盘在一起缩成团，略相当于"蜷"。

"骨露"，也作"锢露""锢漏"，《现代汉语分类大词典》《当代汉语词典》《汉语同韵大词典》《现代汉语大词典》《汉语方言大词典》皆载，多做"锢露"。多用在北方方言区：胶辽官话、洛阳话、晋语皆有。按：20 世纪 80 年代的河南地区，游走于乡村修补漏锅的匠人叫"［ku lu］锅的"。

"窟驼"，现行辞书未见有载。

③今以类推之，蜀人以笔为不律，吴人以孔为窟陇。又如古人以瓠为壶，《诗》"八月断壶"是已。今人以为葫芦，疑亦诸字之反切耳。（陆容《菽园杂记》，页 82）

"笔"为"不律",《古代汉语大词典》《汉语方言大词典》第一卷皆载。据相关书证,吴地、蜀地称"笔"为"不律"。

以上①②③例皆文人笔记对析音词的记录,涉及秀、蓬、盘、铎、叵、团、钲、顶、角、蒲、精、螳、诸、旁、茨、圈、锢、窠、孔、笔20对析音词。在这些词中,"叵""诸"是例外:要判定造词行为属合音还是析音,最关键的标准是双音节词及其所对应的单音节词哪个出现在前。若双音节词出现在前,属合音造词。"叵""诸"属合音造词,学界论证已很充分,不能与其他18对混为一谈。现行辞书对其余18个析音词的收录情况是:现行辞书未见有载5个;仅古汉语、方言词典有载8个;古汉语、方言、现代汉语各类词典均载5个(具体情况见表5-1)。

表5-1

| 现行辞书未见有载 | | 古汉语、方言词典有载 | | 各类汉语词典均有载 | |
|---|---|---|---|---|---|
| 原词 | 析音词 | 原词 | 析音词 | 原词 | 析音词 |
| 旁 | 步廊 | 秀 | 卿溜(古、方) | 钲 | 丁宁 |
| 顶 | 滴宁页 | 精 | 卿令、即零(方) | 锢 | 骨露、骨漏、锢漏 |
| 铎 | 突落 | 蓬 | 勃笼(方) | 孔 | 窟笼 |
| 窠 | 窟驼 | 角 | 矻落(方) | 茨 | 蒺藜 |
| 圈 | 屈挛(蜷) | 蒲 | 勃卢(古) | 团 | 突栾、团栾 |
| | | 螳 | 突郎(方) | | |
| | | 笔 | 不律(方) | | |
| | | 盘 | 勃兰、勃阑(方) | | |

(二)析音词的形成分析

综观此18个词的成词及使用情况,可以发现两个语言事实。

1. 析音词是词义内涵极大丰富的产物

据统计,这些析音词所对应之原词,皆义项繁多,94%以上为多义词,且每个词的引申义产生路径并不一致,足可见这些词义内涵之丰。查检《汉语大字典》,上面18个词,除"螳"为单义词外,其余17个词皆为多义词。据可考书证，这些词在宋代以前已产生的义项就很多："团" 9 项、"精" 19 项、"蓬" 6 项、"盘" 13 项、"铎" 4 项、"顶" 12 项、"蒲" 7 项、"旁" 10 项、"茨" 6 项、"圈" 8 项、"窠" 9 项、"角" 24 项。如此繁杂的义项，产生路径很难以一统之，以"茨""锢""孔"为例，"茨"之 6 义分属 5 系：①用茅草盖屋→茅草盖的屋顶；②蒺藜；③堆积、聚；④米饼；⑤姓。"锢"之 8 义分属 2 系：①用金属溶液填塞空隙→坚固→封闭→束缚→禁止→囚禁→独占；②通"痼"，顽疾。"孔"之 11 义分属 6 系：①洞穴→门径→通达→深远的样子；洞穴→带孔的铜钱；②大→副词，表示程度，相当于"甚""很"；③指孔雀；④"孔子"的简称；⑤姓；⑥美好。……义项的多、杂给明确表意带来了挑战。双音化既可增加词的排列组合数量，又可添加词义信息，使之表意更精细，是解决这个问题最有效的方式之一，析音词的出现就是顺应了汉语的这种内在需求。既然是顺势而为，那为何例证中有些析音词没有最终流传下来呢？综合考察这 17 个析音词的词义特征，不难发现，1 个析音词最终是否被选择，必须符合一些条件：①不可替代。这主要表现在其形象特征上。汉字表意有着强烈的具象性，汉语的词也一样，而这些具象特征都会在不同程度、不同侧面参与话语交际，如"鲫溜""鲫令"以其生动形象参与交际，"不律"以其委婉避秽参与交际。析音词的生动、避秽等具象性是原词所不能及的，因而成为它们最终被选择的重要因素。②与原词有除语音之外的联系。这种联系可以是义联，如"钲为丁宁"，"丁宁"由模仿此乐器声音而来。可以是形义皆联，如"团"为"突栾"，后又为"团圞"，形成徐伯龄所谓的"叠床上加床"之形联；又"圞"即俗体"圝"，"圝"即圆，"团圞"与"团圆"同义，形成义联。又如"锢为骨路"，相关文献收录之同音词有十种以上，前期之同音形式（"骨路"是典型）只是"锢"之反切语，为形联，唐五代已成为常用俗语，但因脱离语源太久，构词理据被淹没，后人们将其重新分析为"锢露"，进而演化为"锢漏"，这样，词形与意义的联系逐步明显，最终被选择。以上两点必备其一，否则只能被淘汰。

2. 析音词之反切下字皆为舌音字，且其中将近90%属"来"母

上面18个词中，除"宁"为舌上音"澄"母字，"驼"为舌头音"定"母字外，"廊""落""挛""溜""令""零""笼""卢""郎""律""兰""阑""露""漏""蔾""栾"16个字皆为半舌音"来"母。对于此，我们完全有理由认为这不是巧合，而是一种有意行为，理由是：古人在析音造词过程中，一直努力实现着同一词汇现象表述的整齐划一。

### 三 学术笔记中对合音词的论述及其形成分析

（一）学术笔记对合音词的论述

前贤时人对"合音词"做过不少讨论，大致从三个方面进行：①通过构拟语音，对单个合音词形成过程及时间进行考证［如林根①对"廿""婶""俩"等的考证］；②对某种方言（荥阳"广武"方言、登封方言、河北辛集话、晋语子长话、豫北方言）中的合音词现象进行的整理分析；③对合音词概念和形成条件（急说快读、声韵相关、使用频率、合音方式）进行分析。这些研究均是从语音切入，条分缕析，论据充分，对学界理清合音、析音概念功不可没，但对合音现象形成原因的关注远远不够。历代学术笔记对合音词的关注，主要集中在对"叵""廿""卅""卌""婶""妗"几字的讨论上，虽未触及合音词的形成原因，但对探究其成因却颇有助益。

1 "叵"字

> ①叵字，乃"不可"二合，其义亦然。史传多连用"叵可"
> 字，盖重出，如《安禄山传》"叵可忍"之类是也。（费衮《梁溪
> 漫志》，页3404）

① 《新疆大学学报》（哲学社会科学版）所载林根之《"廿"与"二十"》（1991）、《"婶"与"叔母"》（1990）、《北京话的"俩"与"仨"》（1993）分别对"廿""婶""俩"三个合音词的形成过程及时间进行了考证。

叵，不可。唐代玄应《一切经音义》卷二十四引《三苍》："叵，不可也。反正为乏，反可为叵，皆字意也。"《文选·谢灵运〈道路忆山中〉》："怀旧叵新欢，含悲忘春暖。"李善注引《字说》曰："叵，不可也。"因有"可"，另造"反可"来表"不可"。这种现象在汉语词汇中绝不是个案，后世也有不少："不用"为"甭"、"不要"为"嫑"、"不正"为"歪"等皆是。后造之词皆为原词之否定方，口语色彩浓厚。从表象上看，"叵"这种造字现象是汉字以形表意特征的体现；但究其根本原因，却是植根于汉民族审美心理中的"以偶为美"起着作用，这个特质在汉字（词）产生、使用中首先表现为：力争使汉语字（词）之形义对应方出现，努力实现"配对"使用。学术笔记对"廿""卅""卌""婶""妗"的探讨，也是汉语字（词）要求"配对"的明证。

2　"廿""卅""卌"

①今人书二十字为廿，三十字为卅，四十为卌，皆《说文》本字也。廿音入，二十并也。卅音先合反，三十之省便，古文也。卌音先立反，数名，今直以为四十字。案，秦始皇凡刻石颂德之辞，皆四字一句。《泰山辞》曰："皇帝临位，二十有六年。"《琅邪台颂》曰："维二十六年，皇帝作始。"《之罘颂》曰："维二十九年，时在中春。"《东观颂》曰："维二十九年，皇帝春游。"《会稽颂》曰："德惠修长，三十有七年。"此《史记》所载，每称年者，辄五字一句。尝得《泰山辞》石本，乃书为"廿有六年"，想其余皆如是，而太史公误易之，或后人传写之讹耳，其实四字句也。（洪迈《容斋随笔》，页70）

②字书以廿为二十音入，卅为三十，先合反。卌为四十，先入反。今京师里巷博徒犹作此声。（杨彦龄《杨公笔录》，《全集笔记》，页1830）

①②例是《容斋随笔》《杨公笔录》对"廿""卅""卌"读音、使用的探讨。"廿""卅""卌"三字，甲骨文已见，《说文》《广韵》《玉篇》皆载。从中古语音构拟看，完全可以理解为"廿"即"二"和"十"的合音字。但"廿"在使用过程中读音却一直不定，这表现在两个方面：（1）分、合不定。《说文·十部》："廿，二十并也。古文省。"段玉裁在"省"字下增"多"字并注云："省多者，省作二十，两字为一字也……周时凡言二十可作廿也。古文廿仍读二十两字。秦碑小篆则'维廿六年'、'维廿九年'、'卅有七年'皆读一字以合四言。"① （2）入、去不定。清席世昌《席氏读说文记》："廿，锴本'省'下有'多'字。臣锴曰：'古来书二十字从省多，并为此字也。'宋人题开业寺碑有'念五日'字。亭林曰：'以廿为念，始见于此。'杨用修云：'廿，韵书皆音入，惟市井商贾音念，而学士大夫亦从其误者。'"此外，"廿"的字形也没有完全确定：除"廿"外，还可作"卄"。

卅，数词，三十。《玉篇》《广韵》《说文》《字汇》均载，字形不统一。《广韵·合韵》："《说文》云：'卅，三十也'，今作卅，直为三十字。"《广韵·谈韵》"三，苏甘切"，《广韵·缉韵》"十，是执切"，又《广韵·缉韵》"卅，苏合切"，"十""卅"皆为缉韵入声，"卅"取"三"之声、"十"之韵、调拼合而成。"卅"之表义也不单纯：除表"三十"外，"卅"还可作量词。明杨慎《稗史》："滇人谓贝八十枚为一卅。"

卌，数词，四十。《玉篇》《广韵》《说文》《字汇》均载，字形亦不统一。《玉篇·卌部》《广韵·缉韵》皆作"卌"。《广韵·至韵》："四，息利切。"《广韵·缉韵》："卌，先立切。""息""先"同为"心"母字，"卌""十"皆为缉韵入声，故"卌"分别取"四""十"之声、韵调拼合而成。《广韵·缉部》："卌，《说文》云：'数名。'知唐本有此字……汉石经《论语》、《梁相孔耽碑》、《周阳侯

---

① （清）段玉裁：《说文解字注》，上海古籍出版社1988年版。

锺》、《谷口甬》、《武安侯钫》'四十'并作'廿廿'，今直以为四十字。"沈涛《说文古本考》："《芥隐笔记》曰：据《说文》，廿，而集反，二十并也；卅，速达反，三十并也；廿廿，四十并也。""卌"之表义亦不单一。除作为数词外，还可作"庶"用，《说文·林部》："無，或说规模字，从大……廿廿与庶同意。"《字汇补·十部》："廿廿，古文庶字。"还有"插粪耙"之义，《字汇·十部》："廿廿……插粪耙也。今俗用为四十字。"

（二）合音词的特征与成因分析

综上所述，"廿""卅""卌"三字的发展过程显示出三个共同特征：（1）字形不固定（"廿"有二形、"卅"有二形、"卌"有四形）；（2）意义不单一（"卅"有两意、"卌"有三意）；（3）读音不相同（有时读如两字，有时读如一字）。考察可以发现，（1）（2）两个特征在象形字发展过程中是普遍存在的。特征（3）又该作何解释呢？需要特别注意的是，郭沫若在《甲骨文字研究》中说："十之倍数，古文则多合书。"照此，需"合书"的"十之倍数"共 8 个，但考《广韵》《玉篇》《字汇》等字书，有记载的仅"廿""卅""卌"3 字，毫无疑问，一方面，这是由"合书"书写局限所造成的；另一方面，汉字（词）在产生和使用中要努力实现"配对"，矛盾由此产生。此外，语言表达的经济原则在此矛盾中也在力争实现。书写局限、努力"配对"、力争简洁经济，三方各不相让，使"廿""卅""卌"在使用中对"分""合"取舍不定，直接造成三字读音的反复——"廿"，古文仍读两字、秦碑小篆读一字以合四言，成为导致例①中"太史公误易之"的直接原因。据例②《杨公笔录》之记录，此三字不仅书面语用，口语中亦很常见，足见使用频率极高；直到 20 世纪初期，"廿""卌""卅"还出现在庄严的书面语中，故三字流行时间也很长。但最终，"配对"原则、多义词表意明确的需求形成合力，"分"战胜了"合"。文人笔记中"姉""妗"的形成也是如此。

学术笔记中对"姉""妗"二字出现和使用的记载很清楚：

①宋张文潜《明道杂志》云：经传中无"婶妗"二字。婶字，乃世母字二合呼。妗字，乃舅母字二合呼也。二合如真言中合两字音为一。（陶宗仪《南村辍耕录》，《宋文笔记小说大观》，页6353）

宋代笔记《明道杂志》确有此说：

②经传中无婶妗字，考其说，婶字乃世母字二合呼，妗乃舅母字二合呼也。（张来《明道杂志》，《说郛三种》，页169）

"婶""妗"为合音所造之词在吴语中也可以得到印证：

③《辍耕录》言，"婶、妗字非古，吴音世母合而为婶，舅母合而为妗耳。"此说良是。今吴中乡妇呼阿母，声急则合而为黯；轻燥之子呼先生二字，合而为襄，但未有此字耳。（陆容《菽园杂记》，页82）

例③之"黯""襄"同"婶""妗"一样，亦为吴音中之合音缩略词，但它们只在口语中使用，没有相应的书面记录形式，至今浙江宁波话常呼"阿母"为［am］。①

检《广韵》《说文》《集韵》，《广韵》《说文》均载"妗"而未见"婶"，《集韵》"婶""妗"皆载。《广韵·咸韵》："妗，喜貌。"《集韵·咸韵》："妗，女轻薄貌。"《说文·女部》："娑，妗也。一曰，善笑貌。从女，今声。"《集韵·沁韵》："妗，俗谓舅母曰妗。"《集韵·侵韵》："婶，俗谓叔母曰婶。"

"叔"甲骨文已见，本"拾"义。《尔雅·释亲》："父之晜弟，先

---

① 俞理明：《汉语词汇中的非理复合词》，《四川大学学报》（哲学社会科学版）2003年第4期。

生为世父，后生为叔父。"故至迟在汉代，"叔"已被广泛借用来指"叔父"。"婶"在早期文献中未见。《尔雅·释亲》："母之姊妹为从母。"《释名·释亲属》："父之世叔父母，曰从祖祖父母。"据此，"母"可指"家族和亲戚中的长辈女子"，"叔母"之"母"即取此义。从构词方式看，"叔母"为偏正式复合词，作为称谓用语，依附于"叔"而非独立存在，故"叔"没有与之"配对"的独立称谓词。在使用中，"叔"的塞音韵尾［k］被"母"声母同化为［m］，前音重读、"母"音弱化脱落而读 shěn，另造"婶"表"叔母"，实现了配对。

"舅""妗"情况不同。"妗"出现很早，《说文》《广韵》《集韵》均载，但《说文·女部》《广韵·添韵》《广韵·咸韵》对"妗"之释义只包括三类：（1）善笑、喜悦；（2）美丽；（3）女子轻薄貌。直至《集韵·沁韵》，才有"舅母"义出现。《汉语大字典》所载此义的最早书证亦在宋代。但在汉代以前，"舅"已有现代意义，《尔雅·释亲》："母之晜弟为舅"。为何"舅""妗"二字皆存，却一直没有相对应的称呼词？章炳麟《新方言·释亲属》说："幽侵对转，舅妗双声。故山东谓舅妻为妗。"在《广韵》中，"舅""妗"分属"幽""寝"二部，直至《集韵》中二字同属"幽"部，"舅""妗"实现了双声，语音对称，配对时机成熟，才借"妗"之形来表"舅母"，而其本义却在语言发展中湮没不存。

随着社会的发展，双音化成为大趋势，合音词可谓背其道而行，那它却为何能战胜原词呢？一方面，汉语字（词）总是在努力寻找、创造或借用一个与之对应的成分来表情达意，故"可""叔""舅"一直在努力寻求具有独立资格的、与之对应的词来表情达意，这是"叵""婶"出现、"妗"被借用的前提。另一方面，汉语字（词）在配对过程中又不断追求着后来者与同类表述的整齐划一，所以"妗"直至与"舅"实现双声，才被借用；而"廿""卅""卌"却因实现不了这种"整齐划一"而不断反复，最终被淘汰。汉语词汇就是在这样一个不断"配对"、不断修正的过程中实现发展的。无独有偶，汉语其他词汇现象中也不乏"配对"原则存在的力证：成对出现的性质形容词即为明证之一。"他"字职用的分化亦为"配对"的结果。《正字通·人部》:"他,彼之称也。"早期,不管男性还是女性,只要是第三人称单数,都可用"他"来指代。文献记载"她"的早期用法有二:(1)同"姐";(2)作为人名用字。1919 年前后,有些文学作品用"伊"专指女性,出现"他""伊"使用混乱的局面。1920 年 9月,刘半农写了情诗"叫我如何不想她",首次创造性地用"她"指女性第三人称单数,跟"他"配对使用。在"她""伊"的较量中,由于"她"字形上的先天优势,完美地符合了汉语"配对"的两个要求,故而胜出。

## 四 结论

综上所述,可以得出以下结论。

### 1. 析音词是词汇双音化的结果

随着社会的发展,有限的字形与新事物的不断增加产生矛盾,且矛盾愈演愈烈,汉字的职用开始分化,出现越来越多的多义词。多义词的出现,在一定程度上缓解了表意压力,却带来了新的矛盾:表达歧义、理解不顺畅,且它只能缓解却不能根除有限与无限的矛盾。要从根本上加以解决,就必须另想他途。而由单音转化为双音,增加现有汉字排列组合的机会,无疑是最有效的方法之一。汉语又该如何实现双音化?东汉初期佛教传入中国,中国沙门和学者在梵文拼音方法的启发下,创制了反切注音法。反切既以音系联,又通过上、下两字加以表示,责无旁贷地成为汉语实现双音现成的、便捷的途径,析音词就顺势而生。

### 2. 合音词是汉语"配对"原则的结果

"配对"原则在汉语发展中一直存在着,且表现在两个方面:(1)汉语字(词)一直努力寻求其对应方的出现;(2)其对应方也努力实现着与同类事物、原词表述的对称。"配对"在文人笔记所载之合音、析音现象中一直存在。同词之肯定与否定(可、叵)、同类表述(卅、卅、廿)、称谓用语(婶、妗)均努力实现着形、音、义的"配对",

也正因此，合音词才得以在双音化大趋势下"背道而驰"并得以成功。即使作为社会发展、语言丰富的必然结果的析音词，也有"配对"原则作用的痕迹：从文人笔记中的相关记载看，析音词之下字均为舌音字，其中将近90%为"来"母字，这是汉语"配对"原则的另一种表达：汉语词在实现现有词"配对"的同时，也寻求着"配对"方与同类事物表达形式的对称。

# 第二节　从学术笔记看幽默语效实现的认知机制

学术笔记是古人对见闻、名物、古语、史实等的实录、述评或解释，其文本记录掺杂着不少俚俗用语，较之传统典籍更贴近当时的语言事实，其中的对话实录更是当时民俗语言的活化石，是话语分析不可多得的材料。虽"幽默"一词来源于西方，但在学术笔记中有"谐谑"一体，"嘲""谑""谐"之语随处可见，基本上与之等同。为使研究结论更科学，笔者随机择取历代学术笔记中的18种：其中隋1种、唐3种、宋8种、元1种、南朝宋1种、清4种，随机抽取其中的幽默话语，从认知语言学的视角对语料做详细的分析，以期抛砖引玉，并助力汉语幽默语言研究的新进展。

## 一　学术笔记相关语料及国内幽默话语研究现状

（一）学术笔记中相关语料研究现状

近50年来，语言学界对笔记文本语料虽研究者甚众，如方一新（1994）、董志翘（2008）、鲁国尧（1996）、赵振铎（2000）等都对其中的语音、词汇现象做过深入研究，不少优秀的博士学位论文也对此做了较为全面的分析。综合观之，此前研究主要集中在三个方面：（1）对笔记文本中典型词条的考证；（2）对单本笔记中语言事实的归纳；（3）对某一时代笔记中语音、词汇、语法材料的集中考释和整理。总体来看，相关研究多是从传统文字学角度着眼，注重对语言现象的考释、搜集和整理，仍停留在纯语言研究阶段，缺乏对其中话语材料形成过程的动态分析，对话语语效取得的形成机制则很少提及。

（二）幽默话语研究现状

语言学界对"幽默"话语的研究始于西方，初期研究聚焦于西方喜剧影视作品中的有声语言。国内在 20 世纪 80 年代出现相关论述，但形成规模却是在 90 年代之后。前期成果呈现出以下特征：（1）多以国内、外喜剧电影、电视、相声等有声语言作品为研究对象，其中英语语料研究最多。（2）从研究角度看，前期成果从合作原则、言语行为理论角度对幽默话语做语用研究；或从关联理论、乖讹理论对幽默话语的制笑机制、言语交际机制进行探讨；或从语音、词义、词汇等方面对幽默话语进行描写和解释。（3）从总体上看，早期研究均以西方理论为框架，其聚焦点和逻辑思维呈现出明确的"西方特质"。综上所述，努力发掘中国传统文本中的"幽默"话语，通过对其进行幽默语效实现的认知机制分析，推进汉语"幽默"语言研究的新进展势在必行。

本章致力于详细考察中国古代的学术笔记，挖掘其中的"幽默"话语，并在认知语言学的视野下对其进行研究，尝试发现并解释中国古代文人笔记中幽默话语的动态生成机制。

## 二 学术笔记中幽默语效的实现方式

关于幽默，在学界 Raskin 的幽默语义脚本理论（Semantic Script Theory of Humor，缩略称为 SSTH）最有影响力。SSTH 认为，幽默包括铺垫和妙语两部分，并产生两个对立、不一致的脚本，幽默语效通过在脚本间产生语义落差来实现。本章初步考察中国古代文人笔记，发现相关话语主要通过歪解、归谬、双关、说字、描状等方式，使逻辑机制、嘲笑对象、语言结构、表述方式、交际效果产生的背景等参数交互作用，含蓄机巧地对话语表达进行智力干涉以实现幽默语效。

（一）歪解

歪解即用似是而非、出人意料的歪理去解释某种现象，制造幽默语效。正如认知语言学家约翰逊所说：思维模式"表现客体、事物的状态，事件的顺序，世界的方式，日常生活中的社交活动、心理活动等等"，人类的思维模式在认知经验的基础上产生，在交际中为话语的表达和理解设定方向。① 在幽默话语的产生中，说话者以思维模式和认知经验为基础生成话语意义即 SSTH 理论的脚本一；而后主体突然跳出常规思维模式，依据"歪理"生成新的话语意义，即产生脚本二。这两个脚本在受话者心理上所产生的语义落差是实现幽默语效的基础，笔记文本通过"歪解"达成幽默的例证俯拾皆是。如：

①一日，馔亲宾，愿亦预焉。李公有故人子弟来投，落拓不事。李公遍问旧时别墅，及家童有技者，图书有名者，悉云卖却。李责曰："郎君未官家贫，产业从卖，何至卖及书籍古画？"惆怅之久。复问曰："有一本虞永兴手写《尚书》，此犹在否？"其人惭懼，不敢言卖，云："暂将典钱。"愿忽言曰："《尚书》大屯。"李公忘却先拒其谈谐之事，遂问曰："《尚书》何屯？"愿曰："已遭尧典舜典，又被此儿郎典。"李公兴怒之意大开，自此更不拒周。（赵璘《因话录》，页 32）

例①中，"典"本有"典籍""典当"二义。在上述话语交际中，"尧典""舜典"设定"典"为"经籍"义，是为脚本一；发话者突然跳出这一模式，使其与"又被此儿郎典"（典当义）形成语义对立，产生脚本二。脚本二是对脚本一故意地、突然地转换，在接受者的认知中制造语义落差，达成幽默语效。

②吴楚呼父曰爹，父多之谓也，例有三父不足多也。（曾衍东《小豆棚》，页 13）

---

① P. N. Johnson-Laird, *Mental Models*：*Towards a Cognitive Science of Language*, *Inference and Consciousness*, Cambridge, MA：Harvard University Press, 1983, p. 116.

《广雅·释亲》："爹者，北人呼父也。"《广韵·麻韵》："爹，羌人呼父也。""爹"本为形声字，从"父""多"声（脚本一），却被误解为会意字——父多之谓（脚本二）。脚本二故意曲解脚本一，达成预期语效。

（二）归谬

归谬，即接过对方的荒谬说法"顺杆爬"，使其进一步强化、明朗化，显得更加荒谬可笑。笔记文本中通过该方式制造幽默语效的例证亦为数不少。这类幽默话语的产生以交际者的认知常规为脚本一；话语主体（往往是发话者）以对方的说法为起点，依其逻辑延伸、发展话题，所得出的荒谬结论为脚本二。如：

③承平日，有宗室名宗汉，自恶人犯其名，谓"汉子"曰"兵士"，举官皆然。其妻供罗汉，其子授《汉书》，官中人曰："今日夫人召僧供十八大阿罗兵士，大保请官教点《兵士书》。"都下哄然传以为笑。（陆游《老学庵笔记》）

例中，宗汉为避名中之"汉"，称"汉子"为"兵士"，此即成为上述话语的逻辑起点，把"罗汉"（脚本一）、"《汉书》"（脚本一）分别易为"十八大阿罗兵士""《兵士书》"，形成脚本二。脚本一与脚本二之间的语义对立一经植入特殊语境，即产生浓郁的讽刺意味，生成荒唐可笑的幽默话语。

（三）双关

双关，即利用语言文字上的同音或同义关系，使一句话关涉到两件事，达到"言"在此而"意"在彼的语效。根据 SSTH 理论，此处的"言"与"意"形成两个脚本。如：

④韩侂胄用兵既败，为之须鬓俱白，困闷莫知所为。伶优因上赐侂胄宴，设樊迟、樊哙，旁有一人曰樊恼，又设一人揖问："迟，谁与你取名？"对以"夫子所取"，则拜之曰："是圣门之高

第也。"又揖问哈曰："尔谁名汝？"对曰："汉高祖所命。"则拜
曰："真汉家名将也。"又揖恼云："谁名汝？"对以"樊恼自取。"
（叶绍翁《四朝闻见录》，页 4361）

因"樊""烦"同音，"樊恼""烦恼"同音，故发话者设定"樊
恼"为脚本一，"烦恼"为脚本二，让名为"樊恼"之人参与交际，既
幽默又最大限度地讽刺韩侂胄的兵败。

　　⑤万历中，袁中郎（宏道）令吴日，有江右孝廉某来谒，其弟
现为部郎，与袁有年谊，置酒舟中款之。招长邑令江箓萝（盈科）
同饮，将携往游山，舟行之次，酒已半酣，客请主人发一口令，中
郎见船头置一水桶，因云，要说一物，却影合一亲戚称谓并一官衔。
指水桶云："此水桶非水桶，乃是木员外的箍箍（哥哥）。"盖谓孝
廉为部郎之兄也。孝廉见一舟人手持笤帚，因云："此笤帚非笤帚，
乃是竹编修的扫扫（嫂嫂）。"时中郎之兄伯修（宗道）、弟小修
（中道），正为编修也。箓萝属思间，见岸上有人捆束稻草，便云：
"此稻草非稻草，乃是柴把总的束束（叔叔）。"盖知孝廉原系军籍，
有族子现为武牟也。（褚人获《坚瓠补集》，页 216）

上例中，水桶、笤帚、稻草为脚本一，而哥哥、嫂嫂、叔叔为脚本
二。脚本一、二之间以"箍箍""扫扫""束束"等构成语音和语义上
的联系，使两个脚本产生关联，形成语义对立，实现幽默语效。

（四）说字

说字，即通过对脚本一（汉字）的字形进行解说形成脚本二。脚
本二一般是对脚本一的"戏说"和拆分。汉字的表意特征使得戏说、
拆分字形成为文人达成幽默语效的主要方法之一。这类幽默话语往往以
汉字为载体，通过对字形的拆分和曲解实现幽默。如：

　　⑥郭忠恕嘲聂崇义曰："近贵全为聩，攀龙即作聋，虽然三个

耳，其奈不成聪。"崇义曰："吾不能诗，姑以二言为谢：勿笑有三耳，全胜畜二心。"（邵伯温《邵氏闻见后录》，页2023）

上例中，恃才傲物的郭忠恕看不惯历仕后汉、后周、北宋的大儒聂崇义，以其姓中的"耳"嘲笑聂崇义的攀龙附凤，却被对方以其名"忠恕"下之两"心"反击为"畜二心"。二人之名郭忠恕"忠恕"下之二"心"、聂崇义中"聂"之"三耳"是为脚本一，是语效达成的基础；而"近贵为聪，攀龙作聋"和"畜二心"为脚本二，是对脚本一的戏说。

文人笔记中有不少字谜是通过该方式形成的，如：

⑦至于酒席之间，亦专以文字为戏……又云："亲兄弟日曰昌，堂兄弟目木相。亲兄弟火火炎，堂兄弟金今钤。"又云："撅地去土，添水成池。"皆无有能酬者。（庄绰《鸡肋编》，页3976）

该例中，"昌""相""炎""钤""池"是为脚本一，通过对上述5字的拆分、描述，形成脚本二："亲兄弟日曰昌，堂兄弟目木相。亲兄弟火火炎，堂兄弟金今钤""撅地去土，添水成池"。此亦通过说字的方式产生幽默语效的案例。

（五）摹状

摹状主要通过对脚本一某方面特质进行夸张、机巧的描摹，形成脚本二。幽默语效在两个脚本之间的语义对应和落差中生成。如：

⑧凡纳婢仆，初来时曰擂盘珠，言不拨自动；稍久，曰算盘珠，言拨之则动；既久，曰佛顶珠，言终日凝依然，虽拨亦不动。此虽俗谚，实切事情。（陶宗仪《南村辍耕录》，页6510）

此例以各种珠子描摹婢仆随入侍时间长短而发生的状态变化，用语幽默、表述生动。例中，婢仆"初来时""稍久""既久"之行动特征是为脚本一，而"擂盘珠""算盘珠""佛顶珠"则为脚本二，两个脚本之间由像似的映射关系相联系，通过摹状，实现幽默语效。

　　总之，不论幽默话语通过以上何种方式形成，正如 Norrick 所说："笑话先激活一个图式，接着再扭曲它"①，SSTH 理论的"两个脚本"正是对以上描述的生动阐释。上文归结的各类幽默话语都是通过各种方式形成既相关联又相背离的语义脚本，两者的语义落差在接受者的认知中生成，从而实现幽默语效。通过考察我们不难发现，文人笔记中的幽默话语充盈着思维认知上的隐喻。正如亚里士多德所言：隐喻不可过于冷僻，否则就很难理解；也不能过于明显，否则就失去了效果。隐喻……必须取自于与原来事物有关的事物，但又不能过分明显相关。上述各语例中，预期语效、认知源域之间始终存在着差异，其生成的两端即为 SSTH 理论的"两个脚本"。

### 三　学术笔记中幽默语效取得的认知机制探析

　　通过以上分析，我们发现幽默语效取得的两个脚本之间，预期语效和认知源域间始终存在着差异，该差异是 Norrick 所谓"扭曲"达成的必需通道，类似于认知心理学上的"语义空间"（semantic space）。但"语义空间"的实质是对话语交际中整个语义网络的探究；而该"通道"却更侧重于话语表达的动态过程。幽默话语中的两个脚本实质上是发话者有意通过构建差异，拉开两个脚本之间的距离，人为地在接受者的认知空间上制造心理落差，我们将幽默语效得以产生的这一认知空间称为幽默语效的"表达空间"。经过考察我们发现，虽然"表达空间"的实现方式多样，但在话语生成的动态过程中，脚本一与脚本二在语义和形式上的关联和背反是幽默语效形成的关键。

　　（一）外在形貌是表达空间形成的物质基础

　　在人类的认知活动中，不管是人、事物还是汉字，外在形貌均为认

---

　　① N. N. Norrick，"A Frame Theoretical Analysis of Verbal Humor：Bisociation as Schema Conflict," Semiotica 60，1986：225 – 245.

知活动的首发要素，作为人类认知活动外化所反映的话语交际也不例外。在幽默话语表达空间的形成过程中，认知源域概念、交际主体的外在形貌是物质基础，也是话语交际主体构建表达空间的主要因素之一。

    ①皮日休谒归仁绍，托故不出。日休假其姓为诗嘲曰："硬骨顽形知几秋，臭骸知是不风流。及至死后钻令遍，只为当初不出头。"仁绍复嘲曰："几片尖裁砌作球，火中炼了水中揉。一包闲气知常在，惹踢招拳卒未休。"（曾慥《文酒清话》"皮归相嘲"）

例①中，皮日休与归仁绍分别以对方姓氏互相嘲谑。交际主体之姓"归""皮"为脚本一，"龟"与"皮球"形成脚本二，脚本一与脚本二之间以"归"与"龟"的同音，"皮"与"支"（皮球的皮）的同形相联系，而幽默语效得以产生的物质基础，即"龟"的"不出头、壳又硬又臭"的外形特征和皮球的生成质料、制作方式、功用等都是外在的具体特质。

    ②嘉兴总管凌师德，以文章政事自居，同僚莫敢与抗。然其行实贪污，颇闻人有讥议，因出对云："竹本无心，外面自生枝节。"有推官对云："藕因有窍，中间抽出丝毫。"盖讽之也。（陶宗仪《南村辍耕录》）

元末嘉兴总管凌师德，用写文章、做政绩进行自我标榜，为开脱同僚对其贪污行为的讥议，以"竹"为题出对，意在以竹的"空心"表明自己无心贪污；却有推官巧妙地对以"藕医有窍，中间抽出丝毫"，实为以"藕中之丝"比拟凌贪污行为的情状。该例中，凌的贪污行径是脚本一，推官的对子"藕因有窍，中间抽出丝毫"为脚本二。"藕中有丝"的物理特征是幽默语效在相似中形成的物质基础。

在该类例证中，话语主体往往对参与交际的外在形貌的某一特征进行具体的、详细的甚至夸大的描述，由具体特征映射出抽象的认知源域概念，从而制造幽默。

（二）差异是表达空间形成的逻辑基点

只有认知源域和目标域之间存在差异，交际主体的认知活动才有必要，思维活动才有必需的通道、场所，故制造两者间的差异是上述表达空间形成的逻辑基点，也是其实现的最重要途径。该差异可表现在外形上，也可表现在内涵上。

1. 转换、描述认知源域概念的外形实现

在话语认知的动态过程中，语言（文字）形式是预期语效的承载者，也是前述动态过程的首发要素，故转换、描述认知源域概念的外在构形是实现表达空间的最重要途径，也是认知活动的逻辑基点。在该类例证中，认知源域概念形成脚本一，话语外在构形为脚本二。如：

③越人好传谰语，如云徐天池游西湖，题某扁曰"虫二"，诘之，曰"风月无边"也。（平步青《霞外捃屑》，页239）

例③中，交际主体把匾上的"虫二"（脚本二）解为"风月无边"（脚本一），实为以认知源域的局部指代整体：在突出"风""月"二字形体中间部分为"虫二"的同时，又将二者外在构形做巧妙对比，在上述谰语形成的动态过程中，二者外形差异是受话者的思维通道，匠心独具，机巧新颖。

2. "偷换"认知源域概念的内涵实现

偷梁换柱，通过同音字、同形字的巧妙使用，改换认知源域概念的内涵，也可形成幽默语效的表达空间。

④高祖友尝集儒生会讲……动箭云："先生全不读书，《孝经》亦似不见。天本姓'也'，先生可不见《孝经》云：'父子之道，天性也'。此岂不是天姓？"高祖大笑。（侯白《启颜录》）

上例中，同音字"性""姓"是形成两个脚本的基础。发话者故意错解《孝经》中的"天性也"（脚本一）为"天姓也"（脚本二），通过表达载体对本体的错谬表述，制造出两个脚本间的落差，成为表达空间形成的逻辑基点。

总之，在幽默话语认知的动态过程中，只有认知源域概念、话语外在构形间存在差异，受话者才会有心理活动的空间，认知源域概念外在形式以及内在含义达成自由转换，并直接参与话语交际，分别形成SSTH理论的两个脚本，使得预期语效实现的表达空间最终得以形成。

（三）关联是表达空间形成的引导

诚如前文所述，差异在表达空间形成中的奠基作用不容小觑，但关联却是目标域得以最终达成的引导。该关联可为相似、可为相关、可为性质、可为形体，形式多样，不一而足。如：

> ⑤常熟严相国（讷）面麻，新郑高相国（拱）作文，常用腹稿，二相退食相遇，高戏严曰："公豆在面上。"俚语，诮苏人曰盐豆儿。严答曰：'公草在腹中。'盖河南曰驴也。一时捧腹。"（褚人获《坚瓠十集》）

上例中，严相国的面麻、高相国作文常用腹稿是为脚本一，"公豆在面上""公草在腹中"是为脚本二。严、高二人作为行为主体，参与该话语交际动态的过程主要相关因素有以下几个：严讷是江苏常熟人，脸上有麻，而俚语讽江苏人为盐豆；高拱为河南新郑人，作文时常打腹稿，而俚语讽河南人曰驴。意即主体的籍贯、形貌特征、行为特征、俚语均巧妙地参与了话语表达的动态过程。

此类例证在文人笔记中俯拾皆是，如《隋唐嘉话》卷中有对长孙无忌、欧阳询因体貌特征（脚本一）互以猴、猪（脚本二）互嘲的记载，亦为脚本一、二间的相似形成表达空间；《朝野金载》《文酒清话》《邵氏闻见录》等笔记中亦可见大量的该类例证；更有敦煌写本中的《启颜录》，书中专列"嘲诮"一门，均为以交际主体姓、名等相关事物参与交际，通过拆字方式制造幽默。

综上可见，幽默话语形成的动态过程以主体的外在形貌为基础，同时具备以下二特征：（1）脚本一、二间必须存在客观差异，该差异为话语交际动态过程制造心理落差，形成思维活动的场所和通道；（2）脚本一、二和目标域间一定有某种关联：或性质、外形相似，或语音相关，或形貌相类，此关联引导着话语交际中思维活动的顺畅进行。

（四）逻辑反转是表达空间形成的重要因素

通过逻辑的突然反转为话语接受者制造心理落差以形成表达空间，亦为幽默语效达成的重要因素之一。在话语交际的动态过程中，思维活动具有惯性，这与其他物理运动相同。该惯性以常规逻辑为基础，为具体交际语境所设定，通过各方因素共同作用，引导交际参与者的思维活动朝着既定方向发展，继而突然调转话锋，出其不意地制造出与常规逻辑的落差，对思维常规惯性的故意违背、对非常规逻辑的故意顺推，是逻辑反转的主要模式。

1. 对常规惯性故意违背的反转逻辑

思维常规惯性，是交际主体意识中固有的，它引导思维活动朝着共知的方向发展。而在文人笔记的幽默话语中，交际主体往往通过对常规思维惯性的人为干预而使之终止，故意为顺势思维制造对比并使之产生反差，该反差就为形成语义表达空间提供了反应时间和虚拟心理场所。如：

⑥故老能言五代时事者云：冯相道、和相凝同在中书，一日，和问冯："公靴新买，其直几何？"冯举左足示和曰："九百。"和性褊急，遂顾小吏云："吾靴何得用一千八百？"因诟责久之。冯徐举其右足曰："此亦九百。"于是哄堂大笑。（欧阳修《归田录》）

考察上例，"九百买一双靴"（脚本一），"左、右脚各九百"（脚本二）是幽默形成的两个脚本。按照常规思维，冯相道的话应理解为脚本一，发话者却故意把常规整体拆分为两步分别展示，分步展示的时间间隔使对方误解为脚本一后，突然调转话锋，形成脚本二。该例中，常规思维整体的分步展示、展示行为间的时间间隔是人为干预自觉思维的关键，既为受话者提供顺势思维空间，又给受话者认知活动的跳脱反转打下基础。

2. 对非常规逻辑故意夸大、顺推形成表达空间

"常规关系"是群体共知的，是人类认知能力的最重要特征之一，而笔记文本中幽默语效的取得，却往往建立在"常规关系"和"非常规逻辑"的合力之上，即以群体共知的"常规关系"为基础形成脚本一，以言谈现场特定的"非常规逻辑"为基础，夸大或顺推形成幽默话语的脚本二，通过脚本二彰显"非常规逻辑"的错谬。如：

> ⑦又有典乐徐申知常州，押纲使臣被盗，具状申乞收捕，不为施行。此人不知，至于再三，竟寝不报。始悟以犯名之故，遂往见之云："某累申被贼，而不依申行遣，当申提刑，申转运，申廉访，申帅司，申省部，申御史台，申朝廷，身死即休也！"座客笑不能忍。（庄绰《鸡肋编》）

上例是对非常规逻辑——避讳过度现象的嘲讽。徐申为己讳过度，以致因具状上有"申"字，拒不下令拘捕盗贼（非常规逻辑），押纲使臣明白原因后，故意连续 9 次使用"申"，得出脚本二（某累申被贼，而不依申行遣，当申提刑，申转运，申廉访，申帅司，申省部，申御史台，申朝廷，身死即休也），与脚本一（申乞收捕）形成鲜明对比，故意顺推、夸大并极度嘲讽此前徐行为的荒唐。发话者在明知对方意图错谬的情况下，以错误逻辑为基点并极力夸大形成脚本二，彰显荒谬，制造幽默。

上文"归谬"条下例③亦为此类，但与上例不同的是：例③以非常规逻辑（称"汉"为"兵士""右文说"）为基点，顺推形成脚本二，在讽刺中彰显错误。

## 四　结论

综上所述，本章以 Raskin 的幽默语义脚本理论为基点，对笔记文本中的幽默话语事象进行认知机制动态过程的分析，得出如下结论：

1. 在笔记文本幽默话语认知的动态过程中，表达空间不可或缺。

2. 上述表达空间的形成方式不一而足，主要通过歪解、归谬、双关、说字、描状五种方式形成。

3. 在上述表达空间形成的动态过程中，语言形式的外在形貌是物质基础，存在的差异是逻辑基点，关联是引导，逻辑反转是重要因素。

# 第六章

# 结　语

　　"笔记一体，本来以'杂'见称，一书之中，往往兼有各类。"①
就语言学的研究看，学术笔记中可挖掘的材料大量存在，本书的写作即
建立在对这部分评述材料发掘整理的基础上，其发掘整理对现代汉语词
汇、语义、语用理论的构建、完善均有着不可替代的作用。

## 一　相关评述对词汇学理论的价值

　　正如前文所述，学术笔记俗文学的性质，决定了其中记录着不少俗
语词、古语词以及名物词语等，关于这类材料的爬梳对语言学界研究现
代汉语词语形、义的演变以及辞书的编纂提供了丰富的、不可多得的材
料。另外，现今的一些方言中还留存着唐宋时代的俗语词，是语言学界
研究方言俗语的有力证据。如学术笔记对"打"的记载：

　　　　今世俗言语之讹，而举世君子小人皆同其谬者，惟"打"字
　　尔。（打丁雅反。）其义本谓"考击"，故人相殴、以物相击，皆谓
　　之打，而工造金银器亦谓之打可矣，盖有槌击之义也。至于造舟车
　　者曰"打船"、"打车"，网鱼曰"打鱼"，汲水曰"打水"，役夫
　　饷饭曰"打饭"，兵士给衣粮曰"打衣粮"，从者执伞曰"打伞"，
　　以糊粘纸曰"打粘"，以丈尺量地曰"打量"，举手试眼之昏明曰

---

　　①　刘叶秋：《历代笔记概述》，北京出版社 2003 年版，第 4—5 页。

"打试"，至于名儒硕学，语皆如此，触事皆谓之打，而遍检字书，了无此字。（丁雅反者。）其义主"考击"之打自音"谪耿"，以字学言之，打字从手、从丁，丁又击物之声，故音"谪耿"为是。不知因何转为"丁雅"也。（欧阳修《归田录》，页629）

此例评述中欧阳修列举"打"的主要义项，并各举数例说明，评述还明确表明本人对"打"各种用法的看法。《芦浦笔记》中相关评述例证则在《归田录》《墨庄漫录》对"打"字义评述的基础上，又举出俗语中使用"打"的数十例。

　　欧阳公《归田录》云：世俗言语之讹，而君子小人皆同其谬，惟打字耳。如打船、打车、打鱼、打水、打饭、打衣粮、打伞、打黏、打量、打试，触事皆谓之打。《漫录》以释文取偏旁证之，谓打字从手从丁，盖以手当其事者也。此说得之矣。然世间言打字尚多：左藏有打套局，诸库支酒谓之打发，诸军请粮谓之打请，印文书谓之打印，结算谓之打算，贸易谓之打博，装饰谓之打扮，请酒醋谓之打醋、打酒，盐场装发谓之打袋，席地而睡谓之打铺，包裹谓之打角，收拾为打叠，又曰打迸（一作併）。畚筑之间有打号，行路有打火，（一作伴）打包，打轿。负钱于身为打腰。饮席有打马，打令，打杂剧，打诨。僧道有打化，设斋有打供。荷胡床为打交椅，舞傩为打驱傩。又宋歌曲词："打坏木楼床，谁能坐相思。"又有打睡，打嚏喷，打话，打闹，打斗，打和，打合（读作閤）打过，打勾，打了，至于打糊，打麨，打饼，打线，打百索，打条，打帘，打席，打篱巴。街市戏谑有打砌、打调之类，因并记之。（刘昌诗《芦浦笔记》，页24）

上例举出由"打"构成的词组五十多个，通过对这些词组的考察，我们不难发现，在"打"表意的演变中，其义项经历了击打实物等具体的对象→"触事皆谓之打"。在该过程中，"打"的意义逐步泛化，在泛化的过程中进一步虚化。现代学者对"打"做了更为细致、详尽的分析。①。而学术笔记中相关材料的意义即在于为其义项的厘析提供丰富可感的材料。

郭在贻就曾经指出:"汉语的全部词汇绝不仅仅存在于历代的雅言——即规范的书面语中,还包括历代的口头语词,即方言俗语之类。研究汉语词汇史不能无视这些方俗语词,否则更不能认识汉语词汇的全貌。"② 所以对学术笔记中所记录的这部分材料的厘析,在现代语言学的词汇研究中不可忽视。

## 二 相关评述对语义学理论的价值

正如前文所述,学术笔记中亦有大量对古语、俗语、附加义等的解释。如宋代笔记《西溪丛语》对"木瓜"的解释:

> 《诗》曰:"投我以木瓜,报之以琼琚。投我以木桃,报之以琼瑶。投我以木李,报之以琼玖。"《传》曰:"木瓜,楙木,可食之木也。"按《诗》之意,乃以木为瓜、为桃、为李,俗谓之假果者,盖不可食、不适用之物也,亦犹画饼、土饭之义尔。投我以不可食、不适用之物,而我报之以琼玉可贵之物,则投我之物虽薄,而我报之实厚。卫国有狄人之败,出处于漕,齐威公救而封之,遗之车马器服,卫人思之,欲厚报之,则投我虽薄,而我虽报之实欲其厚,此作诗者之意也。郑《笺》以"木瓜"为"楙木",则是果实之木瓜也,误矣。初学记、六帖于果实木瓜门,皆引《卫风·木瓜》之诗,亦误。
>
> 昔之记言者谓孔子曰:"吾于木瓜,见苞苴之礼行焉。"按

---

① 现代学者研究"打"意义泛化、虚化的文章很多,可参看太田辰夫《中国语历史文法》(页234)、刘坚等《近代汉语虚词研究》(页228—229)、冯春田《近代汉语语法研究》(页360),等等,另有周文《全相平话五种语词研究》(博士学位论文,浙江大学,2006年,页87—112)、陈敏《宋人笔记与汉语词汇学》(博士学位论文,浙江大学,2007年,页103)对此现象都有较详细的分析论述,这里不再赘述。

② 郭在贻:《训诂学初稿》,上海古籍出版社1985年版,第145页。

《木瓜》诗，投报之辞，以为喻尔，未见真有投报也，恐非孔子之言。（姚宽《西溪丛语》，页56）

上例评述是对《诗经》"木瓜"诗中"木瓜"的解释，实质上为传统训诂学中的章句。在评述中，姚宽在解释词义的基础上，厘析了"木瓜"释义的演变过程，并在此基础上，厘析该词的得义理据，涉及俗形义学内容，为现代汉语语义学理论的完善提供了具体、生动的材料。

### 三 相关评述对语用学理论研究的价值

学术笔记中所呈现的智力干涉现象，是文人通过拆字、拆音、联想引申等方式形成的隐语、戏语等，彰显着文人对汉字的俗形义学解释。如：

①蛙谜 曹著机辨，有客试之，因作谜云："一物坐也坐，卧也坐，立也坐，行也坐。"著应声曰："在官地，在私地。"复作一云："一物坐也卧，立也卧，行也卧，走也卧，卧也卧。"客晓。曹曰："我谜吞得你谜。"客大惭。（段成式《卢陵官下记》，页828）

上例中，客人和曹著分别描述关涉事物的具体形貌、性质特征，以谜答谜，曹著的最后一句答语还表明了二人之谜所表事物间的关系。这类话语事象是文人对文学独到情趣的追求，体现着汉字节律的美感。

②小符拆字为赋，得父绪余。余过其家，正见庄宾来呈蟗，小符曰："此虫雅哉？"予曰："子将拆蟗为二，出雅字以张本。若作尔雅虫，无疑也。"适中其谋，哄笑而已。（陶谷《清异录》，页70）

　　上例评述中，作者在对小符的答语中，把"蠠"拆分成"尔"和"虫"两个字，拼合为"尔雅虫"，拆字后拼词以谐谑，机智、幽默地调动了现场气氛。

　　在五四时期，"汉字革命"把汉字等同于封建主义，将其与旧文化、旧道德、旧思想、旧文学等量齐观，当时人对汉字的批判和否定是彻底的，"汉字落后论"由此产生了；早在钱玄同之前，就有吴稚晖等对汉字、汉语的猛烈攻击，他在巴黎出版的《新世纪》（1908）中说："今日救支那之第一要策，在废除汉文。"任何事物都有两面性的存在，汉字固然有待改进的地方，但总体是与汉语事实紧密结合着的。著名瑞典籍汉学家高本汉说过："中国人不废除自己的特殊文字而采用我们的拼音文字，并非出于愚蠢或任何顽固的保守性。中国的文字和中国的语言情形非常适合，所以它是必不可少的，中国人抛弃汉字之日，就是它们放弃文化基础之时。"上文我们爬梳整理出来的留存在学术笔记中隐语、文人戏语等生动有趣的解字现象，是世界上任何其他语言都达不到的，有力地驳斥了前文说法。

　　综上所述，学术笔记中所包含的语言文字学评述材料，对于汉语学界完善汉语理论，构建自身的汉语语言理论体系不可或缺。然而，实际情况是，由于自古已有的"重雅轻俗"观念的长期影响，语言学界的学者一直聚焦于传世的先秦、两汉典籍文本的语言，而对魏晋南北朝以学术笔记等呈现的俗文学材料则不屑一顾。这就使得学术笔记中留存的丰富材料长期未见天日，可谓汉语语言学研究之缺憾。近几十年来，随着语言学者观念的转变，学术笔记逐渐开始受到关注，且目前对学术笔记语言的研究已取得丰硕成果，但绝大多数成果仍是从传统词汇学角度进行的，未能有效利用现代语言学理论架构。本书对学术笔记中所见的语言文字学论述分别从词汇、语义、语用三方面加以爬梳整理。但限于笔者能力，且汉语事实本就丰富多彩、极为复杂，故许多未知的因素亟待学人们发掘、探索、解释；另外，汉语语言学理论体系博大精深，笔者长期从事传统语言学的研究工作，对这些理论的认知尚停留在表层，这就必然会影响本书对相关语料的处理；除去以上两点外，学术笔记的数量浩如烟海，"据粗略的估计，中国的笔记小说，截至清末，大约不下于 3000 种"①，笔者所读的三百多部于学术笔记的总体来说，可谓沧海一粟，所造成的必然后果就是研究视野的狭隘。基于以上几点，本书对学术笔记中语言文字学评述材料的描述还不充分，这个不足也是笔者日后提升的重点。最后，希望本书的写作能够抛砖引玉，引起语言学界对学术笔记的进一步关注。

---

① 《宋元笔记小说大观》，上海古籍出版社 2001 年版，出版说明。

# 参考文献

《艾子杂说》，（宋）苏轼，《说郛三种》，上海古籍出版社 1988 年版。

《白獭髓》，（宋）张仲文，《说郛三种》，上海古籍出版社 1988 年版。

《北东园笔录》，（清）梁恭辰，《笔记小说大观》之二十九，江苏广陵
　古籍刻印社 1983 年版。

《北梦琐言》，（五代）孙光宪，中华书局 2002 年版。

《本草纲目》，（明）李时珍，北京卫生出版社 1982 年版。

《本草药名汇考》，程超襄、杜汉阳，上海古籍出版社 2004 年版。

《避暑录话》，（宋）叶梦得，《宋元笔记小说大观》，上海古籍出版社
　2001 年版。

《泊宅编》，（宋）方勺，《宋元笔记小说大观》，上海古籍出版社 2001
　年版。

《不下带编》，（清）金埴，中华书局 1982 年版。

《草木子》，（明）叶子奇，中华书局 1959 年版。

《茶香室丛钞》，（清）俞樾，《笔记小说大观》之三十四，江苏广陵古
　籍刻印社 1983 年版。

《苌楚斋随笔》，（清）刘声木，中华书局 1998 年版。

《朝野佥载》，（唐）张鷟，中华书局 1979 年版。

《楚辞词典》，袁梅，山东教育出版社 2000 年版。

《春渚纪闻》，（宋）何薳，《宋元笔记小说大观》，上海古籍出版社
　2001 年版。

《此中人语》，（清）程麟，《笔记小说大观》之二十四，江苏广陵古籍

刻印社 1983 年版。

《灯窗丛录》，（清）吴翌凤，续修四库全书子部·杂家类一一三九，上海古籍出版社 2002 年版。

《东皋杂录》，（宋）孙宗鉴，《说郛三种》，上海古籍出版社 1988 年版。

《东京梦华录》，（宋）孟元老，中国商业出版社 1982 年版。

《东坡志林》，（宋）苏轼，《笔记小说大观》之七，江苏广陵古籍刻印社 1983 年版。

《东轩笔录》，（宋）魏泰，《宋元笔记小说大观》，上海古籍出版社 2001 年版。

《都城纪胜》，（宋）耐得翁，中国商业出版社 1982 年版。

《杜诗详注》，（清）仇兆鳌，中华书局 1979 年版。

《陔余丛考》，（清）赵翼，商务印书馆 1957 年版。

《古今笔记精华笔录》，民国无名氏，《笔记小说大观》十八编八册，台湾新兴书局 1984 年版。

《古今谭概》，（明）冯梦龙，文学古籍刊行社 1954 年版。

《古今注》，（晋）崔豹，辽宁教育出版社 1998 版。

《广东新语》，（清）屈大均，中华书局 1985 年版。

《广雅疏证》，（清）王念孙，上海古籍出版社 1983 年版。

《归田录》，（宋）欧阳修，《宋元笔记小说大观》，上海古籍出版社 2001 年版。

《归田琐记》，（清）梁章钜，中华书局 1981 年版。

《癸辛杂识》，（宋）周密，《宋元笔记小说大观》，上海古籍出版社 2001 年版。

《贵耳集》，（宋）张端义，《宋元笔记小说大观》，上海古籍出版社 2001 年版。

《桂海虞衡志》，（宋）范成大，《唐宋史料笔记》，中华书局 2002 年版。

《过庭录》，（宋）范公偁，《唐宋史料笔记》，中华书局 2002 年版。

《过夏杂录》，（清）周广业，续修四库全书子部·杂家类一一五四，上海古籍出版社 2002 年版。

《韩非子校注》，《韩非子》校注组，江苏人民出版社 1982 年版。

《汉书补注》，（清）王先谦，广陵书社 2006 年版。

《汉魏六朝笔记小说大观》，王根林、黄益元、曹光甫校点，上海古籍
　　出版社 1999 年版。

《鹤林玉露》，（宋）罗大经，《宋元笔记小说大观》，上海古籍出版社
　　2001 年版。

《黑龙江外记》，（清）西清，续修四库全书史部·地理类七三一，上海
　　古籍出版社 2002 年版。

《侯鲭录》，（宋）赵令畤，《宋元笔记小说大观》，上海古籍出版社
　　2001 年版。

《后汉书集解》，（清）王先谦，中华书局 1984 年版。

《花烛闲谈》，（清）于邑，《说库》，（清）王文濡辑，浙江古籍出版社
　　1986 年版。

《淮南子集释》，何宁，中华书局 1998 年版。

《鸡肋编》，（宋）庄绰，《宋元笔记小说大观》，上海古籍出版社 2001
　　年版。

《积微居小学述林》，杨树达，中华书局 1983 年版。

《坚瓠集》，（清）褚人获，《笔记小说大观》之十五，江苏广陵古籍刻
　　印社 1983 年版。

《江邻几杂志》，（宋）江修复，《宋元笔记小说大观》，上海古籍出版
　　社 2001 年版。

《教坊记》，（唐）崔令钦，《说郛三种》，上海古籍出版社 1988 年版。

《巾箱说》，（清）金埴，中华书局 1982 年版。

《金刚般若波罗蜜经集注》，（明）朱棣集注，上海古籍出版社 1984
　　年版。

《晋书》，（唐）房玄龄等，中华书局 1974 年版。

《京城杂录》，（清）杨懋建，《笔记小说大观》之十八，江苏广陵古籍
　　刻印社 1983 年版。

《经典释文》，（唐）陆德明，中华书局 1983 年版。

《径林续记》，（明）周元暐，丛书集成初编，中华书局 1985 年版。

《旧京琐记》，（清）夏仁虎，北京古籍书店 1986 年标点本。

《旧唐书》（后晋）刘昫，中华书局 1975 年版。

《钜宋广韵》，（宋）陈彭年，上海古籍出版社 1983 年版。

《倦游杂录》，（宋）张师正，《宋元笔记小说大观》，上海古籍出版社
　　2001 年版。

《开颜录》，（宋）周玘，《说郛三种》，上海古籍出版社 1988 年版。

《开元天宝遗事》，（五代）王仁裕，中华书局 2006 年版。

《考古质疑》，（宋）叶大庆，上海古籍出版社 1985 年版。

《孔氏谈苑》，（宋）孔平仲，《宋元笔记小说大观》，上海古籍出版社
　　2001 年版。

《困学纪闻》，（宋）王应麟，辽宁教育出版社 1998 年版。

《郎潜纪闻》，（清）陈康祺，中华书局 1984 年版。

《浪迹三谈》，（清）梁章钜，中华书局 1981 年版。

《老学庵笔记》，（宋）陆游，《宋元笔记小说大观》，上海古籍出版社
　　2001 年版。

《乐善录》，李昌龄，《说郛三种》，上海古籍出版社 1988 年版。

《类说》，（宋）吴愧，台湾商务印书馆 1986 年《景印文渊阁四库全书》
　　第 873 册。

《冷庐杂识》，（清）陆以湉，中华书局 1984 年标点本。

《里乘》，（清）许奉恩，《笔记小说大观》之三十三，江苏广陵古籍刻
　　印社 1983 年版。

《梁溪漫志》，（宋）费衮，《宋元笔记小说大观》，上海古籍出版社
　　2001 年版。

《两般秋雨庵随笔》，（清）梁绍壬，上海古籍出版社 1982 年版。

《岭南杂记》，（清）吴震方，《笔记小说大观》第三编十册，台湾新兴
　　书局 1984 年版。

《留青日札摘抄》，（明）田艺蘅，中华书局 1987 年《丛书集成初编》
　　第 2916—2918 册。

《柳南随笔·续笔》，（清）王应奎，中华书局1983年版。

《龙川别志》，（宋）苏辙，中华书局1982年版。

《卢陵官下记》，（唐）段成式，《说郛三种》，上海古籍出版社1988年版。

《芦浦笔记》，（宋）刘昌诗，中华书局1986年版。

《履园丛话》，（清）钱泳，中华书局1979年版。

《毛诗草木鸟兽虫鱼疏》，（三国吴）陆玑，《说郛三种》，上海古籍出版社1988年版。

《梦粱录》，（宋）吴自牧，浙江人民出版社1980年版。

《梦溪笔谈》，（宋）沈括，四部丛刊本，商务印书馆1934年重印本。

《墨客挥犀》《续墨客挥犀》，（宋）彭口，中华书局2002年版。

《墨庄漫录》，（宋）张邦基，《宋元笔记小说大观》，上海古籍出版社2001年版。

《默记》，（宋）王铚，《宋元笔记小说大观》，上海古籍出版社2001年版。

《南部新书》，（宋）钱易，《宋元笔记小说大观》，上海古籍出版社2001年版。

《南村辍耕录》，（元）陶宗仪，《宋元笔记小说大观》，上海古籍出版社2001年版。

《南唐近事》，（宋）郑文宝，《宋元笔记小说大观》，上海古籍出版社2001年版。

《能改斋漫录》，（宋）吴曾，中华书局1960年版。

《七修类稿》，（明）郎瑛，中华书局1959年版。

《齐东野语》，（宋）周密，《宋元笔记小说大观》，上海古籍出版社2001年版。

《黔记》，（清）李宗昉，贵州人民出版社1992年标点本。

《禽经》，旧题战国师旷，台湾商务印书馆1986年《景印文渊阁四库全书》第847册。

《青箱杂记》，（宋）吴处厚，《宋元笔记小说大观》，上海古籍出版社

2001 年版。

《清波别志》，（宋）周辉，台湾商务印书馆 1986 年《景印文渊阁四库全书》第 1039 册。

《清异录》，（宋）陶谷，《宋元笔记小说大观》，上海古籍出版社 2001 年版。

《曲洧旧闻》，（宋）朱弁，《宋元笔记小说大观》，上海古籍出版社 2001 年版。

《全唐诗外编》，王重民、孙望、童养年，中华书局 1982 年版。

《却扫编》，（宋）徐度，《宋元笔记小说大观》，上海古籍出版社 2001 年版。

《群居解颐》，（唐）高择，《说郛三种》，上海古籍出版社 1988 年版。

《容斋随笔》，（宋）洪迈，上海古籍出版社 1978 年版。

《三国志》，（晋）陈寿，岳麓书社 2005 年版。

《苕溪渔隐丛话》，（宋）胡仔，人民文学出版社 1962 年版。

《邵氏闻见后录》，（宋）邵博，《宋元笔记小说大观》，上海古籍出版社 2001 年版。

《诗人玉屑》，（宋）魏庆之，上海古籍出版社 1959 年版。

《石林燕语》，（宋）叶梦得，《宋元笔记小说大观》，上海古籍出版社 2001 年版。

《拾箨余闲》，（清）孔毓埏，续修四库全书子部·杂家类一一七七，上海古籍出版社 2002 年版。

《史记》，（汉）司马迁，上海古籍出版社 1997 年版。

《史通通释》，（清）浦起龙，上海古籍出版社 1978 年版。

《世说新语》，（南朝宋）刘义庆，上海古籍出版社 1982 年版。

《书影》，（清）周亮工，上海古籍出版社 1981 年版。

《菽园杂记》，（明）陆容，中华书局 1985 年版。

《蜀都碎事》，（清）陈祥裔，《笔记小说大观》之十七，江苏广陵古籍刻印社 1983 年版。

《水曹清暇录》，（清）汪启淑，续修四库全书子部·杂家类一一三七，上海古籍出版社 2002 年版。

《说郛三种》，（元）陶宗仪等，上海古籍出版社 1988 年版。

《说文解字》，（汉）许慎，中华书局 1963 年版。

《说文解字义证》，（清）桂馥，齐鲁书社 1987 年版。

《说文解字注》，（清）段玉裁，上海古籍出版社 1988 年版。

《四朝闻见录》，（宋）叶绍翁，《宋元笔记小说大观》，上海古籍出版社 2001 年版。

《淞南梦影录》，（清）黄协埙，《笔记小说大观》之二十三，江苏广陵古籍刻印社 1983 年版。

《宋景文公笔记》，（宋）宋祁，《说郛三种》，上海古籍出版社 1988 年版。

《宋书》，（梁）沈约，中华书局 1974 年版。

《搜神记》，（晋）干宝，《汉魏六朝笔记小说大观》，上海古籍出版社 1999 年版。

《苏轼诗集》，（清）王文浩辑注，中华书局 1982 年版。

《太平广记》，（宋）李昉等编，中华书局 1961 年版。

《唐语林》，（宋）王谠，上海古籍出版社 1978 年版。

《唐摭言》，（五代）王定保，上海古籍出版社 1978 年版。

《陶说》，（清）朱琰，《说库》，（清）王文濡辑，浙江古籍出版社 1986 年版。

《铁围山丛谈》，（宋）蔡绦，《宋元笔记小说大观》，上海古籍出版社 2001 年版。

《听雨丛谈》，（清）福格，中华书局 1984 年版。

《听雨楼随笔》，（清）佚名氏，巴蜀书社 1987 年版。

《通俗编》，（清）翟灏，丛书集成初编，中华书局 1985 年版。

《通志》，（宋）郑樵，中华书局 1995 年版。

《唾玉集》，俞文豹，《说郛三种》，上海古籍出版社 1988 年版。

《万历野获编》，（明）沈德符，《元明史料笔记》，中华书局 1959 年版。

《文心雕龙译注》，陆侃如、牟世金，齐鲁书社 1995 年版。

《文选》，（梁）萧统撰，（唐）李善注，中华书局 1977 年版。

《瓮牖闲评》，（宋）袁文，上海古籍出版社 1985 年版。

《瓮牖余谈》，（清）王韬，《笔记小说大观》之二十七，江苏广陵古籍
　　刻印社 1983 年版。

《吴下谚联》，（清）王有光，中华书局 1982 年版。

《西陲闻见录》，（清）黎士宏，《笔记小说大观》第六编七册，台湾新
　　兴书局 1984 年版。

《西塘集耆旧续闻》，（宋）陈鹄，《宋元笔记小说大观》，上海古籍出
　　版社 2001 年版。

《西溪丛语》，（宋）姚宽，中华书局 1993 年版。

《霞外捃屑》，（清）平步青，上海古籍出版社 1982 年版。

《乡言解颐》，（清）李光庭，中华书局 1982 年版。

《湘山野录》，（宋）文莹，《宋元笔记小说大观》，上海古籍出版社
　　2001 年版。

《消夏闲记摘抄》，（清）顾公燮，《历代笔记小说选》，上海书店 1983
　　年版。

《小豆棚》，（清）曾七如，荆楚书社 1989 年标点本。

《啸亭续录》，（清）昭梿，中华书局 1980 年版。

《谐谑录》，（唐）刘讷言，《说郛三种》，上海古籍出版社 1988 年版。

《新唐书》，（宋）欧阳修、宋祁，中华书局 1975 年版。

《醒世姻缘传》，西周生，齐鲁书社 1980 年版。

《宣室志》，（唐）张读，《说郛三种》，上海古籍出版社 1988 年版。

《雪涛谈丛》，（明）江盈科，《历代笑话集》，王利器辑，上海古籍出
　　版社 1981 年版。

《烟屿楼笔记》，（清）徐时栋，《笔记小说大观》第三十编七册，台湾
　　新兴书局 1984 年版。

《岩下放言》，（宋）叶梦得，上海古籍出版社 1988 年版。

《檐曝杂记》，（清）赵翼，中华书局 1982 年版。

《演繁露》，（宋）程大昌，《说郛三种》，上海古籍出版社 1988 年版。

《燕下乡脞录》，（清）陈康琪，《笔记小说大观》之二十，江苏广陵古籍刻印社 1983 年版。

《燕在阁知新录》，（清）王棠，续修四库全书子部·杂家类一一四六，上海古籍出版社 2002 年版。

《扬州画舫录》，（清）李斗，中华书局 1960 年版。

《野客丛书》，（宋）王楙，中华书局 1987 年版。

《夜航船》，（明）张岱，浙江古籍出版社 1987 年版。

《猗觉寮杂记》，（宋）朱翌，《笔记小说大观》，江苏广陵古籍刻印社 1983 年版。

《因话录》，（唐）赵璘，上海古籍出版社 1957 年版。

《尹文子》，尹文，《诸子集成》，上海书店。

《颖川语小》，（宋）陈昉，中华书局 1985 年《丛书集成初编》第 322 册。

《庸闲斋笔记》，（清）陈其元，中华书局 1989 年版。

《游宦纪闻》，（宋）张世南，中华书局 1981 年版。

《酉阳杂俎》，（唐）段成式，中华书局 1981 年版。

《玉泉子真录》，（唐）无名氏，《说郛三种》，上海古籍出版社 1988 年版。

《玉堂丛语》，（明）焦竑，中华书局 1981 年版。

《寓简》，沈作喆，上海古籍出版社 1988 年版。

《云麓漫钞》，（宋）赵彦卫，中华书局 1996 年版。

《枣林杂俎》，（明）谈孺木，《笔记小说大观》之三十二，江苏广陵古籍刻印社 1983 年版。

《札朴》，（清）桂馥，续修四库全书子部·杂家类一一五六，上海古籍出版社 2002 年版。

《正字通》，（明）张自烈、（清）廖文英，中国工人出版社 1996 年影印本。

《至正直记》，（元）孔齐，《宋元笔记小说大观》，上海古籍出版社 2001 年版。

《竹叶亭杂记》，（清）姚元之，中华书局 1982 年版。

《子不语》，（清）袁枚，《笔记小说大观》之二十册，江苏广陵古籍刻
　　印社 1983 年版。


《辞海》（缩印本），上海辞书出版社 1989 年版。

《西安半坡》，文物出版社 1963 年版。

［英］爱德华·泰勒：《原始文化》，连树声译，上海文艺出版社 1992
　　年版。

布龙菲尔德：《语言论》，袁家骅等译，商务印书馆 1980 年版。

陈复华等编：《古代汉语词典》，商务印书馆 1998 年版。

陈澔注：《礼记集说》，中国书店 1994 年版。

陈汝东：《当代汉语修辞学》，北京大学出版社 2004 年版。

陈望道：《修辞学发凡》，上海教育出版社 1979 年版。

陈五云：《从新视角看汉字：俗文字学》，河南人民出版社 2000 年版。

程超襄、杜汉阳：《本草药名汇考》，上海古籍出版社 2004 年版。

程湘清：《先秦汉语研究》，山东教育出版社 1992 年版。

程雨民：《语言系统及其运作》，上海外语教育出版社 1997 年版。

池昌海：《现代汉语语法修辞教程》，浙江大学出版社 2002 年版。

戴维·克里斯特尔：《现代语言学词典》，沈家瑄译，商务印书馆 2000
　　年版。

董志翘：《〈入唐求法巡礼行记〉词汇研究》，中国社会科学出版社
　　2000 年版。

冯春田：《近代汉语语法研究》，山东教育出版社 2000 年版。

傅崇矩：《成都通览》，巴蜀书社 1987 年版。

高名凯、石安石：《语言学概论》，中华书局 1963 年版。

高名凯译：《普通语言学教程》，商务印书馆 1980 年版。

高守纲：《古汉语词义通论》，语文出版社 1994 年版。

葛本仪：《现代汉语词汇学》，山东人民出版社 2001 年版。

郭锡良、李玲璞：《古代汉语》，语文出版社 1992 年版。

郭在贻：《训诂学》，湖南人民出版社 1986 年版。

郭在贻：《训诂学初稿》，上海古籍出版社 1985 年版。

汉语大词典编纂处整理：《康熙字典》，汉语大词典出版社 2002 年版。

何九盈：《汉字文化学》，辽宁人民出版社 2000 年版。

何兆雄：《新编语用学概要》，上海外语教育出版社 2001 年版。

何兆雄：《语用学概要》，上海外语教育出版社 1989 年版。

何自然：《语用学概论》，湖南教育出版社 1988 年版。

黄伯荣、廖序东：《现代汉语》，高等教育出版社 1991 年版。

江荫香：《诗经译注》，中国书店 1982 年版。

姜望琪：《当代语用学》，北京大学出版社 2003 年版。

蒋人杰：《说文解字集注》，上海古籍出版社 1996 年版。

蒋绍愚：《古汉语词汇纲要》，北京大学出版社 2005 年版。

蒋绍愚：《近代汉语研究概况》，河北人民出版社 1991 年版。

金路：《中国俗语》，东方出版中心 1996 年版。

雷汉卿：《近代方俗词丛考》，巴蜀书社 2006 年版。

李鼎超：《陇右方言》，兰州大学出版社 1988 年版。

李福印：《语义学概论》，北京大学出版社 2007 年版。

李万福：《汉字文学新论》，重庆出版社 1998 年版。

李文泽：《宋代语言研究》，线装书局 2001 年版。

刘坚等：《近代汉语虚词研究》，语文出版社 1992 年版。

刘森林：《语用策略》，社会科学文献出版社 2007 年版。

刘叔新：《汉语描写词汇学》，商务印书馆 1990 年版。

刘孝存：《中国神秘言语》，中国文联出版社 1999 年版。

刘叶秋：《历代笔记概述》，北京出版社 2003 年版。

陆宗达、王宁：《训诂方法论》，中国社会科学出版社 1983 年版。

吕叔湘：《吕叔湘全集》，辽宁教育出版社 2002 年版。

闵家骥、范晓、朱川、张嵩岳：《简明吴方言词典》，上海辞书出版社 1986 年版。

宁稼雨：《中国文言小说总目提要》，齐鲁书社 1996 年版。

彭建武：《认知语言学研究》，中国海洋大学出版社 2005 年版。

戚雨村：《语言学引论》，上海外语教育出版社 1985 年版。

钱冠连：《汉语文化语用学》，清华大学出版社 1997 年版。

乔继堂、朱瑞平主编：《中国岁时节令辞典》，中国社会科学出版社 1998 年版。

裘锡圭：《文字学概要》，商务印书馆 1988 年版。

阮元等：《十三经注疏》，中华书局 1980 年影印本。

司马光：《资治通鉴》，中华书局 2007 年版。

宋永培：《当代中国训诂学》，广东教育出版社 2000 年版。

孙贻让：《墨子间诂》，中华书局 1986 年版。

孙玉文：《变调构词研究》，北京大学出版社 2000 年版。

索振羽：《语用学教程》，北京大学出版社 2000 年版。

唐兰：《中国文字学》，上海古籍出版社 1979 年版。

王艾录、司富珍：《语言理据研究》，中国社会科学出版社 2002 年版。

王艾录：《汉语理据词典》，华龄出版社 2006 年版。

王建：《中国古代避讳史》，贵州人民出版社 2002 年版。

王剑引等：《中国成语大词典》，上海辞书出版社 1998 年版。

王力：《中国语言学史》，复旦大学出版社 2006 年版。

王守谦等：《左传全译》，贵州人民出版社 1990 年版。

王延海译注：《诗经今译今注》，河北人民出版社 2000 年版。

王寅：《认知语法概论》，上海外语教育出版社 2006 年版。

王锳：《唐宋笔记语辞汇释》（修订本），中华书局 2001 年版。

吴礼权：《中国笔记小说史》，商务印书馆 1997 年版。

武占坤、马国凡：《谚语》，内蒙古人民出版社 1980 年版。

邢福义：《汉语语法学》，东北师范大学出版社 1996 年版。

邢福义：《现代汉语》，高等教育出版社 1991 年版。

熊学亮：《认知语用学》，上海外语教育出版社 1999 年版。

徐时仪：《古白话词汇研究论稿》，上海教育出版社 2000 年版。

徐通锵：《基础语言学教程》，北京大学出版社 2001 年版。

杨伯峻：《列子集释》，中华书局 1979 年版。

游国恩：《中国文学史》，人民文学出版社 1999 年版。

余冠英：《诗经选》，人民文学出版社 1956 年版。

袁宾、徐时仪：《二十世纪的近代汉语研究》，书海出版社 2001 年版。

张能甫：《〈旧唐书〉词汇研究》，巴蜀书社 2002 年版。

张永言：《词汇学简论》，华中工学院出版社 1982 年版。

张涌泉：《汉语俗字研究》，岳麓书社 1995 年版。

赵艳芳：《认知语言学概论》，上海外语教育出版社 2000 年版。

赵振铎：《中国语言学史》，河北教育出版社 2000 年版。

周大璞：《训诂学初稿》，武汉大学出版社 1985 年版。

周俊勋：《魏晋南北朝志怪小说词汇研究》，巴蜀书社 2006 年版。

周一农：《词汇的文化意蕴》，上海三联书店 2005 年版。

周振甫：《文心雕龙今译》，中华书局 1986 年版。

左思明：《汉语语用学》，河南人民出版社 2000 年版。

曹炜：《关于汉语隐语的几个问题——兼论隐语与黑话的区别》，《学术
　　月刊》2005 年第 4 期。

晁继周：《论异形词整理的原则》，《中国语文》2004 年第 1 期。

陈宝勤：《试论汉语词头"阿"的产生与发展》，《古汉语研究》2004
　　年第 1 期。

陈望道：《论文法现象和社会的关系》，《东方杂志》1943 年第 3 期。

杜子劲：《减缩语略论》，《国文月刊》第 49 期。

郭锡良：《汉语的同源词和构词法》，《湖北大学学报》2000 年第 9 期。

兰朝霞：《〈桯史〉语料价值述评》，《怀化师专学报》2002 年第 1 期。

李万福：《谈俗形义学》，《汉字文化》1995 年第 1 期。

李小平：《试论汉语词汇在汉魏六朝时的复音化发展——以〈论语〉、
　　〈孟子〉、〈世说新语〉为例》，《山东科技大学学报》（哲学社会科学
　　版）2004 年第 2 期。

刘德辉：《俗形义学述评》，《株洲高等师范专科学校学报》第 8 卷第

1 期。

刘蓉：《宋代笔记与方俗词语研究》，《玉溪师专学报》1995 年第 1 期。

刘玉屏：《〈世说新语〉的词缀"阿"、"子"、"头"》，《牡丹江师范学院学报》（哲学社会科学版）2002 年第 2 期。

鲁国尧：《陶宗仪〈南村辍耕录〉等著作与元代语言》，《南京大学学报》（哲学社会科学版）1996 年第 4 期。

马显彬：《同素异序词成因质疑》，《湛江师范学院学报》2004 年第 5 期。

钱冠连：《"不合作"现象》，《现代外语》1989 年第 1 期。

钱冠连：《语言假信息》，《外国语》1987 年第 5 期。

钱冠连：《语言冗余信息的容忍度》，《现代外语》1986 年第 3 期。

曲彦斌：《民俗语言学概论》，《语文建设》1993 年第 12 期。

沈家煊：《我国的语用学研究》，《外语教学与研究》1996 年第 1 期。

沈家煊：《语用原则、语用推理和语义演变》，《外语教学与研究》2004 年第 4 期。

王宝红：《清代笔记小说中的俗语词研究》，《四川大学学报》（哲学社会科学版）2005 年第 3 期。

王宝红：《试论清代笔记小说的语料价值》，《西藏民族学院学报》（哲学社会科学版）2006 年第 5 期。

王启涛：《"落英"新诠》，《古汉语研究》2000 年第 2 期。

王小莘：《从魏晋六朝笔记小说看中古汉语词汇新旧质素的共融和更替》，《南京师范大学文学院学报》2003 年第 1 期。

王云路：《试论外族文化对中古汉语词汇的影响》，《语言研究》2004 年第 1 期。

温昌衍：《略论粤中客家地区"蛇话"的性质及得名缘由》，《客家研究辑刊》2003 年第 12 期。

武建宇：《宋代笔记俗语斠补》，《河北师范大学学报》（哲学社会科学版）2003 年第 5 期。

徐盛桓：《会话含义理论的新发展》，《现代外语》1993 年第 2 期。

《新 Grice 会话含义理论和否定》,《外语教学与研究》1996 年第 1 期。

姚永铭:《同形词与汉语词汇史研究》,《古汉语研究》2006 年第 2 期。

余志鸿:《异形词定义的学术思考》,《汉语学习》2004 年第 3 期。

俞理明:《"小姐"正名》,《语文建设》1997 年第 5 期。

俞理明:《词语缩略的界定及其理论诠释》,《四川大学学报》(哲学社会科学版) 2000 年第 2 期。

俞理明:《汉语词汇中的非理复合词———一种特殊的词汇结构类型:既非单纯词又非合成词》,《四川大学学报》2003 年第 4 期。

俞理明:《汉字形体对汉语词汇的影响》,《四川大学学报》2007 年第 2 期。

俞理明:《缩略形式的选取单位及其分析》,《西昌学院学报》(哲学社会科学版) 2005 年第 3 期。

袁毓林:《谓词隐含及其语法后果———"的"字结构的称代规则和"的"的语法语义功能》,《中国语文》1995 年第 4 期。

张博:《现代汉语同形同音词与多义词的区分原则和方法》,《语言教学与研究》2004 年第 4 期。

张永言、汪维辉:《关于汉语词汇史研究的一点思考》,《中国语文》1995 年第 6 期。

张永言:《关于词的"内部形式"》,《语言研究》1981 年第 1 期。

赵元任:《习非成是与语言发展》,《江西大学学报》1989 年第 3 期。

赵振铎:《唐人笔记里面的方俗读音》,《汉语史研究集刊》(第二辑),巴蜀书社 2000 年版。

周磊:《释"餺饦"及其它》,《中国语文》2001 年第 2 期。

朱克懿:《论隐语及其下位类型》,《汉语学习》2003 年第 4 期。

陈敏:《宋人笔记与汉语词汇学》,博士学位论文,浙江大学,2007 年。

黄建宁:《笔记小说俗谚研究》,博士学位论文,四川大学,2004 年。

江傲霜:《六朝笔记小说词汇研究》,博士学位论文,山东大学,2007 年。

王宝红:《清代笔记小说俗语词研究》,博士学位论文,四川大学,

2005 年。

武建宇:《〈夷坚志〉复音词研究》，博士学位论文，四川大学，
　　2004 年。

周文:《全相平话五种语词研究》，博士学位论文，浙江大学，2006 年。

# 附录一

## "整理篇"汇编词目索引
### （以拼音为序）

索引编排体例：以汇编材料所提取关键词首字之首字母为序编排。若同一词语在汇编中两见，则将二页码均附之于后，供查考者选择使用。

# 附录二

# "研究篇" 学术语索引

编排体例：该索引择取书中出现的重要术语，以首字母为序，若首字母相同，则以第二个字母为序，以此类推。列出术语在文中首次出现的页码，以供查考。

# 致　谢

时光荏苒，毕业已近十年，虽已年近不惑，困惑却犹春发之苗，因生活琐碎而碌碌无为，更因学识浅薄而惴惴不安。所幸，在师友、亲人的帮助和自己的执着坚守下，这部以博士论文为基础的小书终得以出版，姑且作为读博至今12年学习生活的明证和结语吧。

感谢恩师雷汉卿先生。2006年至2009年读博期间，从论文的选题、材料的搜集整理到论文的整体架构，先生不辞劳苦时时处处为我指点迷津。犹记2009年春节，先生于探亲途中在电话里提出具体修改意见，切中肯綮，字字珠玑；犹记在项目申请中，大至框架结构，细至标点符号，先生逐字逐句，不厌其烦，悉心指导；犹记茫然自失时，先生和师母吕肖奂教授鼓励的话语："写吧，看到自己写成的一篇篇、一本本，你就会满心欢喜。"我资质愚钝，读研、读博共跟随先生6年，蒙先生不弃，得师母照顾；尤记汶川地震时，内心惶惶，先生稳如泰山，淡定从容，更让我高山仰止……人生能有多少个6年？点点滴滴，终生铭记。

感谢先后为我传道授业解惑的王立军教授、俞理明教授、蒋宗福教授、杨文全教授、王贵元教授，诸位先生的指导、教诲贯穿于我读本科至今的20年间。他们或敦品博学、潇洒儒雅，或严谨端方、一丝不苟，或冷静敏锐、一语中的，又或出口成章、机智幽默。先生们在文字学、语言学等领域里成就卓著、著作等身；然我求教之时皆温和平易、可敬可亲。诸位先生孜孜不倦的为学精神、严谨求实的治学风格和谦逊豁达的人生态度，都将是我今后人生的指路明灯。

感谢我的同窗、好友，感谢你们在学习上提出的宝贵意见，感谢你们在生活上所给予的无私帮助！

最后，深深感谢我的家人。感谢已过花甲之年的父母数十年如一日地对我的无微不至；感谢我的爱人裴英磊，在文稿写作、修改过程中，默默地为家庭付出，做我最坚实的后盾；感谢两个女儿，在生活工作艰难之时，给我最简单的快乐、最贴心的温暖！

寥寥数语，远未能表达我对诸亲友的谢意；纸短情长，我将把所有的感念化为前行的勇气和动力。语言学探索道阻且长，唯有坚实走好每一步，方不负众亲友的期许！

2018 年 8 月于宛城